KB162653

시공간의 인문학

시공간의 인문학

오
태
석

역락

머리말

시간과 공간은 수많은 물질과 생명의 존재의 마당이다. 그런데 한 세기 전 시간과 공간의 토대가 크게 흔들린 사건이 있었으니, 아인슈타인의 상대성이론이다. 이후 시간과 공간은 서로 떨어져 있지 않고, 에너지와 물질이 만들어 내는 중력에 의해 시공간의 곡면을 이루며 고무줄 같이 늘기도 하고 줄기도 한다는 것을 알게 되었다. 이러한 발견은 지난 수천 년을 이어 온 절대시간과 절대공간이 더 이상 유효하지 않다는 것을 뜻한다. 현대물리학의 놀라운 발견은 여기서 더 나아가 입자와 파동의 알 수 없는 세계인 양자역학으로 이어졌다. 천재 물리학자 파인만은 양자역학의 현상들은 엄연한 사실이지만 그것을 이해한 사람은 한 사람도 없다고 단언하기까지 했다. 이것이 지난 백 년 물리학이 걸어온 길이다.

그러면 우리 인문학은 어떠한가? 필자의 질문은 여기에서 시작한다. 이 책은 오래된 주역, 노장, 불교 사유 등 동아시아 전통 사유의 시공간에 대한 인식을 과학의 관점에서 재해석하여 상호 접점을 모색하고, 이를 통해 동아시아 고대 사유의 의미와 가치의 재발견을 시도하고 있다. 이는 근대서구에 의해 별 가치가 없다고 무시된 동아시아 사유에 대한 재인식이며, 문명사적 난관에 봉착한 근대 서구에 대한 성찰 어린 돌파이기도 하다.

본서의 내용은 다음과 같다. 도입부에 해당되는 제1편에서는 서구 자연과학의 주안점을 개관하고, 이와 관련하여 동아시아 인문학의 융합 연구의 필요성을 논했다. 이어 제2편에서 4편까지는 서양, 동아시아 사유, 동아시아 문학예술의 세 관점에서 시간과 공간의 문제를 인문기반 과학과의 융합관점에서 풀었다. 특히 양자역학의 핵심 개념인 중첩과 얽힘을 동아시아 사유의 잠재-현상 간의 상호 공명으로 읽을 때 다양한 스프레드가 나타남을 말했다.

제5편은 세계 인식에 관한 글로서 양자역학 비주류면서 아인슈타인 계열의 결정론적 과학철학자 데이비드 봄이 제기한 두 가지 세계질서인 '숨은변수이론'과 동아시아 사유와의 유사성을 인문학적으로 검토했다. 봄의 양자역학 가설은 비국소적 영역에서는 아직까지 결론이 나지 않았다는 점에서, 이 글은 그의 이론에 대한 인문학적 접근을 통한 검토이기도 하다. 제6편은 시공간을 점유하는 수많은 존재-사건으로서의 정보이론 측면의 고찰이다. 구체적으로 세계를 바라보는 주역의 질적 초월성과 노장의 양행의 시선을 양자컴퓨터의 추동방식과 비교·대조했다. 끝으로 제7편에서는 동아시아 해석학의 현재적 의미가 삶과 학문 중에 그때그때 맞추어 꽃을 피워 내는 내적 역동성이란 시중(時中)의 텍스트학에 있음을 말했다. 이런 점에서 이 책은 동아시아 고전 사유와 시선에 대한 과학철학적 해설서이기도 하다.

세상에는 두 종류의 세계가 존재한다. 하나는 눈에 보이는 현상의 세계고 다른 하나는 보이지 않는 비정형의 잠재적 가능성의 세계다. 과학으로 말하자면 가시적 물질의 세계와 비가시적 에너지의 세계며, 노장적으로는 개물적 유의 가도(可道)의 세계와 잠재적 무의 상도(常道)의 세계다. 또 종교적으로는 몸의 세계와 영혼의 세계, 혹은 색의 스프레드가 펼쳐진 색계와 그것이 거두어진 공계이다. 한편 기업가에게는 현재 펼쳐진 시장과 보이지 않는 내재의 시장일 수도 있다. 현재를 살고 있는 우리는 보이는 세계에 살고 있지만 보이지 않는 것에 대한 마음 깊은 궁금증과 갈증을 지니고 있다. 그리고 이 책은 고대 동아시아인의 서로 다른 이 두 세계에 대한 연결과 통합의 인식을 과학의 눈을 빌려 재해석하고 있다. 사실 필자의 공부는 중국문학에서 출발했다. 하지만 늘 분과학문에 만족하지 못하고 보다 통합적이며 열린 세계 이해에 대한 갈증이 컸다. 이에 지난 20년간 수백 권의 현대물리학 책을 탐독하면서 현대물리학과 동아시아 사유라고 하는 전혀 다른 두 영역 사이에, 세계진리 표상에 대한 해석학적 접점과 시선상의 공유도가 상당하다는 것을 깨달았다. 그리고 지난 15년 동안 인문기반 과학철학의 융합연구를 아젠다별로 수행했다. 이 과정에서 관련 연구로 교육부 주관 우수성과에 세 차례 수상하는 과분한 영예를 얻기도 했다. 본서의 세 번째 글은 이에 해당된다. 또 수년 전부터는 인문기반 융합학회를 창설하여 세미나 개최를 통해 집단적인 융합연구 역량을 키워가며 함께 미답의 길을 공부해 가고 있다.

주역, 노장, 불교, 현학으로 대표되는 동아시아 고전사유는 세계진리를 향한 시선에서 차별과 배제의 형식논리적인 서구 이분법과 달리, 질적 초월과 내외 병중 및 전일의 시선을 내재하고 있다. 본서에서 필자는 이 점에 주목하여 동아시아 전통 사유를 기존의 학제내적 시야가 아닌 과학의 관점에서 새롭게 해석하고, 현대물리학과의 시선상의 공유를 구체적 예시와 함께 설명했다. 구체적으로는 시공간 인식에 대한 두 사유 간의 접점, 두 종류의 세계에 대한 이분법을 넘어서는 양행·병작의 세계인식, 주역음양론 및 노장 사유와 {0&1}의 양자컴퓨터 구동방식이 보여주는 상호 유사성, 세계진리 담론에 관한 동아시아 텍스트학의 지향점과 그 현재성에 대한 과학철학적 해석이 그것이다. 나아가 동아시아 전통사유와 문학예술이 표출한 '다른 표현, 같은 지향'의 개념들에 대한 상호 연결도 부분적으로 시도하였다. 이와 같은 동아시아 전통 인문학과 현대물리학에 대한 인문베이스의 융합 해석은 아직은 세상 사람들이 거의 다니지 않은 미개척의 길이다. 그런 까닭에 길이 아직 다듬어지지 않은 상태고, 이에 따라 본서의 설명도 미흡하거나 진행 중인 생각들도 있을 수밖에 없다. 이러한 부분은 독자 여러분의 가르침과 필자 혹은 동행자의 후속 연구를 기대한다.

현재 우리의 세계는 AI는 물론 COVID-19과 같이 매우 빠르고 예측 불가한 방식으로 다양하게 다가오고 있다. 앞으로만 달려 나간 시간들에 대한 새로운 성찰이 요구되는 시점 같다. 온고지신이란 말이 있다. 옛 것을 익히고 그 안에서 새로운 의미를 다시 길어 내라는 말이 더욱 깊게 다가온다. 이 책이 지향하는 동아시아 고전사유에 대한 과학철학적 재해석과 재발굴 작업이 세계진리의 이해와, 다시 새롭게 도래하기를 희망하는 오래된 미래로서의 동아시아 문명사유를 위한 작은 디딤돌이 된다면 기쁜 일이다. 다섯 번째 단독 저서를 내기까지 늘 같은 사랑으로 지켜 준 아내와 어머니께 감사드린다.

2020. 12. 16.
북한산에서 오 태 석

차례

01 현대물리학과 동아시아 인문학_13

  1. 동서양 과학사의 인문학적 조망 —————————— 15
    ⑴ 서양의 과학과 철학 ———————————————— 15
    ⑵ 중국의 인문과학 ————————————————— 21
  2. 현대물리학과 인문학 ———————————————— 25
    ⑴ 현대물리학: 물질(matter)에서 사건(event)으로 ——— 25
    ⑵ 현대과학의 인문학적 의미 ——————————— 32
  3. 과학시대의 인문기반 융복합 동아시아학 ————— 36
    ⑴ 한국인의 동아시아학 하기 ——————————— 36
    ⑵ 동아시아학과 과학의 만남 ——————————— 43
  4. 인문융합의 동아시아 인문학을 위하여 —————— 46

02 서양의 시간과 공간론_49

  1. 존재의 마당, 시공간 ———————————————— 51
  2. 서양의 고전적 공간론 ——————————————— 54
    ⑴ 뉴턴 이전의 공간 개념 ————————————— 54
    ⑵ 뉴턴의 절대공간 ————————————————— 59
    ⑶ 뉴턴 이후의 공간 ———————————————— 60
  3. 서양의 고전적 시간론 ——————————————— 62
  4. 현대물리학의 시공간 ——————————————— 68
    ⑴ 상대성이론의 시공간 —————————————— 68
    ⑵ 양자역학의 시공간 ——————————————— 83
  5. 민코프스키 시공간의 존재론적 함의 ——————— 92
  6. 요약 ——————————————————————— 100

03 동아시아 시공간의 과학철학적 독법_103

　1. 현대물리학의 시공간 ───────────────── 105

　2. 동아시아 사유의 시공 인식 ───────────── 119

　　(1) 주역 음양론의 시공 표상 ───────────── 119

　　(2) 상도와 가도 두 세계의 양행·병작 ───────── 130

　　(3) 반야공관과 중론의 무자성의 세계인식 ─────── 137

　3. 중첩과 얽힘: '잠재-현상'의 동아시아 시공관의 함의 ── 145

　4. 이분법을 넘어서 ──────────────── 156

　5. 결어 ─────────────────────── 162

04 동아시아 문학예술의 초월적 시공간_165

　1. 현대물리학과 동아시아의 시공간 인식 ──────── 167

　　(1) 동아시아 시공간 인식의 과학철학적 해석 ───── 167

　　(2) 양자 중력과 시공간의 흔들림 ─────────── 177

　2. 국소성을 넘어서, 중국문학의 초시공성 ──────── 184

　　(1) 중첩에서 얽힘으로, 중국시의 공명과 울림 ───── 185

　　(2) 펼침과 접힘의 가능성의 춤, 중국소설의 양행·병작 ── 199

　3. 정신과 대상의 융화경, 중국화의 공간 표상 ────── 208

　4. 미분리의 전일성, 동아시아 문학예술의 시공 표상 ──── 218

05 데이비드 봄 숨은변수이론의 인문학적 검토_223

　1. 인문학과 과학의 사이에서 ───────────── 225

　2. 양자역학과 데이비드 봄의 양자론 ────────── 229

　3. 숨은변수이론과 내포질서의 인문학적 검토 ────── 240

　　(1) 숨은변수이론과 내포질서 ──────────── 240

　　(2) 봄 이론의 동아시아 인문학적 검토 ──────── 245

　4. 요약 ─────────────────────── 259

06 0과 1의 해석학_263

1. 0으로부터 ──────────────────────────────── 265
2. 0과 1의 인문수학 ─────────────────────────── 267
   (1) 0의 이중성과 양가성 ──────────────────── 267
   (2) 0과 1의 사이에서: 원과 파동함수, 확률, 집합과 대각선논법 ── 269
   (3) 0과 1의 정보론적 기초: 지수와 로그 ─────────── 274
3. 0과 1의 정보 추동 ───────────────────────── 278
   (1) 디지털 컴퓨터(bit) ─────────────────── 278
   (2) 양자 컴퓨터(qbit) ─────────────────── 282
4. 중첩과 파동, 주역 음양론의 정보론적 이해 ─────────── 287
   (1) 음양 중첩의 파동적 역동성 ────────────── 288
   (2) 주역과 양자컴퓨터의 논리체계 ───────────── 293
5. 0과 1의 동아시아적 해석학 ────────────────── 297

07 니즈다오와 양가불이의 시선_303
— 동아시아 고전해석학의 현재성

1. "知道"의 깨침 ──────────────────────── 305
2. 동아시아 사유의 현재성 ───────────────────── 310
   (1) 상대성이론과 양자역학의 인문학적 충격 ────────── 310
   (2) 동아시아 사유의 현재성, 이분법을 넘어서 ──────── 316
3. '時中'의 텍스트학 ────────────────────── 330

참고문헌 341
찾아보기 347

01

현대물리학과 동아시아 인문학

현대물리학과 동아시아 인문학

1. 동서양 과학사의 인문학적 조망

(1) 서양의 과학과 철학

인간의 정신을 다루어 온 인문학의 위기적 상황은 이제 범지구적 양상이다. 이는 현대자연과학의 빠른 발전 속도에 맞추어 더욱 가중되고 있는데, 동아시아에서 공맹 이래 문인 사대부 중심의 전통 사회에 비긴다면 그 차이를 충분히 가늠할 수 있다. 본고는 뉴턴에 의해 대표되는 17세기 이래 근대 과학혁명 이후, 아인슈타인의 상대성이론 및 하이젠베르크의 양자역학으로 다시금 새로운 과학혁명시대를 맞은 우리에게 있어서 인문학과 중국학의 의미를 반성적이며 융복합적으로 고찰하기 위해 작성되었다.

20세기 이래 우리는 인류가 지금까지 한 번도 겪어보지 못한 새로운 과학혁명의 급속한 발전기를 지나고 있다. 그것은 아인슈타인의 상대성이론과 양자물리학, 바이오 생명공학에 더하여 가속화하고 있는 디지털 정보통신

혁명과 기하급수적으로 누증되고 있는 빅데이터 정보화 시대로 표상 가능하다.[1] 또한 지난 세기 양차 세계대전과 대량 학살, 공산주의 실험, 그리고 후기 고도 자본주의 시대의 도래 역시 새로운 과학혁명의 발전과 무관하지 않다.

오늘날 대학과 사회는 전통적 인문학보다는 과학, 공학, 경영을 우선시하고 그것이 결과한 물량주의 앞에서 전통적 인문학은 정향을 잃고 허둥대며 열패감마저 느끼게 되는 것이 오늘의 형국이다. 마침 중국학회에서 올해의 대주제를 '인문학의 시선으로 본 중국학'으로 기획한 것은 동아시아 중국학을 본업으로 삼는 학자들이 느끼는 인문학적 위기감과 자기반성 및 활로 모색이라는 점에서 의미가 있다고 생각된다.

적지 않은 시간을 중국문학자로 지내온 필자 역시 인문학의 위상 추락을 만회할 비법이란 것을 가지고 있지 못함은 당연하다. 필자는 인문학이 처한 위기적 상황의 근원이 인문학 자체뿐만 아니라 그것을 둘러싼 여러 조건과 복합적으로 얽혀 있다는 생각이고, 그렇다면 그 해법 역시 자체적으로 해결 가능한 것이 아니라는 생각이다. 만약 오늘의 인문학의 위기가 인문학 자체의 문제가 아니라고 한다면 차제에 오늘의 인문학에 이르게 된 역사적 과정을 짚어 보아 미래를 조망해 보는 것도 필요한 일이라 생각된다. 이와 같은 생각에서 필자는 젊은 시절부터 계속 관심을 가져온 과학과 인문학의 상호 교섭성을 중심 화두삼아 이야기를 풀어보려고 한다.

먼저 '인문'이란 무엇인가? 동아시아에서 '인문'에 대한 정의는 '천문, 지문, 인문'의 세계를 구성하는 세 가지 중심요소인 '三才'에서 비롯된다고 알

---

1   글로벌 데이터량의 증가 속도는 2010년 1.2zetabyte, 2012년 2.7zb에서 2015년 7.9zb로 급격히 늘어날 것으로 추산된다. 1제타바이트는 1,024엑사바이트(1EB=1,024PB)로서 1조 1000억 기가바이트(GB)에 해당된다. 이는 미의회도서관 정보량의 1억 배에 해당된다. 빅데이터의 특징은 3V로서, 정보의 양(volume), 생성속도(velocity), 형태의 다양성(variety)이다.

고 있다. 여기서 '人文'은 사람의 무늬, 즉 사람 사는 것에 대한 것이다. 그러
니 '인문학'은 사람 사는 것에 대한 연구쯤 될 것이다. 영어로는 조금씩 함의
가 다르긴 하지만 르네상스 인문주의 이후로는 '인간에 대한 연구'라는 의미
에서 'humanities', 'humanitas'[2] 또는 'literae humaniores'(고전학) 등의 말로
사용되었다.

그러면 인문학의 출발과 오늘날의 인문학을 역사적으로 비교하기 위해,
먼저 야스퍼스가 말한 인류 문명의 차축시대 동서양의 인문학의 대략적인
주안점을 보자.[3] 서양의 경우 서양 철학의 아버지라 부를 만큼 영향력 있는
플라톤(Plato: B.C. 427~347)과 아리스토텔레스(Aristotle: B.C. 384~322)의 학문적 관
심은 시대가 앞선 만큼 불완전하기는 하지만 인간과 세계에 관한 사색에서
철학과 자연과학을 병용하고 있다는 점이다. 이들은 개별적인 현상들 뒤에
숨겨져 있다고 생각되는, 보다 본질적인 세계 혹은 일반화 가능한 세계에
대한 사색을 논리적으로 설명하려 한 사람들이다. 지식의 본질은 일반화
(generalization)이다.[4] 일반화란 곧 학문하기다. 그런 의미에서 이들은 서양 학
문의 기초를 닦은 사람들이다.

특히 플라톤의 보편 본질로서의 이데아(Idea)설은 물리적 존재와 형이상학
적 존재가 연결된 본질적이고 실재론적인 그 무엇이라는 설정으로 인하여

---

2   김영식, 『인문학과 과학』, 돌베개, 2009, 80쪽, 110쪽.

3   '차축시대'란 말은 야스퍼스(Karl Jaspers: 1883~1969)가 제시한 개념이다. 차축시대는『시
     대의 정신적 상황』(1931)이란 책에서 기원전 500년경 동서양 인류문명이 꽃을 피운 시대로
     서 제시했다. 또한 19세기 이래 과학기술문명의 진보가 빨라지면서 제2의 차축시대의 도래
     를 예감한다고 했다.

4   한스 라이헨바하(Hanms Reihenbach, 1891~1953), 김회빈 역, 『자연과학과 철학 *The Rise
     of Scientific Philosophy*』(1951), 중원문화, 1994, 18쪽. 저자 자신이 "철학이 사변에서 과학
     으로 전진해왔다고 하는 것을 알리기 위해 썼다"고 말한 그의 이 책은 한국에서 적어도
     세 사람이 번역했다.(김하두 역, 『과학철학의 형성』, 선학사, 2002; 최현철 역, 『과학철학의
     형성』, 지식을 만드는 지식, 2009)

칸트(Immanuel Kant, 1724~1804)에 이르기까지 지속적으로 서양 철학의 사유토 대를 제공해주었다. 이데아설의 오류 여부와 무관하게 서양철학에서는 적어 도 물질적인 것에 대한 수학적, 기하학적, 화학적, 논리적 탐구가 지속되었으 며, 이는 오늘날의 관점으로 보면 곧 "객관성에 토대를 둔 학문"이라고 하는 '과학(science)'이다.[5] 특히 기하학으로 대표되는 수학은 철학과 자연과학 발전 의 기초가 되었다. 데모크리토스(Demokritos, B.C. 460?~370?)는 만물의 환원론 적 기원으로서 원자론을 들기도 했는데, 이 역시 철학에 내재된 과학이다. 우리는 이로부터 서양고대철학에서 과학과 철학이 진리 규명의 방도로서 구분 없이 운용되었음을 알 수 있다.

이후 서구의 과학은 미분법의 창안자이기도 한 데카르트(René Descartes, 1596~1650)에 와서 새로운 단계에 돌입한다. 그는 "모든 과학은 분명하고 확실 한 지식이어야 한다."며 가능성의 지식을 배척하고 의심의 여지가 없는 분명 한 것만을 믿어야 한다고 했다. 하지만 지식의 확실성을 신봉했음에도 불구 하고 실상 확실하게 알 수 있는 것이 없다고 하는 인식론적 절망에서, 사유하 는 자아가 존재의 최소한의 근거라는 뜻으로 "나는 생각한다. 고로 존재한 다.(Cogito, ergo sum.)"라고 말하기에 이른다. 이는 정신과 물질의 분리이기도 하며, 세계 내 인간 정신의 우월적 지위의 획정이다.[6] 정신과 물질의 데카르 트적 분리에 따라 그는 자연의 지배자로서의 물질적 기계관을 생물학에도 확장하고자 했다.[7]

---

5 그러나 과학이 객관성에 토대한 것인지에 대해서는 오히려 의심받는 것이 양자역학 이래 오늘날의 과학이다. 어떤 의미에서 과학은 가설 위에 설정된 장 내에서만 진실인 학문이다. 가설의 토대가 흔들리면 그 이후의 모든 실험과 논리와 해석은 물거품이 된다. 그런 의미에 서 이제 현대과학은 인과율이 아니라 최상의 확률적 추정진술에 의지한다.

6 하이젠베르크는 이에 대해 "데카르트 이후 3세기 동안 정신과 물질의 분리는 인간 정신에 깊이 침투하였기 때문에, 실재의 문제에 대한 이와는 아주 다른 태도로 대치되기 위해서는 상당히 긴 시간이 필요할 것이다."라고 했다.(『새로운 과학과 문명의 전환』, 56쪽)

데카르트의 기계론적 우주관은 뉴턴에서 완성되었다. 뉴턴(Isaac Newton, 1642~1727)은 모든 물리적 현상이 일어나는 무대는 고전적 유클리드 기하학의 3차원의 절대공간이라고 하였다. "절대공간은 그 자체의 본성에 있어서 외부의 영향 없이 언제나 동일한 불변의 정지 공간"이며, 그 속을 움직이는 것은 작고 견고하여 파괴할 수 없는 동일한 입자들이라고 생각했으며, 이로부터 일어나는 완전하고도 신성한 중력법칙에 의한 운동현상을 수학적으로 설명했다.[8] 지동설을 주창한 코페르니쿠스(Nicolaus Copernicus, 1473~1543) 이래, 데카르트의 자연법칙에 대한 기계론적 세계 원리의 규명, 운동과 중력법칙을 설명한 뉴턴에 이르는 16~17세기 유럽은 대변혁의 '과학(대)혁명'(the Scientific Revolution)의 시기였다.[9] 이후 기계론적 세계관이 확립되면서 물리학은 모든 과학의 기초가 되었다.

이때 주목할 것이 당시 유럽의 대학들이다. 과학대변혁의 시기를 맞아 사회적 분위기가 달라졌음에도 불구하고, 13세기부터 출현한 유럽의 여러 대학들은 사회적 수요를 외면하고 여전히 기독교 신학 및 아리스토텔레스철학과, 사변적이며 세부적인 형이상학에 매달리는 스콜라학풍에 집착하였다.[10] 데카르트, 베이컨(Francis Bacon, 1561~1626) 등은 고답적 풍토를 벗어나 주로 수학 언어로 표현되는 자연법칙에 다가가며 '근대과학'의 새로운 학문 기풍을 일으킨 사람들이다.

데카르트, 페르마(Fermat, 1601~1665), 뉴턴, 라이프니츠(Leibniz, 1646~1716) 등에

---

7   프리초프 카프라, 이성범·구윤서 옮김, 『새로운 과학과 문명의 전환』, 범양사출판부, 1985, 53~58쪽.
8   앞의 책, 59~64쪽.
9   데카르트 이래 뉴턴에 이르는 과학혁명에 대한 설명은 장하석의 『과학, 철학을 만나다』(지식채널, 2014, 54~59쪽)을 참조.
10   김영식, 『인문학과 과학』, 176~177쪽.

의해 추동된 근대과학에서 새로운 수학, 대수학, 해석학, 생리학, 광학, 화학이 태동되었다. 과학의 방법론적 특징으로서 '경험적, 실험적, 기계론'적 속성을 들 수 있는데, 그때까지 개별적으로 존재했던 이러한 요소들이 16~17세기 과학혁명기에 들어서면서 함께 운용되기 시작했다. 또한 사회적으로는 각국에서 왕립 과학단체와 아카데미들을 창립, 운용하기 시작하며 과학 연구의 협동화가 가능하게 되었다.

근대 과학은 실용성을 중시했으며, 이를 통해 중세까지 우상, 미신, 독단, 가설에 젖어 철학의 일부분으로서만 존재했던 과학은 종속성과 몽매성에서 벗어나 독자 영역을 확보해 나갔다. 그들은 자신들의 일을 계속 '철학' (philosophy)이라고 부르긴 했으나, 고대 이래 철학에서 물어오던 본질적 문제에 대한 원인 규명보다는 현상의 탐구에 더 중점을 두었다. 그들은 이를 '새로운 철학'(new philosophy)이라고 불렀고, 이는 곧 '새로운 과학'에 다름 아니다.

이렇게 데카르트 이후 과학은 점차 자체 추동력을 발휘하며 학문의 분과화가 가속되었다. 그래도 18세기 초에는 뉴턴이나 라이프니츠와 같이 과학과 인문학 모두에 관심을 가지고 있었던 사람들이 있었지만, 18세기를 지나면서 그러한 사람들이 거의 사라지고, 과학 자체에만 전념하는 사람들로 대체되었다. 이제 새로운 과학자들은 자연철학에서 논하던 본질이나 원인을 찾는 일에서 벗어나, 현상을 미시적으로 실험 분석하고 기술하는 일에 집중하게 되었다. 이는 곧 '왜'(why)에서 '어떻게'(how)로의 전환으로서, 場과 가설 내의 본질적 거시담론보다는 현상적 미시담론으로의 전환이다.[11]

17~19세기에 이르는 기간 동안 과학이라는 명칭의 학문 안에는, 기존의 천문학, 수학, 광학, 의학 이외에도 수많은 갈래의 학문이 생겨나며 분과 학문

---

11   김영식, 『인문학과 과학』 2장 2절, 「과학혁명과 서양의 학문 및 과학」, 83~90쪽.

으로서의 전문성과 함께 오늘날과 같은 기본 형태가 갖추어졌다. 그리고 이는 인문학에도 번져 영역별 세분화가 진행되었다. 이렇게 하여 서구 과학은 그 자체의 독자성과 추동력을 가지고 보다 논리적으로 정밀화의 길을 걸어 나갔다. 그러나 한편으로는 시야의 협소화, 완고화의 위험도 동시에 내포하고 있었다. 그리고 이러한 방식은 적어도 아이슈타인의 상대성이론과 양자역학이 출현함으로써 '절대 시공간'의 틀이 파기되기 전까지, 즉 과학 패러다임의 변화가 있기 전까지는 별 문제가 없어보였다.

(2) 중국의 인문과학

동서 철학의 비교에 있어서 서구 자연철학이 과학발전에 기여했다고 하는 논리와 함께, 중국에 과연 과학이라고 할만 것이 있었는가라는 의문을 제기하는 견해가 상당부분 존재한다. 이러한 동아시아 과학에 대한 비하는 오늘날의 주류 사조인 서구 과학기술문명의 영향이기도 하다. 그러나 과도한 비하의 관점들은 조셉[조지프] 니덤(Joseph Needham, 1900~1995)이 『중국의 과학과 문명』 시리즈를 저술 및 동아시아경제의 부상 및 자각에 의해 어느 정도 불식되었으나,[12] 동아시아에서 과학이 주류를 이루며 발전하지 못했다고 하는 견해는 여전한 것 같다.[13]

고대 이래 동양 인문전통의 두 핵심 기지는 인도와 중국이라고 할 수 있는데, 필자의 역량 한계로 그 고찰이 중국에 한정될 수밖에 없다. 중국의 인문

---

12 *Science and Civilization in China(1~7)*, Cambridge: Cambridge University Press, 1954~1996.

13 이와 관련하여 김영식 같은 경우는 『동아시아 과학의 차이』(사이언스북스, 2013)에서 과학 혁명이 일어나지 않은 이유에 대해, 동서가 과학을 바라보는 관점 자체가 다른 데서도 그 원인을 찾을 수 있다며 반론성 해법을 제시하고 있다.

학 전통은 서구와는 색깔이 다르다. 고대 서양철학이 수학논리 중심의 자연철학의 경향이 강했다면,[14] 중국철학의 경우는 인간 사회중심의 관계론적 인문철학이 주류를 이루었다고 할 수 있다. 이를 서양의 객관과 동양의 주관화 경향으로 구분하는 관점도 있으나,[15] 칸트의 인식론과 양자 물리학을 거치면서 '절대' 또는 '객관'이란 말을 함부로 쓸 수 없게 된 오늘의 관점으로는 주객관을 자의적으로 재단할 수는 없다고 본다.

고대 중국철학의 정수는 공맹, 묵자, 노장에서 찾을 수 있으며, 이외 인도에서 전래한 불교와 禪學에 있다. 동서 비교의 측면에서 보자면 동양은 서양에 비해 유기체적 음양론 및 인격의 사회적 완성이라고 하는 심성적 인문철학이 서구의 자연철학보다 강하다. 또한 방법적으로는 동양은 서구의 주체와 분리된 사물에 대한 객관적 논리 분석보다, 세계와 인간의 직관적 상관적 심미주의 경향이 강하다.

한편 주역과 노자의 영향을 받고 이진법과도 연관이 있는 17세기 라이프니츠는 공맹의 강한 영향을 받은 중국문명의 특성을 이렇게 평가했다. "수학에서는 유럽이 뛰어나지만, 실천적 경험에서는 중국인들이 우월합니다. 수천년 이래 번영한 그들의 나라에서는 유럽에서 민족이동으로 인해 대부분 망실

---

14 여기서 용어의 사전적 정의를 하고 들어갈 필요가 있다. 먼저 '과학'이란 사물의 구조, 성질, 법칙을 탐구하는 인간의 이론적 인식활동 및 그 산물로서의 체계적 이론적 지식을 말한다. 과학에 대한 메타학문으로서의 '과학철학'이란 일선 자연과학의 이론과 양상 그 자체에 대한 철학적 의미론적 탐구이다. 그리고 '자연철학'은 자연의 물질이나 운동에 대한 존재론적 지위를 묻는 지적 활동이다.(최종덕, 「현대자연철학의 쟁점과 의미」; 강신익, 송상용 등, 『과학철학: 흐름과 쟁점, 그리고 확장』, 창비, 2011, 65쪽)

15 이러한 견해는 과학이 객관적이라고 하는 잘못된 관점과도 맞물리며, 또 다른 한편으로는 오리엔탈리즘과도 연결된다. 양자역학의 확률과학이 고전물리학의 절대 시공간을 깨고 인과율을 포기하게 한 공허에 대하여 동양 정신으로 보완하고자 노력한 신과학의 주도자인 프리초프 카프라(Fritjof Capra) 역시 동서양 사유와 학문방법론의 차이를 신비주의적 동아시아 사유로 볼 정도로 만연해 있다. 카프라 관점에 대한 요약은 『현대물리학과 동양사상』(이성범·김용정 옮김, 범양사, 1989, 9쪽) '역자서문' 참조.

된 선조들의 전통이 그대로 보존되어 있기 때문입니다."[16] 또 다른 글에서
라이프니츠는 "산업기술은 대등하며, 학문 이론은 유럽이 낫고, 실천윤리는
중국이 우월하다."고 말하기도 했다.[17] 그가 인격도야의 실천적 윤리 면에서
중국문명의 우월성을 인정한 것은 공자 유교문화의 선양이다. 이러한 견해는
처음에는 마테오 리치의 글에 영향 받은 유럽 예수회 선교사들을 통해 유럽
에 알려졌다.[18] 애당초 기독교 선교를 위해 파견되었던 예수회 선교사들은
중국 문명에 감복되어 아이러니하게도 거꾸로 공자사상을 선양하는 역할을
전도사 역할을 자처했던 것이다.

실상 중국문명의 소개는 예수회 선교사 이전 13세기 이탈리아 상인 마르
코 폴로(Marco Polo, 1254~1324)의 『동방견문록』에서 비롯되었는데, 유럽에 비해
매우 선진화된 도시 항저우의 도시문화에 대한 소개로 중국이라고 하는 문명
세계의 존재를 알게 된 것이다. 이후 14세기부터 유럽에서는 일반 대중들까
지 동방 문명의 선진성을 믿게 되었다. '종이, 나침반, 화약, 인쇄술'의 세계
4대발명이 모두 중국에서 시작한 것은 주지의 사실이다. 그들은 동방무역을
확대하면서 종지, 제지, 목활자, 금속활자, 활판인쇄술, 화약, 총포, 항해용
나침반, 주판, 지폐와 조폐술, 도자기, 칠기 등을 너도나도 수입하기 시작했
다. 특히 인쇄술과 나침반은 유럽의 문명을 한 단계 격상시켰고, 해외로 무대
를 확장하는 데 결정적인 역할을 담당했다.

---

16 황태연·김종록, 『공자, 잠든 유럽을 깨우다』, 김영사, 2015, 84쪽.(원전: 그리말디신부에게
   보낸 편지: Gottfried Wilhelm Leibniz, "Leibniz an Claudio Grimaldi", 19 Juli 1689)
17 위의 책, 87쪽.
18 위의 책, 41쪽. 『중국의 철학자 공자 또는 중국 학문』을 편역한 필립 쿠플레(Couplet)는
   서문에서 공자를 이렇게 소개했다. "이 철학자(공자)의 도덕체계는 무한히 숭고하면서 동시
   에 간단하고 이해하기가 쉽다. 자연적 이성의 가장 순수한 원천으로부터 도출된 것이라고
   말할 수 있다. … 이성이 신적 계시로부터 벗어난 상태에서 이토록 강력하게 나타난 적은
   없었다."

고대 유럽에서는 이집트 나일강의 범람을 제어할 목적으로 기하학이 발달하기 시작한 데 비해 중국은 고대부터 대수학, 천문학, 지리학이 발달했다. 그 구체적 내용은 니덤의 책에 상술되어 있다.[19] 또 이 책에서는 수학에서 숫자 0의 사용이 유럽보다 앞섰을 가능성도 제시하고 있다.[20] 이에 관한 니덤의 추측은 도가의 無 또는 송대 性理學이 발달하면서 周敦頤의 '無極而太極'의 무 개념과 유관할 것으로 추정하였다.[21] 그들은 『大學』의 팔조목에서 나오듯이 사물의 본질적 이치를 궁구하여 진정한 앎의 경계에 이를 것을 궁극적 목적으로 삼았다.[22] 그것이 '格物致知'이다. 이는 서구의 자연철학과 같은 범주이다. 그러나 그 지향과 강도는 다르다. 사서의 주안점은 사물 자체의 본질적 이치가 아니라, 군자학으로서 인간의 마음을 사회적 이상과 어떻게 잘 정합할 것인가 하는 데에 있었다.[23] 결국 서양과 동양의 자연철학의 추동방식은 지향과 강도가 모두 달랐으며, 그 지속과 외부적 곡절의 결과 오늘의 편차를 낳은 것이 아닌가 싶다.

이외 니덤의 축약본 제2책에서는 천문, 역법, 점술, 우주관, 기상학, 지리학, 지도, 지질, 물리학에 이르기까지 중국 자체의 발전상을 상세히 기록하고

---

19 ① 축약본1: 조셉 니덤, 김영식·김제란 옮김, 『중국의 과학과 문명: 사상적 배경』, 까치, 1998. ② 축약본2: 조셉 니덤, 콜린 로넌 축약, 이면우 옮김, 『중국의 과학과 문명: 수학, 하늘과 땅의 과학, 물리학』, 까치, 2000.

20 숫자 0은 인도어로 空을 뜻하는 수냐(sunya)인데, 이슬람으로 건너가 시프르(sifr)가 되었고, 다시 유럽에 가서는 시프르(chiffre), 제피루스(zephirus) 등으로 音借되다가 오늘날의 zero가 되었다.(Charles Seife, 고종숙 옮김, 『無의 수학, 無限의 수학』, 시스테마, 85~87쪽)

21 조셉 니덤, 김영식·김제란 옮김, 『중국의 과학과 문명: 사상적 배경』(축약본1), 12~14쪽.

22 『대학』은 원래 『예기』 제42편이었는데, 주희가 『中庸』과 함께 別章하여 『四書』의 한 편으로 편성했다. 군자학의 중심 개념인 '삼강령 팔조목' 중 대강령인 삼강령은 '明德, 新民(親民), 止於至善'이고, 실천 조목인 팔조목은 '格物, 致知, 誠意, 正心, 修身, 齊家, 治國, 平天下'이다.

23 이상의 관점은 김영식의 『동아시아 과학의 차이』(사이언스북스, 2013, 75~92쪽) 제4장 「유교와 동아시아 과학의 발전」을 참고.

있으며, 15세기까지 중국의 과학문명이 유럽에 비해 뒤쳐진 것이 아니라 오히려 독자성과 함께 앞선 면이 있음을 보여준다. 니덤은 그의 '중국의 과학과 문명' 시리즈를 통해 생물학을 떠나 유기체설을 신봉하는 과학사가가 되었다. 본고는 서구 과학주의 환경 속의 동아시인으로서의 인문학과 중국학의 반성적 활로 모색이 중심 논제이므로, 중국 쪽의 논의는 줄이고 이제부터는 현대 자연과학과 인문학에 대하여 생각해 본다.

2. 현대물리학과 인문학

(1) 현대물리학: 물질(matter)에서 사건(event)으로

18세기 산업혁명 이래 생산력의 획기적인 증대와 해외시장 개척으로서의 제국주의 팽창과 함께 도래한 20세기는 아인슈타인과 하이젠베르크의 원자 물리학으로 새로운 과학 혁명의 시대를 연다. 그리고 그것은 '세계 구성의 상대성과 불확정성'으로 요약된다. 1905년 스위스 특허국에 근무하던 아인 슈타인(Albert Einstein, 1879~1955)은 '물리학연보'에 '운동하는 물체의 전기역학에 대하여' 등 몇 편의 논문을 발표하였는데, 고속의 물체에 대하여 광속이라는 상수를 통해 '질량-에너지' 관계를 규정할 수 있다고 하는 특수상대성이론이다.[24] 그리고 아인슈타인은 지금으로부터 꼭 100년 전이며, 특수상대성이론으로부터 10년 후인 1915년 빛을 포함한 모든 물체는 중력의 영향을 받는다는 '중력-가속도 등가원리'인 일반상대성이론을 발표했다.[25] 그 가설은

---

24 특수상대성이론(Special theory of Relativity)은 '질량-에너지 등가법칙'과, '동시성의 상대성' 즉 동시적 사건의 상대적 부동성을 함의한다.(위키백과사전) 특수상대성이론은 관성계에서만 적용된다.

1919년 실험으로 증명되어 1921년에 노벨물리학상을 받았다. 여기서 주의할 것은 빛은 초당 30만Km로 변하지 않고, 다만 빛이 달리는 시공간의 場에서 중력에 의해 휘어진다는 것이다.

상대성이론과 함께 언급할 또 하나의 업적은 양자역학 또는 양자물리학이다.[26] 『부분과 전체』로 유명한 하이젠베르크는 1927년 양자역학의 불확정성 원리를 발표하고, 1932년 노벨물리학상을 받았다. 상대성이론과 불확정성원리가 나오면서 플라톤 이후 2천여 년 유지되어 오던 실재론이나 뉴턴과 맥스웰(James Clerk Maxwell, 1831~1879)의 기계론적 고전물리학은 일정 조건을 넘어서면 맞지 않고 부분적으로만 적용가능하다는 것을 알게 되었다. 이들 이후 오늘에 이르는 약 100년의 시간은 인문사조를 포함한 20세기 문명 전체가 '절대의 쇠락, 상대의 부상'이라고 하는 새로운 문명의 메가트렌드 하에서 요동치며 흘러가고 있다.

그러면 상대성이론과 양자물리학이 시사하는 20세기 과학의 정신적 메시지는 무엇인가? 먼저 1905년의 특수상대성이론은 $E = mc^2$이라는 식으로 요약되는데, 이는 '질량-에너지 등가원리'이다. 이는 뉴턴 역학의 실체적인 질량과 에너지는 서로 다른 것이라는 믿음을 깨고, 질량과 에너지가 서로 연결된다는 것을 보여주는 이론으로서, 서로 다른 두 속성의 상호 주고받음을

---

25 일반상대성이론(General Theory of Relativity: GR.)은 중력은 시공간의 곡률이라고 하는 기하학적 언어로 기술된 물리이론이다. 이는 관성계와 비관성계를 막론하고 동등하게 적용된다.

26 고전물리학에서 원래 입자와 파동은 서로 다른 것이라고 여겨져 왔다. 그러나 아인슈타인의 광양자이론으로 빛이 입자성을 지니고 있다는 것을 발견하면서, 빛은 파동이자 입자인 것을 알게 되었다. 이러한 불연속적인 값들을 설명하는 이론이 양자역학이다. 양자의 사전적 정의는 '어떤 물리량이 연속 값을 취하지 않고 어떤 단위량의 정수배로 나타나는 비연속값을 취할 경우, 그 단위량을 가리키는 용어'이다. 즉 모든 물리량이 불연속적인 값을 가지며 이 불연속적인, 즉 양자화된 것들의 움직임을 설명해 주는 것이 양자역학이다. 양자역학으로 확실성의 종말이 시작되었다.(위키피디아 사전)

의미한다. 이 이론으로부터 현실적으로는 원전이나 원폭 제조의 길이 열리기
도 했다.

　이후 10년 뒤 발표된 일반상대성이론은 '중력-가속도 등가원리'로서, 중력
은 곧 가속도라는 것이다. 그는 중력이란 물체들 간에 잡아당기는 힘이 아니
라, 주위의 시공간을 휘게 만드는 힘이라는 것이다. 지구와 사과간의 잡아당
기는 힘으로 표현된 뉴턴의 사과는, 아인슈타인에서는 지구의 질량이 만든
휘어진 시공간의 구덩이로 내던져진 사과가 된다. 또 그는 삼차원 시공간에
서도 빛은 이차원 같이 測地線[최단선]을 따라 직진하지만 이미 물체가 왜곡시
킨 휘어져 있는 시공간 때문에 겉으로는 휘어지는 것처럼 보인다는 것이다.
결국 사물의 존재의 장인 휘어지는 시공간은 중력·가속도의 변수이다. 그리
고 중력장이 크게 작용하는 곳(즉 가속도가 빠른 곳)에서는 시간은 느리게 간다.
결국 최근 영화 <인터스텔라(Interstella)>에서 보듯이 빠른 속도로 움직이는
우주선 속의 아버지의 시간은 천천히 흐르고 지구에 남아서 아버지를 기다리
던 딸의 시간은 빨리 흘러, 딸이 아버지보다 더 늙게 된다.[27] 그렇다면 오랜
시간을 떨어져 살았던 쌍둥이가 나중에 다시 만났다면, 산위에서 산 사람과
바닷가에 살았던 어부 중에서 누가 더 늙었을까? 결과는 지구 중력이 크게
작용한 바다에 살았던 쌍둥이의 시간이 천천히 흘렀으므로, 더 젊게 보였을
것이다. 높은 산에 비해 강과 바닷가의 지가가 비싼 이유가 될지도 모르겠다.
　아인슈타인의 이론이 우주에 관한 거시물리학이라면, 하이젠베르크

---

27 중력이 큰 곳에서는 시간이 느리게 가고, 중력이 작은 곳에서는 시간이 빨리 간다. 빠른
속도로 가는 우주선을 생각해 보면, 우주선 속 시계는 중력장 바깥의 우주공간의 시계에
비해 상대적으로 더 천천히 간다. 만약에 이 우주선이 다시 지구로 돌아왔다면 지구 시간의
차이가 드러날 것이다. 그러나 빠르고 늦음은 절대시간의 존재를 상정했을 때 나오는 이야
기일 뿐, 절대시간의 개념이 의미 없는 일반상대성이론에서는 각 존재는 각자의 시공간을
살아갈 뿐이다. 인문학적 방식으로 푼다면 누구에게는 빠르고 누구에게는 느린 우리의 삶
의 시간도 그런 것이 아닐까 싶다.

(Werner Karl Heisenberg, 1901~1976)의 불확정성원리는 미시물리학이다. 아인슈타인을 비롯한 1910년대의 과학계를 보자면 팽창하는 우주론에 대한 상대성이론이 해결하지 못한 문제의 단초를 잡기 위해 미시세계의 양자역학으로 초점을 옮긴 것이었다. 이 두 이론은 서로 정합되지는 않지만, 우주의 거시의 세계와 소립자의 미시의 세계가 상관적 유사성을 띠고 있다는 점에서 이들은 서로 동형구조적(Isomorphism)이다.

양자역학에서 미시세계인 원자에서 전자의 위치를 알고자 하면, 그만큼 더 짧은 파장의 빛으로 관찰해야 한다. 그러나 파장이 짧아질수록 '콤프턴 산란'(compton scattering) 때문에 전자의 유동성이 커지고,[28] 전자의 운동량 값의 측정은 그만큼 부정확해지게 된다. 결국 원자 크기 이하의 미시세계에서 위치와 운동량(속도)은 서로 불확실한 관계에 있게 된다는 뜻이다. 미시세계에서는 물체를 관측하는 행위 자체가 계에 교란을 일으켜 그 물체의 위치와 속도를 동시에 알 수 없게 되는 것이다. 이는 일상적 상황에서는 작동했던 뉴턴 법칙이 극소의 미립자 세계에서는 더 이상 맞지 않는다는 것을 뜻한다. 관찰자가 대상에 영향을 미치며 순간마다 매번 다르게 찍히는 전자의 모습을 비유적으로 말하자면, 양자역학에서 존재의 춤은 배우와 관객이 함께 共演하며 매회 다르게 올려지는 한바탕의 마당극이다.

양자역학의 함의에 좀 더 들어가 보자. 관찰자의 측정 행위가 관찰 대상에 영향을 미치는 까닭에, 결국 시공간상의 존재적 대상은 확률적 순간의 포착으로서만 파악되는 것일 뿐, 고정되어 있거나 불변이 아니다.[29] 그런 의미에

28 콤프턴 산란의 사전적 정의는, 높은 에너지의 광자가 전자와 상호작용하여 에너지를 잃는 비탄성 산란 과정이다. 1923년 아서 콤프턴(Arthur Compton, 1892~1962)이 최초로 이론적으로 설명하였다. 콤프턴 산란 실험은 빛이 파동-입자 이중성을 따른다는 것을 보여준다. 콤프턴은 이로써 1927년 노벨 물리학상을 받았다.

29 '存在'라는 말이 시간과 장소의 합성어임을 상기하면 적확한 표현이다. 이는 존재가 깃들어

서 존재는 양태를 달리하며 시간의 장에서 存하고 공간의 장에서 在하다가, 때로는 장자로 또 때로는 나비로 변하는 것은 아닐까?

관찰이 대상을 변화시킨다고 하는 말은 결국 라플라스(Pierre-Simon Laplace, 1749~1827)나 뉴턴적 세계에서는 과거 사건의 인과율적 연장선에서 현재와 미래가 결정되는 일원적 결정론의 상실이며, 새로운 다원적 결정론의 탄생이다.[30] 그래서 양자역학을 발견한 당시의 물리학자들도 매우 당혹스러워하였다. 확률적 주사위놀이와 같기 때문이다. 때문에 아인슈타인은 "신은 주사위놀이를 하지 않는다."고 부정했지만, 물리학계에서 이 말은 아인슈타인의 시대가 끝났다는 것을 뜻한다. 뉴턴 역학과 아인슈타인은 실재론과 결정론에 서있었고, 하이젠베르크는 본질과 실재는 확인불가능하다는 확률론적 물리학을 제시한 것이었다.

현대과학의 표상인 상대성이론과 불확정성원리로 고전역학의 인과율적 확실성은 빛을 잃고 일상적 차원에서만 적용가능하다는 한계가 노정된다. 본질과 실재가 확정적이지 않다는 것은 노장적으로 말하자면 가시적인 개별성의 가도계와 본질적 잠재계로서의 상도계가 충기로 가득 찬 '사건의 지평선'(event horizon)인 블랙홀(black hole)과 같은 황홀의 거뭇한 현동의 세계에서,[31] 장자와 호접몽의 존재적 옮겨 다님 같이 서로 物化 중에 상호텍스트적

사는 '世界'와 '宇宙'도 시공의 합성어들이다. 이백의 「春夜宴桃李園序」에 "천지는 만물의 여관이요, 시간은 백대의 과객이다.(天地者萬物之逆旅, 光陰者百代之過客)"라고 한 말이 와 닿는다. 그러나 더 거시적으로 보면 존재는 말할 것도 없고, 존재의 집마저도 모두 변해가는 나그네에 불과하다. 이 어휘들은 본래 인도 범어에서 유래했다. 그래서 이 관점을 더 밀고 나가면 '우리 자신이 곧 우주'라는 과학적 정의에 와 닿는다.

30 일상 상태하의 고전물리학적 인과율이 폐기된다는 점에서 상실이고, 수많은 가능성이 열려 있어 인간이 알기는 현재로서 거의 불가능하지만 복잡계적 초기조건들에 대하여 정교한 고려와 계산을 통해서 미래가 결정론적으로 예정되어 있다는 점에서 새로운 다원적 결정론의 탄생이다.

31 현대양자역학의 우주론적 의미에서 『노자』 제1장의 시원적 '玄同'의 세계는 블랙홀 같은

으로 천이하고 생멸하는 존재적 양상을 뜻한다고 볼 수 있다. 존재의 근원과 현상에 관한 동아시아적 고찰의 일환으로 필자는 최근 3편의 연구를 통해 부분적으로 노장 존재론의 현대물리학과의 상관성을 논하기도 했다.[32]

다시 하이젠베르크의 불확정성이론으로 돌아오자. 이제 현재에 이르는 길은 단일한 하나의 길이 아니라, 매우 다양한 과거의 존재 가능성에 대한 열림으로 해석되고, 여기서 더 나아가면 우주도 단일한 역사가 아니라 다양한 확률적 역사를 가질 뿐만 아니라, 미래 역시 그렇게 해석 가능하다. 현대 과학의 중심이론인 초끈 이론을 통해 우리가 사는 거시 우주는 단일한 하나의 우주(Universe)가 아닌 다원우주(Multiverse)라고 하는 'M-이론(M-theory)'의 근거가 된다.[33] M-이론에서는 10^{500}종의 우주가 존재가능하다는 것으로 귀결되며, 우리가 살고 있는 우주는 수많은 다원 우주 중 하나에 불과하다. 이와 같은 논지들은 쿼크(quark)와 초끈 이론(string theory)과 연계되며 초끈 이론의 세계는 11차원으로 귀결된다. 차원의 다층화는 마치 집 마당에 놓인 긴 호스의 비유로도 설명 가능하다. 멀리서 보면 그것은 2차원 선이다. 그러나 가까이 갈수록 입체적인 3차원 공간화한다. 즉 차원의 분화는 일상생활 공간의 이면인 내면공간(inner space)에 은폐되어 있어서 가까이 갈 때만 그 모습이 드러난다. M-이론의 해가 허용하는 내면공간의 수가 10^{500}개가 된다는 것은

'玄洞'으로 읽을 수 있다.

32 필자는 노자와 장자의 세계인식에서 '보이는 세계'[유의 가도계]와 '보이지 않는 세계'[무의 상도계]의 양행적 상관성 속에서 추동된다고 바라본 것은 우주와 세계 존재에 대한 동아시아적인 해석학적 탁견으로 평가하고, 이 두 세계간의 상세한 상관관계에 대한 노장의 인식을 과학철학적으로 재해석했다. 상세한 내용은 필자의 『노장선역, 동아시아 근원사유』(역락, 2017)를 참조.

33 M-theory는 11차원의 시공간에 존재하는 물리이론이다. 'M'의 정확한 의미는 알려져 있지 않다. 그 가능한 의미는 기적(miracle), 수수께끼(mystery), 초끈 이론에서의 2차원 및 5차원의 膜(membrane) 등을 의미한다고 한다. 또한 행렬을 뜻하는 'matrix'라고도 한다. 필자가 보기에는 결과적으로 다중우주론으로 연결되므로 'multi'도 가능하지 않을까 싶다.

독립적인 고유의 법칙들로 추동되는 우주의 수가 그만큼이나 많다는 뜻이다.[34] 빅뱅으로 이루어진 우주의 발생과 다원화는 동아시아 불교의 '다즉일이면서 일즉다'란 말이 지니는 물리학적 함의에 와 닿는 부분이 있다.

현대 과학이 보여주는 두 가지 특징은 고전역학의 절대성과 확실성에 대한 상대성과 불확실성의 과학철학적 인식 전환이다. 이는 근대과학의 '절대성, 안정성, 유클리드적 선형성, 요소환원주의, 톱-다운 메커니즘, 결정론'의 세계로부터, '상대성, 비안정성, 비유클리드적 비선형성, 불확실성의 세계로의 전환이다. 이를 요약하면 절대적이며 불변적 속성이라고 간주했던 '물질(matter)'로부터 유동하며 가변적인 '사건(event)'으로의 인식적 전환이라고 할 수도 있다.[35]

현대과학에서 시공간은 이제 상대적이며, 이제까지 발견한 가장 작은 미립자인 쿼크(quark)는 매 순간마다 부단히 변하고 속은 거의 비어 있다. 이는 거시 우주의 모습과도 큰 차이가 없어 보인다. 현대과학에서 물질은 고정적이지 않고, 중력이 자아낸 시공간의 장에서 이렇게 저렇게 움직이고 생멸하는 가운데 다른 것으로 변해간다. 그리고 별들은 빅뱅의 대폭발과 함께 백색왜성으로 태어났다가 다시 적색거성으로 운명을 마치고 흩어져 블랙홀로 빨려 들어간다.

노자가 말했듯이 만물은 제사에 썼다가 용도가 끝나면 버려지는 짚강아지[芻狗]와 같은 무정한 자연에서 잠시 있다 가는 나그네에 불과하다.[36] 그리고 M이론에서 우주는 무한에 가까울 만큼 많다고 한다. 그렇다면 우리 존재는

---

34 스티븐 호킹·레오나르드 믈로디노프, 전대호 옮김, 『위대한 설계』, 까치, 2010, 145~151쪽.
35 장은성, 『복잡성의 과학』, 전파과학사, 1999, 53~60쪽.
36 『노자』 제5장, "천지는 어질지 않으니, 만물을 짚 강아지처럼 여긴다. 성인은 어질지 않으니 백성을 짚 강아지처럼 본다.(天地不仁, 以萬物爲芻狗. 聖人不仁, 以百姓爲芻狗.)"

제한된 시공간 속에서 항해하는 한 점이 아니겠는가! 생장소멸하는 우주의 사건들 사이에서 잠시 명멸하는 존재의 불빛, 그것은 현대과학 우주론의 물질(matter)에서 사건(event)으로의 전환을 의미한다. 그래서 소식은 「적벽부」에서 '변이 불변이고, 불변이 변'이니, 변하는 것과 변하지 않는 것이 다 껍데기 허상이라는 달관의 담론을 펼쳤던 것은 아닐까?[37]

(2) 현대과학의 인문학적 의미

상대성이론과 양자역학의 타 분야로의 파급은 20세기 내내 사조, 학문, 문화 전반에 걸쳐 메가톤급으로 강타하였다. 그 인문학적 메시지는 '절대성, 고유성, 확실성, 중심성'에 대한 의심으로서의 '상대성, 다변성, 불확실성, 주변성'으로의 전환이다. 가장 먼저 영향을 받은 것은 사조의 변화였다. 문화예술의 각종 사조는 모더니즘, 아방가르드, 전위예술, 입체파 등의 회화에 이르기까지 광범한 영향을 미쳤다. 현대회화에서 늘어진 시계를 그린 달리(Dali, 1904~1989)의 'The persistence of Memory'를 비롯한 피카소(Pablo Picasso, 1881~1973)와 르네 마그리트(René Magritte, 1898~1967) 등의 큐비즘, 입체주의, 추상주의, 초현실주의적 아방가르드(Avant Garde) 풍의 그림들은 그 사조적 반영이다.

문예사조면에서는 삶의 불확실성에 대한 실존주의와 모더니즘, 인류학에

---

37 蘇軾, 「前赤壁賦」, "그대는 물과 달에 대해서 아는가? 가는 것이 이와 같으나 가는 것만이 아니오. 또 차고 이지러짐이 저와 같으나 결국 없어지거나 자라나는 것이 아니오. 사물을 변화의 관점에서 보면 천지는 일순간이라도 쉼이 없고, 또 사물을 불변의 관점에서 보면 사물과 나 모두 다함이 없으니, 무엇을 부러워하겠는가?("蘇子曰 '客亦知夫水與月乎? 逝者如斯, 而未嘗往也. 盈虛者如彼, 而卒莫消長也. 蓋將自其變者而觀之, 則天地曾不能以一瞬. 自其不變者而觀之, 則物與我皆無盡也. 而又何羨乎?)

서 비롯된 상호 역학 관계를 구조로써 설명한 구조주의,[38] 히피문화, 포스트모더니즘, 原典과 실체의 무의미성에 토대한 시뮬라시옹(Simulation),[39] 융(Carl Jung, 1875~1961)의 집단무의식이나, 데리다(Jacques Dérrida, 1930~2004)와 라캉(Jacque Lacan, 1901~1981)의 언어철학과 정신분석학 등은 우주와 원자구조에 대한 20세기 현대과학의 새로운 발견의 연장선에서 결과한 사조들이다. 이는 본질과 현상, 원전과 복사 사이의 비구분 등 양자역학적 불확실성의 시대의식의 반영이며, 그 핵심은 절대적 확실성의 소실의 상대적 불확실성으로의 대체였다.

지난 세기 양차 세계대전과 1950년대부터 시작된 소련과 미국의 우주탐사 로켓 발사, 1960년대 인위적 권위를 거부하는 반전운동 및 청년문화, 1970년대 미국의 민간 기업으로서의 중앙은행인 연방준비은행(Federal Reserve Bank: FRB)의 금태환제도의 폐지, 오일쇼크와 냉전 구도하의 석유 패권의 갈등 증폭, 911테러에 이르기까지 1980년대를 거치면서 세계는 보다 복잡해지고 한 영역의 시야만으로는 풀기 어려운 문제들이 다발적으로 등장하기 시작했다. 세계가 그만큼 서로 가까워지고 관계망이 다원화, 복잡화한 것이다.

과학의 발달은 정보혁명을 가속하여 1977년 개인용 컴퓨터(PC) 보급이 시작된 지 40년도 안 되는 시간에 시공을 초월한 유비쿼터스 정보사회, 인터넷 네트워킹의 복잡화, 빅데이터 정보화, 그리고 스마트폰의 영역 확장이 빠르게 구현되고 있다. 화학에서는 열린 비평형계의 비선형적 역동과 소산구조(dissipative structure)를 통해 복잡계 과학의 자기조직화적 카오스이론(Chaos

---

38 구조주의 구조의 영원성을 절대화하며 향수하려는 의미에서는 이원론적이며 고전역학적 이데올로기를 담고 있으나, 원자 또는 가족의 상호 역학적 구조를 통해 진실에 다가가려 한다는 점에서는 접근 방식 면에서 현대과학의 탐구 방법을 원용했다고 생각된다.

39 장 보드리야르, 하태환 옮김, 『시뮬라시옹 *Simulation*』, 민음사, 2001, 15쪽, 146쪽.

theory)으로 자연법칙에 대한 보다 심화된 이해가 사회 부문으로 확장되었고,[40] 생물학에서는 DNA구조의 해독을 통해 복제적 생명공학, 그리고 심리학, 신경생물학을 넘어 뇌과학이 개화했으며, 해석의 지평 역시 학제간적 범주를 넘어 실생활에 폭넓게 관여하기 시작했다.

이상의 흐름을 요약하면 세계대전 이후 전지구화가 진행되면서 각종 굵직한 문제들이 다원적 관계 속에서 진행되기 시작했다. 그리고 이전까지의 전문화라는 이름으로 진행된 단일 시야로는 복잡계적 문제를 풀기 어렵게 된 까닭에, 학문과 과학에서도 통합적 해법의 필요성이 대두되었다. 1940년대 생물학, 수학, 정보학에서 군사적 목적으로 출발한 시스템론(system theory), 사이버네틱스(cybernetics) 등은 이러한 필요에서 나온 융합적 학문이다.[41] 시스템이론과 사이버네틱스의 방법론적 특징은 목적성, 전체성, 개방성, 상관성이다. 이러한 방식은 각종 과학, 의학, 사회경제 분야에 폭넓게 응용되었는데, 서로 다른 것의 긴밀한 결합, 이것이 현대를 관통하는 주류 흐름이다. 우주 로켓, 군수산업, 영화산업이 대표적 사례고, 프레디 맥(Freddie Mac), 페니메이(Fannie Mae) 등 회사에서 투자한 서브프라임 모기지론(Sub-prime Mortgage Loan) 채권으로 2008년 세계금융위기를 불러일으켰던 금융공학(financial engineering) 역시 학문융합의 부정적 결과 사례다.

---

40 Ilya prigogine(1917~2003)은 열린 비평형계에서의 기체 분자의 움직임에 대한 복잡성의 과학을 확률론의 관점에서 카오스이론을 제시하여 1977년 노벨화학상을 받았다. 혼돈과 질서, 우주의 진화, 시간론에 대해 인문학적 성찰 속에서 기존 관점과도 다른 독자적 견해를 밝혔다. 이에 관한 내용은 『확실성의 종말』(일리야 프리고진, 이덕환 옮김, 사이언스북스, 1997)을 참조.

41 시스템 이론은 근대적 실험의학자인 베르나르의 유기체 '내부 환경설'과 20세기 초 생물학자 캐넌의 '항상성' 이론을 토대로, 1940년대에 생물학자 버틀란피(Ludwig von Bertalanffy)와 수학철학자 위너(Nobert Wiener)의 자기조절적 시스템 이론을 수립하였고, 이것이 바로 사이버네틱스(cybernetics)이다.(오태석, 「주역 표상체계의 확장적 고찰」, 『중어중문학』 53, 2012.12, 165쪽)

요약하자면 이러한 사고의 근저에는 20세기 현대물리학의 새로운 패러다임, 그리고 고도로 얽힌 복잡계적 사회, 문화, 과학의 흐름이 배경으로 작용하고 있으며, 그 유력한 해법의 하나가 융합(convergence)이다. 그러면 왜 융합인가? 그것은 하이젠베르크의 책『부분과 전체 *Der Teil und das Ganze*』(1969)에서 암시하듯이, 개별적으로 해결하지 못하는 것들에 대한 '통째로 보기'이다. 융복합적 시야의 확보는 바로 기반 학문으로서의 자기순수성을 지니는 전통적 의미의 인문학의 존재와는 다른, 당대적 세계 내에 복잡하게 얽혀 있는 문제들에 대한 포괄적 모색과 해결로의 시대적 요청이다. 그렇다면 이는 근대 과학 이래 수세기 동안 걸어왔던 전문화와 분화와는 다른 의미의 방향 선회의 의미를 지닌다.

이상 현대과학은 빛의 속도로 발전하며 그 종사자들마저 놀랄 새로운 발견 앞에서 다양한 이론적 해석과 철학적 질문을 거듭하며 오늘에 이르렀다. 그리고 새로운 과학은 문화 학술 전반에 영향을 미쳐 20세기 사조의 변화를 가져왔다. 절대의 신과 이성적 실재가 사라진 자리에 모더니즘과 포스트모더니즘의 여러 이론을 낳기도 했다. 이는 근대 이래로 주로 과학이 먼저 나아가고, 그것이 지니는 의미에 대한 인문학적 성찰이 뒤따랐다는 것을 보여준다. 이렇게 과학자들이 과학의 발견과 해석이라고 하는 부단한 질문과정 속에서 그 해석학적 지평의 확장에 노력해 왔다면, 우리 인문학자들은 어떠한 모습이었는가? 이제 우리시대 인문학은 이러한 문명의 거시 환경의 변화와 관련하여 어떤 대응 자세를 보이는 것이 좋을지에 대하여 생각해 보기로 한다.

3. 과학시대의 인문기반 융복합 동아시아학

(1) 한국인의 동아시아학 하기

학문은 기본적으로 인간 존재와 시대에 대한 질문과 해답의 부단한 대화 과정이다. 상대성이론과 양자역학의 새로운 우주관의 대두로 이전까지의 뉴턴적 인간 이해에 근거한 인문학의 새로운 정립이 필요하다. 이 점에서 사대부 중심의 사회 시스템을 운용했던 동아시아 문화의 특성과 세계이해에 대해서도 새로운 이해가 필요하다. 본 장에서는 상대성이론과 양자역학의 불확정성이론이 요청하는 인문학의 미래 정향을 중국학을 포함하는 동아시아학과 연결 논의한다.

필자는 동아시아 중국학을 과학적 방식으로 연구하는 동아시아 한국인이다. 만약 위와 같이 과학의 성과 위에서 인문학의 변화가 필요하다고 본다면 다음과 같은 방향의 순서도가 가능할 것이다. 즉 대상과 방법 면에서 ① '과학 → 인문학 → 동아시아학(중국학)'으로의 과정이며, 또 하나는 그것을 수행하는 주체 면에서 ② '세계 → 동아시아 → 한국'이다. 전자는 학문 범주와 그 방식이고, 후자는 주체의 관계되는 문화적 시공간과 관련된다. 그렇다면 필자가 제목삼은 '현대 자연과학과 동아시아 인문학과 중국학'이라고 하는 표제의 지향점은 대상과 방법으로서의 학문하기와, 문화 공간 속의 주체의 태도라고 하는 두 가지 함의를 안고 있다. 대상과 주체에 관련된 상기 두 내용을 결합하면 '한국인의 동아시아학 하기'가 되겠다.

이 두 표제 중 먼저 앞의 '과학 → 인문학 → 동아시아학'의 과정 속의 '대상으로서의 동아시아학 및 그 방법론'을 생각해 본다.[42] 제2장의 서술을 통해

---

42 여기서 과학을 앞에 둔 것은 과학이 인류 문명의 선도적 역할을 한 데 대한 표상적 설정이

과학자들의 이론 발견과 그에 수반되는 인문학적, 철학적 해석 과정에서 보았듯이, 이제는 인문학자들이 보다 폭넓고 진지하게 학문 외연적 숙성과 성찰을 해야 할 필요가 있다고 생각한다. 타 학문과의 상호텍스트적 피드백 과정은 인문학 본연의 총체성을 보다 잘 성취하는 데 도움을 줄 것이다. 또한 이렇게 설정된 인문학적 토대 위에서 동아시아학과 중국학이 추동되면 그 효용과 기여가 더 클 것이다.

　만약 우리시대 인문학이 분과학문 위주의 분열적 전문화에만 안주한다면 이는 나무만 보고 숲은 보지 못하는 우를 범하는 일이며, 인문학의 본령은 더욱 아니다. 앞에서 필자의 전공도 아닌 과학사와 과학철학사를 언급한 이유가 여기에 있다. 과학이 인문학을 바라보고 있는데, 인문학이 과학을 바라보고 가지 않는 것이 과연 타당한가라는 성찰적 질문이기도 하다. 또 이는 현실적으로 온라인, 온텍트, 빅데이터 중심의 세계사조와 인구변화가 요청하는 대학의 구조 개편, 융합 연구화, 산업과의 친연관계 등에 직결된다. 인문학역시 시대, 시장, 수요의 산물이기 때문이다.

　기초 수요인문학으로서 현대 인문학은 사회과학, 자연과학 등 다양한 성과들을 공유해야만, 전통적 의미의 리더 혹은 협력자의 역할을 수행할 수 있다. 이러한 요청은 교수, 학자뿐 아니라 학생들에게도 공히 요구되는 과제다. 그리고 그 바탕에서 문사철로 분과되는 중국학을 바라보아야 한다. 그런데 실상은 어떠한가? 문학하는 사람은 역사·철학을 보지 않고, 역사나 철학역시 인접 학문에 대해 별 관심이 없지는 않은가? 이러한 풍조는 기실 서구에서 유입된 분과적 교육제도와도 연결되어 있다. 그러나 서구에서는 이미이러한 경향이 퇴조 혹은 보완되고 있는데도 불구하고, 일단 수용하기 시작

지, 과학만능주의를 주장하는 것은 아니다. 그러므로 경영, 경제 등 사회과학이나, 예술과여타 복합장르 역시 모두 상호텍스트적 피드백 대상으로서 보아도 된다.

하면 정통성을 부여하며 교조적인 우리 풍토에서는 그 개선이 쉽지만은 않다. 학문의 밥그릇하고도 연결되어 있는 까닭에 더욱 그러하다. 이 점은 2천년대 초 제1차 인문학의 위기 상황 때부터 누차 논의된 내용이므로 부연하지 않는다.

교육면에서 필자는 일찍이 교양에서의 융복합화와 전공교육의 질적 심화가 절실하다고 생각해 왔다. 학제와 관련해서는 현재의 유기성이 결여된 분과학문적 교양을 지양하고, 학제적 통합과정으로서의 실제적 융복합 지향의 교양교육화를 위한 노력이 필요하다고 생각한다. 이미 말뿐인 '전공심화과정'은 실제로 잘 이루어지지 않고 있는 것이 현실이다. 실질적 의미가 없는 보여주기 식 '스펙 쌓기'와 대중적이며 하향식 강의평가제의 부작용을 개선할 필요가 있다. 그 중심에는 상대평가제가 있다고 본다. 필자는 절대평가 베이스에서 학생들에게 적절한 과업을 부여함으로써 오히려 참다운 질적 성장이 가능하다고 본다.[43] 이밖에 학문에 대한 기본 시야가 잘 갖추어져 있지도 않은 상태에서 대학에 입학해 이미 학과와 전공이 정해져 있고, 자기 동일성 유지를 목적으로 삼으며 그 안에 안주하는 것이 과연 좋은 일인지도 제도적으로 재고할 필요가 있다. 전체를 바라보지 못하는 학생이 나중에 자신 밖의 세상에 대한 발언을 할 것으로 기대하기란 쉽지 않다. 이런 점에서 편협한 전공사랑도 학문의 공소화와 고립화를 자초할 가능성이 크다. 이상은 교수와 학생 모두 오히려 자신의 전공을 지키기 위해서라도 성찰적으로 생각

---

43 대학에서 복수전공을 이수하면 전공학점은 36학점만 이수하면 된다. 이를테면 중어중문학과의 경우 큰 힘을 들이지 않고 학점이수에 문제가 되지 않을 과목들만 선택 수강하거나, 2·3학년쯤 돼서 해외 교환학생제도를 통해 1년간 중국어만 들으며 30학점 정도의 전공학점을 따오기도 한다. 그리고 4학년생은 현실적으로 필요한 사회과학 과목을 수강하며 취업준비를 하는 경우가 적지 않다. 이렇게 연결 학습은 고사하고 껍데기 '스펙 졸업장'을 들고 나가는 것이 만연된 것이 오늘의 대학 현실이다. 더 큰 문제는 이러한 주객전도의 스펙을 쌓아도, 정규직 취업은 날이 갈수록 힘들어진다는 점이다.

해 볼 부분이라는 생각이다.

대학원 과정의 제도적 운영에도 문제는 있다. 본격적으로 학업에 나서는 석사과정의 출발부터 지나친 세부전공으로 들어가 옆문을 봉쇄해 버리면 인문학의 의미 있는 성과를 낼 수도 없을 뿐만 아니라, 추후 교수와 연구자가 강의자가 되어 다양한 분야를 담당하거나 또는 식견 있는 후속 세대를 길러 내기도 어렵게 된다.[44] 땅을 넓게 파야 건축도 높게 지을 수 있다. 시작부터 좁게 알고 다른 것은 모른다면, 연구의 심화 확장은 기대하기 어렵다.

뇌기능의 핵심이 신경세포인 뉴런(neuron)과 뉴런을 연결해주는 시냅스(synapse)의 활성화 여부에 있다고 한다면, 뇌의 활동으로 수행되는 학문 역시 유사한 측면이 있다. 뇌에 대해 아직 알려진 것이 충분하지는 않지만, 서로 다른 것들을 보고 이들로부터 연결을 통한 자기 돌파는 지식의 증진에 있어서 매우 중요하다. "젊어서 여행은 천금보다 귀하다."는 말은 고착되고 굳어지기 전에 새로운 것들을 경험해야 성장에 도움이 된다는 뜻이다. 중등교육이 입시 위주로 돌아가는 현재 한국 교육에서는 지식 소통의 핵심 기지인 대학에서 학생들이 좁은 영역에 안주하지 않도록 다양한 교양교육을 통해 자유롭고도 창의적인 지적 호기심을 일깨워주는 가운데 자신의 적성을 찾아 가도록 도와주어야 한다. 그리고 특히 복잡 미묘한 인간 정신을 대상으로 하는 인문학은 많은 시간이 소요되는 기초 학문이므로 단기 성장보다는 중장기적 성장에 중점을 두어야 한다. 이후 고급과정인 석사과정에서는 전공 학문의 기본 시야와 그것을 처리하는 자세를 갖추도록 하고, 이것이 어느 정도 이루어진 후에 박사과정에서 본격적으로 심화해 독자적 성과를 만들어 내도

---

[44] 교수 인원은 한 학과에 5,6명 선이 대부분이므로 교수가 되면 여러 분야를 섭렵해야 하는 것이 한국 교수의 현실이다. 대학원 시절부터 자기 전공 외에는 식견을 키우지 못한 사람이 교수가 되어 다양한 분야에서 연결 심화된 확장력을 발휘하기란 쉽지 않을 것이다.

록 하는 것이 좋겠다. 이는 박사과정이 석사과정과 변별되는 중요한 이유이기도 하다.

두 번째로 '동아시아학을 바라보는 주체의 관점과 태도'와 관련하여 '세계 → 동아시아 → 한국' 부분을 생각해 본다. 실상 대상을 바라보는 관찰자의 입장은 매우 중요하다. 양자역학의 관찰자효과에서 시사 받듯이 주체의 여건과 시선에 따라 대상에 대한 해석이 달라지기 때문이다. 동아시아 한국의 중국학자로서 가져야 할 자세는 보편성의 기초 위에서, 서구의 절대론적이며 이분법적 시각을 맹종하는 것을 지양하는 것이다. 더욱이 한국인의 경우 중국인이 아닌 다음에야 조선시대와 같은 소중화의 관점으로 무비판적 수용을 하는 것도 지양해야 할 자세이다.

분석의 대상이 가까이 있고 클수록 객관적 분석은 쉽지 않게 된다. 그것이 가지는 중력의 힘 때문이다. 주체의 중력이 대상을 감당하지 못하면 결국 흡수될 것이다. 그러므로 가능하면 객관의 눈을 가지고 바라보아야 한다. 전통적으로 중국의 영향에서 크게 자유롭지 못했던 우리의 경우 특히 이 부분에 유의해야 한다. 이제 중국은 다시 기술·경제·외교·군사 등 각 방면에서 세계 최강국을 지향하고 있다. 더욱이 분단된 우리나라에 있어서 중국은 기회와 위기의 양면성을 지닌 나라이기도 하다. 이 때문에라도 우리는 조상들이 대응했던 과거의 관점을 성찰적으로 되돌아봐야 하고, 미래에 대비하기 위해 자강과 주체와 합리의 시선을 가지고 움직여야 하겠다.[45]

이제 필자의 주영역인 중국어문학 분야를 중심으로 논의를 전개한다. 우리 학문은 1970년대까지의 외국으로부터의 학문 수입기, 그리고 1980년 이

---

45 조관희는 『글쓰기와 중국어문학 연구의 주체성』(보고사, 2014)이란 책에서 학술논문 쓰기, 인문학 위기담론, 중국어교육의 문제 등 그간의 글 6편을 엮어, 한국의 중국어문학 연구사를 비판적으로 되돌아보며 중국학 연구의 주체성을 강조했다.

후 점차 늘어난 연구 인력 증대기, 그리고 2천 년대 이래 연구 인력의 취업 정체 및 제4차 산업혁명 시대의 본격 도래와 함께 연구 방법의 융복합적 다각화를 맞이하고 있다. 이러한 양적 팽창과 다양한 모색을 보이는 이 시기에 이제는 연구의 질적 성과를 만들어 내야 할 때가 왔다. 요즈음 교수인력의 취업 정체에 따라 연구지원기관인 한국연구재단에서도 학문후속세대에 대한 연구지원을 강화하고 있으며, 이에 따라 연구자들의 새로운 소재 발굴과 관점 모색이 두드러지는 것은 긍정적인 신호이다. 그러나 아직은 전체적으로 연구 시야와 방법적 모색이 텍스트 연구에서 벗어나지 못한 채, 보다 도전과 창의적인 연구 성과는 그리 많지 않다. 이는 기초학습기와 준비기인 학부와 석사과정에서 학문적 토대를 폭과 질 양면에서 보다 확장성 있는 교육을 해오지 못한 교육계에 책임이 크다. 그럼에도 불구하고 신진연구자들의 새로운 소재발굴은 이들이 개인적으로나마 이 한계를 극복해 나가려는 긍정적 신호라고 볼 수 있다.

외국학으로서의 중국학 연구와 관련해 짚고 넘어가야 할 점은 원전중심주의의 문제이다. 이 점은 양면성을 지닌다. 먼저 원전의 바른 해석과 이해는 외국학 연구에서 쉽게 넘기 어려운 첫 번째 난관이다. 하지만 한편에서는 원전의 내용을 제대로 바라보는 시야를 키우지 않고서, 원전만 붙들고 있으면 질 높은 학문성과가 보장되기도 어렵다는 점에서 문제가 단순하지만은 않다. 외국연구자들에게 원전은 언어의 벽을 넘어야 하는 쉽지 않은 난관임에 틀림없다, 그래서 질 좋은 번역은 그 언어권의 소중한 학문의 저장 창고이다. 일본의 경우 이 단계가 잘 이루어진 까닭에 다음 단계로 나아가는 것이 가능했고, 한때 세계의 중국학으로 맹위를 떨치기도 했다.

그러나 젊은 신진 학자들이 원전에만 매달리는 것 역시 경계해야 한다. 연구의 최종 성과는 세계에 대한 해석학적 여정인데, 그 핵심이 결여되고 문면 자체의 해석에만 골똘하다가 큰 길을 놓쳐버릴 수도 있기 때문이다. 결국 원전 해독과 연구 시야의 확립이라고 하는 두 가지를 병행 추진해야 한다는 결론이 나온다.[46] 그런데 한 사람이 하기에는 이 두 가지 모두 많은 시간과 노력이 소요된다. 그래서 집체적 관점에서 이 문제를 해결할 필요가 생긴다. 제일 좋은 것은 한 연구자가 두 가지 능력을 모두 갖추는 것이 제일 좋겠지만, 그렇지 못한 경우엔 개인별로 어느 한쪽에 더 치중하며 기왕의 성고의 도움을 받는 것도 대안이 될 것이다.

연구 시야의 방법론적 확보 역시 중요하다. 이를테면 문학의 경우 중국문학 일반은 두말할 나위도 없고, 이제까지 필자가 언급한 기본적인 인문학 베이스 위에, 20세기 이래 진행된 현상학, 해석학, 수용이론, 구조주의, 포스트구조주의, 정신분석학과 제3세계 문예이론, 생태학에 이르기까지 서구문예이론 동향에 대한 기본적 섭렵이 한 예가 될 수 있다. 세계 학문시장에서 가능한 해석의 도구들을 일단 파악해야 하기 때문이다. 중국 언어학의 경우는 외람되지만 현재 중국어학계가 아직 세계 언어학계의 본류에는 충분히 진입하지 못한 것은 아닌가 생각된다. 아니길 바라지만 만약 그렇다고 한다면 젊어서부터 일반언어학의 최신 경향까지를 두루 섭렵할 필요가 있다. 그 후 개별 언어인 중국어로 들어갈 때 보다 보편적 시야와 토대 위에서 보다 독자적 연구 성과를 기대할 수 있을 것이며, 한국인으로서 세계 중국 언어학에 대해 보다 발언권을 확보하는 기회가 될 수도 있다. 또한 권위 있는 학회의 참여와 유치도 학문 소통의 좋은 기회라고 본다.

---

46 '兩行'이란 말은 『장자·제물론』에서 가져온 말이다. 이것과 저것의 어느 한 극단에 치우치지 않고 둘을 함께 함이다.

(2) 동아시아학과 과학의 만남

이제까지 강조한 융합 시야의 연구는 인문학의 기초 체력을 강화하는 유력한 방안이다. 한국의 최근 중국어문학 연구는 특히 현대문학 방면에서 기존의 작가와 작품 연구를 넘어, 영화와 예술, 도시와 지역 연구, 문화와 산업으로까지 영역을 확장하고 있는 것이 보인다. 다른 세부 분야보다 현대문학에서 먼저 이러한 경향이 보이는 것은 현 당대의 문제와 직결되는 까닭에 그 필요성이 더 가까이 와닿기 때문이라고 생각되는데 고무적이다.

필자의 역량 한계로 최신 경향을 두루 포괄할 수 없는 것이 아쉽긴 하나, 최근 발표된 논문 중에는 지식정보 시대에 걸맞게 빅 데이터를 이용하여 중국문학 콘텐츠를 다루는 연구는 기존과는 전혀 다른 방식의 접근이어서 새롭게 느껴졌다.[47] 이러한 것은 디지털 정보시대에 생겨난 새로운 연구 방식이다. 이에 관해서도 여러 관점이 존재할 수 있겠지만 연구 지평 확장과 방법론적 측면에서 실용적이며 또한 연구 활력도 증대시킬 것이라 본다.

인터넷 네트워킹의 핵심은 미국의 구글(google), 중국의 바이두(百度) 또는 한국의 네이버(naver)의 성공에서 보듯이 '검색'이다. 이러한 검색 포탈을 통해 '빅 데이터'(big data)를 구축할 수 있고, 이로부터 다시 네트워킹 허브(networking hub)를 파악해 다양한 연구와 산업에 활용할 수도 있다. 이는 기본적으로 통계학의 응용이다. 언어학에서는 이미 오래전에 이러한 생각을 도입했는데, 정량적 언어학 연구에 큰 도움이 되고 있는 '말뭉치언어학'(corpus

---

47 2015년 5월 23일 동국대학교에서 개최된 <중국어문학회 춘계학술대회>에서 발표된 「중국어문학과 인문정보 큐레이팅」(박정원) 같은 논문이 그것이다. 이 글에서는 구글의 Ngram viewer를 통해 100년 정도의 장기간 동안의 특정 단어, 이를 테면 '魯迅'이나 '張愛玲'의 노출 정도를 그래프를 통해, 대상어와 관련된 역사적 사회적 담론 트렌드를 가늠할 수 있음을 보여주고 있다.

linguistics)도 그 일환이다.[48]

빅 데이터와 집중화되고 불균형한 항공망 Hub에 대한 분석을 잘 활용하면 사회, 경제, 교통, 건설, 생물학, 그리고 선거 결과 예측, 독감과 세계를 강타 중인 COVID-19의 전파에 이르기까지 실생활에서 필요한 정보의 분석과 이해에 도움 받을 수 있으며, 과거와 현재는 물론 미래 예측도 가능하다. 특히 연결망의 불균형성을 보여주는 항공망 네트워크로서의 허브 개념을 통해 중국학에서는 역사적 인물과 도시의 네트워킹화, 문학사의 흐름, 문인 교류망, 詩語 간의 관계망, 여행과 도시 연구 등 다양한 정량적 연구에도 응용할 수 있을 것이다. 이는 지식정보사회의 인문사회적 확장과 연결의 가능성을 보여주는 좋은 예이다.[49]

중국문학 연구자인 필자 역시 1990년대부터 이전까지의 중국시, 문학비평, 문예심미, 발전사적 궤적의 문제를 탐색하며 방법론적 갈증을 느끼던 차에, 우연히 현대과학이론을 문학과 철학 연구에 연결 설명하는 데 관심을 갖기 시작했다, 그 출발은 김관도·유청봉 부부의 『중국문화의 시스템론적 해석』으로서,[50] 이 책은 1980년대 후반 홍콩에서 불었던 '신삼론'인 시스템론에 대한 간략한 소개서였다. 이후 프리초프 카프라(Pritjof Capra)가 주도한 신과학을 거쳐,[51] 이제는 현대과학, 서구 언어철학과 문예이론, 기호학, 수학철학 등 다양한 학제적 참조 속에서 동아시아 사유와의 조응 및 융합 연구에 관심을 두고 있다. 이에 따라 필자의 연구지평도 중국문학이나 서구문예이론

---

48 말뭉치(corpus)는 1960년대 '브라운 말뭉치(Brown Corpus)'에서 시작되었다. 말뭉치 모집단 수집의 두 가지 특성은 통계적 '대표성'과 사용자의 '균형성'이다.

49 이와 관련된 책으로는 『구글 신은 모든 것을 알고 있다』(정하웅·김동섬·이해웅, 사이언스북스, 2013), 『링크』(바라바시, 강병남·김기훈 옮김, 동아시아, 2002)가 있다.

50 金觀濤·劉靑峯, 김수중 옮김, 『중국문화의 시스템론적 해석』, 천지, 1994.

51 프리초프 카프라의 책들은 동국대 철학과 김용정 등에 의해 범양사출판부에서 다수 번역 출간되었다.

자체에 그치지 않고, 동아시아 근원사유로서의 주역, 노장, 선학의 존재론적
접근 방식 및 그 현대적 소통의 문제로 확장하였다. 이제까지 필자가 융복합
의 필요성을 강조한 본고의 논지를 실증적으로 보완하는 의미에서, 그간 필
자의 '인문-과학'적 융복합 과정과 사례들을 요점만 기술한다. 이것이 전범이
될 수는 없겠으나 하나의 케이스 스터디용으로서는 참고할 수 있을 것이다.
상세한 내용은 필자의 『노장선역, 동아시아 근원사유』(2017)와 『중국시의 문
예심미적 지형』(2014)의 해당 부분을 참고하면 된다.

(1) 에너지 흐름으로 본 주역 태극의 해석. 그리고 $y = \cos x$(또는 $y = \sin x$)
　　의 태극중심선과 관련하여, 내적 '기미'로서의 미분함수 $f'(x)$와 그
　　결과로서의 현상인 $f(x)$와의 상관성에 대한 수학철학적 고찰.[52]

(2) 융(Karl Jung)의 동시성이론(synchronicity)으로 본 주역의 생활역학적
　　응용과, 『황제내경』의 한의학의 음양론과 臟象, 기혈, 경락의 맥락적
　　유비.[53]

(3) 주역 64괘의 동형구조성, 음양론과 닐스 보어 원자모형의 상보성 이론,
　　그리고 율시 평측률의 음양론적 동형구조성(isomorphism).[54]

(4) 老子에 나타난 '玄'의 자형과 복희여와도, DNA, 우로보로스(Ouroboros)
　　에 보이는 음양 기호 간의 상호텍스트성과 의미의 양가성(ambivalence).[55]

(5) 노장의 관점에서 재해석해 본 현대과학의 0과 무한의 의미, 그리고
　　블랙홀과 玄洞같은 玄同의 세계: 노장의 개체적 가도계와 잠재적 상도
　　계, 그리고 沖氣의 玄同 혹은 玄洞(블랙홀)의 세계 인식에 대한 양자역

52　오태석, 「은유와 유동의 기호학, 주역」, 『중국어문학지』 37, 2011.12, 7~50쪽(2012년 교육과
　　학기술부 인문사회이공 기초연구 우수성과 50선에 선정).
53　오태석, 「주역 표상체계의 확장적 고찰」, 『중어중문학』 53, 2012.12, 133~175쪽.
54　오태석, 「한시의 뫼비우스적 소통성」, 『중국어문학지』 31, 2009.12, 29~69쪽; 오태석, 「중국
　　시의 세계문학적 지형」, 『외국문학연구』 46, 2012.5, 197~225쪽.
55　오태석, 「역설의 즐거움: 노장 존재론의 否定性」, 『중국어문학지』 51, 2015.6, 7~47쪽.

학, 빅뱅, 블랙홀 이론과의 정합성.[56]

(6) 게슈탈트 패턴(Gestalt pattern)으로 본 '장기 혼란-짧은 통일-대 번영'
의 중국사 전개모형의 유사반복성.[57]

4. 인문융합의 동아시아 인문학을 위하여

이제 요약을 겸하여 20세기 초 이래 아직까지 그 큰 흐름이 진행되고 있는
상대성이론과 양자역학의 새로운 과학혁명시대의 인문학적 지향에 관한 제
언을 다룬 본고의 내용을 마무리한다. 과학철학사를 보면 알 수 있듯이 과학
에서 자연과학의 새로운 발견에 대한 해석학적 여정으로서의 인문학적 성찰
이 이루어져 왔듯이, 인문학연구 역시 여타 학문과의 소통과 통섭을 게을리
하지 않아야 한다. 학문은 기본적으로 존재와 시대에 대한 질문에 대해 나름
의 답을 내놓아야 하기 때문이다. 그리고 그 중심에는 이제 양자역학으로
대변되는 새로운 과학의 발견이 자리하고 있다.

우리의 중국학연구는 학제적 시야의 확장, 서구 관점의 장벽, 이 둘을 모두
넘어야 하는 부담이 있다. 그런 점에서 우리의 자세와 관점에 대한 성찰이
필요한 때이다. 스스로 변화하지 못하면 남에 의해 변화를 요청받는다. 교육
·연구 환경과 관련해서는 기반 학문으로서의 인문학적 시야의 폭넓은 확보
와 교육·연구적 지원이 필요하다. 이와 관련해서 필자 나름의 몇 가지 방안
을 제시해 보았다. 물리적이며 분과적 교양이 아닌 화학적 의미의 융복합
교육의 강화 반영, 그리고 학부와 석사과정 간의 차별적 목표 설정 등이다.

---

56   오태석, 「노자 도덕경 기호체계의 상호텍스트성 연구」, 『중국어문학지』 49, 2014.12, 51~96쪽.
57   오태석, 「북송문화의 혼종성과 이학문예심미」, 『중국어문학지』 34, 2010.12, 59~102쪽.

또한 중국학에서 원전 만능주의의 지양과 함께, 시야의 광범한 확장과 연계 적용의 융복합화 등을 제안했다. 본고의 뒷부분에서는 필자의 과학적 융복합 연구 사례를 실증적으로 제시해 보았다.

　기본적으로 인문학은 사람 사는 것과 그와 관련된 것에 관한 학문이다. 고대 인문학의 정수인 고대 철학의 과학적 친연성과 비구분의 자세는 동서 공통의 경향이었다. 그러나 르네상스 인문주의를 지나고 근대 과학혁명을 거치면서 분과학문의 성장 속에서 고립화가 가속화되었으나, 20세기 초반 상대성이론과 양자역학이 만들어 놓은 새로운 과학 정신의 에피스테메(episteme)가 형성되면서 오히려 과학의 진보가 가져온 학문 융복합의 새로운 필요가 대두되고 있다. 지난 세기 놀라운 발전을 보인 현대과학의 최대 특징은 절대성과 확실성의 무너짐이며, 상대와 불확실성의 대두였다. 의미적으로 이는 물질(matter)에서 사건(event)으로 중심이동이다. 이에 따른 인문학적 사조도 바뀌어 가고 있다. 지식 정보사회에서의 네트워킹 역시 거대중심의 어두운 그림자 속에서도 이전 시대에 비해 주변의 확산이 이루어지고 있다.

　융복합의 시대인 오늘날 과학은 인문에게 손잡고 같이 가자고 손짓을 한다. 이제 인문도 더 이상 과학을 모른 척할 수는 없다. 인문과 과학이 손잡는다는 것은 문과와 이과 각자에게 상대가 다 필요함을 뜻한다. 현행 고등학교 제도의 문과와 이과의 분리에 대해 논쟁이 일어온 현실도 '인문 따로 과학 따로'의 기능주의적 분위기하에서, 이면에 내재된 해석학적이며 철학적 이해가 사라지고, 대신에 타성적이며 기능주의적 공부가 빚어낸 결과에서 비롯된 것이 아닐까 생각된다. 융합적 창의 인재의 중요성이 국가적 생존과도 직결되는 시점에서 인문학과 과학, 그리고 생각하는 철학의 손잡기가 뜬금없는 일만은 아니겠다. 그것이 '인문' 본래의 정신이기 때문이다. 낙오 혹은 외부의 조정을 초래하지 않기 위해서라도, '通卽不痛, 不通卽痛'이라는 한의학의 격언을 다시 새겨야 할 때이다.

이제 좋든 싫든 과학과 인문학은 서로 손을 잡아야 한다. 과학이 내미는 손을 계속 뿌리치고 있을 수만은 없다. 1980년대 어느 대학교에서 인문대학 혹은 문과대학에 '인문과학대학'이라는 명칭을 쓰는 것을 보고서, "인문학이 과연 객관성을 담보하는 과학적 학문인가?"라는 의문을 가진 적이 있다. 과학의 문명 선도성에 대해 부정하기 어려운 지금, 필자는 조금은 다시 생각을 보완할 필요를 느낀다. 그래서 뉴 패러다임의 과학혁명시대를 사는 우리 인문학은 "과학과 떨어진"이 아니라, "과학을 생각하는" 인문 기반 학문으로서의 '인문과학'을 해야 할 때가 왔다고 생각한다. 인문기반에 과학을 참조하는 융합인문학을 필자는 '인문융합'이라고 부르고 싶다. 인문융합의 시선과 학문하기가 바로 오늘의 제4차 산업혁명 시대를 사는 우리의 책무가 아닐까 싶다.

필자가 본고에서 특히 과학을 강조한 것은 과학지상주의자인 때문은 아니다. 먼저 인문에서 장시간 과학의 중요성이 간과된 채 흘러가고 있다는 시대적 우려에서 비롯된 것이며, 이에 더하여 필자의 개인 취향이 더해진 까닭이다. 당연히 과학 이외에도 사회과학이나 예술 등 다양한 학문분야에 대한 열린 자세와 관점 수용은 항시 필요하다. 그러나 중요한 것은 과학 발전의 토대가 정신문명에도 영향을 미치고 있다는 점이며, 그런 의미에서 우리의 중국학과 동아시아학도 인문 융합의 토대 위에 이루어져야 한다. 또 그것은 타의가 아니라 자발적 성찰을 통해 추동되어야 한다. 이렇게 함으로써 한국의 중국학과 동아시아학은 세계의 학문·문화시장에서 자기 독보성을 지니며 '학문중력'(gravity of scholarship)과 '문화중력'(cultural gravity)을 만들고, 세계 최고의 무대에 당당히 서게 될 것이다. 우리의 문화중력은 이미 <가을동화>에서 시작해 <대장금>과 <기생충>, 그리고 'BTS'로 이어 나가며 최고의 무대 위에 서 있지 않은가!

02

—

서
양
의

시
간
과

공
간
론

서양의 시간과 공간론

1. 존재의 마당, 시공간

　모든 존재는 시공간의 마당 위에서 삶을 영위하다 간다. 시공간은 곧 존재의 바탕이요 마당이다. 본 장에서는 세계의 바탕이라고 할 수 있는 서양의 시간과 공간에 대한 인식에 대해 살펴본다. 인문학은 시간과 공간을 영위하며 사는 인간의 정신 활동에 관련된 질문과 대답의 학문이다. 그 직접적 갈래는 문화, 예술, 역사, 철학 등이 있지만, 실은 모든 학문의 기둥이며 뿌리가 된다. 이를 달리 표현하면 존재의 토대가 되는 시공간상에 존재하는 인간 존재의 무형의 정신 영역에 대한 탐구라고 할 수 있다. 그런데 만약 이러한 물질적, 구조적 토대가 근본에서 흔들린다면 인문학 역시 같이 흔들리지 않을 수가 없다. 이런 점에서 시공간의 세계인식에 있어서 근본적인 변화가 시작된 아인슈타인의 상대성이론은 인문학의 역사에서 매우 중요하다.

　과학사의 혁명적 성과인 아인슈타인의 1905년 특수상대성이론과 1915년 일반상대성이론의 근저에는 시간과 공간 개념에 대한 근본적인 질문이 자리하고 있다. 그리고 그것은 우주 상수로서 늘 일정한 빛의 속도와 관련되어 있다. 아인슈타인 이후 이전까지의 절대불변의 시간과 공간은 사라지고, 그 불변의 자리에 빛의 속도가 자리하게 되었다. 이제 시간과 공간은 더 이상 독립적이고 분리된 것이 아니라, 상호 연결되고 가변적인 그 무엇이 되었다. 그리고 그 이면에는 원인으로서의 에너지, 물질, 밀도, 중력, 우주 등 다양한 개념들이 관계하고 있다. 과학계는 이러한 혁명적 발견으로 1920년대 이래 오늘날까지 다양한 가설적 모색과 실험을 거듭하는 중이나, 아직도 궁극적 이해에는 이르지 못한 상태다. 그리고 과학에서 시작한 이 같은 획기적 변화는 인간의 삶과 문화 전반에 막대한 영향을 미치며 오늘에 이르렀다.

동아시아 학문을 공부해온 필자는 현대물리학의 지난 백년의 성과들과 주역, 노장, 불교와 같은 동아시아의 근원사유 간에는 설명하기는 어렵지만 어느 정도 시선상의 접점이 있을 것이라는 생각을 해왔다. 그리고 그 접점에 관한 일차적 고찰로서 노자, 장자, 주역, 불교 등 동아시아 근원사유에 보이는 인식론적 세계관에 대한 단편적 내용들을 과학적으로 재해석해 한 권의 책으로 낸 것이 『노장선역, 동아시아 근원사유』이다.[1] 이 책은 고대 동아시아 사유가 현대물리학과 어떤 시선상의 접점을 공유할 수 있는가에 대한 소재 중심적 고찰의 보고서다. 이에 이어 이번에는 주제집중적인 접근을 위해 먼저 시간과 공간의 문제에 대해 동아시아 사유와 서양 현대과학의 상관 비교를 세 편에 걸쳐 수행하려 한다. 그 순서는 먼저 '서구의 시간과 공간론', '동아시아 사유의 시공간론', 그리고 '동아시아 문학예술의 시공간 표상'이다.

---

1   오태석, 『노장선역, 동아시아 근원사유』, 역락, 2017.

우리는 모두 시간과 공간 속의 존재들이다. 이러한 시공간은 실은 동물과 식물은 물론이고, 나아가 생명과 비생명을 아우르는 모든 존재의 바탕이라고 할 수 있다. 시간의 문제에 대해 집중적으로 질문한 최초의 사람은 아우구스티누스(St. Aurelius Augustinus, 354~430)다. 그는 『고백록』 제11권 전체를 통하여 시간의 문제에 대해 깊이 토로한다. 그는 "시간이란 무엇인가? 아무도 나에게 묻지 않는다면 나는 안다. 그러나 묻는 사람에게 설명하려고 하면 나는 모른다."고 고백한다.[2]

중국의 성인 공자 역시 냇물이 흐르는 것으로 보며, "가는 것이 이와 같구나! 밤낮을 가리지 않고 흐르는구나."라고 영탄하기도 했다.[3] 또 이백은 존재의 집인 시공간을 이렇게 표현한다. "천지는 만물이 쉬어가는 여관이요, 시간은 백년의 나그네이니, 부평초 같은 삶 꿈과 같으니, 즐거움은 얼마나 될까!"[4] 봄날 밤 시를 지으며 즐기는 주연에 참석해 지은 이 글에서 이백은 인생이란 천지 간에 잠시 있다 덧없이 사라지는 아지랑이 같은 것이니, 즐거움이 있다면 의당 즐겨야 마땅하다고 하며 권주한다. 또한 송의 소식은 "인생이란 마치 기러기 한 마리가 눈밭 위에 발자국을 남기며 앉았다가 눈 녹듯이 어디론가 자취도 없이 사라지는 것과 같다."는 '설니홍조(雪泥鴻爪)'란 고사성어를 남기기도 했다.[5]

동서고금을 막론하고 시간과 공간의 문제는 우리의 삶 전체를 둘러싸고 있는 시공간의 본질 규명에 관한 가장 근원적인 문제다. 이에 필자는 인간뿐

---

2   아우구스티누스, 강영계 옮김, 『고백록』 제11권 [세계창조와 시간], 제14장 「세 가지 서로 다른 시간」, 서광사, 2014, 416쪽.

3   『論語·子罕』, 子在川上, 曰: "逝者如斯夫! 不舍晝夜."

4   李白, 「春夜宴桃李園序」, "夫天地者, 萬物之逆旅. 光陰者, 百代之過客. 而浮生若夢, 爲歡幾何?"

5   蘇軾, 「和子由澠池懷舊」, "人生到處知何似, 應似飛鴻踏雪泥. 泥上偶然留指爪, 鴻飛那復計東西. 老僧已死成新塔, 壞壁無由見舊題. 往日崎嶇君記否, 路長人困蹇驢嘶."

아니라 우주만물의 존재의 마당이라고 인식되어 온 시간과 공간에 관한 철학적, 현대물리학적, 종교적, 인식론적 질문과 탐구를 동아시아 사유와 연결해 풀어보려 한다. 지난 십여 년간 필자는 상대성이론과 양자역학으로 특징되는 20세기 현대물리학의 새로운 논점들을 과학철학, 종교철학, 문학철학적으로 동아시아 사유와 문예와 접목 연결하는 노력을 기울여 왔다. 이러한 접목적 재발굴과 재해석은 그다지 쉽지 않은 작업이다. 특히 인류가 아직까지 풀지 못한 이 문제에 대해 고찰하는 이 글은 학제간적으로 비교적 큰 거리를 지니는 광범한 영역에 대한 능력의 한계를 지닐 수밖에 없을 것이다. 그럼에도 불구하고 이러한 접근이 필요할 것은 이 문제가 인간 존재와 세계 추동에 대한 인문학의 근본 질문을 내포하고 있기 때문이다. 이제부터 과학철학적 재해석을 통해 인간과 세계에 대한 보다 확장된 세계 여행에 들어가 보자.

2. 서양의 고전적 공간론

(1) 뉴턴 이전의 공간 개념

서구에서 시간과 공간은 고전역학의 집대성자인 뉴턴에 이르기까지 기본적으로 절대적인 것으로 인식되어 왔다. 그리고 공간과 시간은 서로 분리된 실체적인 그 무엇으로 파악되었다. 그러나 상대성이론 이후 시간과 공간은 분리되어 있지 않고, 중력 작용에 의해 서로 연결된 기하학적 함수의 장 안에서 이해된다. 이러한 시간과 공간 간의 연계성은 필자가 시간만을 따로 떼어 연구하기 어려운 까닭이기도 하다.

본 절에서는 먼저 서구 공간론의 역사와 특징을 개관한다. 상대성이론 이후의 공간론에 관한 책은 많지만, 아리스토텔레스 이래의 서구 공간론의 역사는 독일출신 물리학자 막스 야머(Max Jammer, 1915~2010)의 『공간개념: 물리학에 나타난 공간론의 역사』의 공간론이 좋은 참고가 된다.[6]

서구 공간론의 출발은 대체로 '혼돈'(chaos)에서 시작된다. 'chaos'란 단어는 그리스어 어근 'cha-(chaskein, chainein)'에서 파생된 단어인데 '하품', '쩍 벌어진 틈', '캄캄하고 두려운 허공'을 뜻한다.[7] 그리고 이러한 인식은 아르키타스(Archytas, B.C. 428~350) 등 피타고라스주의자들에 의해 '물질과 구분되는 의미로서의 허공 또는 장소(topos)'라는 개념으로 연결되었다.

고대 공간론의 본격적 출발은 아리스토텔레스(B.C. 384~322)에서 자리를 잡는다. 그는 『범주론』과 『자연학』에서 공간을 양의 범주에서 바라보아 '공간이란 물체들이 차지하는 연속적 연장으로서의 모든 장소들의 총계'라고 생각했다. 그는 장소라는 개념은 실재하는 존재를 지니는 우발적(accidental)인 것이지, 실체적·독자적인 것은 아니라고 했다. 이러한 아리스토텔레스의 장소로서의 공간론은 오늘날로 치면 '역학적 장 구조'가 공간 안에 들어 있으며, 공간 전체의 기하학적 구조에 의해 결정된다.'고 하는 '힘의 장'(field of power)과도 유사하다. 이와 같은 장소와 담체로서의 아리스토텔레스와 플라톤의 공간론은 이론적 반박에도 불구하고 14세기까지 유대교 공간론 등 모든 공간론의 원형이었다.

유대·기독교의 공간 개념은 모든 곳에 편재하는 유일신적 공간이다. 고대

---

6 『공간개념: 물리학에 나타난 공간론의 역사』(막스 야머, 이경직 옮김, 나남, 2008) 이 책은 서구문명의 바탕이 되는 유대교와 기독교의 신학적 편향을 배제하지 않는 가운데 학문적 객관성 유지해 나가며 저술하고 있다. 야머의 프린스턴대학 동료이기도 했던 아인슈타인(Albert Einstein, 1879~1955)은 1953년 이 책의 머리말을 썼는데, 그는 여기서 야머의 공간론이 場(field) 개념을 지향하고 있음을 밝힌 이 책의 원서명은 다음과 같다. *Concepts of Space: The History of Theories of Space in Physics*. Cambridge (Mass): Harvard University Press, 1954 1st ed.

7 『공간개념: 물리학에 나타난 공간론의 역사』, 40~41쪽.

유대교의 신은 여타 바빌로니아 및 로마의 신들과 달리 장소적 국한성이 없고, 모든 곳에 두루 존재하는 신의 장소로 승격되었다. '탈무드-미드라쉬 이후'(post-Talmudic-Midrashic)의 문헌에는 '장소'라는 신의 호칭과 우주공간은 곧 신의 거소라는 함의가 자주 보인다. 13세기 프로방스 지방에서 일어난 카발라 유대교 신비주의 경전으로서, '모세오경'인 '창세기, 출애굽기, 레위기, 민수기, 신명기'에 숨겨져 있는 진리를 드러내기 위해 쓴 글들의 선집인 『조하르 Zohar』에는 신이 자신의 공간이기 때문에 '공간'이라고 부른다며 그 정당성을 강조하고 있다.

공간론에서 특기할 또 하나의 경향은 공간과 빛을 같이 여기는 움직임이다. 『신약성서』「요한복음」에서 "나는 세상의 빛이다.(Ego sum lux mundi)"라고 기록한다. 또 유대 신비주의에 『조하르』에서는 무한하고 거룩한 분의 빛이 본래 우주 전체를 차지했는데, 그분이 그분의 빛을 거두셨으며, 그 빛을 자신의 실체에 집중하심으로써 허공을 창조하셨다고 기록한다. 신플라톤주의에서도 우주 창조는 빛의 자동 확산이며, 그것은 공간적 연장의 기반으로 인식되었다. 내적 함의는 다르지만 현대물리학에서의 시공간적 매개이자 척도로서의 빛의 존재가 중요하듯이, 유대 신학과 중세 철학에서도 빛의 존재는 공간론의 중요한 척도로 인식되었다.

뉴턴식 절대공간 개념에 이르기 위해서는 아리스토텔레스의 자연적 장소로서의 공간관, 즉 공간을 담체에 붙어 있는 경계 장소로서 인식하는 것을 벗어나야 가능하다. 크레카스(Hasdai ben Abraham Crescas, 1340~1410)는 아리스토텔레스의 장소론, 스토아학파의 공간론과 자연적 장소로서의 유한공간을 부정하고, 물체들 사이에 놓여 있는 균질적인 부동의 무한공간으로 이해했다. 이는 아리스토텔레스가 부정했던 '허공'의 존재에 대한 인정으로 이어졌다.[8]

그리고 1543년 코페르니쿠스(Nicolaus Copernicus, 1473~1543)는 저술하고도 수십 년간 출간을 미뤄왔던 『천체의 회전에 관하여』에서 지동설을 주장했다. 존재의 근원으로서의 '왜(why)'에 집중한 아리스토텔레스와 달리, 갈릴레이(Galileo Galilei, 1564~1642)는 검증되지 않은 것은 의미가 없다며 과학적 실증을 거친 '어떻게(how)'라는 질문이 더 중요하다고 생각했는데, 이는 근원에서 방식으로의 과학사적 패러다임의 전환이다.[9] 갈릴레이는 1632년 『두 우주 체계에 관한 대화』에서 천동설을 주장한 아리스토텔레스와 프톨레마이오스를 반박하고 코페르니쿠스의 지동설을 지지했다. 하지만 이듬해인 1633년 교황청의 종교재판에 부쳐지면서 지동설을 철회하고 가택구류 속에 생을 마감했다. 그래도 지구는 돈다.

갈릴레이의 가장 큰 의미는 운동하는 물체의 상대성에 대한 인식인 '갈릴레이 상대성'이다. 아리스토텔레스 철학에서 바라본 사물의 본성은 정지해 있다고 보았는데, 이에 반기를 든 것이 갈릴레이다. 어릴 적 마당에 내리는 눈을 하염없이 바라보고 있노라면 어느 순간 눈이 내리는 것인지 내가 하늘로 올라가는지 헷갈릴 때가 있었다. 또 달리는 기차를 지면에 있는 사람이 보면 기차가 앞으로 달린다고 인식하지만, 기차에 탄 사람은 자기는 그대로 있는데 다른 것이 움직인다고 느낀다. 이렇게 위치에 따른 운동의 상대적 인식을 '갈릴레이 상대성'이라고 한다.

갈릴레이 상대성은 운동체의 기준에 대한 성찰의 결과이다. 달리 표현하면, "한 관성 기준틀(기준체, 좌표계)에 대해 등속운동을 하는 기준틀은 모두 관성기준틀이다. 이는 물리적인 실험이나 장치를 통해 무엇이 움직이는지 구별해내는 것은 불가능하다."는 말이다.[10] 하지만 '갈릴레이 상대성'은 공간

---

8   『공간개념』 제3장 「아리스토텔레스주의에서 해방되는 공간개념」, 150~169쪽.
9   에드워드 돌닉, 노태복 옮김, 『뉴턴의 시계』, 책과함께, 2016, 126~130쪽.

에 대해서만 상대성을 논했고, 시간에 대해서는 절대적이라고 믿었다는 점에서 아인슈타인의 등장을 기다려야 했다. 아무튼 그의 관점으로부터 고전역학의 척도인 "관성좌표계에서 모든 역학의 법칙은 같아야 한다."라고 하는 뉴턴 역학이 정초되었다.[11]

다시 공간론으로 돌아오면, 뉴턴과 로크의 공간이론에 영향을 주었을 것으로 추정되는 17세기 이탈리아 철학자 캄파넬라(Tommaso Campanella, 1568~1639)는 "공간은 모든 존재들의 토대이다.", "공간은 균질적이며 미분화되어 있고, 물질적으로는 침투되고 있으며, 비물질적으로는 침투하고 있다.", "나는 공간을 비물질적이며 움직이지 않고 모든 물체들을 수용하는 제일 실체라고 부른다."라고 주장했다.[12] 이는 공간은 존재의 기초 토대이고, 위나 아래 등의 차이를 배제하는 절대공간이라는 뜻이다. 이러한 사고의 진전은 가상디와 함께 발전한다.

프랑스의 물리철학자 가상디(Pierre Gassendi, 1592~1655)는 신의 우주공간 창조설을 부정하고, 공간이 지니는 본질적 속성으로서의 독립성과 자율성 및 우선성을 주장했는데, 이는 새로운 물리학의 태동을 예고하는 것이다. 작게 보면 17세기 원자론의 토대가 되고, 크게 보면 천체역학의 기초가 된다. 이제 공간은 원자를 포함한 물질의 문제로 옮겨가게 되었으며, 이때 뉴턴 역학의 절대공간론이 대두한다.

---

10 최무영, 『최무영교수의 물리학강의』, 책갈피, 2008, 172~178쪽.
11 갈릴레이 상대성은 하나의 사건을 서로 다른 두 개의 기준 틀에서 관찰할 때 이들 사이의 상대적 변화이다. 아인슈타인 상대성과 구분하기 위해 시간과 공간에 관련한 뉴턴 물리학의 고전적인 '위치좌표, 시간좌표'의 서로 다른 기준틀 사이의 변환으로서 '갈릴레이 변환'이라고도 한다. 갈릴레이 변환의 문제점은 가속도가 시간 변화에 따라 공간변화를 가져오는데, 그 가속도 역시 모든 기준틀에서 같다고 보았으며, 이런 생각은 아인슈타인의 사고실험으로 깨졌다.
12 『공간개념』, 89~91쪽, 175~176쪽.

(2) 뉴턴의 절대공간

14세기에 들어서면서 아리스토텔레스의 공간론은 공간과 장소에 대한 불확실성으로 인해 점차 공격받기 시작한다. 그리고 크레카스, 캄파넬라, 가상디를 거쳐 뉴턴(Isaac Newton, 1642~1727)에 이르러 물리수학적 이론 토대를 갖춘 절대공간의 개념이 완성된다. 뉴턴의 『자연철학의 수학적 원리 *Philosophiæ Naturalis Principia Mathematica*』(1687)는 이제까지 발간된 과학서 가운데 가장 영향력 있는 책이라고 할 수 있다. "프린키피아(Principia)"라고도 불리는 이 책은 경험주의 철학에 기초해 고전역학의 근간이 되는 만유인력과 운동법칙을 물리수학적으로 정의하고 있다. 뉴턴 역학의 세 가지 법칙은 ① 갈릴레이 법칙으로도 불리는 관성의 법칙, ② 가속도의 법칙, ③ 작용과 반작용의 법칙이다.

뉴턴의 주 관심사는 '시간, 공간, 장소, 물체, 운동, 힘' 같은 것들이었다. 뉴턴 역학은 운동하는 물체와 관련된 중력, 부력, 탄성력, 저항력 등 여러 가지 자연의 힘을 둘러싼 자연의 세계에 관한 기하학적, 수학적 증명들을 세 가지 법칙으로 요약한 것이다.[13] 뉴턴은 또 물체의 배후에 펼쳐져 있는 강물같이 흐르는 시간과 '균질한 등방향의 공간'의 존재를 추정했다. 그래서 그는 세계 체계의 중심은 정지되어 있고 앞으로 향해 유클리드(Euclid)적으로 등속 직선운동을 한다고 생각했다. 이러한 유클리드 공간은 독립적으로 균질하게 존재하며 물질과 상호작용을 하지도 않는다고 보았다.[14] 그의 절대론은 공간뿐 아니라 시간에도 적용되어서, 시간은 한 방향으로만 흐르는 제어 불가능한 지속적 절대시간이며, 공간과 시간은 서로 작용하지 않는다고 했다.

---

13 프린키피아: 자연과학의 수학적 원리』(아이작 뉴턴, 이무현 옮김, 교우사, 1998) 제1판 머리글.

14 '유클리드 공간'(Euclidean space)이란 Euclid의 평행선 공리와 피타고라스 정리 등 5가지 공리가 성립하는 유한한 차원의 기학공간으로서, 3차원이나 4차원에도 적용가능하다.

이러한 생각의 근저에는 고대 서구사유의 정신적·종교적 절대자로서의 신의 개념이 자리하고 있었다. 뉴턴에게 있어서 힘이란, 수학적 추상개념이 아닌 절대적으로 주어진 존재자, 즉 실재하는 물리적 존재로 이해되며 질량은 물질의 가장 본질적인 성질로 보았다. 그리고 절대공간은 그 본성 때문에 어떤 외적인 것과도 무관하며 언제나 같다고 했다. 즉 뉴턴의 사유의 끝에는 절대자로서의 신이 자리가 내재되어 있었다. 아리스토텔레스 이후 절대정신 혹은 신학적 전통에서 자유롭지 못한 뉴턴 물리학은 이후 220년을 지배해 오다가 1905년 아인슈타인의 특수상대성이론으로 이론적 보편성을 상실한다. 그럼에도 불구하고 빛의 속도와는 거리가 먼 인간의 일상에서 근사치로서의 뉴턴 물리학의 규정들은 여전히 유용하다.

(3) 뉴턴 이후의 공간

뉴턴 이후 아인슈타인에 이르는 공간론의 과정에서는 칸트, 헬름홀츠, 맥스웰, 마흐 등을 들 수 있다. 칸트(Immanuel Kant, 1724~1804)는 『순수이성비판』에서 공간과 시간은 경험적 개념이 아니라 '순수 직관인 선험적 관념'이라고 했다. 그는 시간과 공간은 '지각'의 영역을 넘어 '순수 형식'으로서 존재하는 보편자라고 보았다.[15] 그런 의미에서 칸트의 시공간은 언제나 자신에게 동일하게 독립적으로 남아있는 절대 공간이다.[16]

---

15   『공간개념』 제5장 「현대과학에 나타난 공간개념」, 246~248쪽.
16   시공에 대한 관념을 선험적이라고 주장하여 당시 대환영을 받았던 칸트의 시공관은 오늘날 경험적 실재성으로 인식되는 아인슈타인의 상대론 관점에서는 비판의 대상이 되고 있다. 그러나 한편 아인슈타인의 상대론적 시공간 표상 역시 인식주관의 상상물적 속성을 근저에 지니고 있으며, 상대론적 시공간도 칸트의 시공간처럼 칸트가 의미하는 현상에 대해 실재성을 가지고 있으며 물자체에 대해서는 관념성을 가진다는 점에서 칸트의 시공간과 아인슈타인의 시공간은 양립할 소지가 전혀 없다고 할 수도 없다는 견해도 있다. 이러한 논지는

한편 독일의 물리학자 헬름홀츠(Hermann von Helmholtz, 1821~1894)는 칸트가 말한 유클리드 기하학의 선험적 본성이라고 하는 가정에 반대하고 경험적 지각이라는 점을 강조했다. 이는 칸트적 선험성과 경험성의 이분법적 관점을 현대논리가 더 이상 존중하지 않는다는 점에서도 의미가 있다. 또한 클라크 맥스웰(James Clerk Maxwell, 1831~1879)은 『물질과 운동』에서 절대공간을 부정하지는 않지만, 그것이 물리학의 제 현장에서 지니는 의미는 보잘 것 없다고 했다.[17] 맥스웰의 언급에서 중요한 점은 시간과 공간을 '사건'(event)과 물체 (matter)와의 관계로부터 이해하려고 했다는 점에서 보다 획기적이다.[18]

이렇게 뉴턴의 절대공간과 절대시간론은 점차적으로 의심을 받기에 이르는데, 이는 '왜'라고 하는 본질에서 '어떻게'라는 실험적 현상 연구로의 전환이 낳은 성과이다. 마흐(Ernst Mach, 1838~1916)의 의심은 보다 급진적이다. "나는 절대운동과 상대운동으로 나눈 뉴턴의 구분을 환상이라고 생각한다."며 운동의 상대성을 주장했는데,[19] 이러한 관점은 일반상대성원리의 최초의 선언이라고 할 정도로 아인슈타인에게 직접적 영향을 주었다. 이후 푸앵카레 (Henri Poincaré, 1854~1912)는 "이제 절대공간에 대해 말하는 사람은 모두 무의미한 말을 사용한다."고 까지 했다.[20] 이로써 아리스토텔레스, 유대 기독교의

---

17 곽윤항의 「칸트 입장에서 본 상대론적 시공간」(『대동철학』 제2집, 1998, 96~98쪽)을 참조. 『공간개념』, 252~256쪽.

18 "우리는 어떤 다른 사건에 의지하는 경우 외에는 한 사건의 시간을 기술할 수 없다. 또한 우리는 어떤 다른 물체에 의지하는 경우 외에는 한 물체의 장소를 기술할 수 없다. 시간과 공간 모두에 대한 우리의 지식은 모두 본질적으로 상대적이다." J. C. Maxwell, *Matter and Motion*, reprinted, with notes and appendices by Sir Joseph Larmor(Dover, New York, n.d.), 12쪽; 『공간개념』 256쪽 재인용.

19 E. Mach, *Science of Mechanics*(trans. by T. J. McCormack; Chicago, 1902), 232쪽; 『공간개념』, 259~260쪽 재인용.

20 Henri Poincaré, *Science and method*(trans. by F. Miatland; London, 1914), 93쪽; 『공간개념』, 262쪽 재인용.

공간론을 거쳐 뉴턴에 이르러 완성된 절대공간의 개념은 보편적인 것은 아니
고, 단지 일상적일 뿐이었음이 점차 드러난다. 그리고 아인슈타인의 보편적
인 시공간에 관한 이론인 상대성이론이 등장한다.

3. 서양의 고전적 시간론

이제까지의 공간론에 이어 여기서는 아인슈타인 상대성이론에 이르기까
지의 시간에 대한 인식을 보자. 시간을 바라보는 시선에는 크게 절대적 관점
과 상대적 관점의 두 가지 시선이 존재한다. 전자는 사공은 물질과 무관하게
존재하며 물질의 배후이자 무대이다. 그리고 물질(matter)의 운동은 시공간이
라고 하는 독립적인 그 무엇 안에서 이루어진다는 생각으로서 뉴턴 물리학은
이에 기초한다. 상대적 관점은 시공간은 물질과 무관하지 않으며 물질이 존
재할 때 시공간도 존재한다고 보는데, 라이프니츠, 마흐, 아인슈타인의 일반
상대성이론이 그것이다.[21]

서구철학사에서 시간론은 아리스토텔레스, 성 아우구스티누스, 그리고 근
현대로 오면서 칸트, 베르그송(Henri-Louis Bergson, 1859~1941),[22] 하이데거(Martin
Heidegger, 1889~1976), 들뢰즈(Gilles Deleuze, 1925~1995)의 관점이 중요하다. 이들
의 철학적 내용을 본고에서 다 기술할 수는 없으므로, 여기서는 시간에 관한

---

21 카틴카 리더보스 책임편집, 크리스토퍼 이샴·콘스탄티나 사비도우 등 집필, 김희봉 옮김,
     제1장 「시간과 현대물리학」, 『타임: 시간을 읽어내는 여덟 가지 시선』, 성균관대출판부,
     2009, 18~19쪽.
22 베르그송은 프랑스 철학자로서 박사학위논문은 「시간과 자유의지: 의식의 직접 자료에 대
     한 소론 Essai sur les données immédiates de la conscience」(1889)이며, 순수지속으로서
     의 시간개념을 주장한다.

과학철학적, 종교철학적 의미를 중심으로 본다. 시간의 물리적 속성에는 크게 다음 두 가지 관점이 중요하다. 하나는 '시점 논리'이고 다른 하나는 '진행 논리'이다. 시점 논리는 과거, 현재, 미래의 경험적 순서에 따른 '존재 상태'(being)에 주안을 두는 생각으로서, 사물이 시간 속에서 어떻게 존재하는가에 중점을 두며 시간을 이해한다. 진행 논리는 시간의 또 다른 속성인 되어감(becoming)을 중시하는 입장이다. 이는 사물의 변화라고 하는 물리적 변화의 매개변수로서의 시간 이해이다.[23] 서구 정신이 정적 시점 논리에 치중했다면, 주역 등 동아시아 논리는 동적 상태에 더 중점을 둔다. 이와 관련한 다양한 각도의 동서 문명사유간의 비교는 그 범주가 상당히 넓다.[24] 다양한 관점의 시간 개념 중 물리적 시간은 과학적 실험과 기술의 기본 척도가 되는 시간이고, 논리적 시간과 허수 시간 및 생물학적 시간은 상대성이론과 관계된다. 이외 심리적 시간의 경우 문학적 시간에 가깝고, 종교적 시간은 메타적, 철학적 시간에 가깝다.

　시간의 철학을 본격 고민한 사람은 성 아우구스티누스다. 그는 『고백록

23　『타임: 시간을 읽어내는 여덟 가지 시선』 제1장, 23~25쪽. 이와 관련해 고대 그리스와 인도가 순환형 시간개념을 보인다면, 유대기독교는 직선형 시간관을 지닌다.

24　관점에 따른 시간의 개념을 나누면 다양한 종류의 시간이 존재한다. ① 물리적 시간: 세슘 원자의 방출 주파수와 간격 등 물리현상의 척도로서의 시간. ② 우주 시간: 우주의 등방향성과 우주 균질성을 가정한 광속으로 잰 성간 거리 시간. ③ 논리적 시간: 물리적 시간과 관련되나, 사건의 인과율적 순서에 따라 정의되는 시간으로서 상대성이론의 '동시성의 상대성'에서 관찰자에 따라 달라지는 시간 개념. ④ 생물학적 시간: 생물의 성장속도, 노쇠 등에 사용되는 시간으로서 조로증 환자나 동안미녀 등이 그 예이다. ⑤ 심리적 시간: 외적 관찰과는 별도로 인식 주체가 인지하는 시간으로서, 아인슈타인은 "아름다운 여성과 같이 앉아 있을 때는 1시간이 1분 같고, 뜨거운 스토브 위에서는 1분이 1시간 같다고 느낀다. 그것이 상대성이다."라고 말했는데 이것이 심리적 시간이다. ⑥ 허수 시간: 양자역학의 시간으로서 인과율에 근거하는 논리적 시간과는 대조적인 시간으로서, 빅뱅 이전의 시간 또는 趙州禪師가 말한 만법이 하나로 돌아간 시간이다. ⑦ 종교적 시간: 그리스 신화의 크로노스, 아이온, 카이로스 등의 종교적 의미가 개재된 시간이다. 이상은 『과학과 종교의 시간과 공간』(황치옥, 생각의힘, 2014, 9~20쪽).

Confessiones』 제11권에서 시간에 대해 집중적으로 따졌다. 제11권은 총 31개의 장으로 나눌 수 있다. 필자는 그의 시간론을 다음 다섯 가지로 개괄해 본다.

① 하느님의 의지를 통해 무에서 시간과 공간의 세계가 창조되었으며, 나는 그것을 믿고자 하오니 이해할 수 있게 해주소서.(1~5장)
② 하느님의 시간 창조 이전에는 시간이 없었다.(10장)
③ 세 종류의 시간 중 과거와 미래도 존재하기는 하지만, 오로지 현재를 통해서만 現前된다.(14 · 15 · 17 · 18장)
④ 시간은 물체의 운동이 아니다.(24장)
⑤ 주여 아직 내가 모르는 시간에 대하여 알게 하소서!(25장)

이상 아우구스티누스의 시간론은 신학적 시간관이다. '고해', '고백', '참회'를 뜻하는 라틴어 단어 'confessione'에는 '찬양'이란 의미도 있다는 점에서 그의 고백은 신에 대한 찬양 또는 받아들임이다. 이는 ①과 ⑤의 수미가 신에 대한 믿음의 의지로 일관한 데서도 알 수 있다.

아우구스티누스 시간론의 첫 번째 특징은 먼저 시간이 신에 의해 주어졌으며 신은 당연히 시간의 밖에 초월적으로 존재한다는 생각이다.[25] 시간이 신에 의해 창조되어 존재자에게 주어졌다는 뜻은 '미묘하긴' 하지만 일단 시간의 태초성, 즉 시간의 근원적 절대성까지 담보하지는 않는다.[26] 그리고

---

25 『고백록』(아우구스티누스, 강영계 옮김, 서광사, 2014) 제11권 제13장 「세계 창조 이전에는 시간이 없었다」 416쪽. "주님이 모든 시간을 창조했으며, 모든 시간들에 앞서서 존재하고, 시간이 없는 곳에는 결코 시간이 존재하지 않았다."
26 '미묘하다'고 한 것은 아리스토텔레스 이후 뉴턴의 절대적 시간과 공간론에 이르는 과정에서, 아리스토텔레스의 우주론과 유대기독교 및 거기서 파생된 이슬람철학에서 미묘한 모순과 갈등적 해석들이 보이기 때문이다. 구체적으로는 '신이 세계를 창조했다(halaka allāhu al ālama)'라고 하는 창조의 행위와 '시간과 공간'에 대한 의미 설정이 '시간의 순서'인지

신이 시간보다 앞서 있다고 한 것은 신이 시간의 영역 안에 있지 않다는 말로도 해석 가능하다. 심지어 그는 창조 이전에는 시간이 흘러가지 않았다고도 말한다.[27] 이를 현대물리학적으로 말하자면 빅뱅 특이점(singularity) 이후 시간이 작동되었다고 볼 수도 있다.

아우구스티누스 시간론의 두 번째 특징은 '시간은 흐른다.'는 관점이다. 이 점은 공자 역시 마찬가지이며, 동서 문명을 막론하고 일반적인 생각이다. 다만 아우구스티누스의 시간의 흐름은 인식주체인 내가 겪는 현재적 사건을 통해서만 인식될 뿐이라고 본다. 그런 점에서 아우구스티누스의 시간론은 인식론적이다. 그리고 과거나 미래는 오직 현재로서만 존재한다고 했다. 그 근거는 과거의 기억, 혹은 미래에 대한 예견을 통해 인식되는 것이 오직 현재를 통해서만 가능하기 때문이다.[28] 그런 점에서 아우구스티누스의 신적 부여로서의 시간론은 영어식으로 표현하자면 시간, 즉 존재론적 현재는 신에 의해 존재자들에게 주어진(presénted) 선물(présent)이라고 해석 가능하다.[29]

결국 서구 시간론의 대표적 인물인 아우구스티누스의 시간론은 신과 결부되어 '초월적 무의 시간'을 지향한다. 현재이면서 현재가 아닌, 영원성을 향

또는 본질적 '원인-결과'의 의미인지에 대해서는 불확실한 측면이 있다. 이에 대해서는『공간개념: 물리학에 나타난 공간론의 역사』(막스 야머, 이경직 옮김, 나남, 2008, 1969년 3판본, 116~119쪽)을 참조.

27 『고백록』제11권 제13장「세계 창조 이전에는 시간이 없었다」415쪽. "시간 자체도 당신(神)이 창조했기 때문에 당신이 시간을 창조하기 이전에는 시간이 흘러갈 수 없었습니다. 그러나 하늘과 땅 이전에 아무런 시간도 없었다면, 그때에 당신이 무엇을 했는지 왜 묻는 것입니까? 왜냐하면 시간이 존재하지 않았다면 '그때(특정한 시점)'가 없었을 것이기 때문입니다."

28 『고백록』제11권 제18장「어떻게 시간은 흘러가고 다가오며 현재하는가」421~422쪽. "적어도 내가 아는 것은, 그러므로 어디에 있든지 그곳에 미래나 과거로 있지 않고 현재로서 존재하리라는 것입니다."

29 'pr-es-ent'를 破字하면, '앞에(before, in front of)'라고 하는 'pre', '있다, 존재하다'라는 뜻의 라틴어인 'es', 그리고 명사 또는 형용사화 접미사인 'ent'의 결합으로서, '바로 내 앞에 현현하여 존재하는 (것)'이란 의미이다.

한 초월적 시간관이라고 할 수 있다. 이런 점에서 그의 시간론은 '크로노스'(Chronos), '아이온'(Aion), '카이로스'(Kairos)의 서구적 시간관의 흐름에서 읽혀질 수 있으며, '신적 아이온의 세계를 지향하는 초월인간의 카이로스적 시간론에 가깝다'고 본다. 이들 세 종류의 시간을 구체적으로 보자. 크로노스와 카이로스는 그리스 신화에 등장한다. 시간 또는 세월의 신 크로노스(Chronos)는 이 땅에 태어난 것들을 모조리 삼켜 버리는 자연의 섭리를 상징한다. 크로노스는 나날이 흘러가는 일상적이고 물리적 시간으로서 해가 뜨고 지며 계절이 바뀌고 생성·소멸을 하는 무상한 세계의 연대기적·누적적·일상적인 시간이다.

한편 카이로스(Kairos)는 일상성 속의 특이점을 통한 초월적 비약이다.[30] 카이로스는 의식적이며 질적인 시간으로서, 순간이 영원 같고 영원이 순간과도 같은, 양으로 결정되지 않는 정신적·주관적·비약적인 시간이다. 카이로스 시간은 유대기독교의 접점의 시간이며, 불교적 대각의 시간이다.[31] 크로노스와 카이로스 외에 영원불변의 시간으로서의 아이온(Aion)의 시간이 있다. 이 역시 유대기독교적 개념으로서 시작과 끝이 없는 영원한 현재의 시간이다.[32] 현실과는 전혀 다른 방식의 완전한 세계인 영원복락의 천당과 극락,

---

30 그리스 신화에 나타나는 제우스의 아들 카이로스의 모습은 기묘하다. 앞머리는 무성하지만 뒷머리는 민머리이다. 앞에서는 잡을 수 있으나, 일단 지나간 뒤에는 순식간에 사라져 잡을 수 없다는 뜻이다. 그런 의미에서 양손엔 날카로운 결단을 요구하는 저울과 칼이, 그리고 발에는 날개가 달려 있다.

31 내 때가 가까웠다(마태복음 26:18), 이 예언의 말씀을 읽는 자와 듣는 자와 그 가운데에 기록한 것을 지키는 자는 복이 있나니 때가 가까움이라(요한계시록 1:3)

32 내 아버지의 나라에서(마태복음 26:29), 그들은 영벌에, 의인들은 영생에 들어가리라 하시니라(마태복음 25:46). 내가 주는 물을 마시는 자는 영원히 목마르지 아니하리니 내가 주는 물은 그 속에서 영생하도록 솟아나는 샘물이 되리라(요한복음 4:14), 아버지도 없고 어머니도 없고 족보도 없고 시작한 날도 없고 생명의 끝도 없어 하나님의 아들과 닮아서 항상 제사장으로 있느니라(히브리서 7:1~3)

혹은 지옥의 세계가 그렇다. 한편 이 아이온의 시간에 대해 들뢰즈는 직선으로 흐르는 크로노스와 달리 역설의 형식을 취하는, 서로 다른 양방향을 동시에 긍정하는 무경계의 영원의 시간이라고 해석했다.[33] 필자는 노장 철학에서 드러나는 역설의 논법이 상반된 관점에서 그 둘을 모두 포괄한다는 뜻에서 '양가성의 사유'에 근거한다고 말했는데,[34] 그렇다면 필자의 이와 같은 논지는 이는 양방향을 동시에 긍정한다고 하는 '들뢰즈의 아이온' 개념과 유사하다.

들뢰즈는 아이온에 대해 이를테면 기존의 천국과 지옥이라고 하는 비일상적이며 상반적일 수도 있는 영원의 시공간을 하나로 담아 해석했다고 본다. 그렇다면 들뢰즈의 아이온은 이를테면 천국과 지옥에 대한 어느 하나가 아닌 포괄적 설정으로서의 아이온이라고 할 수 있다. 필자가 보기에 이보다는 인간의 노력으로 일상에서 일상을 뛰어넘어 특이점적으로 신의 세계 혹은 저 너머의 세계를 향한 '접점적' 혹은 '접신적, 초월적' 만남을 중시할 때는 카이로스의 개념이 더 의미 있게 다루어져야 한다고 생각한다. 이를 중용의 유교적 방식으로 말하자면 '誠者'는 '아이온'이고, '誠之者'는 '카이로스'에 가까울 것이다.[35]

요약하면 크로노스의 시간은 '과거-현재-미래'의 생성·소멸 가능한 시간으로서 직선의 시간이다. 한편 아이온의 시간은 과거와 미래가 현재 속에 진행되는 시작도 끝도 없는 영원한 우로보로스, 또는 뫼비우스 띠와 같은

---

33 연효숙, 「여성의 시간과 아이온의 시간」, 『한국여성철학』 23, 2015, 105~106쪽.

34 「노자 도덕경 기호체계의 상호텍스트성」(吳台錫, 『중국어문학지』 49집, 2014)과 「역설의 즐거움: 노장 존재론의 부정성」(오태석, 『중국어문학지』 51집, 2015)을 참조. 이 두 글은 필자의 『노장선역, 동아시아 근원사유』(역락, 2017)에 있음.

35 『中庸』, "誠者, 天之道, 誠之者, 人之道." (성실한 것은 하늘의 길이고, 성실히 하려 함은 인간의 길이다.)

'圓'의 시간이다. 그리고 카이로스의 시간은 뫼비우스의 띠 중 다른 차원으로 '초월 이동되는'(Mobius shift) 특정한 시점의 의미를 지닌 '특이점'(singularity)의 시간이다.[36] 아우구스티누스가 『고백록』에서 기원한 신의 뜻에 대한 완전한 이해와 해탈의 시간은 이러한 특이점의 시간으로 보인다. 특이점은 현대물리학과 수학에서 상용하는 용어이다. 이에 대해서는 다음 장에서 고찰한다.

4. 현대물리학의 시공간

(1) 상대성이론의 시공간

① 특수상대성이론의 시공간

이제까지 우리는 인류가 이룬 과학사의 최대사건이라고 할 수 있는 상대성이론에 이르기까지의 공간과 시간에 관한 서구 과학철학의 이해와 특징을 보았다. 먼저 공간론에서는 고대 아리스토텔레스의 정지된 지속적 공간론에서 시작하여 갈릴레이 공간의 단순 상대성을 거쳐, 뉴턴 고전역학의 절대공간을 보았다. 그리고 시간론에서는 아우구스티누스의 신학적 시간관, 그리고 그리스 신화의 누적적이며 일상적 크로노스(Chronos)의 시간, 유대기독교의 영원한 아이온(Aion)의 원형 시간, 그리고 현재에서 미래로 통하는 특이점으로서의 카이로스(Kairos)적 시간론을 보았다.

이러한 역사적 과정 속에서 20세기 초에 세계물리학계의 변방에 위치했던 아인슈타인의 사고 실험(thought experiment)의 등장과 함께 시간에 대한 인식

36　그런데 그 초월적 비약과 이동이 가능한 접점은 실은 뫼비우스 띠의 도처에서 가능은 하다. 이것이 바로 일상이면서 초월인 카이로스적 접점의 시간이 아닐까?

은 결정적 전기를 맞이한다.[37] 아인슈타인에 의해 물리적 자연현상을 설명하는 기준척도였던 뉴턴의 '시간과 공간의 독립적 절대 불변성'은 근본적으로 흔들리고, '광속 불변성' 즉 '빛의 속도'가 물리법칙의 우주 기본 상수로 등장한다. 이후 오늘에 이르는 지난 100여 년은 우주 자연을 바라보는 인간 인식의 변화과정이라고 할 수 있다. 그의 위대한 발견 이후 100여 년이 흐른 지금 우리는 일상적 뉴턴의 세계 이해에서 시야를 확장해, 거시세계의 상대성이론과 미시세계의 양자역학을 중심으로 빛, 물질, 에너지, 중력, 시공간, 장 개념과 함께, 이로부터 연결 가능한 인문학적 사유까지 생각해 보도록 한다.

가장 먼저 언급할 것은 당연히 지난 수천 년의 시공간 개념을 송두리째 흔든 아인슈타인의 상대성이론이다. 아인슈타인 상대성이론의 위대성은 순수 사고실험을 통해 보편 시공간에 두루 적용 가능한 완결적인 시공간이론을 홀로 구축한 데 있다. 상대성이론은 중력을 무시한 상태에서 등속운동 상태의 물리법칙인 1905년의 특수상대성이론(Special theory of Relativity)과, 중력을 고려한 가속 운동을 하는 임의의 좌표계에 관한 보편적 물리법칙인 1915년의 일반상대성이론(General theory of Relativity)의 두 가지다.

먼저 등속운동에 관한 상대론인 아인슈타인의 특수상대성이론은 다음 두 토대 위에 서 있다. 즉 ① 모든 관성좌표계에 적용되는 물리법칙은 똑같다. ② 모든 관성좌표계에서 빛의 속도[광속]는 같다는 두 가지다.[38] 이는 어느

---

37 '사고 실험'이란 에른스트 마흐가 만든 말로서, 사물의 실체나 개념을 이해할 목적으로 가상의 시나리오를 사용하는 추상적 논리 실험이다. 선험적(라틴어: a priori) 인식을 통해 가설의 논리적 귀결을 추론해 나가므로, 관찰과 측정을 통한 경험적(empirical) 실험과 대비된다.

38 빛의 속도는 자연의 근본적인 공식으로서, 빈 공간을 이동할 때의 속도이다. 그리고 상대성이론에서는 '빛보다 더 빨리 갈 수 있는 것은 없다.'라고 하는 표현보다는 '빛을 추월할 수 있는 것은 없다.'라는 표현이 더 옳다. 실상 지구에서 수천억 광년 떨어진 은하계는 팽창

관측자에게서든 광속이 동일하다면 시간과 공간은 달라질 수밖에 없다는 것으로서, 뉴턴적 '절대시간과 절대공간의 개념은 폐기되어야 한다.'는 뜻이다.[39]

아인슈타인 직전에 전자기파에 관한 탁월한 업적을 내놓은 19세기 물리학자 맥스웰(Maxwell)은 맥스웰 방정식에서 '빛은 전기장과 자기장이 서로 작용해서 일어나는 전자기 파동'이라고 밝혔다. 이에 따라 19세기 과학자들은 공간에는 에테르라고 하는 매개물질이 편재되어 있어서 상황에 따라 광속도 달라진다고 가정했다. 그러나 아인슈타인은 에테르란 존재하지 않으며, 물리법칙은 보편적으로 같이 적용되어야 하고, 여하한 운동 상태에서도 '광속은 불변'이라고 말한다.

그렇다면 이제 새로운 척도로 대두된 '광속 불변'에 대해 보자. 갈릴레이 변환에서 운동체 간의 거리는 단순 뺄셈인데, 아인슈타인은 어느 누가 관찰하더라도 광속은 늘 똑같다고 보았다. 사실 이 문제는 시간과 공간의 문제와 연결된다. 아인슈타인 이전에는 시간과 공간이 우주의 절대 독립적인 선험적 바탕이라고 의심 없이 수용되었다. 그러나 아인슈타인은 등속운동을 하는 특수상대성이론에서 시간과 공간의 불변성을 반대하고 광속이 불변이라는 점을 분명히 했다. 그리고 가속 상태의 일반상대성이론에서는 여기서 더 나아가 빛도 중력에 의해 휘어지며, 이는 시공간의 휘어짐을 만든다고 했다.

하는 우주와 함께 그 속도가 빛보다 훨씬 더 빠르다. 그러나 빛보다 더 빠른 속도로 이동할 수 있는 것은 없으므로, 이들 은하계가 우리로부터 멀어지는 현상에서 누구 또는 어떤 것이 빛을 추월하여 거기에 도달하는 일은 없기 때문이다.(제프리 베네트, 이유경 옮김, 『상대성이론이란 무엇인가』, 처음북스, 2014, 45~49쪽)

39 뉴턴의 고전 역학은 아인슈타인의 상대성이론에 의해 쓸모없이 폐기된 것만은 아니다. 고전역학은 '고전(classic)'이라고 하는 말 그대로 상당 부분의 일상 공간의 역학에 부합하는 이론이며 아직도 유용하다. 다만 우주 만상에 다 맞는 보편이론의 필요성에 의해, 뉴턴 이론의 부분적 타당성이 상대성이론으로 자리를 옮기게 된 것이다.

이렇게 되면 시간과 공간은 절대가 아닌 부차적 지위로 떨어지게 된다. 그러면 시간과 공간 대신에 무엇이 새로운 기준이 될 것인가? 그것이 광속이 라는 것이다. 광속은 어디서든 같으며, 또한 어떠한 것도 광속보다 빠를 수 없다는 것이 특수상대성이론의 요지다. 우리는 4차원을 살지만 공간과 시간 을 함께 바라보는 것은 직관적이지 않은 까닭에 쉽게 이해되지 않는다. 그런 점에서 상대성이론은 직관적이거나 선험적이지 않다. 여기서 어느 관측자에 게나 광속이 동일하다는 것은 거꾸로 시간과 공간이 동일하지 않다는 것이 다. 그리고 이러한 결론은 철학적으로는 경험주의적 인식론의 관점에 가깝다 는 점에서 동아시아 인문철학의 사유방식에도 일정 부분 닿아 있다고 생각된 다. 이에 대해서는 별도의 논의가 필요하다.

이제 특수상대성이론과 일반상대성이론을 간략히 구분 설명한다. 1905년 의 특수상대성이론은 물체의 운동이나 맥스웰의 전자기론 모두에 두루 통하 는 보편적 물리법칙으로서 광속 불변의 원리를 도출해낸다. 그리고 상대성의 근본 원리로서 갈릴레이 변환이 아니라 시간과 공간이 서로 얽혀 있는 로렌 츠변환(Lorentz transformation)을 사용한다. 이 식으로부터 알 수 있는 것은 등속 운동을 하는 어떠한 좌표 기준체(k')에서도 빛의 속도 c는 항상 불변이라는 점이다.[40] 이 결과는 다른 어떤 방향으로 나아가는 빛에 대해서도 늘 같은

---

40 로렌츠변환은 네덜란드 수학자이자 물리학자 헨드릭 안톤 로렌츠(Hendrik Antoon Lorentz, 1853~1928)가 만든 전자기학과 고전역학간의 모순을 해결해 낸 특수상대성이론의 기본을 이루는 변환식이다. 기존 절대시간의 갈릴레이 상대성에서의 변환은 단순 상대속도 관계의 두 좌표계 사이의 속도 차가 단순 뺄셈으로 결정된다. 그러나 로렌츠변환에서는 갈릴레이 변환에서 한걸음 더 나아가 시간 성분을 포함한다.
예를 들면 시공간 좌표계 $k(x, y, z, t)$와 다른, 시공간좌표계 $k'(x', y', z', t')$의 관련된 상호 관계식을 최종 정리하면 두 좌표계 모두 $x = ct$와 $x' = ct'$로 동일하게 나온다. 이는 즉 $x = ct$였던 본래의 상태가 다른 시공간 좌표계에서도 똑같이 $x' = ct'$로 귀결됨을 보여 주고 있다. 이 로렌츠변환식의 결과가 뜻하는 것은 k와 다른 기준체 k'를 기준으로 하더라 도 결과는 항상 운동방향(벡터)과 무관하게 'c'로 일정하다는 것이다. 그런데 우리의 일상세

결과가 나오는데, 이는 놀라운 일만은 아니다. 왜냐하면 로렌츠변환 식은 바로 이 관점에 부합하게끔 도출된 식이기 때문이다.

요컨대 특수상대성이론의 가장 큰 특징은 시간과 공간이 우주의 근본 질서의 토대를 이루는 상수가 아니고, 오히려 '광속(c)이 곧 우주 상수(k)'라는 것을 의미한다. 이렇게 되어 고전역학에서 절대적 지위를 점했던 시간과 공간은 특수상대성이론으로 우주의 기준 척도의 자리를 '광속'에 내주었다. 이는 광속불변의 원칙이 서구 과학철학사에서 기존의 절대 시간과 절대 공간 대신 광속이 자연의 가장 근본적인 상수의 위치로 등극한 것이다. 결국 광속불변의 가설은 실험으로 증명되었고, 이제는 절대적이었던 시간과 공간이 물질과 에너지의 밀도가 만들어내는 우주의 기하학적 곡률이 야기한 함수의 상대적 변수로 내려오게 되었다. 이렇게 되면 향후로는 '시간과 공간' 중심으로 자연현상을 이해하는 것이 아니라 '광속'이 사유의 중심에 놓이게 된다.

그러면 '하나의 사건에 대한 서로 다른 시간개념'이 동일한 물리법칙으로 설명 가능한가? 상대성이론에 따르면 동일한 사건이라도 관측자의 공간적 위치와 상태 변화에 따라 각자 다르게 보인다. 여기서 시간과 공간의 변화를 하나로 묶어서 보아야 할 필요가 생기며, 여기서 상호 연계된 보편적 '시공간' 개념이 일반상대성이론에서 완성된다. 등속운동의 특수상대성이론의 시간과 공간은 위치와 운동방식에 따라 달라지는 개인적 시간 척도를 가진다. 또한 가속운동을 하는 일반상대성이론의 시공간과는 달리 그 안에서 사건이 일어나지만 거기서 일어난 일에 영향 받지 않는 고정적으로 주어진 場이라고 보는 점에서 일반상대성이론에는 미치지 못한다.[41] 그럼에도 불구하고 상대

계는 빛의 속도와 비길 것이 없으므로 로렌츠변환이 곧 갈릴레이 변환으로 환원되어버릴 뿐이다.(알베르트 아인슈타인, 이주명 옮김, 『상대성의 특수이론과 일반이론(Relativity: The Special and General Theory)』, 필맥, 2012, 46~51쪽, 143~150쪽)

성이론의 기초이론으로서의 로렌츠변환에서 보듯이 이제 시간은 누구에게나 같은 것이 아니다. 서로 다른 기준틀에서는 공간의 좌표가 다르듯이 시간 역시 다르다. 심지어는 같은 교실 안 학생들의 시공간도 사건적으로 각기 다르다.[42] 그렇다면 우리는 모두 각자 개략적으로는 같은 시공간으로 보이지만, 실은 서로 다른 시공을 살아가는 독자적이고도 소중한 유일무이의 존재다.

특수상대성이론의 또 다른 특징은 우리가 잘 알고 있는 $E = mc^2$으로 정의되는 공식이다. E는 에너지, m은 질량, c는 빛의 속도이다. 이전에도 고전역학에서 '운동량 보존의 법칙'과 '역학적 에너지 보존의 법칙'이 있었으나, 아인슈타인의 특수상대성이론의 식은 질량 자체가 내부적으로 잠재된 엄청난 에너지 덩어리임을 보여주고 있으며, 그것은 역으로도 마찬가지이다. 이러한 '질량-에너지 등가법칙'은 아인슈타인에 와서 발견되기는 했으나, 자연은 이미 오래전부터 작동되어 왔다.

---

41 스티븐 호킹, 김동광 옮김, 『시간의 역사』, 까치, 1998, 44쪽, 31쪽. 스티븐 호킹(Stephen Hawking, 1942~2018)의 이러한 언급은 존재론적 관점에서 본 특수상대성이론의 시공간에 대한 설명이다. 특수상대성이론에서 시간과 공간은 인식론적으로는 동일한 사건이 관측자에게 다르게 보이는 상대성을 보여준다. 그렇지만 존재론적으로는 아직 '물체'와 '시간 및 공간'이 상호작용을 하지는 않는다. 그 상호작용은 일반상대성이론에서 설명되며, 시간과 공간은 이제 고정 불변의 절대성이 아니라 중력의 작용을 받는 하나로 묶여진 상대적 '시공간의 장'으로 인식된다. 특수상대성이론의 시공간은 '인식론'적으로는 상대적이나 '존재론'적으로는 아직 뉴턴적 절대 시간과 공간성의 단계에 머물러 있다고 할 수 있다.

42 개별 존재마다 서로 다른 시공간을 살고 있음을 보여주는 예는 교실에서 찍은 한 장의 단체사진에서도 쉽게 찾아볼 수 있다. 교탁 앞에서 선생님이 찍은 한 반 학생들의 단체사진은, 현재에서 멀리 떨어진 뒤의 공간에 위치한 학생과 현재에서 보다 가까운 앞의 공간에 앉은 학생에서 출발한 두 빛이 도달하여 한 장에 맺혀진 상의 결과이다. 즉 뒤의 학생은 앞의 학생보다 더 과거의 시간 속 존재인 것이다. 그리고 이러한 논리는 비단 사진에만 해당되는 것이 아니다. 즉 '존재-사건'의 의미는 '존재에 대한 인식의 결과'라고 하는 점에서 세계 내 존재 모두에 해당되는 '시공간 부동성'을 의미한다. 이 점에서 본 유비는 상대성이론을 준용하고 있으나, 인식에 따른 존재의 현현에 연결된다는 점에서 양자역학적이기도 하다.

그리고 그 철학적 함의는 보다 심오하다. 시공간에 존재하는 물체란 무엇인가? 그리고 그 근원은 무엇이며 그것은 어떻게 열로 발현되는가? 이러한 질문은 우주 삼라만상의 본질에 대한 의미 있는 자연과학적 계시이기도 할 것이다. 이 법칙은 물리량의 단위 면에서 볼 때 시간과 공간이 서로 함수적이라는 것을 보여주고 있으며, 질량이 클수록 에너지가 크다는 점 또한 시사가 크다. 물체와 질량, 운동, 빛의 속도, 그리고 에너지가 서로 연결 가능하다는 것을 보여주는 이 간략한 공식을 '에너지-운동량 4차원 벡터'(energy-momentum-four-vector)라고 한다.[43] 특수상대성이론에서 움직이는 물체는 정지했을 때보다 진행방향으로 길이가 짧아지고, 시간은 천천히 흐른다. 또한 질량은 늘어나서 무거워진다.

운동하는 존재는 작아지되 무거워지고, 그 존재의 시간은 천천히 흐른다는 것이다. 상대성이론이 말하는 운동의 내포개념들로부터 우리는 많은 인문학적 시사를 받게 된다. 작아지는 것은 무엇이고 무거워지는 것은 무엇인가? 그리고 시간이 천천히 흐른다는 것 역시 우리가 운동을 해야 하는 또 다른 이유가 될 것 같다. 존재의 방식을 둘러싼 블랙박스 속에 많은 것들이 내밀하게 연결되어 있음을 보게 된다. 물리학적 이해가 인문학, 특히 동아시아 사유와 관련하여 시사하는 의미에 대해서는 따로 논할 것이다.

특수상대성이론에서 빛의 속도와 시간에 대한 고찰은 아인슈타인의 '동시성의 상대성'(relativity of simultaneity)에서 잘 드러난다.[44] 이해를 위해 그의 사고실험을 변형 설명한다. '충분히' 빨리 달리고 있는 긴 기차의 중간지점에 설치된 광원에서 '번쩍'하고 분사된 빛은 기차 앞쪽의 a와 기차 뒤쪽의 b

---

43   브라이언 콕스·제프 퍼쇼, 이민경 옮김, 『$E = mc^2$ 이야기』, 21세기북스, 2011, 164쪽.
44   『상대성의 특수이론과 일반이론』(알베르트 아인슈타인, 이주명 옮김, 필맥, 2012, 40~43쪽)
       제1부 '상대성의 특수이론' 09 '동시성의 상대성'

중 누구에게 먼저 전달되는가에 관한 사고실험이다. 광원에서 발사된 빛이 도착하면 a와 b에게 설치된 전구의 불이 켜지게 되어 있다. 상대성이론에서는 관측자의 위치가 특정되지 않으면 무의미하므로, 기차 안의 a와 b, 그리고 기차 밖에 있는 c가 되겠다.

광원에서 나온 빛은 먼저, 기차 안에 있는 두 관찰자 a와 b에게는 모두 광원과 등거리에 있었으므로 이 빛은 두 사람에게 동시에 도착할 것이다. 다음으로는 기차 밖에서는 어떤 '현상'이 일어날까? 기차는 충분히 빠른 속도로 달리고 있으므로, 관측자가 볼 때에는 진행방향의 앞쪽에서 빛이 도달할 때에도 기차의 앞에 있어 빛으로부터 멀어지고 있는 a보다는, 뒤쪽에서 중간의 광원을 향해 달려오고 있는 b의 불이 먼저 켜지고, 이어서 a의 불이 켜짐을 알 수 있다. 이것은 우리가 동시적이라고 생각했던 사건이 관측자, 즉 기준체 또는 좌표계에 따라 전혀 동시적이지 않음을 보여주는 예이다. 이렇게 기차 안과 밖의 두 곳의 관찰자들에게 하나의 사건이 동시에 있어났다고 느끼지 않는 것을 어떻게 설명해야 할까?

이 말은 모든 기준체(좌표계)는 각기 그 자신만의 특수한 고유시간을 갖고 있다는 뜻이다. 그것을 바라보는 기준에 대한 설정이 없는 한 어떤 사건에 대한 진술은 아무런 현실적 의미도 지니지 못한다는 의미이다. 그런데 상대성이론 이전에는 언제나 시간 또는 공간에 관한 진술이 절대적이라고 암묵적으로 가정되어 왔으며, 그것은 매우 자의적인 해석이었다.

실상 아인슈타인은 지금 일어나고 있는 일이 실은 그렇지 않다는 것을 의미한다고 했다. 그는 시간의 상대성이 존재하며 빛의 속도는 다른 것으로부터 영향 받지 않는다는 전제하에 공간과 시간이 본질적으로 다르지 않다고 했다. 실상 우리는 출발한 시간거리가 서로 다른 가운데 매일 밤마다 저 하늘에서 펼쳐지는 빛의 '시공간적 우주 쇼'를 동시에 보고 있지 않은가? 그래서 아인슈타인은 "물리학자에게는 과거와 현재, 미래가 한 데 뒤섞여 있다."고 했다. 모든 것은 영원한 시공 속에서 서로 얽혀 일체를 형성하고 있으며, 그 속에서 과거와 미래가 동시에 (우리에게) 존재한다는 것이다.

이렇게 하나의 사건이라 하더라도 기준체에 따라 서로 다르게 인식된다. 그렇다면 세계는 내가 서있는 자리, 마당, 장에 따라 해석이 달라진다. 이런 점에서 필자는 상대성이론은 우주적 현상에 대한 이론물리학적 기술이기도 하지만, 철학적으로는 경험주의적이며 인식론이라고 생각된다. 여기서 동아 시아 고대사유의 주관적 통찰이 오히려 현대물리학의 방향과 맞아떨어지는 측면이 있다는 생각이 든다.

특수상대성이론을 요약하면 맥스웰-로렌츠 이론으로부터 빈 공간 속에서 빛의 속도가 일정하다는 가정을 넘겨받는 데서 시작된다. 그리고 이를 위해 서는 동시성의 절대성이 포기되어야 하며 그것이 '동시성의 상대성'인데, 동 일한 사건도 보는 위치 즉 좌표에 따라 다르게 인식된다는 것이다. 그리고 4차원 세계에 대한 기존과는 다른 인식이 들어가는데, 공간과 시간이 객관적 으로 분해 또는 분리되지 않는 하나의 4차원 연속체 개념이다. 이는 연관된 시간과 더불어 관성공간으로서의 4차원구조인 민코프스키 시공간이며, 이런 관성공간들은 선형 로렌츠변환에 의해 서로 연관된다. 이와 같은 4차원구조 에서는 '지금'에 대한 객관적 기술이 더 이상 존재하지 않는다. 서로 다른 지금이 있는 것이다. 다만 등속운동 상태의 기술인 특수상대성이론에는 아직 까지 물리적 상태에 대한 묘사가 공간이란 애초부터 주어진 것이자 독립적으 로 존재하는 것으로 가정되고 있다. 하지만 이러한 관념도 일반상대성이론에 서 가속상태인 중력에 의한 곡률로서의 시공간이란 개념으로 바뀌면서 보편 이론화하게 된다.[45] 우주선 내의 광원에 대한 A와 B 두 사람의 인식시간의 차이를 보여주는 다음 그림은 '동시성의 상대성'의 예시도이다.

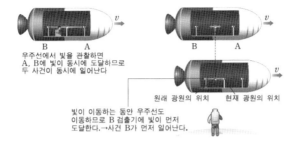

우주선에서 빛을 관찰하면
A, B에 빛이 동시에 도달하므로
두 사건이 동시에 일어난다

원래 광원의 위치   현재 광원의 위치

빛이 이동하는 동안 우주선도
이동하므로 B 검출기에 빛이 먼저
도달한다.→사건 B가 먼저 일어난다.

• 사건 B가 먼저 일어나는 이유 : 우주선 밖에 있는 관찰자가 볼 때는 광원에서 B 방향으로
빛이 이동할 때 우주선도 B 방향으로 오는 빛을 향해 움직이므로 더 빨리 만나는 것으로
관찰된다.
• 우주선 안의 관찰자와 밖의 관찰자에 따라 사건이 다르게 관측된다.

동시성의 상대성(특수상대성이론)

② 일반상대성이론의 시공간

특수상대성이론은 등속운동 상태에 대한 과학적 기술이다. 이에 비해 일반상대성이론은 보다 보편적 운동인 가속운동을 전제로 한 임의의 시공간 좌표계에 대한 기술이다. 아인슈타인은 이를 구상하고 이론화하는 데 1915년까지 10년의 사고실험을 통해 완성했다. 특수상대성이론은 뉴턴 물리학의 3차원공간과 1차원시간이 통합되어 '시공간'이라는 하나의 4차원구조를 이룬다. 하지만 시공간의 역할은 뉴턴 물리학에서 분리되었던 시간과 공간의 개념과 크게 다르지 않다.[46] 특히 시공간 기하는 고정되어 있고 이것을 바탕으로 동역학 방정식이 나온다는 점에서 특수상대성이론에서의 시공간은 평평하다. 하지만 일반상대성이론의 시공간은 평평하지 않다.[47]

45   『상대성의 특수이론과 일반이론』(알베르트 아인슈타인, 이주명 옮김, 필맥, 2012, 180~183쪽) 부록 05「상대성과 공간문제」
46   스티븐 호킹, 김동광 옮김, 『시간의 역사』, 까치, 1998, 44쪽.
47   카틴카 리더보스 책임편집, 크리스토퍼 이샴·콘스탄티나 사비도우 등 집필, 김희봉 옮김,

등속운동이 아닌 회전체와 같은 가속 관성계를 설명하는 일반상대성이론의 시간과 공간은 그동안 분리되었던 '시간과 공간'이 아니라 하나로 얽힌 '시공간'이다. 그리고 자연현상은 총체적 시공간 속에서 사건(event)으로 기술된다. 그 이면에는 중력(gravity)의 작용이 전제되어 있다. 즉 일반상대성이론의 시공간은 특수상대성이론의 평평한 시공간과 달리 그 기하학적 곡률이 고정되어 있지 않고 우주에 있는 물질과 에너지에 따라 달라진다. 이러한 것을 보여주는 것이 아인슈타인의 장방정식(field equation)이다.[48] 그리고 그 의존의 관계식이 보여주는 것은 시공간이 더 이상 평평하지 않고 비유클리드적으로 휘어 있다는 점이다. 이 휘어진 시공간은 시간 개념에 근본적인 영향을 미쳐 이로부터 다양한 시공간이 도출된다.

일반상대성이론의 가정인 가속운동을 하게 되면 새로운 힘이 생기는데 그것이 관성력이다. 관성력은 가속도의 반대 방향으로 작용한다. 회전판 놀이나 버스를 타고 출발할 때 뒤로 밀리는 힘이 바로 가속에 대한 반대방향의 관성력이다. 회전판이나 버스에서 중력의 차이는 없다. 이번에는 유명한 '아인슈타인의 엘리베이터'를 예로 들자. 고층에서 엘리베이터가 아래로 내려가기 시작하는 순간 몸무게가 가벼워지는데, 이때 관성력은 위로 작용한다. 그리고 1층에 도달하는 순간 속도는 감소한다. 즉 지면에 대하여 마이너스 가속이므로 가속도는 윗 방향이 된다. 그리고 관성력은 아래쪽으로 작용한다. 즉 관성력은 좌표계가 바뀌어서 생기는 힘으로서, 그 실체에 대해서는 논의가 분분했으나 실재하는 힘으로 본다.[49]

제1장 「시간과 현대물리학」, 『타임: 시간을 읽어내는 여덟 가지 시선』, 성균관대출판부, 2009, 43쪽.

48 '장 방정식'은 물리적인 기존 중력장에 대응한다는 의미에서 명명한 '기하학적인 장'이 물질과 에너지에 의하여 어떻게 달라지는지를 기술한 것이다.

49 이종필, 『이종필교수의 인터스텔라』, 동아시아, 2014, 97~100쪽.

가속운동상태에서의 일반상대성이론을 이해하기 위해서는 가속, 등가운동, 시공간 곡률에 관한 이해가 필요하다. 관성과 중력을 연결해주는 '등가원리'(equivalence principle)란 '관성질량과 중력질량은 모든 물체에서 같다'는 원리이다. 여기서 아인슈타인은 우주 엘리베이터 사고실험을 한다. '만약 우주 공간에 엘리베이터가 있어 위쪽(실은 위아래가 없다)으로 중력과 같은 가속으로 잡아당기면 어떻게 될까?'하고 생각한다. 그러면 안의 탑승자는 중력가속도가 작용한다고 생각할 것이다. 이번에는 우주가 아니라 지구상에 정지해 있는 엘리베이터의 경우를 보면, 먼저의 우주 공간에서 윗 방향으로 가속을 시킨 엘리베이터와 똑같은 느낌을 받을 것이다. 그렇다면 지구상의 작용된 힘은 중력밖에 없다. 그 결과 '중력=가속도'라는 사고실험의 결과가 도출된다.[50]

이를 요약하면 이렇다. 엘리베이터가 가속됨에 따라 엘리베이터 안의 물체의 무게는 가벼워지거나 무거워진다. 이때 엘리베이터의 가속에 의한 무게의 변화와 중력의 변화에 의한 무게의 변화를 구분할 수는 없다. 그렇다면 결국 중력이 없는 공간에서 관측자가 가속도 g로 운동하는 경우와 중력가속도(gravitational acceleration) g에 해당하는 중력이 있는 경우를 서로 구분할 수 없다는 결론이 된다.[51] 아인슈타인은 이 등가원리를 이용하여 빛이 중력의 영향을 받는다는 것을 밝혔다. 이와 관련하여 그는 사고실험에서 또 하나의 상황을 설정하는데, 우주 공간에서 엘리베이터 옆의 작은 구멍으로 빛이 통과한다고 가정하면 가속중인 관찰자는 빛이 휘어져서 지나감을 보게 된다.

---

50 그러나 이 간단한 등가원리의 물리학적 원인, 즉 질량이 왜 중력을 발생시키는 것인지에 대해서는 물리학계에서도 아직까지 밝혀내지 못한 상태이다.

51 이에 관한 이해는 쿠르드 피셔의 『상대성이론』(박재현 옮김, Gbrain, 2013, 75~96쪽) 및 최무영의 『최무영교수의 물리학강의』(책갈피, 2008, 226~229쪽)를 참조.

그러면 지구상에 정지된 엘리베이터의 탑승자도 똑같은 물리법칙의 적용으로 빛이 휘는 것으로 보게 될 것이다. 지구상 엘리베이터에 가해진 힘은 오직한 가지인 중력밖에 없다. 그러므로 결국 '중력이 빛을 휘게 한다.'는 결론이도출된다.[52]

이를 다시 요약하면 '가속은 중력과 같고, 중력은 빛을 휘게 한다.'는 것이다. 이것이 일반상대성이론의 핵심인 등가원리를 통한 중력장 내에서의 빛의휨이다. 아인슈타인은 이를 사고실험으로 풀어냈고, 독일의 천체물리학자슈바르츠실트(Karl Schwarzschild, 1873~1916)는 아인슈타인의 상대론적 중력방정식을 풀어 블랙홀의 중력반지름 등을 10개의 편미분방정식으로 나타냈다.[53]

예를 들어 지표면에서 회전판 놀이를 하고 있는 사람을 생각해 보자. 원심력으로 인해 밖으로 떨어져 나가지 않으려면 그 사람은 항상 회전판 중심을향해 가속하고 있어야 한다. 이 상태를 이번에는 지구 지표면 위의 사람으로바꾸어 본다. 지면에 정지된 중력장에 의해 영향 받는 사람은 항상 지구 밖,즉 지구의 중심과 반대쪽으로 가속하고 있다. 따라서 그에게 유클리드 기하학은 적용되지 않고, 지면에 놓여 있는 시계 역시 지구에서 충분히 먼 곳에정지해 있는 시계에 비해 점차 느리게 간다.[54]

일반상대성이론의 중요 내용인 등가원리와 중력, 그리고 리만 기하(Riemannian geometry)에서의 시공간의 휨에 대해 정리한다. 비유클리드 구체 위에서 중력을 받아 자유낙하하는 물체는 관성운동 중이므로 표류하고 있는 듯이 보인

---

52   이와 관련한 교양물로서의 동영상은 박석재 교수, 이종필 교수 등의 EBS 역사특강(유튜브)
     등 다양하게 접할 수 있다.

53   '슈바르츠실트 엄밀해'(Schwarzschild metric)라고 불리는 이 수학식은 일반상대성이론이
     나온 이듬해인 1916년 슈바르츠실트가 풀어낸 아인슈타인 방정식에 대한 첫 번째 엄밀해이
     다. 주로 중력장과 관련한 그의 엄밀해는 블랙홀, 중력에 의한 빛의 적색편이, 중력렌즈,
     행성의 세차운동 등 뉴턴 물리학으로 풀 수 없었던 문제들을 해결해 준다.

54   쿠르드 피셔, 박재현 옮김, 『상대성이론』, Gbrain, 2013, 96쪽.

다. 그리고 그 낙하는 공간의 가장 짧은 길을 지나지 않고, 시공간에서 그 물체의 가장 긴 고유시간(proper time)이 걸리는 경로,[55] 즉 중력이 작용하는 곡면상의 가장 곧은길이라고 할 수 있는 측지선(geodesic line)을 따라 낙하한다.[56] 물론 구체의 측지선은 2차원 평면이 아니므로 직선이 아니다. 균일한 중력장에서 물체는 고유시간이 최댓값을 갖는 경로를 따라 움직인다.[57]

아인슈타인의 상대성이론이 밝힌 '시공간'은 그 속에 들어 있는 에너지와 질량의 분포에 따라 구부러지거나 휘어져 있다.[58] 이렇게 물질에 의해 영향 받아 기하학적 곡률의 변화를 낳는 시공간은 하나의 탄력적인 트램펄린 (trampoline)이다. 시공간은 다양한 요인들에 의해 곡률이 결정되며 직조 (textile)되고 있다. 즉 시공간은 직조된 텍스트(text)이고, 우리는 그것을 짜나 가는 텍스트 위 글자들인 셈이다.

우리는 '동시성의 상대성'에서 보듯이 어떤 사건이 먼저 혹은 나중에 일어 났다고 말하는 것이 꼭 타당한 것이 아님을 알고 있다. 이러한 아인슈타인의

---

55 '고유시간'이란 영어 'proper time'의 일어 번역으로서, 각 물체의 자기만의 시간으로서, 존재마다 다르게 진행되는 시간이다. 고유시간을 이어가면 각자의 세계선(world line)이 생성된다. 지표면 위 균일한 중력장에서 정해진 시간 내에 고유시간이 최대가 되는 경로는 포물선이다. 이는 시공의 휘어짐, 곧 중력의 영향이다. 또한 가속 회전판의 경우 멈춰져 있는 중심 a와 가장자리 b의 고유시간을 비교하면, 빠르게 운동하는 물체의 b의 고유시간은 a보다 천천히 흐른다. 이로부터 영화 <인터스텔라>(Inter Stella, 2014)와 같이 서로 다른 시간의 경과를 보여주는 '쌍둥이 역설'의 여러 가능성이 도출된다.

56 측지선이란 곡면 위 두 점 사이의 최단 경로다. 곡면에서 두 점 사이의 가장 곧은길은 유클 리드 기하학의 직선이 아니라 측지선이다. 모든 물체는 4차원 시공 속에서 항상 직선을 따라간다. 다만 우리에게는 그 물체가 3차원 공간 속에서 휘어진 경로를 따라 움직이는 것처럼 보인다. 이는 2차원 평면에서 3차원 공간을 이해하지 못하는 것과 유사하다. 둥근 구릉지 위를 나는 비행기는 3차원 공간을 직선으로 날지만 지면의 그림자는 2차원 지면 위에서 휘며 진행한다.(스티븐 호킹, 김동광 옮김, 『그림으로 보는 시간의 역사』, 까치, 1998, 40쪽)

57 리처드 파인만, 박병철 옮김, 『파인만의 또다른 물리이야기』, 승산, 223~229쪽.

58 스티븐 호킹, 『그림으로 보는 시간의 역사』, 40쪽.

이론을 확장하면 현재만 특별한 순간이 아니라 모든 순간이 동일하게 실재한다는 것을 뜻한다.[59] 그렇다면 미래는 열려 있고 고정된 것이 아니며, 과거 또한 그러할 것이다. 물질과 함께 춤을 추며 만들어진 시공간의 가능성의 마당과 그 위에서 숨 쉬고 명멸하는 존재들의 부단한 은현의 향연, 그 자체가 바로 우주이며 나아가 우리가 우주인 것이다.

한편 공간에 대하여 만년의 아인슈타인은 1953년 야머의 학술저서 『공간개념』의 머리말을 통해 장(field)의 개념을 제안했다.

> "물리학의 근본개념으로서 물질적 대상이라는 개념을 점차 대체했다는 이유만으로 장(field) 개념은 절대적 공간이라는 개념이나 관성계 개념을 이길 수 있었다. 패러데이(Faraday)와 맥스웰(Maxwell)의 아이디어들의 영향을 받아 물리적 실재 전체를 場으로 묘사할 수 있다는 생각이 점차 커졌다. 장의 구성요소들은 네 개의 시공간 맺음변수(parameter)에 기댄다. 장의 법칙들이 일반적으로 共變한다면, 즉 특정하게 선택된 좌표계에 의존하지 않는다면 우리는 독립적(절대적) 공간을 더 이상 끌어들일 필요가 없다. 그렇다면 실재의 공간적 특징을 이루는 것은 장의 4차원일 뿐이다, 그렇다면 빈 공간은 없다. 즉 장이 없는 공간이란 없다."[60]

패러데이와 맥스웰의 전자기장에서 출발하여 아인슈타인의 중력장으로 확장된 '장 개념'은 공간과 시간의 속성을 이해하는 또 하나의 근본 틀이며,

---

59 『시간의 미궁』(사이언티픽 아메리칸 편집부 편, 김일선 옮김, 한림출판사, 2016, 104~109쪽). 이 점에서 볼츠만(Ludwig Boltzmann, 1844~1906)이 주장한 "과거와 미래는 시간의 고유한 특성이 아니라, 사건이 우주에서 어떤 식으로 정돈되느냐에 따라 결정되는 비대칭에 근거한다."고 한 말은 논쟁의 여지에도 불구하고 시사점이 크다.(108쪽)

60 막스 야머, 이경직 옮김, 『공간개념: 물리학에 나타난 공간론의 역사』(1969), 나남, 2008, 23~25쪽.

이는 우주론으로 확장 가능하다. 그리고 이와 같은 생각들은 노자의 '可道와 常道' 및 '玄同'의 세계인식 및 동아시아 사유와도 연결 가능하다.[61] 상대성이론에서 거시적 다중우주론까지 전개된 현대물리학의 우주론은, 실상 매우 불가사의하게 전개되는 미시세계의 양자론과도 직결되어 있다. 이제 미시영역인 양자역학에서 바라본 시공간 개념을 보자.

(2) 양자역학의 시공간

상대성이론이 거시세계에 관한 기술이라면, 양자역학(quantum mechanics)은 극미시세계에서 매우 빠르게 움직이는 소립자에 관한 이론이다. 상대성이론이 뉴턴 고전역학의 불완전성을 넘어섰다면, 양자역학은 우주의 근원적 속성을 풀기 위해 그 근원이 되는 소립자들의 미시세계로 파헤쳐 들어간 또 하나의 마이크로 세계로의 근원적 여정이다. 그런데 뉴턴 고전물리학의 확고한 논리들은 여전히 아인슈타인의 상대성이론에서 여전히 나름의 인과율적이며 확정적인 결과 값을 지니는 데 반해, 양자역학은 명료한 인과적 계산의 범주를 넘어 확률의 영역으로 들어간다는 점에서 명료성을 추구하는 과학자들에게는 상당히 당혹스러운 상황을 보여준다.

현대물리학의 중요한 척도가 되는 빛과 전자는 입자와 파동의 속성을 함께 지니고 있다. 이것이 빛의 '입자-파동' 이중성(duality)이다. 이러한 이중성은 빛이 통과하는 '이중 슬릿' 실험을 통해 이해할 수 있다. 이 실험을 간략히 말하면 한 개의 전자가 두 개의 틈새(slit)를 지나가게 하면 간섭현상이 일어난다. 만약에 입자라면 어느 한 구멍으로만 지나간다. 그런데 스크린에 밝고

---

61 『노장선역, 동아시아 근원사유』(오태석, 역락, 2017) 제2부 「초월, 해체, 역설의 사유: 노장」을 참조.

어두운 줄무늬가 교대로 생기는 것은 '마루와 마루가 만나면 강해지고, 마루와 골이 만나면 약해지는' 파동이 아니라면 불가능한 일이다. 그래서 전자가 혹시 둘로 나누어졌다가 다시 합쳐지는지 알기 위해 측정 장치를 설치하고 실험해 보았다. 그랬더니 같은 실험임에도 불구하고 이번에는 총알을 쏜 것처럼 입자 같이 행동하는 것이다. 보지 않으면 파동으로, 그리고 바라보면 입자로 나타나는 것이다. 이로부터 전자와 빛은 입자와 파동의 두 가지 속성이 함께 있다는 것을 알게 되었다.[62] 관측의 방식에 따라 달라지는 이러한 당혹스런 불확정성을 어떻게 이해해야 할까? 이것은 실험의 잘못이 아니라 물질의 근원에 대한 이해가 필요한 것으로 해석되었다.

그런데 이 둘은 이중적 상관관계 속에서 상당히 미묘한 상태에 놓여 있음을 보여준다. 양자론은 바로 불연속적 물리량을 가지는 입자를 파동함수로 다루고 그 결과를 확률로 해석하는 물리학이다. 양자론에서 가장 유명한 것이 방금 소개한 하이젠베르크(Werner Karl Heisenberg, 1901~1976)의 '불확정성 원리'이다. 그리고 불확정성 원리는 닐스 보어(Niels Bohr, 1885~1962)의 '상보성 원리'(complementarity principle)와 함께 양자역학에 대한 '코펜하겐 해석'(Copenhagen interpretation of quantum mechanics, CIQM)의 핵심적 내용이다.[63]

불확정성 원리의 요지는 '양자 상태의 물체는 입자와 운동량을 동시에

---

62 임정빈, 『우주의 비밀과 현대물리철학 이야기』, 코람미디어, 2016, 209~218쪽.

63 상보성원리는 1918년부터 코펜하겐 연구소를 이끌었던 닐스 보어의 이론으로서, 빛과 같은 양자역학적인 물체는 어떤 실험을 하는가에 따라서 입자 혹은 파동의 속성을 보여준다. 그러나 그것이 동시에 입자 또는 파동일 수는 없다는 것이다. 입자를 보고자 할 때는 파동을 알 수 없으며, 그 역도 마찬가지이다. 한편 아인슈타인, 포돌스키(Podolosky), 로젠(Rogen)이 연합한 간칭 'EPR'은 닐스 보어 주도하의 코펜하겐 연구소에 대응하여 연합해 유력한 논문을 써서 논쟁을 벌였지만, 오늘날의 평가는 EPR이 틀렸다고 본다. 그만큼 양자역학의 본질이 혁명적이라는 것을 보여주는 부분이다.(빅 맨스필드, 이중표 역, 『불교와 양자역학』, 전남대학교출판부, 2014, 137~150쪽)

정확하게 측정하는 것이 불가능하다.'는 이론이다.[64] 즉 입자의 위치 x와 운동량 p는 동시에 확정된 값을 가질 수 없으며, 이들 쌍방의 불확정성은 플랑크상수에 의해 제약된다는 것이다. 이를 식으로 나타내면 $\triangle x \triangle p \geq \frac{\hbar}{2}$이며, 위치와 운동량의 표준편차의 곱은 플랑크상수($\hbar$)의 절반보다 크거나 같다는 내용이다.[65] 여기서 위치는 에너지이고 에너지는 상대성이론에서 곧 물질이다. 그리고 속도는 양자의 존재시간이다. 그렇다면 불확정성 원리의 수식인 슈뢰딩거 방정식은 곧 '에너지와 존재시간'에 관한 함수적 표현이다. 이 두 가지가 동시에 표현될 수는 없다는 철학적 함의를 담고 있다. 이에 대해서는 뒤의 '양자 얽힘'(quantum entanglement)에서 다룬다.

그러면 미시세계에서 이러한 불확정성은 왜 나타나는가? 여기에는 측정의 문제가 들어가는데, 불확정성 원리는 미시세계의 소립자를 관찰하고자 하면 대상이 관찰자에 의해 영향을 받아 본래의 면모를 그대로 드러내지 않는다는 내용이다. 이는 고전역학에서의 관측의 명료성과 배타성의 원칙에 위배되어 골치 아픈 문제였는데, 이러한 불확정성은 음양론에서 힌트를 받은 보어의 상보성 원리로 설명되었다. 이율배반적인 모순사건, 즉 '양가성'(ambivalence)의 공존이라고 하는 점에서 상보성 원리는 '음중양, 양중음'의 논리인 음양론과도 닿아 있다.[66]

또 양자역학의 불확정성은 확률론으로 확장된다. 이는 앞서 얘기한 불확

---

64 관측을 위해 사용된 광자가 입자에 부딪히면 입자는 워낙 가벼우므로 운동량이 변하고, 또 정밀한 측정을 위해 에너지가 큰 짧은 파장의 광자를 쓰면 입자의 운동량은 더 크게 변하므로 결국 정확한 관측이 이루어지지 못한다는 것이다.

65 디랙 상수 $\hbar$는 각 운동량의 양자이다. 그리고 이 디랙 상수 'h-bar'는 입자 에너지와 드브로이 진동수의 비율인 플랑크 상수(Planck const) h로 표현된다. 다음은 디랙 상수의 값이다.

66 음양론의 상호 생성의 논리에 대해서는 오태석의 「은유와 유동의 기호학, 주역」(2011) 및 「주역 기호체계의 확장적 고찰」(2012)을 참조. 또는 『노장선역, 동아시아 근원사유』(오태석, 역락, 2017) 제1부 「은유와 유동의 기호학, 주역」을 참조.

정성 이론과 맞닿아 있다. 이번에는 이중슬릿 실험과 같은 이치로 설명되기도 하는, 투명한 유리창에 쏘인 햇빛에 관해 보자. 대부분의 빛은 유리창을 그대로 통과하지만, 그중 일부는 반사되어 그것을 바라보는 나의 모습을 희미하게 보여준다. 이것이 빛이 보여주는 단일 결과가 아닌 확률적 이중성이다. 미시세계에서는 동일한 입자들이 동일한 상황에서 동일한 방식으로 반응하지 않는다. 즉 동일성의 축소와 손상이 일어나며, 그것은 개별 입자의 문제가 아닌 총체적 확률로서만 설명 가능할 뿐이다.

이번에는 '슈뢰딩거의 고양이'라고 하는 사고실험을 본다. 가스 장치를 한 차단된 공간에 고양이를 가두어 둔다. 고양이가 한 시간 내에 50%의 확률로 알파붕괴가 가능한 라듐에 의해 열리게 되는 밸브의 열림으로 죽을 확률은 반이며, 따라서 살 확률도 반이다. 그렇다면 한 시간 후 고양이는 살아 있을까 죽었을까? 이에 대한 해석은 여러 가지이다.

이 실험을 고전역학으로 보자면 고양이는 죽거나 살아 있거나 간에 50%로서 생사는 배타적 사건이다. 그러나 가장 많이 인용되는 양자역학의 코펜하겐 해석에서는 상자를 열어 보기 전에는 살아 있는 상태와 죽어 있는 상태가 '중첩'되어 있다가, 일단 고양이를 관측하는 순간에 중첩되어 있던 양자적 상태가 어느 하나의 상태로 확정된다는 것이다. 이를 '파동함수의 붕괴' 또는 '파동의 소멸 혹은 수축'이라고 표현한다. 즉 관측자가 상자를 여는 순간에 양자 중첩의 상태가 어느 한 쪽으로 현현된다는 것이다. 이러한 논리는 대상을 바라보는 관측자에 의해 대상의 상태가 결정된다는 경험적 직관 밖에 있고, 또한 일상적인 고전역학 및 나아가서는 상대성이론을 넘어선다는 점에서 수용이 쉽지 않다.[67]

---

[67] 이외에 '다중세계 해석'에서는 상자를 여는 순간 결정되기는 하지만, 생과 사의 두 세계 역시 분리되고 평행우주가 되는 관계로 다른 세계에 대해 영향을 주지는 않는다고 한다.

슈뢰딩거의 고양이(양자 중첩과 파동함수의 붕괴)

초미시세계인 양자역학에서는 거시적 관찰자의 존재로 인해 측정과 동시에 현상의 발현이 흔들린다. 즉 분명한 속성을 가지고 있는 객관 고정된 상태를 상정하기 어렵다. 그렇다면 현상으로 드러나기 전인 측정 이전의 자연은 불확정적이며 그래서 잠재적이다. 이러한 '잠재와 발현'의 양면적 상관성은 역시 미시로 적용 가능한 상대성이론의 질량-에너지 등가원리에서도 유사하게 발견된다.[68] 그리고 이러한 내용은 '드러난 현실은 늘 그러한 도가 아니라'고 말한 노자 제1장의 글을 연상시킨다.[69]

이제까지 발견된 물체의 가장 작은 소립자인 쿼크(quark)를 보더라도 궁극으로 갈수록 중심은 비어 있고 독립적이지 않다. 다시 말하면 자기본성 혹은 자기정체성(identity)이 약하며, 전체의 장에서 서로 흔들리며 명멸한다.[70] 그리

이밖에 아인슈타인도 동의한 '앙상블 해석'은 확률함수란 여러 상태의 중첩이 아니라, 수없이 많은 전자가 서로 다른 상태로 분기되는 확률이라고 본다. 이러한 앙상블 해석을 수용하게 되면 양자물리학이 입자 하나의 물리적 상태를 수학적으로 기술할 수는 없고 단지 전체적 확률로만 추정하게 된다.

68 빅 맨스필드, 『불교와 양자역학』, 224쪽.
69 『老子』제1장, "道可道, 非常道. 名可名, 非常名"("말할 수 있는 도는 항상 된 도가 아니며, 이름 할 수 있는 이름은 항상 된 이름이 아니다.") 본질계적인 '常道'와 현상계적인 '可道'의 세계가 실은 블랙홀[black hole, 玄洞]적 '玄同'에서 비롯된 것임을 말한 『노자』에 대한 과학철학적 해석은 吳台錫의 『노장선역, 동아시아 근원사유』 중 '노자' 부분을 참조.

고 각 쿼크에는 이에 대응하는 반쿼크(anti-quark)가 존재한다. 이러한 물체의 궁극적 불확정성·상보성·총체적 확률성·비고유성은 결국 20세기 이래 철학적 화두로 문화예술과 종교철학 등 다양한 분야의 인문학에 파급되었는데, 이중 특히 불교 및 노장 사유와 연결되는 부분이 적지 않다. 그 대표적인 것이 공간 인식의 재설정인 空性과 非局所性으로서 중관사유의 공관에 닿아 있다.

양자역학에서 주목할 부분은 양자 얽힘(quantum entanglement)과도 연결되는 비국소성이다. 뉴턴 역학에서는 독립·고정·불변의 우주론을 가지고 있었으며, 물체는 물체 고유의 속성이 있다고 보았다. 그러나 양자역학에서는 양자적 실재들 사이의 관계가 자주 그 실재들의 고립된 존재보다 훨씬 더 중요하고 참되다는 이해에 도달했다.[71] 양자적 미시세계의 예측불가능성은 개별적 국소적이 아니라 총체적이며 확률적이다. 이는 에너지와 물질, 그리고 거리와 무관한 우주적 전체성이라는 보다 확장된 개념을 지향한다. 즉 플라스마 안의 전자들이 전체의 일부처럼 활동하는 것이 바로 양자장론이 의미하는 전체성 혹은 전일성의 개념이다. 우리가 보는 세계는 전체의 일부로, 우리가 생각하는 것과는 달리 조직화된 행동을 한다는 것이 그것이다. 양자장이 작용하는 차원에서는 모든 것이 하나로 연결되어 있고, 개별적 위치가 더 이상 중요하지 않고 양자들은 서로 얽혀있다. 그래서 공간 속의 각 지점들은 상호 영향하에 놓여있다. 이러한 양자적 속성은 불확정성·양자 얽힘·양자 결맞음·공명에서 나오는데, 양자의 비국소성(non-locality)은 이러

---

70 쿼크라는 개념은 겔만(Murray Gell-Mann, 1929~)과 츠바이크(George Zweig)가 1964년 수립한 개념으로서 원자 중에서 양성자와 중성자가 더 작은 물질 단위로 이루어졌으며, 스핀 양자수가 정수가 아닌 강한 상호작용을 하는 페르미온(fermion) 입자라고 했다. 쿼크는 결코 독립적으로 존재하지 않으며 다른 쿼크와 결합하여 생긴다. 쿼크의 종류는 지금까지 u, d, s, c, t, b의 여섯 가지가 발견되었다. 즉 up, down, charm, stange, top, bottom이며, 세 가지 색깔의 전하를 가지고 있다.(이종필, 『신의 입자를 찾아서』, 마티, 2008, 248쪽)

71 빅 맨스필드, 『불교와 양자역학』, 133쪽.

한 내용들을 함의한다.

그러면 비국소성은 어떤 특성을 지니는가? 일상의 시공간에서 한 지역에서 일어난 사건은 다른 지역의 사건과 정보적으로 분리·절연된다. 이것이 국소성(locality)이다. 그러나 비국소성은 공간의 절연이 일어나지 않고 상호 얽힘과 상호 결맞음의 얽힘과 의존을 통해 총체 속에서 공명(resonance)한다. 그러면 이러한 '양자 얽힘'(quantum entanglement)과 공명은 어떻게 일어나는가?

원자의 구조에서 전자가 매우 빠른 속도로 돌기 위해서는 핵과 전자의 비율 차가 커야 하며 원자핵 내부의 양성자와 중성자보다 훨씬 큰 공간이 필요하다. 이럴 때 원자는 전체적으로 안정성과 견고성을 지닐 수 있게 된다. 그리고 원자적 안정성은 그것이 이루는 물체의 견고성 및 안정성을 가져온다. 결국 원자핵과 전자 사이가 비어야[空] 물체는 안정성을 지니게 된다.[72] 이를 과학철학적으로 말하자면 존재의 안정성은 장의 안정적 상태인 영점장적 평형 혹은 총체적 공명 상태에서 온다는 이야기는 아닐까?[73] 그러면 빈 공간은 진짜 빈 공간, 즉 眞空일까? 불교는 '공이 곧 색'이라 했고, 노자는 '충기로 가득 찬 현동에서 무와 유가 나오며, 유무는 상통한다.'고 했다.[74] 공은 빔이 아니다. 노자 식으로 말하자면 충기로 가득 차 황홀하게 깜박거리되 다만 보이지 않을 뿐이다. 마치 암흑에너지와 같이 말이다. 양자 우주론 역시 우주는 무에서 시작되었다고 하지만, 빈 공간은 말 그대로의 빈 공간이 아니다. 암흑물질, 블랙 홀, 빅뱅이 다 노자적 충기로 가득하여 깜박거리는

---

72 마커스 초운, 정병선 옮김, 『퀀텀 유니버스』, 마티, 2009, 66~75쪽.

73 린 맥태커트의 『필드 *Field*』(이충호 옮김, 김영사, 2016)란 책에서는 존재와 우주의 상호 공명 관계로서의 장이론을 영점장(zero point field)과의 결맞음(coherence)으로 설명하였다. 그런 의미에서 영점장은 노자적으로 말한다면 沖氣로 가득 찬 우주적 玄同과도 유사성을 띤다는 생각이다. 관련 부분은 48쪽, 77쪽, 194쪽, 263쪽 등 다수.

74 『老子』제2장 "有無相生, 難易相成, 長短相較."; 제5장 "道沖而用之或不盈"; 제40장 "天下萬物生於有, 有生於無."

평형상태의 영점장일뿐이다.[75]

데이비드 봄(David Joseph Bohm, 1917~1992)은 홀로그램 우주론을 주장했는데, 물고기가 물을 의식하지 못하듯이 양자장의 힘은 전기장이나 중력장과 달리 거리가 멀어도 약화되지 않고 어디서든지 똑같은 힘으로 작용한다고 했다. 실상 데이비드 봄은 아인슈타인의 결정론적 관점에서 더 나아가 숨은변수이 론(Hidden variable theory)을 제기했다. 숨은변수이론은 1962년 벨(John Stewart Bell, 1928~1990) 부등식으로 인해 국소 영역에서는 맞지 않지만, 양자 얽힘과 관련해 비국소적 영역에서의 타당성 여부에 대해서는 아직까지 시비가 판명 되지 않았다. 이와 관련해 필자는 최근 인문학의 관점에서 비국소적으로는 결정론적 입장인 봄 이론이 주역과 노장 등 동아시아 사유의 관점에서 볼 때 성립 가능하다고 제기했다.[76]

전자 역시 마찬가지여서 우주물질의 거의 전부를 차지하는 이온화한 기체 인 '플라스마'(plasma)에 전자들이 들어 왔을 때, 전자들은 개별로 활동하는 것이 아니라 서로 연결되어 있는 전체의 일부처럼 조직적인 활동을 한다는 것을 밝혀냈다. 이러한 것은 개별적 인과율을 넘어서는 총체 속의 움직임으 로 이해된다. 이와 같은 생각은 불교의 무상한 空觀, 본성이 없는 '무자성', 아함경에서 말한 인드라망(indra's net)의 연기론과 연결 가능하다.

거시이론인 상대성이론과 미시이론인 양자역학은 아직 서로 정합되지 않 는 부분이 존재하고, 통일장 이론과 같은 새로운 이론의 출현을 기다리고

---

75 『無로부터의 우주』(로렌스 크라우스, 벅병철 옮김, 승산, 2013) 역시 이러한 관점을 보여주 는 책의 하나이다. 이 책의 말미에는 스티븐 호킹과 짐 하틀의 '無로부터 시작된 우주의 경계조건'에서, "양자 중력의 세계에서 우주는 무로부터 탄생할 수 있다. 그리고 무로부터 탄생한 닫힌 우주가 유지되려면 인플레이션과 같은 과정과 기하학적으로 평평한 우주"라는 관점을 제시했다.

76 오태석, 「데이비드 봄 양자론 '숨은변수이론'의 인문학적 검토」, 『중국어문학논집』 106호, 2017.10, 365~393쪽.

있다. 하지만 상대성이론이 지닌 문제점들을 넘어 새로운 관점을 제시한 양자역학의 조금은 당혹스런 관점들로 인해 우주에 대한 논의는 훨씬 풍부한 탐구가 가능해졌다. 시간과 편폭상의 문제로 두루 다루지 못하는 우주론 등 나머지 문제들을 포함하여 양자역학의 시공간적 특징을 정리하면 이렇다.

먼저 양자적 대상의 위치와 속도를 동시 측정하는 것이 불가능하다고 하는 양자역학의 불확정성이론이다. 관찰자와 대상이 상호 영향 관계에 있으며, 인과율을 깨는데, 이 자체가 바로 자연의 본성이라는 것이다. 또 하나는 얽힘 상태에 있는 한 쌍의 영자는 아무리 멀리 떨어져 있다 하더라도 상호 정보의 동시 소통이 가능하다는 양자 얽힘이다. 이는 두 가지 의미를 지니는데, 말하면 공간을 넘어 정보의 소통이 가능하다는 비국소성의 원리를 담고 있다. 다음으로는 시간의 초월 역시 가능하다는 논리를 내재한다. 5억 광년 거리의 사건을 관측자가 바라보는 순간 5억 년 이전의 사건이 달라질 수 있다는 '시간의 화살'에 역행하는 논리이기도 하다.[77] 이와 같은 개념들을 더 밀고 나가면 특이점(singularity) 너머 빅뱅(Big Bang) 블랙홀(black hole)의 우주론에 가 닿는다.

본장에서는 시간과 공간의 문제를 중심으로 자연과학의 중요 흐름들을 보았다. 지난 100년 동안 상대성이론 및 양자역학과 우주론을 둘러싸고 다양한 가설과 논리가 나왔고, 이러한 탐색은 아직도 대통합되지 않은 채 진행 중이다. 현대물리학 이후 시간과 공간은 우주자연의 근본 척도로서의 독자성과 절대성을 상실하고, 대신 빛의 속도가 그 자리를 차지하게 되었다. 또 하나로 통합된 '시공'은 물질과 에너지의 분포에 따른 시공간 굴절로 나타나고, 물질은 또 시공간에 영향을 주는 '닭과 달걀'의 관계로 설명된다. 이제

---

[77] 이 점 역시 아인슈타인의 '물리학자에게는 과거, 현재, 미래가 공존하고 있다.'는 언급이 그 논리적 뒷받침이 된다.

시공은 단일하거나 불변하는 것이 아니라, 흔들리는 가운데 각 존재에게 서로 다르게 인식된다.

이러한 발견은 다소 당혹스럽고 혼란스럽기까지 하다. 20세기가 모더니즘의 세기로 각인되었다면 그것은 바로 인간 존재의 안정적 토대였던 시간과 공간의 불안정한 흔들림에서 기인한 것은 아니었을까? 과학과 인문학은 상보적 관계 속에서 자기발전이 추동된다. 그렇다면 오늘의 인문학은 그간 본격 주목하지 않고 회피해 왔던 지난 백 년 동안 물리학계에서 치열하게 일어난 경과에 대해 보다 적극적인 성찰에 들어가야 한다. 인간 존재의 마당에 대한 보다 깊은 사유를 통해 새로운 사유의 정초가 가능하기 때문이다. 이와 같은 작업을 통해 필자의 분야인 동아시아 중국학 역시 그간의 고고학적 텍스트학을 넘어 보다 근원적이고 전면적인 여정을 걸어 나갈 수 있을 것으로 믿는다. 다음 장에서는 아인슈타인 상태성이론에 결정적 열쇠를 제공한 민코프스키 시공간 개념에 대한 필자의 종교철학적 해석을 제시한다.

5. 민코프스키 시공간의 존재론적 함의

본장에서는 아인슈타인 특수상대성이론의 수립에 중요한 계기가 된 민코프스키 시공간의 내용과, 그것이 함의하는 생사장적 의미에 대해 생각해 본다. 아인슈타인의 스승 민코프스키가 제안한 개념인 시간과 공간의 연결로 민코프스키 시공간(Minkowski space-time)이 탄생했다. 잠시 상대성이론 이해에도 중요한 '로렌츠변환'과 '민코프스키 시공간'을 설명한다. 우리가 사는 4차원 시공간은 공간 성분과 시간 성분이 하나의 좌표로 기술되는 좌표계이다. 여기서는 빛이 이동한 거리(ct)와 공간좌표(x, y, z)가 상호 계산되어야 하는데, 이 과정에서 시간성분의 제곱과 공간성분의 제곱의 차이가 일정하게 유지되어야 한다는 로렌츠불변량이 적용된다.[78]

이러한 로렌츠변환에서 시공은 기하학적으로 세계를 구성하는 상관적 변수로서의 판이며 장(field)이다. 그리고 4차원 시공연속체에서 각 존재는 4차원 시공세계에 위치한 한 점, 즉 세계점(world point)의 연속적 이음으로서의 세계선(world line)을 만들어 낸다. 즉 각 존재는 하나의 세계선을 가진다. 또 P와 Q 사이의 거리에는 세계간격 불변의 원리가 적용되며, 세계간격 $\triangle S$는 $\triangle S^2 = c^2 \triangle t^2 - \triangle x^2 - \triangle y^2 - z^2$로 표시된다.[79] 두 점 간의 거리 $\triangle S$가 이렇게 '제곱이 차'를 통한 세계간격 불변의 식으로 도출되는 평면적 4차원 시공연속체를 '민코프스키 (시)공간'(Minkowski spacetime)이라고 부른다.[80] 아인슈타인의 시공간의 미래와 과거는 현재의 한 점에서 만나는 원뿔형으로 구현된다. 이 빛-원뿔에 대해서는 잠시 후 논한다. 민코프스키 기하학(Minkowski geometry)은 사건들을 나누어 놓는 새로운 거리, 즉 시간과 공간을 결합한 거리를 정하는 방식에 근거한다. 오늘날 아인슈타인의 상대성이론은 일반적으로 민코프스키 기하학에 따른 시공간에 대한 묘사로 받아들여진다.[81] 민코프스키 시공간이 기존의 시간과 공간의 개념과 다른 점은 동일한 원점을 가진 데카르트

---

78 이러한 '제곱差 방정식'의 로렌츠불변량을 수치로 계산하면, 앞서 보았듯이 광속은 상황에 무관하게 불변하고, 또 어떠한 물체의 속도도 광속을 넘지 않는다는 결론이 나온다. 상대성이론에서는 기존 수학에서의 1+1=2가 아니라 1+1=1의 계산이 도출된다. 로렌츠변환에서의 광속불변은 본고의 4-(1)-① '특수상대성이론의 시공간' 부분을 참고.

79 이열, 『아인슈타인의 상대성이론』, 홍릉과학출판사, 2009, 53~54쪽; 알베르트 아인슈타인, 고중숙 옮김, 『상대성이란 무엇인가』, 김영사, 2011, 94쪽. 앞의 책은 세계간격으로, 뒤의 책은 총량 식으로 표현되었다.

80 독일의 수학자이며 물리학자인 헤르만 민코프스키(Hermann Minkowski, 1864~1909)는 아인슈타인의 동료이자 선생으로서 아인슈타인에게 로렌츠변환이 가능한 기하학적인 민코프스키 시공간으로 표상할 수 있다고 시사했다.

81 스티븐 호킹·킵 손, 김성원 옮김, 『시공간의 미래』, 해나무, 2006, 52쪽.

좌표계의 기존 공간에 시간을 포함시킨다는 것이다. 이는 3차원 공간에서 '일어나는 사건'으로서의 물리현상이, 4차원 시공간의 세계에서는 사건을 포함하여 그 자체가 '존재하는 것'이라는 의미를 함유한다.[82] 이런 의미에서 4차원 세계의 관점을 존재론에 연결한다면 우주 내 모든 존재는 그저 단순히 '존재'라는 표현보다는 '존재-사건'이라고 하는 것이 더 적절하다.

특수상대성이론에서 우주 내 물질은 그 어느 것도 우주상수인 빛보다 빠를 수는 없다고 했다. 필자는 이와 관련한 민코프스키 시공간(Minkowski space-time)과 그 변형인 슈바르츠실트 시공간(Schwarzschild space-time)에서 개별 존재가 만들어 나가는 존재의 '세계선'(world line)과, 어떠한 물체도 넘을 수 없는 광속 기준의 '사건의 지평선'(event horizon) 사이에 놓여 있는 '정보 절연'의 문제를 생각해 보고자 한다. 이는 민코프스키 시공간에서 빛의 속도가 만들어 내는 '사건의 지평선'과 개별 존재들의 '존재-사건'의 궤적인 '세계선'의 상관성 및 그것이 자아내는 정보 절연의 문제를 존재의 종교철학적 의미라고 할 수 있다.

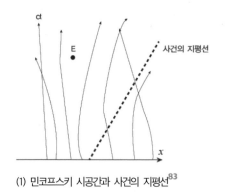

(1) 민코프스키 시공간과 사건의 지평선[83]

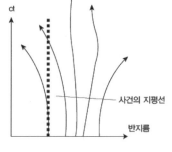

(2) 슈바르츠실트 시공간과 사건의 지평선

---

82 알베르트 아인슈타인, 이주명 옮김, 『상대성의 특수이론과 일반이론』, 필맥, 2012, 151~152쪽.
83 그림 출처는 스티븐 호킹·킵 손, 김성원 옮김, 『시공간의 미래』, 2006, 60쪽, 63쪽.

그림(1)·(2)는 각각 특수상대성이론을 기술하는 데 적절한, 중력을 고려하지 않은 간단한 민코프스키 시공간과, 여기에 더하여 중력 부분을 설정한 슈바르츠실트 시공연속체의 그래프이다.[84] 우리는 주로 좌측의 민코프스키 시공간 도표를 보며 그것이 지닌 함의를 생각해 본다. 이 그래프에서 우리는 우주 내 존재의 생과 사의 마당에서 두 세계 간의 정보절연이라고 하는 종교철학적 유비를 도출해 보자.

위 그림에서 시공도표의 단순화 그래프인 그림(1)·(2)에 보이는 여러 실선들은 각 존재들이 만들어 나가는 개별적 '세계선'(world line)이다. 그리고 점선은 '사건의 지평선'(event horizon)으로서 우주 상수인 빛의 속도를 의미한다. 특수상대성이론에 의해 어떤 존재-사건도 광속보다 빨리 인지될 수 없다.[85] 따라서 모든 개별 존재들의 시공간상의 전개 궤적인 세계선은 사건의 지평선의 좌측 방향으로 빛보다는 천천히 전개될 수밖에 없으며, 절대로 사건의 지평선 우측으로 넘어 빠르게 진행될 수는 없는 것이다.[86] 즉 점선 왼쪽의 물체는 세계선 오른쪽으로 넘어갈 수 없는 것이 자연의 법칙이다.[87]

이로부터 어떠한 인문학적으로 사유가 가능한가? 사건의 지평선 좌측의 각 세계선이 향유하는 어떠한 사건과 정보도 빛의 속도를 넘어설 수 없으므

---

84 민코프스키 시공간은 아인슈타인의 특수상대성이론을 잘 기술하는 수학적 공간으로서, 3차원 공간과 1차원 시간이 서로 조합되어 시공간의 4차원 다양체를 구현한다. 민코프스키 시공연속체는 세계간격 $\triangle S$가 $\triangle S^2 = c^2 \triangle t^2 - \triangle x^2 - \triangle y^2 - z^2$으로 표현되는 시공연속체를 의미한다. 유클리드 공간이 '+' 공간만을 지니고 있는데 비해, 민코프스키 시공간은 '-'의 시간 차원을 가지고 있으며, 순수 유클리드군이 아닌 유사유클리드공간으로서 푸앵카레 군에 속한다.

85 더 정확한 의미로는 우리의 인지는 빛에 의해 사건이 인식되므로, 설령 우주 팽창이 빛보다 빠른 속도로 진행된다 하더라도 그 인식은 결국 빛의 범위 내에서만 인지된다.

86 만약 존재의 세계선이 사건의 지평선보다 더 빨리 간다면, 즉 빛보다 더 빨리 진행한다면 그것은 시간의 화살에 대한 역행이 될 것이다.

87 이상 『시공간의 미래』(스티븐 호킹·킵 손 지음, 김성원 옮김, 해나무, 2006.) 리처드 프라이스의 서론 「시공간의 세계에 오신 것을 환영합니다.」 59~65쪽 부분.

로 사건의 지평선 너머 우측으로 전달될 수는 없다. 그리고 이와 함께 중요한 의미를 지니는 것은 동시에 우측의 개별 존재의 궤적이 한 번은 사건의 지평선 넘어 좌측으로 넘어가게 된다는 점이다. 이것을 죽음이라고 본다면 세계선과 사건의 지평선이 만나는 교점이 바로 존재의 특이점(singularity)이라고 할 수 있다. 즉 생에서 사로 넘어가는 경계점이 된다. 그렇다면 우주 제한속도인 사건의 지평선의 범위 안에서 세계선을 그리며 영위해 나가는 것이 개별 존재들의 삶이고, 그리고 생의 세계선이 사건의 지평선 넘어 우측으로 가는 것은 종교철학적으로는 생에서 사의 세계로 넘어가는 특이점적 사건이 된다.

여기서 생과 사 두 세계 간의 정보 교환의 가능성을 생각해 보도록 한다. 우측의 존재의 세계선이 생사장의 특이점적 교점에서 한 번 사건의 지평선을 가로질러 좌측으로 넘어갔다면, 현재의 과학 수준으로서는 다시는 빛의 속도보다 빠른 우측으로 되돌아올 수가 없다.[88] 그 어떤 것도 빛보다 빠를 수 없기 때문이다. 그렇다면 이는 마치 생과 사 사이의 정보절연과도 유사한 함의를 지니는 것은 아닐까? 다시는 '사건의 지평선' 좌측 구역에서 우측 구역으로 올 수 없으므로 죽음이 삶으로 되돌아오지 못한다. 또한 정보가 전달되지 않으므로 생이 사에 대해 알 수 있는 경우란 없고, 결국 사의 세계로 넘어간 다음에나 가능하다는 뜻이다.

슈바르츠실트 시공간에서 지평선 안쪽의 영역, 즉 지평선 바깥의 어떠한

---

88 그러나 2017년에 노벨 물리학상을 받은 킵 손이 관심을 갖는 타임머신의 가능성에 대한 사고 실험을 생각해 볼 수 있다. 만약에 타임머신이 가능하여 과거와 미래로 이동 가능하다면 생사 간 정보교환도 가능해질 것이다. 이 문제에 대한 과학적 해결은 스티븐 호킹(1942~2018)이 죽기 2주 전에 토마스 헤르토그(Thomas Hertog, 1975~)와 함께 마지막으로 제출한 다중우주에 관한 수학적 입증을 계산한 공동 논문 「영구적 팽창으로부터의 부드러운 탈출 A Smooth Exit from Eternal Inflation」의 검토결과, 그리고 우주 대칭성과 관련한 타임머신의 문제에 대한 킵 손 등의 논의의 진전에 영향 받을 수 있을 것이다.

관찰자도 볼 수 없는 영역을 'black hole'이라고 한다. 이러한 모양의 블랙홀을 슈바르츠실트 블랙홀이라고 하고, 그 경계를 '사건의 지평선'이라고 한다. 여기에 회전축과 회전 방향을 더한 것을 '커 블랙홀'(Kerr black hole)이라고 부른다. 이러한 블랙홀은 이전의 모든 것을 의미 없이 만드는 죽음과 생성의 혼돈의 구멍이다.[89] 다음 그림을 보자.

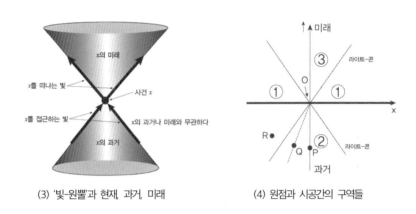

(3) '빛-원뿔'과 현재, 과거, 미래   (4) 원점과 시공간의 구역들

그림(3)·(4)는 빛-원뿔의 현재를 가리키는 중심점과 펼쳐질 미래[위의 원뿔]와 과거 영역[아래 원뿔]의 기하학적 그림과 그 현실적 가능과 불가능의 영역도이다. 아인슈타인이 제기한 빛-원뿔은 시간이 현재를 중심으로 어떻게 펼쳐지는지를 잘 보여주는 그림이다. 상대성이론에서 모든 사건은 '빛-원뿔'을 가진다. 이 그림은 곧 시공간상의 한 사건(event)을 지나는 모든 경로들의 집합도이다. 광속 이하여야 한다는 말은 앞서 보았던 민코프스키 시공간 그래프와 슈바르츠실트 시공간에서의 세계선들이 빛-원뿔 내에 있어야 함을

---

89   이와 같은 구멍논리는 노자의 無와 닮아 있다. 『빅뱅이전 *Once before time*』(마르틴 보요발트, 곽영직 옮김, 김영사, 2011), 『無로부터의 우주』(로렌스 클라우스, 박병철 옮김, 승산, 2013)이 그러한 책들이다.

의미한다. 이것을 '시간꼴 세계선'(timelike world line)이라고 하고, 빛보다 빠른 경우를 상정한다면 이를 '공간꼴 세계선'(spacelike world line)이라고 한다.[90] 뉴턴적 세계에서는 동일 시간성이 빛-원뿔에서는 수많은 단면 중의 하나에 불과하므로 동일시간이란 개념은 기준체에 따라 다른 까닭에 의미가 없다. 더욱이 기준체에 따라 빛의 출발·도달 시점의 시간[과거, 현재, 미래] 역시 불확실해짐을 고려할 때, 이 빛-원뿔 모형은 좌표계에 따른 시간의 상대성을 잘 보여주는 그림이다.[91]

그림(4)는 이른바 O로 표기된 '현재'라고 하는 기준점을 둘러싼 ①, ②, ③ 세 구역의 의미를 보여준다. 먼저 구역 ②의 모든 점들은 O의 과거이며, O에 영향을 미친다. 또 구역 ③은 O로부터 영향을 받는 미래의 구역이다. 구역 ②와 ③은 각각 '빛-원뿔'의 안쪽에 속하며 빛보다 늦은 속도로 달리며 이루어지는, 실제적 과거(affective past)와 실제적 미래(affective future)들이다. 그러나 구역 ①은 전혀 다른 성질의 구역이다. 이곳은 빛-원뿔의 바깥 구역으로서 구역 ①의 모든 점들은 O의 영향을 받지도 주지도 않는 구간들이다. 사실 태양에서 출발한 빛은 8분 19초 후에 지구에 도달하는데, 그동안에는 영향을 받지 않는다. 관측을 위해서는 우리의 눈에 들어와 인식될 때까지 기다려야 하므로 물리학적으로 '지금'은 이미 '지금'이 아니다.[92]

그러면 '지금'(right now)이란 무엇일까? 기준체가 정해지지 않은 지금은 우리의 사건과 인식에 아무런 영향을 미치지 못한다. 또 현재란 과연 있기나 한 것인가? 그래서 현대물리학의 존재론은 인식론과 서로 연결되어 돌아간

---

90 뉴턴식 세계선이 일정한 유클리드적 면이라면, 상대성이론에서는 빛-원뿔로 표상된다.

91 숀 캐럴, 김영태 옮김, 『현대물리학, 시간과 우주의 비밀에 답하다』, 다른세상, 2012, 132~137쪽.

92 리처드 파인만 강의, 박병철 옮김, 『파인만의 또 다른 물리이야기』, 승산, 2003, 173~176쪽.

다. 그렇다면 누구의, 무엇의 지금인가? 더욱이나 과학의 금과옥조인 인과율을 배반하는 '슈뢰딩거의 고양이' 같이 '지금에 의해 결정되는 과거'를 자아내는 '지금'은 과연 무엇이란 말인가? 이제 과학은 인문학을 향하고 있다. 그러면 인문학은 어떠한가를 되묻지 않을 수 없다.

우리가 보는 동시성은 앞서 '동시성의 상대성'의 사고실험에서, 그리고 110쪽의 '교실사진'의 예에서 보듯이, 동시적으로 보이는 것 같은 그 사건이 실은 동시성이 아니기도 하다. 그래서 흘러가는 것으로서의 시간을 식민지화한 서구와 다른 관점을 가진 이슬람에서는 "시간이란 과거, 현재, 미래가 엮인 양탄자"라고 말하기도 한다.[93] 우리 존재는 이렇게 시간과 공간이 하나로 직조(textile)된 우주에서 각자의 독자성을 지니며 자신의 우주를 영위해 나간다.

그런 의미에서 우리의 존재의 바탕이요 우리 자신이기도 한 우주는 과거와 현재와 미래가 함께 어울려 춤을 추는 한바탕의 마당이요 한 편의 연극이다.[94] 동아시아 불교와 노장에서 시공간적 존재의 無化를 설파한 까닭이다. 이는 개별 존재들의 특이점적인 카이로스(Kairos)적 사건의 시간으로서,[95] 일상에서 영원으로 초월·비약하는 뫼비우스적 도약(Mobius shift)이며 공명(resonance)이다. 그래서 소식은 「적벽부」 '水月론'에서 물과 달이 변하되 변하는 것이 아니고, 불변하되 불변이 아니라고 한 까닭이 아닐까? 소식은 「적벽부」에서 친구인 도사 楊世昌에게 "변"과 "불변"을 하나로 볼 것을 설파한 셈인데, 이는 두 종류의 세계를 다 인정하라는 노장적 '양행'이며, 그래서

---

93 『시간의 미궁』, 71쪽, 104쪽.
94 아인슈타인이 막스 야머의 『공간개념』 서문에서 場이론을 주창한 까닭으로 보인다.
95 이정우, 『사건의 철학』(그린비, 2011, 402~407쪽)에서는 주로 아이온과 크로노스를 중심으로 논지를 펴 사건의 시간이 아이온의 시간이라고 했으나, 아이온이 연원성 자체에 방점을 두므로, 카이로스적 시간이라고 해야 할 것이다.

내 앞에 펼쳐진 그것을 열린 눈으로 있는 그대로를 바라보는 대긍정의 '因是'에 다름 아닐 것이다.[96] 우리 자신이 곧 우주란 말이 와닿는다.

6. 요약

이 글에서는 아리스토텔레스, 아우구스티누스, 뉴턴까지의 절대적 시간과 공간 개념의 역사적 변천, 시간과 공간을 상호 연결된 것으로 파악하는 아인슈타인의 상대성이론의 우주론, 그리고 다시 그 미시적 토대가 되는 이해 불가한 양자역학의 시간과 공간 개념에 대한 역사적 인식을 검토했다. 특히 일반상대성이론의 물질과 에너지의 밀도가 자아내는 기하학적 곡률에 의해 시간과 공간이 서로 얽히며 휘어져 있다고 하는 발견은 이제까지의 단선적이며 절대적 불가해한 존재로서의 시간과 공간의 개념을 근본적으로 흔들어 놓았다.

그리고 미시물리학인 양자역학에서의 빛의 입자파동 중첩성, 슈뢰딩거의 고양이 사고실험, 양자 얽힘과 양자도약 등으로 이어지는 단절과 중첩의 이론들은 우리의 경험과 직관을 넘어 존립하는 이론으로서 아직까지 그 실체를 충분히 파악할 수 없는 상태이며, 물리학에서도 많은 가설과 논란이 진행되고 있다. 하지만 분명한 것은 양자역학의 현상들은 바뀌지 않는 사실의 세계를 현상적으로 보여주고 있다는 점이다.

특히 필자는 본고에서 민코프스키 시공간에서의 존재의 생사장적 정보

---

96 蘇軾, 「(前)赤壁賦」(1082), "蘇子曰 '客亦知夫水與月乎? 逝者如斯, 而未嘗往也. 盈虛者如彼, 而卒莫消長也. 將自其變者而觀之, 則天地曾不能以一瞬. 自其不變者而觀之, 則物與我皆無盡也. 而又何羨乎?"

절연의 문제를 종교철학적으로 논해 보았다. 우주의 어느 것도 빛보다 빠를 수는 없다. 그러므로 개별 존재자들의 세계선(world line)은 우주상수인 빛의 속도로 분기되는 사건의 지평선(event horizon)의 우측으로 넘어갈 수 없다는 것은 존재의 생사장에서 생의 세계가 사의 세계의 정보를 알 수 없다는 뜻이 된다. 빛을 매개로 한 세계선과 사건의 지평선과의 상관관계의 분석에서 야기되는 물리학적 정보 절연의 의미는 위와 같은 생사장에 관한 인문학적 함의를 내포하고 있다고 필자는 본다. 그리고 이는 과학으로부터 도출되는 종교철학적 가설이기도 할 것이다.

그러면 우리 인문학에서는 현대물리학의 최근 백년의 성과들에 대해 어떤 관점으로 들어가야 좋겠는가? 특히 서구와 달리 총체전일의 상관성과 이분법을 넘어서는 비경계의 사유 특징을 지니는 우리 동아시아 인문사유는 정말 흘러간 옛 노래에 불과한 것인가? 아니면 주자가 말한 대로 '溫故知新'으로 새롭게 길어낼 그 무엇을 내포하고 있으나 아직 그 본질에 대한 미흡한 설명으로 현대적 재해석에는 이르지 못한 것인가? 이러한 궁금증과 과제가 우리를 기다리고 있는 것은 아닌지 되묻게 된다. 이상 서구의 과학철학적 시공간론에 이어, 다음에는 중국을 중심으로 한 동아시아 사유의 시공간 인식을 과학철학적, 문명사유적으로 재해석해 본다.

03
—
동아시아 시공간의 과학철학적 독법

동아시아 시공간의 과학철학적 독법

1. 현대물리학의 시공간

앞에서 우리는 서양의 시간과 공간의 역사를 보았다. 아우구스티누스(St.
Aurelius Augustinus, 354~430) 『고백록』을 중심으로 시간의 개념사를 보았으며,
막스 야머(Max Jammer)의 과학철학적 공간 연구를 중심으로 서구 공간론의
흐름을 개관했다.[1] 그리고 뉴턴 이전과 이후의 세계 인식에서 시작하여 깨뜨
린 20세기 초 상대성이론과 양자역학의 시공간론까지 두루 살펴보았다. 그
리고 상대성이론에 결정적 영향을 끼친 '민코프스키 시공간'(Minkowski space-
time)[그림⑴]에서,[2] 빛의 속도인 '사건의 지평선'(event horizon)과 개별자의 존재

---

1   막스 야머, 이경직 옮김, 『공간개념: 물리학에 나타난 공간론의 역사』(1969), 나남, 2008.
2   독일의 수학자이며 물리학자인 헤르만 민코프스키(Hermann Minkowski, 1864~1909)는
    아인슈타인의 동료이자 선생으로서 아인슈타인에게 로렌츠변환이 가능한 기하하적인 민코
    프스키 시공간으로 표상할 수 있다고 하는 중요한 시사를 해주었다. 그리고 [그림 ⑵]의
    슈바르츠실트 시공간(Schwarzschild space-time)은 민코프스키 시공간에서 사건의 지평선
    을 직선으로 세웠을 때 나타나는 변형도다.

의 기록인 세계선'(world line)의 상관성을 정보의 전달과 절연의 관점에서 바라보며 사건의 지평선이 지니는 생사장적 의미를 고찰했다. 또 이와 관련되는 빛-원뿔[그림(3)·(4)] 각 영역의 '과거-현재-미래'의 허[그림(4)의 ①]와 실[그림 (4)의 ②·③]의 영역이 지닌 의미를 이해했다. 허와 실을 가르는 빛-원뿔의 경계선은 사건의 지평선으로서 인과율의 한계선이기도 하다.[3] 본장은 동아시아 시공간 인식과의 점점 연결을 위해 먼저 서양의 시공간론을 과학철학적으로 재해석한다.

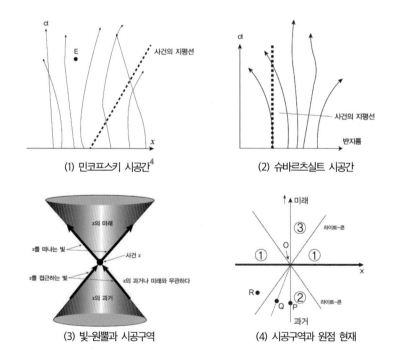

(1) 민코프스키 시공간[4]

(2) 슈바르츠실트 시공간

(3) 빛-원뿔과 시공구역

(4) 시공구역과 원점 현재

---

3   어떠한 신호도 빛보다 빠를 수 없으므로 빛-원뿔 안에서 밖으로 나갈 수 없다는 점에서 광속을 의미하는 빛-원뿔의 경계선은 사건의 지평선이다. 로저 펜로즈(Roger Penrose, 1931~), 김성원·최경희 옮김, 『우주 양자 마음』, 사이언스북스, 2002, 34~36쪽.

4   앞의 두 그림은 『시공간의 미래』(스티븐 호킹·킵 손, 김성원 옮김, 해나무, 2006, 60쪽, 63쪽)에서, 그리고 뒤의 두 그림은 『현대물리학, 시간과 우주의 비밀에 답하다』(숀 캐럴,

앞의 글이 동아시아 사유와 문예의 초월적 시공간 논의를 위한 서구의 시간과 공간 개념의 이해였다면, 이 글은 중국을 중심으로 한 동아시아 사유가 보여주는 시공간 인식의 특징을 고찰한다. 시간과 공간에 대한 서구의 시선은 이 둘의 분리관점이었다. 하지만 동아시아의 시선은 '시공' 또는 '시공간'이라는 상호 연결의 관점으로 바라보고 있다는 점이 가장 큰 차이점이다. 이는 용어 면에서도 보이는데 예를 들면 인도 범어에서 온 중국어 '宇宙, 世界, 存在'는 시간과 공간을 동시 표상하고 있다.

이 글의 논지를 요약하면 다음과 같다. 제1장은 현대물리학의 시공 개념에 대한 동아시아 사유와의 접점적 이해다. 이는 결정론적인 뉴턴 역학과 다른 20세기 현대물리학의 시공간 인식, 즉 상대성이론과 양자역학이 제시하는 시공간에 대한 새로운 시선으로서 다음 장에 대한 비교 김도의 자료가 된다. 제2장은 동아시아 주요 고대 사유에 나타난 상호 연계의 시공 인식에 대한 고찰이다. 이 부분은 주역, 노장, 불교로 구분 서술한다. 먼저 '주역 음양론의 시공 표상'에서는 배타 차별의 서구 이분법과 다른 동아시아 사유 특징으로서의 주역 음양론의 '잠재-발현' 관점의 세계추동, 태극 및 괘효의 분화·통합과 그 재귀적(self-reference) 속성, 태극중심선의 미분의 점복사건적 의미이다. 이어서 '양행·병작의 노장적 세계 구도'에서는 유와 무로 표상되는 두 종 세계와 이 두 세계 간의 상호 연계적인 양행·병작의 세계 이해를 과학철학적으로 풀어 본다. 끝으로 불교 반야 공관과 나가르주나(龍樹) 중론의 중도사유가 제시하는 부정과 역설의 무자성의 세계 인식의 의미를 과학철학으로 설명해 본다.

제3장은 장기간 서로 다른 길을 걸어와 이르게 된 서구물리학과 동아시아

김영태 옮김, 다른세상, 2012, 132~137쪽)에서 인용.

인문사유의 연결 이해다. 특히 이 둘이 공히 보여주는 '얽힘(entanglement)'과 '중첩'(superposition)을 통해 이질적인 이 두 사유의 조우와 접점적 해석 가능성을 타진한다. 이는 새로운 세계이해로 나아간 위대한 여정인 아인슈타인의 상대성이론, 그리고 아직까지 완전한 이해에 도달하지 못한 양자역학에 내표된 시공간 개념에 대한 동아시아 인문 기반의 재해석이기도 하다. 이와 같은 고대 사유의 재해독을 통해 21세기 새로운 과학혁명 시대에 그간 거의 주목받지 못했던 동아시아 근원사유의 재발굴과 재해석의 의미가 어디까지 유효할 것인지에 대한 하나의 가늠자도 될 수 있다고 본다. 이와 같은 케이스 연구는 메타과학(meta-science)으로서의 '인문 기반 융합연구와 지평확장'에 작은 돌파구를 마련할 수도 있을 것으로 본다.

서구 시공간의 역사는 아리스토텔레스 이후 19세기까지 영향을 미친 뉴턴역학에서 잘 드러난다. 뉴턴의 기계론적 세계 인식은 기본적으로 신의 창조에 의한 '정신-물질'의 실체론적 이분법에 기초하며, 시공간은 절대시간과 절대공간으로 인식된다. 19세기 말까지 이어진 이러한 인식과 함께 당시 물리학계는 물리학에서 더 이상 새로운 이론은 기대하기 어려울 것이라고 하는 이상한 낙관론이 사로잡힌 시기이기도 하다. 그러나 아인슈타인의 특수상대성이론(1905)과 일반상대성이론(1915)을 통해 물리학은 전혀 새로운 국면이 전개된다. 먼저 1905년 발표된 특수상대성이론의 핵심 사항은 '동시성의 상대성'과 광속 불변의 원리, 그리고 '질량-에너지 등가원리'이다.

먼저 동시성의 상대성은 등속운동을 하는 물체가 관찰자의 위치 상태에 따라 동시적으로 보이기도 하고 또 그렇지 않기도 하다는 것인데, 이로써 동시적으로 보이는 운동과 속도의 사건이 관찰자의 위치, 즉 좌표계에 따라 동시 사건이 아닐 수 있다는 것이다. 이 말은 물체의 운동과 속도는 좌표계에 따라 다르게 보인다는 의미인데,[5] 이는 빛의 속도가 일정하다고 하는 가정

위에서 성립된다. 그렇다면 그때까지 그간 믿어왔던 '과거, 현재, 미래'라고 하는 절대적 시간개념은 사라지고, 대신 시공 연결체로서의 유동하는 시공간 (space-time) 인식의 탄생을 뜻한다.

특수상대성이론의 또 다른 특징은 $E = mc^2$으로 알려진 '질량-에너지의 등가성'(Mass-energy equivalence)이다. 물체의 질량은 그에 상당하는 에너지를 가지며, 그 반대도 성립한다는 것이다. 이는 뒤에서 불교 무자성의 관점과 연결하겠지만 철학적 함의도 크다. 질량이 에너지로, 그리고 에너지가 질량으로 얼마든지 변환 가능하다는 것은 물질(matter) 역시 불변의 실체(substance)가 아님을 의미한다. 즉 눈에 보이지 않는 에너지와 보이는 현상의 물질이 상호 왕래의 춤을 추고 있다는 뜻이다. 이러한 생각은 서구사유의 오랜 기반인 물질의 실체성(substance)에 대한 근본적인 부정이며, '실체의 물리학'으로부터 '사건(event)의 물리학'으로의 전환을 뜻한다. 이로써 영속하는 시공간 속의 실체, 불교적으로 말하자면 고정적이며 자성이 있는 존재로서의 기존의 물질 개념은 더 이상 유효하지 않게 된다. 이제 물질은 비유클리드적으로 휘어진 리만 공간(Riemann space)에서,[6] 에너지와 밀도에 따라 얼마든지 가변적인 무상한 것으로 바뀌게 되며, 이에 따라 세계 인식 역시 바뀔 수밖에 없게 된다.

특수상대성이론 발표 후 10년의 연구 끝에 나온 일반상대성이론에서 아인슈타인은 엘리베이터와 같은 장치에서의 '중력=가속도'의 등가원리(principle of equivalence)를 제시하고, 비유클리드 기하학에서 중력을 따라 자유낙하하는

---

5   특수상대성이론에서 속도와 관련한 두 가지 기본 개념은 다음과 같다. ① 가속이 없는 관성 좌표계에서 모든 물리법칙은 동일하게 성립한다. ② 진공 중에서 진행하는 빛의 속도는 관찰자나 광원에 상관없이 일정하다.

6   리만(Riemann, 1826~1866)이 생각한 우주 공간으로서 리만공간은 각 지점에 속도벡터가 있을 때 그 크기를 지정하는 함수인 매트릭 텐서가 있어서 휘어진 공간을 뜻한다.

측지선(geodesic line) 개념을 이끌어 냈다. 일반상대성이론의 우주는 뉴턴이 신봉한 균질한 절대시간 및 절대공간이 아니라 기하학적으로 휘어진 시공간이다. 이제 시간과 공간은 우주의 절대 상수가 아니라, 에너지와 물질의 분포에 따라 야기되는 기하학적 곡률(curvature)의 다른 표현에 불과한 종속변수의 자리로 내려오게 되었으며, 광속이 이를 대신해 우주상수가 되었다.

산 고양이와 죽은 고양이가 상자 안에 공존하고 있다?

| 휘어진 시공간 | 교실사진(서로 다른 시공간) | 슈뢰딩거의 고양이(중첩) |

아인슈타인의 두 상대성이론을 우리는 다음과 같이 요약할 수 있다. 특수상대성이론(1905)은 주로 전자기 현상과 그것이 일어나는 민코프스키 시공간에서의 등속운동을 다루고 있으며, '동시성의 상대성' 및 $E = mc^2$와 같은 '물질-에너지 등가성'이다. 여기서 빛의 속도의 일정성과 함께 좌표계에 따라 다르게 보이는 상대속도의 개념이 제기되었다. 다음으로 $F = m_i a = \dfrac{GM}{r^2} m_g$ 로 요약되는 일반상대성이론(1915)은 중력질량과 관성질량의 일치성, 즉 '중력-가속도 등가원리(principle of equivalence)'로부터 도출되었으며, 비유클리드 공간인 리만 공간에서의 중력과 가속도의 기하학적 휨(curvature)의 문제와 의미가 집중 논구되었다. 이로부터 상수가 아닌 변수로서의 휘어진 시공간이 탄생하였다.[7]

---

7   이상 요점은 다음 두 책을 참고. 『현대물리학, 시간과 우주의 비밀에 답하다』(숀 캐럴, 김영

아인슈타인의 상대성이론을 통해 시간과 공간에 대한 인식은 우주에 대한 새로운 인식을 가져다 주었다. 물질과 에너지의 밀도에 따라 중력이 생기고 이에 따라 기하하적 시공간 모형은 달라진다. 또 특수상대성이론에서의 '동시성의 상대성' 이론에서 보듯이 관찰자의 위치에 따라 동시적 사건이 동시적이 아닌 것으로 인지되기도 한다. 이를 시공간과 연결하면 중력에 따라 시공간이 제멋대로 늘어나고 휘어지는 우주에서 어떤 사건이 먼저 또는 후에 일어났다고 말하는 것이 항상 옳은 말이 아니다. 이는 과거와 현재와 미래 사이에 명료한 구분이 분명하지 않다는 것이다. 아주 멀리 떨어진 별들의 폭발을 바라보며 먼저 일어난 폭발이 시간적으로 선행한다고 말할 수 없는 것과 같은 이치. '시공사건의 인식론적 왜곡', 이것은 시공의 초월성과 연결된다. 이러한 가유가환의 초시간성은 고금을 막론하고 문학예술의 애용 모티프가 되기도 했으며, 특히 동아시아 문학예술에서는 아주 중요한 문학예술표상의 기반으로 작용한다. 이에 대해서는 다음 글 '동아시아 문학예술의 초월적 시공간' 부분에서 자세히 보자. 이상에서 본 상대성이론이 발표된 이후 오늘에 이르는 지난 백년의 시간은 중력과 시간, 빅뱅, 시공간을 흔드는 중력파, 특이점, 다중 우주론, 암흑물질과 암흑에너지 등 놀랍고 새로운 상상적 가설과 이론으로 점철된 과학사의 대혁명기였다.

이와 관련해 교실 안 풍경을 찍은 사진을 보자. 이 그림에서 기본적으로 각 학생의 점유 공간은 위치가 다른 만큼 당연히 서로 다르다. 그런데 우리의 직관은 그들이 점유한 시간이 같다고 느낀다. 과연 사진 속의 학생들은 모두 같은 시간상의 존재들인가? 같은 순간에 찍혔을 것으로 보이는 위 사진에서 각 학생이 찍힌 시간은 실제로는 모두 다르다. 각 학생으로부터 출발한 빛이

태 옮김, 다른세상, 2012, 126~139쪽), 『물리학의 역사와 철학』(James T. Cushing, 송진웅 옮김, 북스힐, 2006, 303~349쪽).

카메라 망막에 맺힌 것이 사진이다. 그렇다면 빛은 맨 뒤에서 달려와 앞의 학생을 거쳐 사진에 맺힐 것이므로, 결국 뒤의 학생과 앞의 학생의 '빛-시간 거리'는 다르다. 따라서 맨 앞에 앉아 있는 학생은 빛이 뒤에서 달려와 앞 학생의 자리에 도달할 때쯤 자리에 앉아도 되기 때문에, 빛이 뒤에서 달려 도착하는 시간만큼 늦게 자리에 앉아도 위의 사진같이 찍힐 것이다.

결국 우리가 보는 한 장의 사진에서 보게 되는 여러 대상의 존재시간은 서로 다른 시간들이라는 것이다. 그렇다면 개별 존재들은 각기 자신의 시공 세계를 살아가고 있다고 해야 한다. 우리는 모두 저마다의 시공세계를 살다 간다. 바로 그것이 노자가 말한 可道의 세계가 아닐지? 실상 우리가 보는 밤하늘의 무수한 별들 역시 저마다의 시공간에서 출발한 빛이 우리에게 와 닿는 것이다. 아인슈타인의 상대성이론은 현재만이 특별한 것이 아니라 과거 와 미래를 포함한 모든 시간들이 동일하게 우리 앞에 드러내며 실재적으로 인지될 수 있음을 보여준다. 이렇게 되면 '우리의 인식 속에서 과거와 현재와 미래의 명료한 구분은 과연 가능한가?'라는 의문이 들지 않을 수 없다.

여기서 앞에 제시된 빛-원뿔 그림에 대한 앞 글에서의 해석을 다시금 생각 해 보자. 시간과 공간을 좌표상에서 동시에 그려낸 민코프스키(Hermann Minkowski) 및 슈바르츠실트(Scwarzschild) 시공간의 세계선은 모두 빛-원뿔(light cone) 내에 있어야 한다. 그리고 뉴턴적 세계에서의 동일 시간성이란 빛-원뿔 에서는 수많은 단면 중의 하나에 불과하므로, '동일시간'의 개념은 기준체가 달라지면 그것 또한 달라지므로 동시성이란 의미가 없게 된다.[8] 기준체에 따라 빛이 출발·도달 시점의 시간[과거, 현재, 미래] 역시 불확실해짐을 고려하 면, 빛-원뿔 모형은 기준체(좌표계)에 따른 시간의 상대성을 잘 드러내는 그림

---

8   뉴턴적 세계선이 평평한 유클리드 평면이라면, 상대성이론의 세계선은 비유클리드적 빛-원 뿔로 표상된다.

이다. 미래는 열려 있고 고정되지 않으며, 이는 과거에 대해서도 마찬가지이다. 그렇다면 물질과 함께 춤을 추며 만들어진 시공간의 장에서 제각각 명멸하는 존재의 춤의 마당, 그것이 바로 우리가 현상계적으로 바라보고 또 몸담고 있는 우주의 모습이다.

앞글에서 필자는 자연과학에서 논의된 시간과 공간의 역사를 개관했다. 20세기 이후 시간과 공간은 뉴턴적 절대성을 상실하고, 우주자연의 근본 척도인 빛의 속도가 그 중심을 차지하게 되었다. 이제 뉴턴까지의 분리에서 벗어나 하나로 연결된 '시공(space-time)'은 물질과 에너지의 분포에 따른 중력, 즉 시공간 곡면의 휘어짐으로 나타난다. 그리고 각 존재에게 시간과 공간은 같지 않고 서로 다르게 인지된다. 그러면 우주, 그리고 그곳을 명멸하는 존재란 과연 무엇일까? 아직까지 해결을 보지 못한 이러한 궁금증은 상대성이론이 우리에게 던져 주는 매우 의미 있는 인문학적 화두의 하나이다.

기존에 그냥 믿어 오던 '시간의 동시성'이란 믿음에 대해서 아인슈타인은 관찰자의 위치에 따른 서로 다른 상대성의 측면, 즉 좌표계에 따른 서로 다른 시공간임을 밝혔고, 더 나아가 시공간은 뉴턴 역학의 균질한 절대공간 및 절대시간과 달리 에너지와 물질의 밀도가 자아내는 기하학적 곡률(curvature)의 결과라고 했다. 순수한 사고실험으로 이루어 낸 이러한 혁신적 주장은 기존 패러다임에 고착된 학자들의 반대를 가져오기도 했지만 결국은 인증되었다. 상대성이론은 서로 다른 관찰자가 경험하는 사건의 순서가 다를 수는 있지만, 사건이 실제로 일어났다는 점을 부인할 수 없었고, 특히 위치가 다른 관찰자의 경험이 어떻게 서로 다른 시간을 가질 수 있는지에 대하여 명쾌하게 설명해 주었기 때문이다.[9]

---

9   아인슈타인의 위대한 업적은 기본적으로 여기까지이며, 또 아닐 수 있기도 하다. 전자의 경우는 양자역학 주류의 관점에서 그러하며, 후자는 아직 완전한 해결에 이르지 못한 양자

하지만 양자역학에 이르면 상황은 또 달라진다. 상대성이론과 함께 20세기를 뒤흔든 또 하나의 이론은 양자역학이다. 양자역학의 가장 대표적 개념들은 빛의 '입자-파동'의 이중성, 그리고 '슈뢰딩거의 고양이 사고실험'에서의 파동함수 붕괴 전까지의 잠재태로서의 양자 중첩(quantum superposition), 멀리 떨어진 양자 간의 상호 얽힘인 양자 얽힘(quantum entanglement), 관찰자에 의해 영향 받아 위치와 속도 둘을 동시 측정할 수 없다고 하는 '불확정성원리' 등이다.[10] 이 현상들은 양자역학의 핵심을 이루는 개념들로서, 하이젠베르크의 불확정성원리를 비롯하여 이들 이론은 대부분 결정론적 인과율의 문제와 관련하여 간단하지 않은 메타과학(meta-science)적 함의를 내포하고 있다.[11] 양자론은 현상적으로는 닐스 보어와 하이젠베르크 등 주류 양자역학계를 통해 수용되고 있음에도 불구하고, 우리가 일반적으로 영위하는 고전역학의 경험세계를 초월하는 비직관성으로 인해, 기존 데카르트와 뉴턴의 이분법의 선택·배제의 논리와 상충되는 까닭에 수용이 쉽지 않다. 그래서 리처드

역학 미해결 부분의 관점에서 그러하다. 하지만 그의 업적은 그가 예언한 중력파의 검출 (2016년)에 이르기까지 여전히 눈부시게 진행 중이다.

10 불확정성원리란 '양자 상태의 물체에서 입자와 운동량을 동시에 정확하게 측정하는 것은 원천적으로 불가능하다.'는 것이다. 뉴턴 역학에서 속도와 위치를 알면 일어날 사건을 인과적으로 알 수 있었지만, 양자역학에서는 그것이 측정자와의 상관성으로 인하여 근본적으로 불가능하다는 것이다.

11 과학철학의 인과율 문제를 붕게(Mario Bunge)를 중심으로 천착한 윤용택은 『인과와 자유』(솔과학, 2014, 206쪽, 205~234쪽)에서 막스 야머의 해석을 원용하여, 그 내적 분기의 문제가 작지 않음을 보여주었다. 막스 야머는 관찰대상의 값에 대한 주관적 지식의 결여와 관계될 때는 '불확정성'(uncertainty)이란 말을 쓰고, 관찰대상에 대한 정확한 값에 대한 객관성의 결여 시에는 '미결정'(indeterminateness)을 쓰며, 어느 쪽도 강조하지 않을 때는 '미결정성'(indeterminacy)을 쓰자고 제안했는데 일리가 있다. 한편 양자 얽힘 등 첨예한 부분에 대한 검증은 국소 영역에서는 벨 부등식으로써 아인슈타인과 데이비드 봄이 틀린 것으로 판명되었지만, 비국소 영역에서의 양자적 현상에 대한 결정론 혹은 비결정론의 대립 문제는 아직도 코펜하겐 해석과 아인슈타인 등의 EPR Paradox 중 어느 쪽이 옳은지 판명되지 않았다. 비국소적 얽힘에 관한 결정론 여부의 문제는 제5편 「데이비드 봄 숨은변수이론의 인문학적 검토」를 참조.

파인만(Richard Feynman)의 말과 같이 "양자역학을 완전히 이해한 사람은 한 사람도 없다"고 단언했듯이 양자역학은 상대성이론보다 더욱 당혹스럽다. 그리고 아직까지도 상대성이론과 양자역학의 통일적 해석을 위한 이론 간극은 해소되지 못한 상태이다.

한편 양자역학을 수용하기 어려운 이유에 대해 불확정성원리를 주장한 하이젠베르크는 그 이유가 인간의 언어 형성과도 관계가 있을 수 있다고 보았다. 언어란 것이 고전역학을 포함해 인류의 역사적·경험적 인지 위에서 형성된 까닭에 역시 역사적 축적으로서의 경험에 토대한 직관을 초월하는 양자역학의 제 현상을 설명하는 데 난점이 있다는 것이다.[12] 그래서 그는 파동과 입자, 위치와 속도를 이분법적으로 분리해 바라보는 인간 인식과 언어의 한계에 대해 의문을 품었던 것 같다. 최근에는 과정철학자인 존 캅(John B. Cobb, 1925~) 같은 학자도 이와 유사한 생각을 갖고 있다. 그렇다면 보다 총체적 이해를 위해서는 이 둘을 모두 바라보는 시선의 전환이 필요할지도 모른다. 하지만 이는 마치 저차원의 존재가 그보다 높은 차원 혹은 존재를 알 수 없는 것과 같이 어려운 일이 될 수도 있다. 일례로 평면에 사는 2차원 존재가 3차원 공간의 존재를 보았다고 치자. 그는 평면 이외의 모습을 볼 수 없기 때문에 3차원에서는 자연스러운 연결 동작이 2차원에서는 갑작스럽고 기이한 돌출과 사라짐으로 인식될 것이다. 그들이 볼 때 이러한 초월성에 대해 그들은 신 혹은 귀신이라고 부를지 알 수 없는 일이다. 이러한 경우는 3차원의 4차원, 혹은 그 이상에 대해서도 마찬가지이다.

하이젠베르크의 불확정성원리는 양자상태를 행렬이라는 숫자 상태로 표현하는 방식을 통한 정의로서, '양자 상태의 물체는 입자와 운동량을 동시에

---

12   『물리와 철학』(하이젠베르크, 조호근 옮김, 서커스, 2018, 208~232쪽) 제10장 「현대물리학의 언어와 실제」를 참조.

정확하게 측정할 수 없다.'는 내용이다.[13] 즉 입자의 위치 x와 운동량 p가 동시에 확정된 값을 가질 수 없으며, 이들 쌍방의 불확정성은 플랑크상수(h)에 의해 제약된다는 것이다. 불확정성원리의 식은 $\triangle x \triangle p \geq \dfrac{\hbar}{2}$ 이다. 위치와 운동량의 표준편차의 곱은 플랑크상수(h)의 절반보다 크거나 같다는 내용이다. 여기서 위치는 에너지로 변환 가능하고 에너지는 상대성이론에서 곧 물질이 된다. 속도는 양자의 존재시간이다. 그렇다면 불확정성원리의 수식은 곧 '(위치) 에너지와 존재시간'에 관한 함수 표현이며, 위치 에너지의 상태와 특정 위상공간상의 존재시간의 두 가지가 동시에 표현될 수 없다는 철학적 함의를 담고 있다.[14]

같은 시기 슈뢰딩거는 이를 파동으로 바라보고 파동함수의 붕괴를 슈뢰딩거 방정식(Schrödinger's equation)으로 풀었다. 이 방정식은 파동수식이라는 점에서 연산 중심의 하이젠베르크의 불확정성원리와는 다른 접근이었지만 기본적으로는 '같은 결과'의 '다른 함의'를 보여준다. 이 둘을 비교하면 양자

13 　불확정성원리의 핵심은 양자적 상태에서는 관측을 위해 사용된 광자가 입자에 부딪히게 되면 입자가 워낙 작아 충격으로 운동량이 변하게 되고, 또 정밀한 측정을 위해 에너지가 큰 짧은 파장의 광자를 쓰면 입자의 운동량이 더 크게 변하므로 결국은 정확한 측정이 불가능하다는 것이다. 하이젠베르크의 행렬 역학은 일상세계와는 판이하게 다른 양자세계를 기술하는 새로운 방식으로서 '파동-입자' 이중성을 표상하는 또 다른 결론이라고 할 수 있다. 이는 슈뢰딩거 방정식과 접근방식은 다르지만 결과는 같다. 슈뢰딩거 방정식이 파동적 특징을 보인다면 하이젠베르크의 행렬역학은 개별적인 입자에 가깝다. 1930년 폴 디랙은 이 둘을 하나의 수학적 형식으로 통합했다.(필립 볼·브라이언 클레그 등, 전영택 옮김, 『개념 잡는 비주얼 양자역학책』, 궁리, 2018, 43쪽)

14 　슈뢰딩거 방정식은 루이 드브로이의 물질파 이론을 원용하여 입자들의 위치나 거동을 파동함수 ψ(프사이)로 기술했다. 파동함수는 확률의 파동을 나타내는데, 어느 특정 공간상에서 입자가 발견될 확률은 파동함수의 제곱인 ψ^2의 값은 그 지점에서 입자가 발견될 확률을 나타낸다. 이는 다음과 같이 수학적 미분방정식으로 구현되며 시간의존식과 시간 비의존식의 두 종이 있으나 기본적으로는 같다. 시간의존식은 다음과 같다.
$ih\dfrac{d}{dt}|\Psi(t)> = \hat{H}|\Psi(t)>$ (『개념 잡는 비주얼 양자역학책』, 45쪽 참조)

상태에 대한 직관적 형상에 대하여 수학을 다루는 과학자들에게는 하이젠베르크의 행렬역학보다 수식으로 표상되는 슈뢰딩거 방정식이 보다 선호되었다.

그런데 수식을 만든 슈뢰딩거 자신도 모르고 있었던 점은 자신의 방정식이 자연의 본원적 속성으로서의 확률적 해석을 내포하고 있다는 점이다.[15] 또 슈뢰딩거 방정식은 양자적 사건이 일어날 확률을 알려주는 파동함수를 제공하는 데는 성공적이었지만, 무엇이 파동함수를 유도하는가 하는 점에 대해서는 고전물리학적 실재 개념으로 해석하려 했다는 점에서 완전하다고 할 수도 없다. 그리고 이러한 실재론적 시도는 막스 보론(Max Born)이 파동함수는 물리적으로 실재하는 것이 아니라는 것을 제시한 이래, 양자 사건을 직접 실재와 연결하려는 시도는 힘을 잃은 편이다.[16]

존재의 실재성에 관한 관점의 차이는 그 분기와 논쟁이 상당히 깊다. 요점적으로 말하자면 초미시세계인 양자역학에서는 거시적 관찰자의 존재로 인해 측정과 동시에 현상의 발현이 흔들린다. 즉 분명한 속성을 가지고 있는 객관 고정의 상태를 상정하기 어렵다. 그렇다면 현상으로 드러나기 전, 즉 측정 이전의 자연은 불확정적이고 따라서 '잠재적'이다. 양자역학 이해의 핵

---

15 양자역학은 확률적으로는 예측이 가능하지만 개별적으로 알 수는 없다는 자연의 본질로서의 확률성을 근원적으로 내재하고 있다. 이렇듯 자연과 우주의 본질에 대한 설명하기 어려운 부분이 내재된 양자역학의 해석에서 그 주류인 보어나 하이젠베르크 등의 코펜하겐 해석 역시 근본성에 다가가기보다는 현상의 실용적 설명에 한정되는 측면이 있으므로 당연히 반대에 봉착했고, 그 대표적 반대진영이 아인슈타인, 포돌스키, 로젠의 EPR(Einstein, Podolsky, Rogen)의 결정론적 사고실험과 데이비드 봄(David Bohm)의 숨은변수이론이다. 특히 봄은 그의 주장에 따르면 실증적인 성공을 전혀 훼손하지 않고 고전철학을 지지하는 형태로 재구성하는 방법을 창안했다. 양자단위의 사건이 예측 불가능해 보이는 것은 이런 숨은 변수를 무시하기 때문이라는 것이다.(데이비드 린들리의 「서문」, 『물리와 철학』, 2018, 5~23쪽)

16 Graham Smetham, 박은영 역, 『양자역학과 불교』, 홍릉과학출판사, 2012, 129~138쪽.

심과 연결되는 이러한 '잠재와 발현'의 미묘한 양면성은 현재의 지식으로는 기존에 우리가 알고 있던 인과율을 넘어선다는 점에서 수용하기가 쉽지 않다.[17] 우리가 그간 잘 알고 있다고 생각했던 것이 더 이상 그렇지 않으며, 동시에 확실한 것은 없다고 하는 사실의 발견은 명료한 세계상을 설명해 주어야 할 학자의 입장에서는 곤혹스러운 일이다. 이렇게 주로 인간과 사회 문제에 대해 형이상학적 텍스트 안에 안주해 오던 인문학에 밀어닥친 현대물리학의 외풍은 이렇게 시작되어 백년이 흘렀고 우리는 아직도 출구를 찾지 못한 채 서성거리고 있는 셈이다.

필자의 생각에 이는 '잠재성'과 관련한 해석학적 돌파의 해결의 관건이다. 잠재태가 현재태로 바뀌는 과정에 대하여 그것을 인과적으로 볼 것인가 혹은 다른 방식의 이해가 필요한 것인가, 그리고 이를 어떻게 바라볼 것인가가 중요하다. 파동함수의 붕괴는 그 안에 내재된 잠재성의 양자적 전개를 수학적으로 설명한 것이다. 그리고 이에 대한 결정론적 혹은 비결정론적 해석의 분기가 다기하게 전개되고 있는 것이 양자물리학이다.[18] 다음 장에서는 현대 물리학의 시공간적 양상에 대하여, 동아시아의 주역·노장·불교 사유가 보여주는 몇몇 특징들과의 상관성 및 접점 가능성을 연결 고찰한다.[19]

---

17 양자역학 해석의 핵심으로 발견되는 이와 같은 '잠재'과 '발현'의 개념은 필자의 관점으로는 노장의 '常道와 可道론', 그리고 불교의 '색공론' 같은 동아시아 사유에서도 상관 해석이 가능한 부분으로서, 과학과 동아시아 사유 이 두 부동한 사유방식을 이어주는 매우 중요한 접목처라고 생각한다. 이와 관련해서는 본고의 뒷부분에서 다시 재론한다.

18 비결정론 진영에는 양자역학의 주류였던 닐스 보어와 하이젠베르크를 비롯한 코펜하겐 학파와 그 계승자들, 그리고 결정론 쪽에는 아인슈타인이, 데이비드 봄의 '접힌 질서(Implicate Order)'론을 비롯하여 최근의 헨리 스탭(Henry Stapp, 1928~) 등의 정신물리학이 있는데 후자는 의식과 관념으로부터 각자의 우주가 추동된다고 본다. 칼 융(Karl Jung)의 동시성이론(synchronicity), 그리고 헨리 스탭과 미하엘 멘츠키(Michael B. Mensky) 등의 의식화를 통한 가능성의 공명적 중첩화(확장된 에버렛 개념 EEC: Extended Everett Concept) 등 정신물리학 및 양자역학의 불교적 해석에 대해서는 Graham Smetham의 한국어판 『양자역학과 불교』(홍릉과학출판사, 2012, 제9~10장, 315쪽, 295~377쪽)을 참조.

2. 동아시아 사유의 시공 인식

이제까지 기계론적 고전역학의 철저한 선택적 이분법을 넘어 '입자-파동' 이중성, 불확정성이론, 슈뢰딩거 고양이 실험과 같이 초이분법적이며 비결정론적 현상을 보이는 서구 현대물리학의 시공간적 함의를 보았다. 본장에서는 유가를 빼고 동아시아의 중심사유들인 ① 주역, ② 노장, ③ 불교의 시공관을 고찰하여 그 현대물리학적 접점과 연결 해석의 가능성을 생각해 본다. 먼저 주역에서는 차별과 배제의 서구 이분법과 다른 주역 음양기호의 내재포괄의 對待적 속성, 태극과 괘효의 멱집합(power set)적이며 초월적인 자기언급성, 태극중심선의 미분으로 본 괘효의 조짐(기미)과 결과 사건과의 상관성 등에 대해 본다. 노장 방면에서는 유·무 두 세계를 양행·병작으로 바라본 노장적 우주론 혹은 세계인식을 본다. 끝으로 인도에서 전래되어 중국화한 불교 반야 공관과 나가르주나(龍樹) 중론의 시공간 인식의 특징을 현대물리학과 비교 고찰한다.

(1) 주역 음양론의 시공 표상

20세기 현대물리학이 만들어 낸 가장 큰 기여는 수천 년간 당연시되어 온 절대시간과 절대공간의 개념이 깨졌다는 점이다. 즉 빛의 속도는 불변이고, 절대적이었던 시공간이 오히려 서로 에너지와 물질의 밀도가 자아내는 변수가 되었다. 이는 세계관 이해의 측면에서 뉴턴식의 기계론적 이분법이

---

19 본고에서 원시 유가사유를 논외로 한 것은 유가사유 역시 주역에 기초하는 등 형이상학적이며 본체론적 천착을 해온 것은 사실이지만 우주자연 자체보다는 그것과 사회 군체 중의 인간 개인의 문제에 보다 중점으로 두었다고 본 때문이다.

더 이상 기능하기 어렵게 되었다는 것을 뜻한다. 상대성이론과 양자역학이 제기한 새로운 세계인식의 대두와 관련하여 동아시아 과학철학의 관점에서는 다음 세 가지 논의가 가능하다. ① 기계론적 이분법과 다른 음양 기호의 시공 인식과 초이분법적 내재포괄성, ② 태극과 괘효의 분화·통합과 재귀적 자기언급, ③ 태극중심선의 미분으로 본 세계선 표상과 점복의 의미이다.

① 음양 기호의 시공 인식과 초이분법적 내재포괄성

음양론은 중국문화의 언어적 기반이 되는 한자와 점복의 상관성에서부터 보도록 한다. 한자의 출발은 보통 이분법적으로 길·흉을 점치는 은상 점복문화와 밀접한 관계가 있다. 갑골문의 '卜(복, bǔ)'이라는 글자는 동물의 뼈나 껍질 등을 지져 균열하는 모습의 형용이다. 李澤厚의 ≪미의 역정≫에 의하면 당시 이것을 담당하던 이들은 巫 혹은 史라는 지배층으로서 점복을 정치적 과정과 도구로 활용하였다.[20] 그리고 주나라의 易書인 주역 역시 점복서로서, 蓍草(시초) 50개를 사용하였으며, 기본은 역시 이진법의 확장이었다.[21]

은상대 점복이 단순히 한 사건의 길과 흉, 즉 {0/1}의 여부만을 묻는 1爻의 홑 이진법이었다면, 주나라의 역인 주역은 여섯 절차의 사건의 진행을 묻는 6효로 구성되는 까닭에 사건 조짐의 다양성과 상세성을 지녀 갑골 점복에 비해 경우의 수와 펼쳐질 수 있는 가능 사건의 종류가 다기하게 펼쳐진다. 즉 은대 갑골의 사건 표상은 {0/1}의 하나의 순열, 즉 2종 사건인 $(2^1=2)$에

---

20 제정사회인 은상대 계층 단계는 위로부터 巫·祝·宗·史로 내려간다. 무는 shaman이고, 축은 축문을 쓰며, 종은 제례의 집기를 공급한다. 그리고 史가 기록을 담당한다. 이후 봉건 인문전통의 시작인 주대에는 그 층위가 역전되어 데이터를 축적한 사관의 지위가 위로 올라가게 된다.

21 하의 連山易, 은의 龜藏易, 주의 周易을 三易이라고 한다.

불과한 데 반해, 주역의 사건 표상은 {0/1}의 여섯 순열, 즉 64종의 사건인 (2^6=264)으로 다양하게 펼쳐짐으로써 길흉의 스펙트럼이 전대에 비해 훨씬 다양화·세분화되었다.

먼저 주역기호학에서 6효로 이루어지는 하나의 괘의 내부 추동을 가리키는 효의 명칭을 보면 이름부터 시공포괄성을 보여준다. 괘효의 명칭에서 제일 아래 위치한 첫 효의 이름을 '初爻'라고 명명하는데, 이것은 시간 사건으로서의 출발점을 가리킨다. 그리고 사건의 진행이 끝나 하나의 괘상으로 정착되는 마지막 효를 '上爻'라고 불러 그것이 결국 시공 사건임을 보여준다. 이러한 시공 연계의식은 서구에서는 아인슈타인의 지도교수였던 헤르만 민코프스키(Minkowski)에 의해 처음으로 시도되었던 데 반해, 동양에서는 인도 범어와 중국에서 이미 차축시대에 형성된 것은 매우 대조적이라고 할 수 있다.

다음으로는 음과 양으로 추동되는 주역이 지니는 사건 표상의 내재적 이분법과 그것이 지니는 동아시아적 초월성을 생각해 보자. 동아시아 주역의 사건 표상의 이진법 속성은 서구와 같은 디지털적인 차별과 배제의 이진법인가, 아니면 그와 다른 표상을 보이는가? 주역은 음양{‒‒, ━}이라는 두 가지 상대적 부호에 기초해 있다는 점에서 형식상으로는 서구 형식논리와 마찬가지로 이진법적이라고 할 수 있다. 하지만 주역의 이진법은 이진법이면서 이진법이 아닌 이중성·양가성을 지닌다. 사실 주역의 음양은 서구 이진법과는 추동방식이 확연히 다르다. 주역 이진법은 서구의 형이상학적 차별배제의 기계론적 이진법과는 다른 내재·초월성을 보인다는 점에서 질적 이진법이다. 구체적으로 말하면 동아시아 주역의 이진법은 음과 양 둘을 기반으로 한다는 점에서 형식상 이진법일 뿐 실은 이진법 너머 변화상관의 내외 상관의 질적 이진법이라는 점에서, 이진법이면서 이진법이 아니다. 주역에서 취하고 있는 이진법의 명칭이 0과 1이 아니고 +와 -도 아니며, 음과 양이라는 점만 보아도 알 수 있다. 陰과 陽은 글자 자체가 의미하듯이 언덕[阜부]의 그늘진 부분과 햇빛이 비치는 부분이다. 그리고 이 두 부분은 오전 다르고 오후가 다르다. 즉 시간과 상황에 따라서, 음이 양이 될 수도 있고 양이 음이 될 수 있는 것이 음과 양이다. 즉 동아시아 문화의 음양은 절대적이 아닌 서로 기대는 對待의 이분법이다.

관계의 이분법은 형식상 이분법이면서 동시에 초이분법이라는 점에서 디지털적이 아니라 중첩을 특성으로 하는 양자컴퓨터의 속성에 가깝다. 이 점에서 서구 사유가 실체중심주의에서 출발했다면 동아시아 사유는 관계중심주의이고, 이는 20세기 현대물리학이 이룩한 새로운 발견들, 즉 동시성의 상대성, 상보성 원리, 불확정성원리, 양자 얽힘과 중첩 등과 조응되는 부분이 많다는 점에 주목과 재해석이 요청된다. 나아가 상황에 따라 달라지는 주역의 음양은 상황이라고 하는 외재적 요인뿐만 아니라 음양 자체로써 상대성을 내재하고 있다는 점에서 매우 역동적이다.

주역이 추동하는 사건의 기호화·계량화는 언어를 불신하는 동아시아적 전통에서 언어 너머 기호라는 의미를 지향하면서 사건에 대한 새로운 이해를 가능하게 해 준다.[22] 주역과 노장의 정보적 속성에 대해서 필자는 「0과 1의 해석학」에서 1차적으로 논증했는데, 이에 대한 보론을 더하면 다음과 같다.

음·양 이진법의 기호화는 정보론적으로 일단 음과 양을 0과 1로 바꿀 때 숫자와 디지털로도 해석 가능하다.[23] 그리고 정보론으로서의 역은 음과

---

22 주역과 노장 안에는 언어의 작용에 대해 부정적으로 보는 언급들이 자주 표명되는데, 그 구체적 내용은 일반적인 것으로 보므로 여기서 출처를 밝히지는 않겠다.

23 디지털(digital)의 어원인 'digit'는 손가락이나 발가락 등 셀 수 있는 것을 일컫는 말에서 나왔다. 그리고 그것의 응용인 디지털 컴퓨터의 기초 단위인 'bit'는 '이분법 숫자'라는 의미의 'binary digit'의 축약어로서, 'binary digit'의 앞 두자(bi)와 마지막 글자(t)를 따서 만든 조어다. bit는 클로드 섀넌(Claude Elwood Shannon, 1916~2001)이 1948년 「통신의 수학적 이론」이란 논문에서 공식적으로 사용했다. 그리고 'bite'란 비트가 여러 개 모인 것으로서,

양 부호에 기초하므로 외견상 0과 1의 디지털적 형태로 보인다. 하지만 동아시아 음양론은 잠재성 개념을 지니므로 디지털의 형식논리적 한계를 질적으로 넘어선다. 즉 동아시아 음양론에는 '음중양, 양중음'의 내재 관점이 함유되어 있으므로 차별과 배제의 논리선택이 강요되는 서구 이분법과 구분된다. 주역의 이와 같은 특성에 더해 이번에는 노장 사유의 둘을 동시 포괄적으로 바라보는 양행의 시선에 주목할 필요가 있다. 노장 사유 자체는 정보론과 무관하지만 세계 운향방식에 있어서 양행·병작으로 이해하고 있다는 점에서 그 사유추동 방식이 0과 1을 병행 추동하는 큐비트적 양자정보론의 특성을 보여준다. 결과적으로 주역의 잠재성 개념과 노장의 양행·병작(병생)을 결합시키면, 시선상 (0&1)의 큐비트인 양자컴퓨터에 가깝다.

요약하면 이렇다. ① 0과 1의 디지털에 기초하되, 여기에 잠재성 개념을 넣어 효의 역동적 사건 전개를 내재한 주역 괘효의 기호 표상, ② 여기에 둘을 함께 바라보는 노장의 양행·병작의 세계 추동방식을 더해, 현상화 이전 잠재상태에서 0과 1을 qbit(quantum bit)적으로 함께 처리하는 양자컴퓨터의 추동방식과 추동 방식상의 연결점이 있다는 것이다.[24]

결과적으로 이는 0 혹은 1의 디지털적 비효율성과 한계를 넘어서며, 양자역학의 슈뢰딩거 고양이 실험에서와 같은 양자역학의 파동붕괴 이전의 양자중첩(quantum superposition)이라고 하는 이중성·양면성을 보여준다는 점에서, 향후 이와 관련한 동아시아 근원사유의 현대과학과의 다양한 접목 및 심화 고찰의 필요가 크다. 이상 주역 음양 기호학이 배태·생성의 잠재성을 띠면서 서구 이분법의 차별 배제의 형식논리가 아닌 무경계 중의 뫼비우스 띠(Mobius

---

원래는 크기가 정해 있지 않았지만 현재 상용되는 것은 1옥텟(octet), 즉 8개의 비트가 1바이트이다.

24 양자컴퓨터의 이러한 속성은 우주 내 기본 물질인 양자의 입자·파동 이중성에서 나온다.

strip)와 같은 차원 승화의 내재초월성을 보여준다는 점, 그리고 {0&1}의 양행·병작의 노장적 세계이해가 양자정보론으로 이어질 수 있다는 점에서, 동아시아 고대사유에 내재된 해석학적 가능성의 다양성은 향후 심화 고찰의 가치가 충분하다고 본다.

② 태극과 괘효의 분화·통합과 재귀적 자기언급

주역의 표상방식과 관련해 이번에는 음양 분화의 이전 단계로서의 온전한 하나인 태극과, 그것의 분화인 괘효와의 상관성에 대해 생각해 보자. 분화의 방향으로 보면 '태극→괘→효'가 되고, 순서를 거꾸로 하여 통합의 방향으로는 '효→괘→태극'이 된다. 수학으로 말하자면 전자는 미분이고, 후자는 적분이다. 11세기 송대 周敦頤(1017~1073) 전까지는 태극은 그저 태극으로서, 무와 무한의 양가적 의미를 담고 있지 않았다. 주돈이는 "무극이 곧 태극"이라는 0을 상정한 초월적 해석을 제시함으로써, 노자와 불교에 의해 강화되고 위진 현학에 의해 숙성되었던 무의 논리에 연결하여 유·무 분리의 대립과 모순의 형식적 한계를 극복했다. 이러한 초월적 메타 해석은 아마도 노장의 유무론과 불교의 공론, 그리고 위진 현학의 본체론적 질문들과 당면한 형이상학적 난제들에 대한 역사철학적 돌파이기도 하다.[25]

太極에서 太는 큰 하나이며 極은 극점적 분화의 끝이다. 본과 말, 무와

---

25 위진 현학은 노장과 공맹에 더하여 불교까지 참잡된 內聖外王의 名教와 自然의 본체론적 정치철학이었다. 현학의 발전은 3단계로 나뉘는데 제1단계는 '명교는 자연에서 나온다.'는 王弼과 何晏의 正始 현학, 제2단계는 '명교를 초월하여 자연에 따른다'는 嵇康과 阮籍의 죽림 풍도, 제3단계는 '명교는 곧 자연'이라는 郭象의 元康 현학이다. 후기로 가면서 점차 불교 반야학과 불성론에 논리적 주도권을 내주게 되었다.(洪修平, 김진무 번역, 『선학과 현학』, 운주사, 1999, 46~56쪽)

유의 상관관계에 대한 새로운 해석학적 돌파가 필요했던 것으로 본다. 이에 대해 수학적으로 보자. 먼저 양자수학에서 0은 곧 무한(∞)이다. 없는 것[무]이 무수히 많은 것[무한]이라는 말은 무와 유의 관계에 대한 역설적 돌파이며 재귀적 자기창출이다. 이러한 무한과 무의 상관성은 태극이란 말에서도 그 단초를 잡을 수 있다. '태극'이란 '큰 극한'이니 결국 '대도무문' 혹은 '無門關'과 같이 극이 없다는 역설·순환을 향하는 이치이다.

다음으로 집합론에서 없다(∅)는 뜻의 공집합은 집합론으로는 집합 {∅}이라고 하는 유로서의 하나의 집합 표상을 지닌다. 이는 집합론에서 없는 것[무]에서 있는 것[유]로의 생성과 전환이다. 숫자로 말하자면 '아무것도 없는 잠재태의 0에서 외적 객관의 1이 생겨나오는 과정'이다. 노자가 제42장에서 말한 대로, (무의) 도에서 1이 나오고, 다시 1에서 2가 나오며, 3으로 발전하며 만물을 이룬다고 한 말에 닿는 지점이다. 노자 40장에서는 직접적으로 무에서 유가 나온다고도 했다.[26] 집합론에서 0은 자신을 재귀, 즉 자기언급을 함으로써 자신을 객관화하고 0의 비존재를 존재화하여 유의 1이 된다.[27] 이는 이를테면 신이 "나는 나다."라고 함으로써 스스로 존재화하며 드러내는 과정이라고 할 수 있는데, 태극이 보여주는 태극과 무극의 역설적 이중성은 유와 무의 관계에 대한 오랜 역사철학적 고민에서 나온 논리적 돌파인 셈이다.

'무극-태극'의 주관적 자기와 객관적 자기 바라보기의 초월적 상호 소통은 곧 "안에 있으며 동시에 밖에 있는", 그리고 안이기도 하고 밖이기도 한 '뫼비

---

26 『노자』제42장 "道生一, 一生二, 二生三, 三生萬物. 萬物負陰而抱陽, 沖氣以爲和.", 제40장 "反者, 道之動, 弱者, 道之用, 天下萬物生於有, 有生於無."

27 재귀란(recursion) 어떤 내용을 정의할 때 자기 자신을 재참조하는 것이다. 자기언급과도 관련된 재귀는 언어학과 논리학에 이르기까지 다양하게 연구되는 주제로, 특히 컴퓨터과학과 수학에서 함수가 자신의 정의에 의해 정의되는 것을 가리킨다. 재귀방식의 논증은 칸토어의 대각선논법이 대표적이다.

우스시프트(Mobius shift)'적 차원 시야의 대전환이다. 이러한 논리는 김상일의
관점으로는 역에 내재된 집합론적 역설인 칸토어(Georg Cantor, 1845~1918) 멱집
합의 '대각선논법'(diagonal argument, 1891), 버드런드 러셀(Bertrand Russell, 1872~
1970)의 '자기언급 역설'(1901), 쿠르드 괴델(Kurt Gödel, 1901~1978)의 '불완전성
정리'(1931)와도 연결된다.[28] 김상일은 이미 멱집합이 보여주는 자기언급의
대각선논법과 역의 관련성에 대해 집중 탐구하여 여러 책을 내놓았고 내용도
간단치 않으므로 본고에서는 더 이상 들어가지 않는다.

③ 태극중심선 미분으로 본 세계선 표상과 점복 의미

주역은 기본적으로 길흉을 점치는 점복에서 출발했다. 주역이 음과 양의
두 기호에 기초해 형성된 것도 이와 무관하지 않다. 그리고 공자 이래 시간이
경과하면서 각종 여건에 처한 인간의 상황들과 관련되며 오늘의 易經과 같은
동아시아의 중심 사유를 드러내는 사상서로 자리매김하게 되었다. 필자는
최근 논문에서 태극을 수학적으로 풀어본 결과 태극의 원을 반지름 1인 원으
로 상정할 때 원의 식은 $x^2 + y^2 = 1$이라고 하는 원 그래프가 되고, 또 그

---

28 괴델의 불완전성 정리는 다음과 같으며 자기지시적인, 즉 재귀적인 역설(paradox)을 내포
하고 있다. 이러한 메타수학적 고찰은 칸토어 역설의 재확인이다. "자연수 이론을 형식화함
으로써 얻어진 공리체계가 무모순적인한, 그 무모순성은 그 체계와 관련해서 증명될 수
있는 것으로도 증명될 수 없는 것으로도 이해될 수 없다. 따라서 결정 불가능한 식이 항상
존재한다는 것이다. 더욱이 이 정리는 다음을 포함한다. 즉 자연수 이론을 포함하는 어떤
이론 T가, 비록 무모순적이라 할지라도 그것의 증명은 T 안에서 이루어질 수 없다. 즉 T보
다 더 강한 이론이 필요하다."(가라타니 고진, 김재희 옮김, 『은유로서의 건축: 언어, 수,
화폐』, 한나래, 1998, 120~121쪽) 이밖에 칸토어의 대각선논법과 주역의 집중 고찰에 대해서
는『역과 탈현대의 논리』(김상일, 지식산업사, 2006, 20쪽, 222쪽, 232쪽), 『대각선논법과
역』(김상일, 지식산업사, 2012), 『대각선논법과 조선역』(김상일, 지식산업사, 2013), 『주역
너머 정역』(김상일, 상생, 2017) 등을 참고.

안의 파동을 보여주는 태극중심선은 $y = \sin x$의 그래프가 됨을 고찰했다.[29] 그러면 이 중심선을 미분하면 어떤 의미가 도출되는가? 또 그것에 대한 태극중심선은 무엇인가? 필자는 이에 대해 2006년에 초보적으로 고찰한 바가 있는데,[30] 본고에서는 이에 더하여 점복의 의미와 연결시켜 설명하고자 한다.

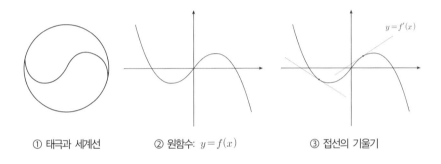

① 태극과 세계선　　　② 원함수: $y = f(x)$　　　③ 접선의 기울기

위의 세 그림은 태극, 태극중심선, 그리고 그것의 미분그래프이다. 해석은 여러 가지가 가능하겠는데, 필자는 일단 본 그림의 목적상 ②의 태극중심선을 개별 존재자의 세계 내 궤적인 세계선(world line)으로 보도록 하자. 그러면 ①의 태극은 그것을 품고 있는 전체 세계가 될 것이다. 그리고 ③의 미분선은 x축, 즉 시간에 따른 y축상의 변위, 즉 시간에 따라 변화되는 함수 값, 즉 $\frac{\triangle y}{\triangle x}$가 된다.[31] 여기서 정의 시간인 h가 0에 한없이 근접할 경우에는 극한식으로 표현되므로 미분계수를 나타내는 도함수는 $f'(x) = \lim\limits_{h \to 0} \dfrac{f(x+h) - f(x)}{h}$가 된다. 즉 미분계수는 함수상 한 점에서의 순간 변화율이 되며, 그것은

29　오태석, 「0과 1의 해석학: 수학, 디지털 및 양자정보, 그리고 주역과 노장」, 『중국문학』 97집, 2018.

30　오태석, 「존재, 관계, 기호의 해석학」, 『중국인문과학』 34집, 2006.

31　②번과 상하의 곡선이 다른 ③번 그래프는 단순히 미분된 기울기를 보기 위해 제시된 것이므로, ②번을 위주로 기술한다.

곧 접선의 기울기이다. 그리고 이 식에서 x는 곧 시간 t이므로 함수는 시간의 경과에 따른 '존재-사건'의 결과 값이 된다.

우선 미분이란 각 위치에서의 함수의 기울기와 그 정의역에서의 강도를 의미한다. 즉 미분에는 들뢰즈가 말한 방향(direction)과 강도(intensity)가 들어 있다. 태극중심선을 미분하면 그림과 같이 음과 양의 두 구간을 경과하는 반원이 둘 생긴다. 그리고 그것은 다시 총 4개의 구역으로 나누어지는데 ① 의 태극에 보다 잘 부합하는 그림 ②를 통해 추이를 살펴보자. 음과 양의 분기점(0)인 점 a에서 현재태를 의미하는 본 함수의 값은 음의 구간으로 진입 하는데 이때의 기울기는 강한 마이너스(-) 상태이다. 이후 b에서 음의 기울기 는 멈추며 0이 되고 곧바로 플러스(+)로 바뀐다. 기울기의 방향이 바뀌는 점을 변곡점(inflection point)이라고 하는데, 본 그림에서 기울기가 0이 되는 변곡점은 b와 d 두 점이다. b에서 기울기는 양으로 전환하지만 함수 값은 아직 음의 구간에 있다. 즉 현실을 의미하는 현재태적 함수 값은 미분기울기 의 후행사건이다. 태극의 중심이기도 한 c를 거치며 기미의 기울기는 극대화 하고 이때부터 함수 값은 양의 구간으로 진입한다. 이후 기울기는 조금씩 줄어들지만 그래도 현실의 함수 값은 계속 상승하여 d에서 최고 정점에 다다 른다. d를 지나면서 기울기는 마이너스(-)로 바뀌지만 그래도 발현된 함수 값은 마이너스(-) 기울기가 극점에 다다르는 e에 이를 때까지 여전히 양의 구간에 있다가 이후 음의 구간으로 진입하게 된다.

태극중심선의 미분에서 우리는 다음과 같은 점을 도출할 수 있다. 태극의 중심선 $f(x)$를 개별 존재자의 당시의 외적 상태라고 정의할 때 그것은 겉으 로 드러나는 하나의 현상이라고 부를 수 있다. 그리고 내부의 흐름인 미분 기울기는 일정한 시간이 지난 후 현실로 외현된다는 것을 보게 된다. 즉 미분 식 $f'(x)$는 현상의 이면에 있어서 보이지는 않는 개별 존재자의 내면의 변화

또는 動因 같은 것이라고 할 수 있다. 여기서 우리는 기울기와 구간의 시간 차를 발견하게 된다. 즉 기울기가 먼저 선행하고, 그 후 일정한 시간이 흐르면 비로소 실제 함수 값, 즉 현상에 변화가 일어난다는 것이다.

그렇다면 태극과 그 중심선의 미분은 어떻게 해석할 수 있는가? 태극중심선의 미분은 존재-사건의 내적 강도와 방향성이다. 그리고 그것은 일정한 시간이 지난 후 현상으로서 수면위로 현재화한다는 것이다. 노력을 해도 금방 외적 결과로 이어지지는 않고, 그 반대도 마찬가지이다. 그래서 주역에도 있듯이 우리는 미분을 통해 내적 효변을 보게 되고, 그것이 향후 어떤 결과를 야기할지 기미와 조짐을 통해 미리 예측·대비할 수 있다.[32] 점복 사건에 있어서 태극중심선의 미분은 곧 조짐과 기미이다. 그리고 주역에서는 이것을 음양 효의 변화[효변]로 표상하였다. 그리고 그것의 총결이 괘상이다. 이것이 필자가 미분을 통해 발견한 주역 점복의 '존재-사건'의 시간 緣起性이다. 이렇게 볼 때 '세계 내 존재를 추동하는 태극중심선'에 대한 미분이 지니는 함의는 시공간상에서 일어날 존재자의 세계선에 대한 사건의 기미에 대한 징조로 해석될 수 있다.[33]

앞에서 효와 괘를 적분하면 태극이 되고, 거꾸로 태극을 미분하면 효와 괘가 된다고 했다. 즉 효와 괘는 앞으로 일어날 사건의 조짐이자 기미가 되고, 이것은 그것을 인위적 노력으로 막지 않는 한 나중에 현실로 나타난다. 이것이 점복의 기미를 구하는 예비적 징조로서의 점복의 의미이다. 그래서 점복은 몸과 마음을 최대한 정결히 하여 하늘과 신령스럽게 소통하여 그 공명

---

32 주역 제16괘인 豫卦(雷☳地☷豫) 六二 象傳에, "일의 기미를 보는 자는 신묘하다 할 것이다. …… 군자는 기미를 보므로 과함에 이르지 않는다. 幾라는 것은 처음 동하는 기미이니, 길흉의 단서를 미리 볼 수 있으나 아직 드러나지 않은 것이다."

33 '徵兆'란 말 자체의 뜻이 바로 '점괘를 구한다'는 의미이다. 여기서는 기호로서의 효변과 괘상이 되겠다.

(resonance)과 공조 관계를 이끌어 내고 그 결과 사건 파악의 정확도를 보다 높일 것이다. 동양의 주역을 신봉하며 기존과는 다른 새로운 과학의 눈으로 해석하려 했던 칼 융(Carl Gustav Jung, 1875~1961)은 만년에 이러한 시공사건의 '비인과적 인과성'의 현상을 '동시성원리'(synchronicity) 혹은 '공시성원리'라고 부를 것을 제안했으며, 이는 시공간의 절대성에 대한 새로운 질문이며 동시에 향후 현대과학의 결정론적 인과율에 대한 반론이 될 수도 있다.[34]

(2) 상도와 가도 두 세계의 양행·병작

노자는 짧지만 거대담론을 펼친 인류문명사의 몇 안 되는 현자다. 그가 남긴 『노자』 오천언은 81편의 은유적 시구로 적혀 있는데, 기존 인간중심주의를 타파하고 인간을 포함한 우주자연 전체를 함께 바라보는 깨침과 울림이 있다. 역설과 부정의 담론은 반면 가치에 대한 각성을 보여주며 깊은 여운을 남긴다. 노자보다 300년쯤 뒤의 장자는 노자의 관점을 풍부한 예화로 만들어내며 의미 전달을 극대화하였다. 『노자』의 주장은 세계에 대한 존재론적 성찰과 인간의 삶을 둘러싼 정치 철학의 두 방향성을 보여준다. 그래서 혹자는 노자가 정치색을 띠고 있다고 보기도 한다. 하지만 필자는 이보다 세계 내 존재에 대한 본질적 시선에 보다 큰 비중이 담겨져 있다고 본다. 특히 보이지 않는 세계인 무에 대한 사변은 시간적으로도 인도 불교나 그리스 플라톤에 앞선다는 점에서 경이롭다. 노자와 장자의 세계관에 대해 필자는 이미 2013년부터 2015년에 걸쳐 세 편의 글을 발표하였으며,[35] 본고에서는 그가 설정한

---

34 융은 동양의 풍수를 이러한 관점에서 바라보아 DNA 일치도가 높은 조상의 묘의 풍수나 삶과 자연의 상관도가 높은 생활 풍수의 과학적 의미를 부여하고자 했다.

35 오태석, 「장자의 꿈: 초월·해체·역설의 글쓰기」(『중국어문학지』 45집, 2013); 오태석, 「노자 도덕경 기호체계의 상호텍스트성 연구」(『중국어문학지』 49집, 2014); 오태석, 「역설의

두 종류의 세계, 즉 보이지 않는 세계와 보이는 세계 두 세계의 상관성에 대하여 현대물리학 특히 상대성이론과 양자역학의 중심개념을 원용해 재해석해 볼 것이다. 이중 노자 제1장은 노자의 세계구도와 인식의 기본정향을 가늠하는 중요한 부분이므로 다시 읽어 본다.

[제1장] ① 도를 도라고 할 때[可道] 그것은 이미 항상 그러한 도[恒道, 常道]가 아니다. 말로 표명된 이름은 항상 그러한 이름[常名]이 아니다. ② 이름할 수 없는 그 무엇[무명]이 천지의 시작이요, 이름 지어진 것들[유명]이 만물의 어미이다. ③ 그러므로 항상 있는 그대로[無欲]에서 우주만상의 은미함[妙]을 보고, 항상 만물의 자기지향성[有欲]에서 사물의 개개의 구현[徼]을 본다. ④ 이 둘은 하나에서 나왔으나 이름을 달리한다. 이 둘을 일컬어 거멓다고[玄] 한다. 어둡고 또 깊으니 모든 신묘함의 관문이다.[36]

우리는 이 글에서 노자의 시공간 인식의 원형을 볼 수 있다. 이를 단락별로 보자. ①의 道와 名論에서 노자는 세계를 보이는 세계와 보이지 않는 두 세계로 나누면서, 이 둘의 상호 관계와 그것 너머 원질의 세계를 상정하고 있다. 사람들은 보통 보이는 세계, 즉 가시화되어 나타난 세계인 명명 가능한 개별자의 분화의 세계인 可道와 可名의 세계에 주로 매달려 사는데, 이것 말고 또 다른 본질 무명의 세계가 있으니 그것이 가시화되고 개별의 이름이 붙기 전의 잠재태의 세계인 상도[恒道]와 상명[恒名]의 세계라는 것이다.

다음 구절인 ②에서 이 '常'과 '可'의 두 세계는 각기 무와 유의 두 계열의

즐거움: 노장 존재론의 부정성」(『중국어문학지』 51집, 2015).

36 『노자』 제1장 "道可道非常道, 名可名非常名. 無名天地之始, 有名萬物之母. 故常無欲以觀其妙, 常有欲以觀其徼, 此兩者, 同出而異名, 同謂之玄. 玄之又玄, 衆妙之門."(구두와 해석은 필자의 『노장선역, 동아시아 근원사유』, 155쪽을 참조)

세계인식으로 연결된다. 무란 없다는 말이 아니라 인위적 지향이 생기하기 전 보이지 않는 암흑물질적인 잠재태이면서 가능태의 세계이다. 그리고 그것은 분화된 외현인 유의 현재태와 대비된다. 유의 세계는 각 존재가 개별성을 발현해 저마다 존재의 꽃을 피워 내는 백화만발의 세계다. 이 무와 유는 각각 '천지의 판을 만들어 내는 시초'와 '만물을 꽃 피우는 어미'로 운위된다. 그리고 ③에서는 이 둘을 지향성이 生起하기 전의 無欲과 개별 지향성이 생기한 有欲의 세계로 계열적 이분화 한다.[37] 하지만 ④에서 노자는 이 두 양태의 세계가 실은 하나의 뿌리임을 말한다. 그것이 어둑하고 거뭇해서 잘 보이지 않는 玄의 세계라는 것이다.

『설문해자』에서 다음과 같은 '玄'의 자형은 중국의 시조신인 '복희여와'와 유사하며, 또한 생명 배태의 원형인 DNA 구조와도 닮아 있다는 점에서 천지 만물의 시초요 근원을 상징한다.[38]

| '玄'(≪說文解字≫) | 복희여와도 | DNA 구조 | 뫼비우스의 띠 |

---

37 '無欲'과 '有欲'은 지향이 없음과 있음으로 푼다. 그런데 노자의 다른 해석본에서는 혹 유·무와 욕 사이를 띄어 풀이하여, 욕을 "…을 하고자 함"으로 해석한 것도 있다. 이러한 해석은 유에 대해서는 가능하지만, 무의 세계 역시 지향성을 갖는 것으로 해석할 수밖에 없어, 결국 지향성을 갖지 않는 무가 지향성을 갖는다는 뜻이 되면서 자기모순적으로 결이 어긋나 취하지 않았다.

38 그림은 오태석의 『노장선역, 동아시아 근원사유』(역락, 2017, 134쪽)를 참조.

여기서 더 나아가 노장의 다른 글들을 연결해 읽으면 우주의 기원으로서의 현대물리학의 발견과도 함의가 닿아 있는 것을 볼 수 있다. 그것이 다음 노자 25장의 '有物混成'과 4장 및 42장의 '沖氣' 부분이며, 장자에서는 아래 ⑤번 글과 같은 「소요유」의 우주적 시점에서의 지구의 모습 같은 것이다.

① [노자 25장] 물질이 있어 혼연히 섞여지니, 천지보다 먼저 생겨났다. 적막하고 텅 비어 홀로 서서 그대로이니 주행해 쉼이 없으니, 천하의 어미라 할 만하다. 나는 그 이름을 알지 못하니 '道'라 칭한다. ······ 인간[人]은 땅[地]에 의지하고, 땅은 하늘[天]에 의지하며, 하늘은 도[道]에 따르며, 도는 '스스로 그러함[自然]'[39]을 따른다.[40]

② [노자 4장(또한 56장)] 도는 텅 비어 있어 그것을 아무리 써도 넘치질 않는다. 큰 연못 같아서 만물의 종조가 된다. 날카로움을 꺾고 어지러움을 풀며, 빛을 부드럽게 하고 티끌과 더불어 하나가 된다. 맑아서 있는 듯 없는 듯. 나는 그것이 누구의 소생인지 알지 못하나 아마도 하느님보다 먼저인가 보네.[41]

③ [노자 42장] 도에서 1이 나오고, 1에서 2가 나오며, 2에서 3이 나오니, 3에서 만물이 생긴다. 만물은 음을 업고 양을 안으며, 충기(沖氣)로써 조화한다.[42]

---

39 여기서 '自然'은 생명이 깃들어 사는 명사적 장소로서의 자연이란 개념이 아니라, '늘 스스로 그렇게 되는 자연스런 이치'를 뜻한다고 본다. 그런즉 '도'와 거의 유사한 개념이라 할 수 있다.

40 『노자』제25장 "有物混成, 先天地生. 寂兮寥兮, 獨立不改, 周行而不殆, 可以爲天下母. 吾不知其名, 字之曰道. 强爲之名曰大, 大曰逝, 逝曰遠, 遠曰反, 故道大. 天大, 地大, 王亦大. 域中有四大, 而王居其一焉. 人法地, 地法天, 天法道, 道法自然."

41 『노자』제4장 "道沖而用之或不盈. 淵兮似萬物之宗. 挫其銳, 解其紛, 和其光, 同其塵. 湛兮似或存. 吾不知誰之子, 象帝之先."
    『노자』제56장 "知者不言, 言者不知, 塞其兌, 閉其門, 挫其銳, 解其分, 和其光, 同其塵, 是謂玄同."

42 『노자』제42장 "道生一, 一生二, 二生三, 三生萬物, 萬物負陰而抱陽, 沖氣以爲和."

④ [장자·제물론] 도란 본래 나눔이 없으며, 말이란 본래 항상 됨이 없으니, 이러한 까닭에 때문에 차이의 구분이 생긴다. 그 구분을 말하자면, 좌와 우가 생기고, 대강과 상세가 생기며, 분석과 유별이 생기고, 앞다툼과 맞다툼이 생기니 이를 소위 팔덕이라 한다.[43]

⑤ [장자·소요유] 아지랑이나 먼지는 생물이 숨을 쉬며 서로 불어내는 것들이다. 하늘의 푸른빛은 본래 그런 색인가? 그것이 멀어 끝이 없어서 그런 것인가? 그곳에서 아래를 볼 때에도 이와 같이 푸를 뿐이겠지.[44]

①번 글 노자 제25장은 그의 물학적 세계관이 잘 드러나는 부분이다. 세상 만물은 장자「응제왕」편의 '혼돈' 고사와 같이 세상이 구분되기 전의 혼연한 하나였다. 맨 앞의 "물질이 있어 혼연히 섞여 있으니, 천지보다 먼저 생겨났다."고 한 부분은 무에 가깝게 하나였던 태초의 우주가 빅뱅으로 팽창 중인 현대물리학의 빅뱅이론을 연상케 한다. 이것을 노자적으로 말하면 제1장과 ②의 제56장에서 언급된 '玄同'이다. 그런데 ③·④번 글과 같이 이것이 점차 여러 갈래로 쪼개어지면서[分封] 소위 질서라는 것이 생겨나긴 했지만, 오히려 이것은 개물을 편단하고 나눔으로써 본래의 질서를 거슬러 원초적 하나로서의 온전성을 상실했다는 것이다. 노장에는 이러한 인위적 쪼개짐을 매우 경계한다. 평면의 띠를 한 번 꼬아 엇붙인 뫼비우스의 띠(Mobius strip)는 구분된 두 공간을 하나로 잇는 차원의 승화 혹은 존재론적 겸병의 온전을 표상한다. 그래서 ④번 글에서 장자는 도란 본래 나눔이 없다고 했다. 이 말들을 개념화하면 쪼개짐은 '分封'이며, 그러한 전의 온전한 상태를 '未封' 혹은 '同

---

43 『莊子·齊物論』 "夫道未始有封, 言未始有常, 爲是而有畛也, 請言其畛 : 有左, 有右, 有倫, 有義, 有分, 有辯, 有競, 有爭, 此之謂八德."

44 『莊子·逍遙遊』 "野馬也, 塵埃也, 生物之以息相吹也. 天之蒼蒼, 其正色邪? 其遠而無所至極邪? 其視下也, 亦若是則已矣."

封', '玄同', '見素抱樸'이라고 할 수 있다.[45] 또한 충기의 개념은 우주의 진공에 대한 묘사로서 우주의 대부분을 채우고 있다고 보는 현재 뜨거운 이슈가되고 있는 암흑물질 혹은 암흑에너지와도 연결 가능한 개념이다. 실상 '沖'이란 글자가 '비어 있다'는 뜻과 '기득 찬'이란 상반된 두 가지 의미를 양가적으로 지닌 것을 보면 그 용어의 함의가 더욱 심장하다. 이상 노장의 우주적 시공 인식을 보았는데 주로 공간론에 치중되어 펼쳐져 있으며, ⑤번 글인 「소요유」의 문장도 이에 속한다. 이러한 시공세계에 대한 초월적 관점들은 당시로서 놀라운 관찰이며, 현대물리학의 관점과도 꽤나 조응됨을 알 수 있다.

다음 노자 21장의 도와 물질, 그리고 물질의 황홀한 맥동성과 그 이면의 참된 이치에 대한 언급은 양자역학의 진수를 보는 듯한 느낌마저 자아낸다.

[노자 21장] 비어 있는 큰 덕의 포용은 도가 이것을 따르기 때문이다. 도의 사물 됨은 황하기도 하고 홀하기도 하며, 또한 홀하기도 하며 황하기도 하다.[46] 그중에 형상이 있다. 황하고 홀하니 그중에 물질이 있다. 그윽하고 아득하니 그중에 정수가 있다. 그 정수는 정말 참되니 그중에 믿음이 있다. 자고로 그 이름은 없어지지 않으니 그것으로 사물을 바라본다. 내가 어떻게 개체들이 그런 줄 알겠는가? 이름으로써 가능하다.[47]

---

45   『노자』제19장 "絶聖棄智, 民利百倍, 絶仁棄義, 民復孝慈, 絶巧棄利, 盜賊無有. 此三者, 以爲文不足, 故令有所屬, 見素抱樸, 少私寡欲."

46   김형효, 『사유하는 도덕경』, 207쪽; 임헌규, 『노자 도덕경 해설』 131쪽; 오태석, 『노장선역, 동아시아 근원사유』, 163쪽.

47   『노자』제42장 "孔德之容, 惟道是從. 道之爲物, 惟恍惟惚. 惚兮恍兮, 其中有象. 恍兮惚兮, 其中有物. 窈兮冥兮, 其中有精. 其精甚眞, 其中有信. 自古及今, 其名不去, 以閱衆甫. 吾何以知衆甫之狀哉, 以此."

노자는 제21장, 그리고 제14장,[48] 그리고 장자 「천하」 편에서[49] 삼라만상의 본체로서 황과 홀을 통해 표현했다. 필자는 일찍이 생명과 비생명을 아우르는 우주만물의 기본적 생명현상을 맥동이라고 표현했다.[50] 또한 황과 홀에 대해 김형효는 노자 주석가 唐 李約의 관점을 따라 '恍'은 있는 것 같으면서도 잘 보이지 않는 것으로서 유 계열이고, '惚'은 없는 듯하지만 또한 있는 것으로서 무 계열로도 본다고 설명을 가했다.[51] 물질(matter)의 명멸하는 숨결, 노자는 장자의 '호접몽'같이 '물화'하는 우주 내 존재의 참모습을 본 것은 아닐까 싶다. 양자역학에서 물체의 궁극은 우주와 같이 텅 비어 있으며, 입자·파동 이중성 같이 이것으로도 또 저것으로도 이중성을 보여준다. 양자요동과 같이 명멸하는 존재, 노자가 이를 황과 홀로 풀었다면, 유무 사이를 명멸하는 존재의 춤에서 황은 '무중유'일 것이고, 홀은 '유중무'는 아닐까 싶다. 이와 같은 희미하고 아득한 우주 근원의 유무 간의 상태를 노자는 감싸인 밝음[襲明] 그리고 장자는 '숨겨진 빛[葆光]'으로 표현했다. 이렇듯 잠재와 현재의 두 세계를 유·무로 표현하고 그것의 상관성을 논한 노장의 관점에 이어,

---

48 『노자』 제14장 "보려 해도 보이지 않으니 이를 일컬어 '夷'라 하고, 들으려 해도 들리지 않으니, 이를 일컬어 '希'라 하며, 만지려 해도 만져지지 않으니, 이를 일컬어 '微'라 한다. 이 세 가지는 캐물을 수가 없는 까닭에 본래부터 섞이어 하나이다. 그 위는 밝지 않고, 그 아래도 어둡지 않으며, 면면이 이어져 이름지을 수 없다. '아무것도 없음'[無物]으로 돌아가니, 이를 일컬어 모습 없는 모습이요 물체 없는 형상이니, 이를 일컬어 미묘하여 알 수 없는 恍惚이라 한다."("視之不見, 名曰夷. 聽之不聞, 名曰希. 搏之不得, 名曰微. 此三者, 不可致詰, 故混而爲一. 其上不皦, 其下不昧. 繩繩兮, 不可名. 復歸於無物, 是謂無狀之狀, 無物之狀, 是謂恍惚. 迎之不見其首, 隨之不見其後. 執古之道, 以御今之有. 能知古始, 是謂道紀.)

49 『莊子·天下』황홀하고 고요하여 형태가 없고, 변화가 무상하므로, 생과 사, 천지와 함께하며 신명과 함께 움직인다. 아득하니 어디로 가는 것인가? 황홀하니 어디로 가는 것인가? 세상에 만물이 모두 펼쳐져 있음에 도가 돌아갈 곳이 없다. 옛날의 도술이 이것에 있음이다.("芴漠無形, 變化無常, 死與生與, 天地並與, 神明往與! 芒乎何之, 忽乎何適, 萬物畢羅, 莫足以歸, 古之道術有在於是者."

50 오태석, 「존재, 관계, 기호의 해석학」, 『중국인문과학』 34집, 2006.

51 김형효, 「제21장」 해설, 『사유하는 도덕경』, 소나무, 2004, 207쪽.

다음에는 '색즉시공'으로 대표되는 불교의 '本無一物'의 무자성의 시공관을
과학철학의 독법으로 바라본다.

(3) 반야공관과 중론의 무자성의 세계인식

인도에서 발원해 중국에 전래된 불교의 시간과 공간론은 불교 사상의 폭
만큼 깊고 심오하여 종파에 따라 갈래가 다기하다. 인도 불교의 시공간론의
특징은 기본적으로 존재론과 인식론 양면에 걸쳐 나타나며 기본적으로 시간
의 절대성을 배척한다.[52] 서구과학철학에서 시간에 대한 고찰은 주로 시간이
그저 하나의 차원을 지니는 것으로 인식된 까닭에 가시적으로 보이는 공간
연구보다는 덜 연구되었다. 그러나 시간의 문제는 생각보다 단순하지 않고
대칭성의 문제가 적용되기도 어려운 까닭에 복잡하다.[53] 그럼에도 불구하고
시간과 공간에 대한 검토는 아리스토텔레스가 공간에서 연장의 개념을 꺼낸
이후 다양한 관점을 보이며 진행되어 왔다.

연장론의 다른 한편에는 『고백록』의 저자 아우구스티누스(Augustinus)의 시

---

[52] 불교 시간론에 관한 저작으로는 인도 초기불교 중의 하나인 아비달마(Abhidharma)불교
(혹은 部派佛敎)의 시간과 존재론에 관한 『불교 시간론』(사사키 겐준, 황정일 역, 씨아이알,
2016)을 들 수 있다. 그리고 아비달마(阿毘達磨, 산스크리트어: Abhidharma) 혹은 또는 아
비담마(팔리어: Abhidhamma)의 문자적 의미는 대법(對法: abhi + dharma = 對 + 法) 즉
법(dharma)에 대해(abhi) 분석을 시도한다는 뜻이다.(『공이란 무엇인가』(김영진, 그린비,
2009, 26쪽) 이들은 고타마 붓다가 설한 교법에 대한 연구와 해석을 가한 인도 초기불교의
관점을 보여준다. 이후 이에 반대하는 나가르주나(龍樹)의 '中論'이 제기되었다. 사사키 겐
준의 책에서는 시간을 바라보는 일반적 관점을 다음과 같이 나누었는데, 그것은 ① 시간의
일상성, ② 자연·물리학의 시간, ③ 심리학적 시간, ④ 형이상학적 시간, ⑤ 종교적 시간,
⑥ 정신·물리학적 시간, ⑦ 불교적 시간이다.
[53] 과학철학에서의 시간과 공간 연구의 엄밀한 연구서로는 한스 라이헨바하(Hans Reichenbach,
1891~1953)의 『시간과 공간의 철학』(이정우 옮김, 서광사, 1986)이 있다. 이 책은 철학적
기초 위에서 상대성이론과 중력장, 그리고 비유클리드 기하학으로 드러나는 시간과 공간의
문제를 다각적으로 검토하였다. 이 책의 139~144쪽.

간론이 있다. 그는 존재하는 것은 오직 현재뿐이고 현재는 연장(연속)을 갖지 않는다고 했으며, 이러한 관점은 폴 틸리히(Paul Tillich, 1886~1965)로 연결되어 현재란 파악되는 순간 과거가 되어 버리는 한 점에 불과하다고 보았다. 한편 브렌타노(Franz Brentano, 1838~1917)는 현재란 시간적 과거로부터 이어지는 연장의 한계점으로 보았다. 그리고 현재는 직접적으로 표상되지만 과거와 미래는 간접 표상된다고 했다.[54] 브렌타노의 시간론은 20세기 후설(Edmund Husserl, 1859~1938)과 하이데거(Martin Heidegger, 1889~1976)에 영향을 주어, '존재-사건' 시간론의 기초가 되었다. 빛의 물리학을 통해 시공간을 종속변수로 떨어뜨린 아인슈타인도 정작 시간의 본질에 대해서는 적실한 해답을 내놓지 못할 만큼 현대물리학에서 시간, 아니 정확히 말하자면 시공간(space-time)의 문제는 여전히 어려운 난제이다.

서구 시간론이 연장의 개념과 관련되며 이성주의적 접근 방식을 띤다면, 불교의 시간론은 공간의 연장과 마찬가지로 찰나와 연속의 두 계기 속에서 인식되긴 하지만, 복잡한 양상을 띠는 까닭에 단순히 말하기 어렵다. 일례로 범어에서 'kal[깔]'은 시간과 죽음의 두 가지 뜻을 함께 가지고 있다.[55] 한 단어에 시간과 죽음을 같이 묶은 것은 시간 속에서 모든 것을 삼켜 버리는 그리스 신화의 시간의 신 '크로노스(Chronos)'를 연상시키기도 하지만, 이 생과 저 생을 동시 조망하는 인도철학과 불교의 색채에 더 가깝다. 필자가 생각하는 인도 불교의 시공관의 특징은 극대와 극미의 시야의 폭넓은 사유 확장, 그리고 이로부터 도출되는 부정, 초월, 해체, 역설의 다층차성이다.

불교 시간론의 대표적 사상이 반야공관과 나가르주나(Nārājuna, 龍樹, 150~250경)의 「중론」이며 그것을 중관사유라고 한다. 그는 반야경에 나타난 공 개념

---

54 이상 『불교 시간론』, 40~50쪽.
55 오쇼 강의, 김석환 역, 『노자 도덕경: 두드리지 마라, 문은 열려있다』, 티움, 2015, 182쪽.

을 정교하게 이해하고 정리하여, 부처 사후의 초기 분파인 部派佛教나 인도 철학의 여러 학파가 제기한 이론에 대해 부정의 논리로써 이겨 나가는데 이것이 변증법과도 유사한 부정의 논법인 귀류법이다.[56] 대승불교의 논리는 이 나가르주나의 부정의 귀류법을 통해 더욱 심오해졌다.[57] 반야공관과 중론의 핵심 사상은 연기법과 제법의 空性인데, 이러한 관점은 현대물리학의 상대성이론과 양자역학의 특징과도 여러 곳에서 닿아 있다는 점에서 보다 상세한 검토가 요구된다.[58]

필자가 생각하는 현대물리학과 불교의 강렬한 접점은 가속도가 0인 경우, 즉 등속운동을 고찰한 아인슈타인의 특수상대성이론 공식의 하나인 $E = mc^2$ 이다. 이것은 '물질-에너지-물질' 간의 상호관계가 얼마든지 가변적이라는 것을 의미한다. 우리는 이로부터 '색즉시공, 공즉시색'의 색과 공의 상호연계성을 이끌어 낼 수 있으며, 불교 윤회설로도 이어진다. 그리고 여기서 더

56　귀류법의 특징은 일체의 판단을 네 가지 형식(四句) 안에 가둔다. 예를 들면 이런 식의 논법이다. ① 그것은 A이다[A], ② 그것은 A가 아니다[~A], ③ 그것은 A면서 A가 아니다[A∩~A]. ④ 그것은 A가 아니면서 A가 아닌 것도 아니다.[~A∩~A](이상 『공이란 무엇인가』, 김영진, 그린비, 2009, 44~48쪽 인용)

57　나가르주나 『중론』의 첫 게송인 「歸敬揭」에서는 여덟 가지 부정인 '八不中道'를 말한다. 즉 "발생하지도 않고(不生), 소멸하지도 않으며(不滅), 항상되지도 않으며(不常), 단절되지도 않고(不斷), 동일하지도 않으며(不一), 상이하지도 않고(不異), 오지도 않고(不來), 가지도 않으며(不去), 온갖 망상을 없애며 상서로운 연기법을 가르쳐주신 부처님께 머리 숙여 경배합니다." 중론은 이원적인 것들의 이원적 대립을 말하기는 하지만 그 둘은 상호 대척적이지 않고 부정을 통해 서로 기대면서 발전해 나간다. 이런 의미에서 '中'은 양쪽에 대한 동시 부정이다.(여기까지 김영진, 『공이란 무엇인가』, 그린비, 2009, 38~43쪽) 하지만 다른 한편으로는 부정 속에서 그때그때마다 卽하여 맞춰나간다는 뜻으로도 읽을 수 있기에 상황에 따른 '때맞춤'으로도 해독 가능하다. 이때는 중국어 제4성[zhòng]이다.

58　특히 불교와 양자역학의 상호 접점에 대한 전문 저작으로는 수학과 종교철학을 전공한 Graham Smetham의 『양자역학과 불교』(박은영 역, 홍릉과학출판사, 2012)를 들 수 있는데, 이 책에는 양자역학의 다양한 특징들을 불교와의 관련성 속에서 해석하는 양자불교의 관점을 취하고 있다. 이 책의 목차를 키워드로 요약하면, '양자불교, 존재, 물질, 空, 환영과 실재, 다중세계, 자기인식, 파동함수, 量子心, 자기초월적 우주' 등이다.

나아가 장자의 호접몽에 보이는 천이물화의 존재론적 변환의 세계 인식에도 통한다. 이러한 연장선에서 색공론은 '에너지(E)~물질(m)' 상호 간의 쌍방향적 구현과정인 셈이다. 반야공관에서 말하는 '공즉시색'에서 '卽'이란 상태변화의 기점이며, 양자역학에서는 파동함수의 붕괴가 붕괴되는 자리인 관측시점이다.[59]

또한 장자가 호접몽에서 내린 결론인 '이것에서 저것으로의 존재적 변환'인 '물화' 역시 색공론으로 해석 가능하다. 물질 A에서 물질 B로의 전이는 그 중간에 에너지화를 경과한 과정으로 볼 수도 있기 때문이다.[60] 그런 의미에서 이는 노자가 말한 비면서 찬 충기의 이중성의 세계와도 닿아 있다고 볼 수 있다.

기존 물리학에서 '물질~원자~양자'로 이어지는 존재방식의 가변성은 현대물리학이 지니는 물질(matter)의 실체적 관점에서 사건(event)적 관점으로의 전환을 보여준다. 이 말은 존재가 고정된 실체가 아닌 시공 사건으로서의 가변성 속에서, 보이거나 보이지 않는 두 가지 양태로 읽혀질 수 있음을 의미하는 부분이다. 이러한 인식의 변화에는 상대성이론의 암흑에너지와 암흑물질, 그리고 만물 근원으로서의 극미세계 이론인 양자역학이 결정적 역할을 했다. 그 표상성은 빛의 입자·파동 이중성(duality)인데, 빛의 성질에 대한 이와 같은 새로운 발견으로 오랜 전통을 지닌 기존의 물질의 실체적 인식은 일거에 문제시되었다.

---

[59] 현대물리학에서 시간은 허수로 표시된다. 그리고 양자역학에서 입자가 발견될 확률은 전자 파동의 '진폭의 절대값의 제곱'으로 표현되는데, 이 값은 복소수로 나타난다. 그렇다면 필자식 표현으로 '복소수 우주론의 불교적 해석'으로 풀자면 $i^2=-1$의 수식에서 i^2은 空에, =은 卽是에, 그리고 -1은 色에 해당된다고 볼 수 있다.(오정균, 『깨달음에서 바라본 수학』, 레츠북, 2017, 215~216쪽)

[60] 이 경우 '물질(m)~에너지(E)~물질(m)'의 전이를 겪는 것으로 볼 수 있다.

물질 속성의 비실체성은 바로 동양 사유로 넘어오면 불교의 중심개념인 불교의 '자성'의 문제로 이어진다. 반야 공관과 중론은 모두 존재의 자성의 문제를 다루고 있다. 자성론이란 즉 사물이 고유의 본래적 속성이 있는가에 관한 문제인데, 불변의 자성은 없다는 것이 반야불교와 中論의 기본 관점이다. 모든 존재는 자체의 고유성이 없는 다른 것에 기대는 연기적 존재이다.[61] 따라서 무자성의 존재는 곧 공이다.[62] 그렇다면 모두가 무상한 자유변환의 장에서 眞諦란 과연 무엇이고 假幻은 또 무엇인가? 불교에서 이는 모두 상호 얽혀 있는 연기의 작용이라는 것이다.[63] 「잡아함경」에 나오는 인드라 망(Indra's net)의 연기의 세계 중에서 개별 존재들은 상호 연기적으로 얽히며 이렇게도 저렇게도 변해 나간다고 본다.[64]

불교에서 말하는 사물의 상호의존성은 세계 궁극으로서의 물질의 실재성에 대한 부정이다. 실재는 곧 실체로 연결되는데, 고유한 속성을 지닌 실체가 있다면 다른 것과의 상호 기댐이 완벽할 수 없다. 그래서 대승불교에서는 나가르주나(용수)가 부정의 논법으로 이를 정리하여 의존으로서의 '緣起=무

---

61 불교에서 인과와 연기는 다르다. 인과는 직접적 필연으로서의 원인을 말하고, 연기는 중연의 화합의 결과로서 간접적 조건으로 간주한다. 연기론은 표층에서 각각 별개의 것으로 분리되어 있는 것들이 심층에서는 하나로 연결되어 있다고 말하며, 표층으로 드러난 것은 假이며 幻이라고 말한다.(한자경, 김상환·박영선 엮음, 「불교의 연기론에 담긴 '표층-심층' 존재론의 해명」, 『분류와 합류』, 이학사, 2014, 121~139쪽)

62 龍樹, 『中論』 권8 "無自性故空."

63 緣起는 공으로 설명된다. 모든 것은 비어 있는 것처럼 보이는 인드라망의 상호연결망에 의해 의존하고 있다. 그러므로 공은 상의상관이며 그 자체가 中道이다.(Graham Smetham, 박은영 역, 『양자역학과 불교』, 55쪽)

64 여기서 불교가 연기를 말함으로써 상당 부분 결정론의 입장을 보인다. 이 점은 아직까지 명료한 해결을 보지 못하고 자연의 본질로서의 확률로 바라보는 코펜하겐 해석과 얽힘의 문제에 관해 국소성과 비국소성 간의 미결정 상태인 양자역학의 세계에서 약간의 간극을 보이고 있기는 하지만 해결이 나지 않았다는 점에서 불교와 양자역학의 결정론 혹은 비결정론의 세계인식상의 괴리 문제는 여전히 현재진행형 상태라고 하겠다. 이 부분은 데이비드 봄의 비국소적 영역에서의 숨은변수이론과도 연결된다.

자성(niḥsvabhāva)=가명=공(śūnya)'의 등식이 가능하며, 그것은 다시 '가능태의 현실태(현상)'와 '불확정성의 가능태(현상의 토대)'로 나누어질 수 있다고 본다.[65]

나가르주나는 이렇게 말한다. "모든 인연으로 생기는 법을 나는 空이라고 한다. 또 이것을 假라 하고, 中道라고도 한다."[66] 이 모든 것은 실재의 없음을 의미하므로 假요 幻이라 한 것이다. 그러면 변하는 것은 무엇이며 그 본질은 무엇인가? 본질은 공이며 그것의 변환하는 것은 색의 세계일 것이다. 그렇다면 색계는 장자적으로 말하자면 나비도 되었다 장자도 되는 물화의 세계이다. 그리고 노자로 소급해 말하자면 색계는 다양한 색으로 분광된 현재태의 세계인 가도에 해당될 것이고, 무색계는 사물화 이전의 보이지 않고 확정되지 않은 잠재성의 세계인 무의 상도에 해당될 것이다.

중론을 쓰기 위해 기초한 팔리어로 작성된 초기불교 경전인 『니까야』 경전에는 "유무 중도, 常斷 중도, 자타 중도, 一二 중도, 去來 중도, 생멸 중도"로 이 두 양편을 떠나야 한다고 하는,[67] '자아 없음'의 중도의 의미를 설하고 있다. 필자의 생각에 이러한 'neither a, nor b'의 양단을 떠나는 중관 사유는 사실 '양단을 모두 취하'는 'both a and b'에 다름 아니다. 여기서 바로 필자가 말한 동아시아사유의 핵심 특징인 '양행·병작', 그리고 '양가성(ambi-balance)의 관점'과 만나게 된다.[68]

---

65 위 등식은 필자가 다음 두 책에 제시된 등식들을 조합해 표현한 것이다. ① 신용국의 『인식이란 무엇인가: 연기법, 세상의 자아 없음을 말하다』(김영사, 2019, 159쪽, 216쪽) ② 김성구의 『아인슈타인의 우주적 종교와 불교: 양자역학이 묻고 불교가 대답하다』(불광출판사, 2018, 132~143쪽)

66 『中論·三諦偈』 "衆因緣生法, 我說卽是空. 亦爲是假名, 亦是中道義."

67 신용국, 『인식이란 무엇인가: 연기법, 세상의 자아 없음을 말하다』, 김영사, 2019, 215~216쪽.

68 필자는 노장적 양가성에 대하여 노장, 양자정보이론 등 최근 논문들에서 상세히 고찰했다.

노장은 양가성은 무와 무한, 유와 무를 양행·병작의 방식으로 함께 추동한다. 그리고 다시 불교 중관사유의 중도론과 만난다. 이 경우 우주 내 존재의 시공간성과 존재방식을 중론으로 풀자면, 非有非無 亦有亦無의 중도로서의 공성은 '진공묘유=비유비무=공=역유역무=중도'의 '양가불이'의 등식으로 풀이 가능하다. 동시에 이는 수학철학에서의 연속체 가설의 자리이기도 하다.[69]

이렇게 중국의 노자와 인도 불교가 다른 언어지만 내용상 같은 지향을 보이는 점은 매우 놀랍다. 그리고 이러한 둘의 함께 취함, 즉 양행·병작의 사유 방식은 바로 필자가 말한 {0&1}의 양자컴퓨터의 추동방식과 닮아 있다는 점에서 더욱 놀랍다.[70] 이렇듯 물질의 근원 상태에 대해 양자역학이 발견한 여러 이론들은 노자의 상도·가도론 및 불교의 반야공관 및 중관사유의 시공관은 세계 이해의 핵심지점에서 높은 공유도를 보인다.

일체 존재의 불가분리를 핵심으로 하는 '연기'라는 말에서도 유추 가능하듯이 그것이 머무는 존재의 집으로서의 시간과 공간 역시 시간 따로 공간 따로의 이해가 아닌 하나로 엮어진 시공관으로 이해됨은 당연한 이치이다.[71]

「역설의 즐거움: 노장 존재론의 부정성」(2015), 「0과 1의 해석학: 수학, 디지털 및 양자정보, 그리고 주역과 노장」(2018)

69 연속체 가설(Continuum hypothesis)은 실수 집합의 모든 부분 집합은 가산 집합이거나 아니면 실수 집합과 크기가 같다는 명제로서, 집합론의 표준적 공리계로는 증명할 수도 반증할 수도 없다는 것이다. 오정균에 의하면, 연속체 가설이란 연속의 의미인 실수의 집합은 非可算이고, 정수의 집합은 가산으로 보는데, 비가산 무한집합과 가산 무한집합 사이의 공간에 어떤 연속적인 초한 기수의 유무에 대한 의문에서, 그러한 연속체는 없다는 가설이다. 괴델(Kurt Gödel, 1906~1978)과 코헨(Paul Joseph Cohen, 1934~2007)의 증명에서 이 연속체 공간은 증명도 반증명도 불가능한 유념과 무념이 갈리기 이전의 자리이다. 즉 이 자리는 연속체가 있을 수도 없을 수도 있는 자리로서 텅 빈 역동성의 자리라고 할 수 있다는 것이다. 이상 위키백과 및 오정균의 『깨달음에서 바라본 수학』(레츠북, 2017, 112~113쪽)

70 오태석, 「0과 1의 해석학: 수학, 디지털 및 양자정보, 그리고 주역과 노장」, 『중국문학』 제97집, 2018.12.

세계, 우주, 존재가 시공의 합성어라는 점을 보아도 그것을 알 수 있다.

이러한 관점은 화엄의 법계연기에서도 보인다. 화엄의 사종법계에서 사법계는 미혹의 현상계로서 실재하는 세계가 아니라 업이 만든 매트릭스다. 그리고 그것이 미혹의 세계임을 깨닫게 되면 유무, 선악, 주객의 대립적인 차별상을 폐하고 우주만물에 공통된 통일성 즉 공을 깨닫게 되며, 만유가 바로 빈 그곳에서 나오므로 眞空妙有다. 이것이 이법계이다. 그리고 여기서 더 나아가면 음양, 유무, 주객, 생사가 모두 한 뿌리에서 나옴을 알게 되는데 본질로서의 이중성의 세계가 이사무애법계다. 그리고 이사무애법계를 더 밀고 나가 두 사물이 끊임없이 서로 밀고 서로 들어가는 연기의 세계 중에 있는 상즉상입의 관계임을 보게 되니 그것이 '일즉다, 다즉일'의 사사무애법계이다. 이에 이르면 낱낱이 모두 진리이고 법이므로 열반의 경계에 다름 아니다.[72]

이렇게 불교가 보이는 색의 세계와 보이지 않는 공의 세계 사이의 연기와 윤회 속의 개체와 총체 간의 상호 원용 통일을 논했다면, 노장은 유와 무의 두 세계를 같이 바라보면서 이 둘을 비차별적으로 바라볼 것을 말한다. 일례로 현대 우주론의 뜨거운 이슈 중의 하나가 암흑에너지와 암흑물질인데, 이는 노자의 충기론과 불교의 색공론 등 동아시아 고대사유로 해석할 여지가 충분하다. 또한 양자역학의 핵심 개념인 양자 중첩(quantum superposition)과 양자 얽힘(quantum entanglement) 역시 노장과 불교가 각각 주장해 온 가도·

71 　중관 사상에서 바라본 상호 생성의 연기론적 시공 의미는 다음과 같은 세분된다. ① 시간적 인과성, ② 시공간적 상호 의존성, ③ 주관과 객관의 상호작용에 의해 나타나는 인식 주관의 세계인식이다. 이상은 安井廣濟, 김성환 역, 『중관사상연구』(문학생활사, 1988, 22~23쪽); 양형진, 「불교의 세계관에서 본 온생명론」(『온생명에 대하여—장회익의 온생명과 그 비판자들』(과학과 철학 제14집), 과학사상연구회 편, 통나무, 2003, 173~177쪽)에서 재인용.

72 　김성구, 『아인슈타인의 우주적 종교와 불교』, 불광출판사, 2018, 163~169쪽.

상도론 및 색즉시공의 무자성의 세계인식에 대한 과학적 표현이라고 볼 수
도 있다.

노장과 불교 등 동아시아 사유는 존재와 비존재의 세계를 '지금-여기'의
현 상태와 함께 그 배경으로서의 잠재태를 함께 바라보는 이중성·양면성의
시선으로 세계를 바라보고 있다. 이와 같은 양행·병존의 사유는 선악 혹은
우열의 배타적 명증의 이분법을 보이는 서구사유와 크게 다른 부분이다. 이
렇게 현대물리학이 도달한 세계에 대한 새로운 인식은 그간 우리 내부적으로
도 홀시해 온 동아시아 사유에 대한 재해석과 새로운 독법에 대한 필요를
증대시켜 주고 있다는 점에서,[73] 현대 자연과학이 동아시아 인문학에 요청하
는 시대적 명제가 아닐까 싶다.

3. 중첩과 얽힘: '잠재-현상'의 동아시아 시공관의 함의

메를로 퐁티(Maurice Merleau-Ponty, 1908~1961)는 "시간이란 흐르는 것이 아니
고 단지 우리가 본 것을 슬쩍 강물에 던져 넣어서 흐름처럼 보이게 한 것에
불과하다."고 했다. 그가 말한 시간은 사실은 지속적으로 현재를 경유하는
주체의 경험적 시간이다. 시간의 본질에 대해 현대물리학에서는 보다 객관적
이며 다양한 논의가 전개되었다. 상대성이론에서 우리가 사는 4차원 시공은
태생적으로 역동적이어서 마치 파도처럼 이리저리로 움직이고 중력에 따라
얼마든지 변형가능한 곳이다.[74] 우주는 시간과 공간이 별개가 아니라, 물질과

---

73 이렇게 동양사유와의 상관성에 대해서는 1949년 일본인 최초로 노벨(물리학)상을 받은 유
카와 히데키 역시 이미 1944년에 쓴 「고대의 물질관과 현대과학」이란 글이 수록된 『보이지
않는 것의 발견』(김성근 해제·옮김, 김영사, 2012, 48쪽)에서 "불교와 물리학적 견해의 어
떤 공통점"이라고 표현하여 양자 간 상호 접점의 가능성을 언급했다.

에너지의 집적이 야기한 중력에 의해 비유클리드적으로 휘어진 기하학적 곡률면, 즉 하나의 트램펄린(trampoline) 시공우주이다.

현대물리학 이후 시간과 공간을 떼어 논할 수는 없지만 편의상 분리해 말하자면 시간은 흘러가는 것이 아니고 하나의 3차원 공간에서 다음 3차원 공간으로 계속해서 넘어가는 것이라고 할 수 있다.[75] 물리학에서는 시간의 흐름을 나타내는 어떠한 식도 존재하지 않는다. 운동과 중력에 의한 시간의 상대성을 입증한 상대성이론 이후 보편시간의 개념이 사라졌기 때문이다.[76]

이렇게 공간의 연속으로서의 시간을 생각해 본다면 시간은 어떤 면에서는 이미 다 있다고 할 수 있다.[77] 비록 우리가 3차원 공간 이상의 시간이라는 네 번째 차원을 볼 수는 없지만 '과거-현재-미래'의 모든 것이 다 있다는 것이다. 여기서 개별 존재는 거대한 시공 우주를 기어가는 개미와 같이 자신의 현 존재를 순간순간 영위해 나갈 뿐이다. 존재가 이러한 휘어진 시공간의 직조(textile) 위를 움직여 나가는 것이라면, 그것은 마치 텍스트(text)를 만들어 내는 글자들과 같은 것은 아닐까?[78] 상대성이론이 단초를 제공한 이와 같은 생각들은 기존의 시간과 공간의 개념을 근본에서 흔들어 놓은 전혀 새로운 관점이라는 점에서 상당히 시사적이다.

이번에는 양자론을 보자. 양자역학에서 중요한 두 개념은 양자 중첩과 양자 얽힘이다. 이와 관련한 흥미로운 관점은 하이젠베르크의 불확정성원리와 슈뢰딩거의 고양이 사고실험이다. 첫째로 '양자 중첩'(superposition)은 슈뢰딩

---

74 사이언티픽 아메리칸 편집부 엮음, 김일선 옮김, 『시간의 미궁』, 한림출판사, 2016, 195쪽.
75 4차원 시공간에서 시간축에 따라 차례로 칼로 썰게 되면 이와 같은 공간의 연속을 낳고, 반대로 공간축을 따라 차례로 썰면 2차원 시공의 연속 절편을 보여준다고 할 수 있다.
76 폴 데이비스, 김동광 옮김, 『시간의 패러독스』, 두산동아, 1997, 212쪽, 420쪽.
77 이 점은 본고의 서두에 제시된 빛-원뿔 도형에서 참조 이해가 가능하다.
78 시공간 존재로서의 텍스트와 삶에 대한 고찰은 오태석의 「니즈다오(你知道)와 양가불이의 시선 ─ 동아시아 고전텍스트학의 현재성」(『중국문학』 100집, 2019) 참조.

거의 고양이 사고실험으로 알려져 있다. 본고 제1장의 '슈뢰딩거의 고양이' 그림에서 일정 시간 후 생사의 확률이 반반인 박스 안의 고양이는 뚜껑을 열기 전에는 삶과 죽음의 상태가 '중첩'되어 있다가 뚜껑을 여는 순간 파동함수의 붕괴, 즉 양자결맞음(quantum coherence)의 붕괴(de-coherence)와 함께 확률적으로 어느 하나의 상태로 결정된다는 것이다. 여기서 관찰 전에 삶과 죽음의 상태가 중첩되어 있다고 하는 말은 고전역학의 이분법적 사고로는 수용되지 않는 상황이지만 양자적 수준에서는 그것이 사실이다.

둘째로 '양자 얽힘'(entanglement)은 두 개의 계가 국소성(locality) 여부와 무관하게 일종의 전일적 상태에 있으며 이 계들에 내재된 잠재성이 줄지어 현실화되는 것을 의미한다. A와 B로 합성된 계 X가 얽혀 있다면, 고전물리학에는 없는 합성모드를 지니며 아무리 먼 곳에 떨어져 있다 하더라도 전일적 동조와 균형 상태에 놓인다. 이는 양자 정보의 전송에 응용되어, 이미 미국과 중국에서 장거리 실험을 통해 얽힘을 통한 양자전송이 가능하다는 것을 속속 보여주고 있다.

이상의 양자 중첩 및 얽힘과 관련해 중요한 것은 '잠재성'(potentiality)의 개념이다. 이 잠재성의 개념은 두 상태의 중첩(superposition) 원리에 내재되어 있으며, 슈뢰딩거의 고양이에서 보듯이 관찰전의 생사의 중첩 상태가 그 한 예이다. 이와 관련해 『황제의 새 마음』(1989)과 『시간과 공간에 관하여』(1996)의 저자인 로저 펜로즈(Roger Penrose, 1931~)는 양자론의 근본개념은 "계의 완전한 상태란 계의 실제적 성질을 전부 열거하는 것으로 끝나는 것이 아니라, 계가 지니고 있는 잠재성까지 포함해야 한다."고 했다.[79] 이 잠재성은 양자 얽힘과도 관련된다. 양자상태 A에서 어떤 일이 일어나 a_i라는 값을 갖게

---

79 로저 펜로즈 외 3인, 김성원·최경희 옮김, 『우주, 양자, 마음』, 사이언스북스, 2002, 184~194쪽.

되면 양자상태 B 역시 자동적으로 현실화되면서 b_i라는 값으로 확정된다.[80] 필자는 이를 내적 상관성을 지닌 상호 공명 혹은 동조라고 부를 수 있다고 본다. 그렇다면 양자역학의 근본 개념은 '잠재성[중첩]과 그것의 동조적 구현 [얽힘]'이다.

이렇게 양자역학의 중심 개념인 중첩과 얽힘은 현상 중심적인 선택·분리 의 디지털적 속성을 넘어서고, 내재·초월의 초이분법적 양상을 띠며, 우리에 게 새로운 해석학적 준거틀을 요청한다. 이와 관련해 하이젠베르크의 다음 논리를 보자. 고전 논리에 따르면, 하나의 서술이 의미를 가지려면, 그 서술 또는 부정 중 하나가 참이어야 한다. "여기에 책상이 있다"와 "여기에 책상이 있지 않다"의 이분법적 양자택일에서 제3의 길은 있을 수 없다. 그러나 양자 론은 좀 다르다. 칸막이 중에 아주 작은 구멍 하나가 나 있는 벽으로 분할된 방에 원자 하나가 있다고 가정할 때, 고전논리로는 두 군데 중 어느 한쪽에 원자가 있어야 한다. 그런데 양자는 입자와 파동의 이중성(duality)을 지니므 로 이러한 논리가 성립되지 않는다. '이중 슬릿'(double slit) 실험에서 나타나는 물질파(matter wave)의 간섭무늬가 바로 그것이다.

이런 기묘한 상황에 대처하기 위해 바이츠제커(Carl Friedrich Freiherr von Weizsäcker, 1912-2007)는 '진실의 정도'라는 개념을 도입한다. 만약에 이를 숫자 로 표시한다면 0과 1 중의 어느 하나가 아니라 각각의 확률의 합이 동일할 뿐 아니라, 이에 더하여 배정된 복소수의 절대값이 바로 이 명제가 참일 확률 이 되는 상황으로 이해한다. 여기서 상보성의 개념이 빛을 발한다. "두 가지 배척되는 명제와 같지 않은 개별 명제는 서로에 대해 상보적"이라고 할 수 있다. 그렇게 때문에 '모른다.'와 '결정되어 있지 않다.'는 말은 같은 의미가

---

80 『우주 양자 마음』, 184~185쪽. 이러한 얽힘은 두 양자 쌍의 에너지 총합의 균형 상태(0), 즉 ±의 스핀값 균형을 위한 상호 공명의 얽힘으로 해석한다.

아니다. "원자가 어디에 있는지 모른다."는 것은 두 가지 경우 즉 0인지 1인지 알 수 없다(0 or 1)는 뜻이다. 여기에는 양자택일(alternative)적 결정론이 내재되어 있으며, 제3의 경우란 없다. 그러나 "결정되어 있지 않다" 즉 불확정적(uncertain)이라는 것은 완전히 다른 것인데, 이는 양자의 이중성(duality)에서 기인하며 0과 1의 상태가 함께 병존{0&1}한다는 것으로서, 닐스 보어는 이를 상보성(complementarity)으로 해석했다.[81] 뉴턴 역학과 배치되는 이러한 기이한 현상은 인간 언어와 사고에 대해서도 보다 깊은 고민을 요청한다.

이번에는 국소적(local) 혹은 비국소적(non-local) 얽힘에 관해 보자. 두 물체의 존재가 독립적이 아니고 서로 얽혀서 하나의 명제를 나타낸다면, 바이츠제커의 말에 의하면 이들은 별개 상태(different states)가 아닌 공존 상태(coexistence states)다. 이 상태는 양자론적 특성을 보여주는 상태이며, 이 상태는 서로 '얽혀 있는 잠재성(potentiality) 혹은 가능성(possibility)의 상태'이다. 이는 둘의 공존잠재성(coexistence potentiality)이며,[82] 아직까지 완전한 결론이 나지 못한 양자역학에서의 얽힘(entanglement)의 문제로 연결된다.

필자는 이를 공명(resonance) 혹은 동조(synchronizaton)로 표현 가능하다고 본다. 그리고 이러한 공명과 동조에 대해서는 다양한 학제적 연구가 있어 왔다. 이를테면 주역의 영향을 크게 받은 칼 융의 '동시성원리'(synchronicity)가 그 하나이다. 이는 즉 DNA 일치도가 높은 조상 묘의 상태와 후손의 상태를 상호 얽힘의 관점에서 바라보는 해석으로서, 풍수나 생활역학의 초월적 양상들을 설명하는 데 원용된다.[83] 이러한 해석은 일반적 의미의 인과율을 넘어

---

81 하이젠베르크, 조호근 옮김, 『물리와 철학』, 서커스, 2018, 226~230쪽.

82 『물리와 철학』, 2018, 230~232쪽.

83 칼 융의 '동시성원리'는 '공시성원리'라고도 부른다. 오태석의 『노장선역, 동아시아 근원사유』(2017) 주역 부분 '생활역학'을 참조.

서는 초시공적 전이(transition)라고 할 수 있으며, 이를 지지하는 과학적 해석으로는 공명, 양자 결맞음, 영점장이론 등의 정신물리학적 관점이 있다.[84]

앞서 로저 펜로즈가 양자역학의 중요개념이 근저에 잠재성의 문제를 깊이 담고 있다고 한 언명은 융합관점에서 동아시아학을 연구하는 필자로서 다음과 같은 논리로 연결할 수 있다고 본다. 먼저 상대성이론과 양자역학의 주요 특징들은 기존의 형식논리적 이분법으로부터의 탈피를 요청하고 있다. 시공의 통합적 인식, 암흑물질, 중첩과 얽힘에서 보여주는 잠재성의 문제가 그 핵심적 사안들이다. 시공의 문제는 이미 서술하였으므로, 본 장에서는 중첩과 얽힘을 위주로 논한다.

양자 중첩은 노장에서 말하는 가시화 이전의 상도의 상태를 말한다고 볼 수 있으며, 이 둘이 공존한다는 것은 노장적으로는 양행·병작이다. 그리고 어느 하나로 파동붕괴가 일어나는 것은 상도에서 가도로 현재화하는 것이다. 그렇다면 중첩은 현재태 이전의 잠재태이고, 그것의 파동붕괴적 발현은 개별자적 가도적 현재태로의 구현이라고 말할 수 있다. 이러한 과정은 주역의 태극중심선 및 괘·효의 전개를 통해서도 설명이 가능하다. 주역에서 미분 즉 $f'(x)$적 기미가 緣起적 후행사건으로서 현재화, 즉 $f(x)$로 결과가 나타나는 것으로 해석 가능하다. 주역기호학으로는 각 효의 내적 동태성이 효를 따라 전개되어 나가면서 결국 점복의 괘상화로 이어진다.

동아시아 사유가 서로 내적 연관성을 지니고 있다고 할 때 이러한 잠재와 구현의 양행·병작[노장]의 이중성은 불교 사유로도 접근 가능하다. '공즉시색, 색즉시공'의 반야공관과 중관학파의 '二諦'[이제]의 세계 인식이 그것이

---

84 주로 티베트 불교나 정신과학으로 연결되는 관문이기도 한 영점장(zero point field)이나 양자 결맞음(quantum coherence) 원리와 정신의학 등 그 다양한 적용에 대해서는 린 맥태거트의 『필드 *Field*』(김영사, 2016)를 참조.

다.[85] 먼저 눈에 보이지 않는 잠재태인 공이 색을 입어 눈앞에 발현되는 만물의 펼침이 바로 그렇다. 하지만 그 색도 때가 도래하면 다시 접혀져 공으로 돌아간다. 그렇다면 불교에서는 그 색의 근원이 무자성적 연기법에 의한 공에 다름 아니다. 불교의 연기는 공으로 설명되며, 공은 상의상관이며 그 자체가 중도라고 하는 중관사유는 바로 '존재론적 상대성'(ontological relativity)을 주장한다.

이러한 시공 우주 중의 '펼침과 접힘'의 춤은 장자가 호접몽에서 말한 '물화'이기도 하며, 아인슈타인 계열의 결정론 과학철학자 데이비드 봄(David Bohm)의 '숨은변수이론'(Hidden Variable Theory)의 표상인 '펼친 질서(explicate order)와 접힌 질서(implicate order)'론과도 연결 가능하다.[86]

이러한 두 가지 세계의 설정은 노자가 설정한 가도의 현상계와 상도의 잠재계, 그리고 보이지 않는 가운데 가득한 암흑에너지와도 유사한 충기의 세계를 연상시킨다. 또 기독교로는 흘러가는 크로노스(Chronos)적 시간의 현상계와 영원의 아이온(Aion)의 천상계, 그리고 그 사이에 존재할 특이점적 전이인 카이로스(Kairos)의 깨침의 시간으로도 유비 가능하다. 이를 다시 불교 우주론으로 보면 하늘에 가득한 수많은 별과 성운이 가도적 현상계인 속제이

---

85 『양자역학과 불교』, 60~78쪽. 여기서 二諦는 눈에 보이는 일상의 실재인 俗諦와 궁극으로서의 보이지 않는 불확실한 실재의 본성인 眞諦를 가리킨다. 또한 티베트 불교의 중흥조인 쫑까파 선사는 공의 의미를 천착하면서, 부처의 "존재하는 것도 존재하지 않는 것도 아니다"라는 의미에 대해 이렇게 해석했다. "순전히 본성의 진제인 것도 아니고 그렇다고 일상의 속제도 아니다. 항아리가 공한 것은 항아리라는 고유한 실체성이 공한 것이다."라고 하여, 속제도 잠정적인 존재성을 갖는다고 보아 허무적 공론을 배격하였다. 즉 공이란 무가 아니며 경험계의 연기들은 모두 환영 같은 공의 잠재성 안에서 발생한다는 관점이다. 여기서 '공의 잠재성'이란 말은 공이 결코 명사형의 무가 아니며 동적 가능성과 잠재성의 영역임을 의미한다. 이상 『깨달음에서 바라본 양자역학』(오정균, 렛츠북, 2017, 158~159쪽).

86 데이비드 봄의 숨은 변수이론은 국소 영역에서는 1964년 벨 부등식에 의해 양자적 현상에 부합하지 않음이 밝혀졌지만, 비국소 영역에 대한 주장은 아직까지 그 이론의 적부가 판단되지 못한 미결정 상태이다.

고, 보이지는 않으나 우주 구성의 대부분을 차지하는 암흑물질이 상도적 잠재계인 진제에 해당된다.

이상의 유비는 모두 내재와 발현의 방향성을 축으로 하여 전개된다는 점이다. 전자가 양자역학 슈뢰딩거의 고양이에서의 미발현의 중첩 상태이고, 후자는 그것의 파동붕괴적 현상계로의 발현이다. 그런 의미에서 이는 중용에서의 미발과 기발이며,[87] 불교 중도론의 그때그때의 맞춤인 '時中'이다. 그렇다면 시중이란 양자역학에서 두 가지 상태가 중첩적으로 존재해 있다가 관측을 통해 어느 하나로 자연의 본질적 속성으로서의 확률적 구현으로 획정되는 것이다. 이를 물리학에서는 파동함수의 붕괴라고 말한다. 우리는 이로부터 양자 중첩과 양자 얽힘이라고 하는 양자역학의 핵심 개념들이 불교의 二諦와 인드라망적 얽힘, 그리고 노자의 상도와 가도론으로 인문융합적 재해석이 가능하다는 것을 보게 된다.

2018년 타계한 물리학자 스티븐 호킹(Stephen Hawking, 1942~2018)은 세계진리 탐구로서의 과학과 철학에 대해 이렇게 말했다. "만일 우리가 어떤 완전한 이론을 발견하게 된다면, 그 시점은 모든 사람들이 그 이론의 대략적인 원리를 이해하게 되었을 때이다. 그렇게 되면 철학자와 과학자, 그리고 평범한 사람들을 포함한 우리 모두는 인류와 우주의 존재 이유에 대한 논의에 참여할 수 있게 될 것이다. 그리고 현대물리학의 동향과 비전에 대해서는 "양자역학이 지금까지 해놓은 것은 동양철학의 기본개념을 과학적으로 증명한 것에 지나지 않는다."라고 하였다.[88] 음양론을 학문적 돌파구로 삼았던 닐스 보어

---

87 『중용』에서는 잠재와 구현을 '未發'과 '旣發'로 표현한다. "喜怒哀樂之未發, 謂之中; 發而皆中節, 謂之和."

88 ① 원서읽기연구소, 『원서보다 먼저 읽는 영어로 물리학』, 부키(주), 2013, 137쪽; ② The findings of quantum physics has done nothing more than validate the fundamental concepts of Eastern philosophy."(https://www.fmkorea.com/1306181916)

의 상보성이론이나 칼 융의 동시성원리에 이어, 스티븐 호킹에 이르기까지 서구 지성들의 진리탐구학으로서의 동아시아 사유에 대한 이와 같은 생각을 보면, 그간 알게 모르게 자기 홀시를 지속해왔던 우리가 오히려 놀랍기까지 하다.

오늘날 현대물리학과 동양사유의 접점 연결에는 공과 과가 함께 존재한다. 20세기 후반 현대물리학과 동양사유와의 연결을 시도했던 프리초프 카프라 (Pritjof Capra, 1939~)의 새로운 해석학적 제시에 대해, 세계는 경이와 동시에 그가 기댔던 신비주의적 해석으로 인해 비판을 보여주었다. 이 점은 동아시아학을 바라보는 관점과 시야의 문제적 부분에 대한 자칫 흐르기 쉬운 주관적 견강부회를 경계해야 한다는 뜻이다.

하지만 적어도 분명한 것은 이제 막 발걸음을 떼기 시작한 현대과학과 동아시아 사유와의 접목 연구의 초기 단계에서 지난 수천 년 동안 동아시아 사유에 내재된 문명사적 직관과 통찰에 대한 보다 주밀한 접근을 무시하기보다는, 새롭게 길어 재해석해야 할 학문사적 필요가 있다고 생각된다. 현대물리학이 발견한 제반 기묘 현상들에 대하여 기존의 서구전통 사유로는 돌파가 쉽지 않은 상황에서 동아시아 사유와의 접목 해석이 필요한 시점이기 때문이다.

이상 본고에서 행한 서구 현대물리학이 발견한 시간과 공간론을 동아시아 사유와 연결해 보는 메타과학적 해석을 시도해 보았다. 그 내용은 크게 두 가지다. ① 시간과 공간 관련 현대물리학의 성과는 아인슈타인 상대성이론을 통해 시간과 공간이 절대적이지도 않으며 분리된 것이 아니라는 점을 알게 되었다. 그리고 이러한 시공 관점은 배타 차별의 이분법을 탈피하는 계기를 제공해 주었고, 후에 발견된 암흑물질이나 암흑에너지의 존재에 대한 해석에서 주역, 노장, 불교 사유와 접점적 연결 해석이 가능하다는 점을 알 수 있었다. ② 중첩과 얽힘을 핵심개념으로 삼는 양자역학은 양자 세계가 지닌 비국소적인 시공초월성을 보여준다. 동아시아 시공 인식 역시 국소성을 넘어 상호 연결적이며 초월적이다. 노장의 양행·병작, 장자 물화의 존재론적 전이, 그리고 이를 통한 색공연계 및 물아의 얽힘으로 이해 가능하다는 점에서, 출발과 과정이 서로 다른 이 두 사유는 현대물리학의 성과를 통해 비로소 접점 이해와 해석이 가능하게 되었다고 본다. 향후 이에 대한 본격적 접목 연구가 필요하다고 본다.

본고의 논지를 구체적으로 부연한다. 상대성이론이 발견한 절대시간 및 절대공간의 분리적 절대적 관점의 폐기와 상대론적 관계론적 시야의 대두, 그리고 양자역학의 핵심 개념인 양자 중첩과 양자 얽힘에 내재된 '잠재성'과 그것의 발현으로서의 '현재성'을 보았는데, 이러한 현대물리학의 성과는 동아시아 고대 사유와도 일정 부분 접점적 연결이 가능해 보인다. 주역, 노장, 불교에 연결 해석한 접점을 요약하면 다음과 같다.

① 주역: 서구 이분법과 질적으로 다른 주역 음양론의 내재·초월의 비-현상론적 이해, 태극중심선의 미분으로 본 전조로서의 기미와, 그 발현으로서의 현상 간의 시간 연기적 구현이 지니는 주역의 점복의 의미, 그리고 주역 음양기호의 배열에서 각 효의 순차 사건을 통해 드러나는 괘의 성립과 의미 구현 등이 그러하다.

② 노장: 노자의 가도·상도의 가시와 비가시, 혹은 유·무 두 종의 세계 구도화, 그리고 이 둘의 양가병행적 상호추동성과 그 양자정보론적 이해로의 연결 가능성, 암흑물질과도 유사한 충기로 가득한 玄同의 우주론적 세계인식, 가시와 비가시 세계 간의 양행·병작의 시선, 장자 호접몽의 물화의 세계인식과 원자 혹은 양자로 볼 때 존재의 거처를 옮겨 생하고 멸하는 우주내 존재의 생물학적 이해와 상관 이해가 가능하다.

③ 불교 반야공관과 용수 중론이 보여주는 일체 존재의 무자성성, 연기와
공의 시선을 통해 바라본 내재·미발현의 공계와 외재·발현의 색계와
간의 상통성은 노장의 양행·병작의 세계 구도이해와 맞닿는다. 그리고
이중부정의 중관사유가 실은 노장적 이중긍정(대긍정)의 양가·불이의
사유이고, '공즉시색'에서 '卽'은 바로 양자역학의 파동함수의 붕괴가
야기하는 상태로의 획정을 의미한다고 할 수 있다. 특히 잡아함경의
인드라망의 연기성은 얽힘과 직결 이해가 가능하다.

외형상 상당히 다른 현대과학과 동아시아 사유간의 상호 소통의 문제는
향후 다각적인 심화 검증을 통해 그 접점 이해와 해석학적 지평 확장을 기할
수 있을 것으로 본다. 지난 백 년 현대물리학의 성과는 많은 진전에도 불구하
고 진리탐구로서의 궁극의 이해를 위한 여정은 여전히 쉽지 않다. 지난 백
년간 현대과학이 이루어 놓은 경이로운 발견에 대한 해석학적 난관이 결코
만만치 않기 때문이다. 특히 양자역학 자체에 대한 온전한 이해와 해석이
현재로선 불가능한 상태다. 필자는 현대물리학의 메타과학(meta-science)적 해
석에 있어서 플라톤 이후 서구 사유를 지배해 온 '실체, 이분법, 분리의 시선'
보다는, 동아시아 특유의 '관계, 초월, 얽힘의 시선'으로 바라볼 때 적지 않은
의문들을 보다 낫게 설명할 수 있다는 점에 주목하고 있다. 그리고 이러한
점은 동아시아학 연구에 뒤늦게 비치는 서광이라는 생각이 든다.

본고는 지난 백년간 현대물리학의 성과를 통해 새롭게 제기된 시공간 인식
에 대한 주역·노장·불교 등의 동아시아 사유와의 접목 해석을 향한 작은
시도의 하나이다. 지난 100년간 근대 서구문명은 놀라운 발전을 하며 상대성
이론과 양자역학이라는 세계 본질에 대한 놀라운 패러다임을 내놓았고, 20
세기 인문학은 이에 대한 유효한 돌파를 하지 못하고 모더니즘의 끝에서

정향을 찾지 못하고 있는 상태이다. 이와 같은 상황에서 우리 동아시아 인문학은 그간 서구 관점의 타율적 추수가 야기한 장기간의 자기부정의 시선을 이제는 거두고, 동아시아 사유가 제시한 세계 이해에 대한 보다 폭넓은 시야의 재발굴·재해석이 이루어져야 한다고 본다.

4. 이분법을 넘어서

이상 동아시아 사유에 보이는 시간과 공간에 관한 인식을 현대 과학철학의 관점에서 접목 해석하였다. 본고는 시간과 공간에 관한 세 이야기 중의 두 번째 글이다. 제1편은 서양의 철학과 과학에서 본 시간과 공간론인데, 그리스철학과 이후 뉴턴의 절대 시간과 공간론, 그리고 아인슈타인과 양자역학이 제시한 시공세계의 특징과 개괄이었고, 본고는 동아시아의 시공간론으로서 한계상 주로 주역, 노장, 그리고 불교에 국한해 시공인식의 특징을 현대 과학과 접목 해석을 한 것이다.

플라톤 이후 뉴턴까지 다른 시선으로 출발해 온 서구의 시간과 공간인식은 20세기 초 상대성이론과 양자역학에 들어서면서 지난 2천여 년의 오랜 간극을 딛고 오히려 동아시아 사유와의 접점의 단초를 보이기 시작한다. 그 핵심적인 사항이 양립 불가능한 두 요소 간의 대립과 투쟁의 이분법의 해소로서의 불확정적이며 모호한 비분리의 사유이다. 필자는 이를 '이분법을 넘어서'로 표상하고 싶다.

시간과 공간을 바라보는 관점상의 큰 변화는 시간과 공간의 분리관점이 아니라 연결인데, 이러한 점은 바로 아인슈타인의 일반상대성이론의 발견에서 시작되었다. 시간과 공간은 분리된 절대가 아니라 에너지와 밀도가 자아내는 기하학적 곡률에 다름 아니라는 것이 그 핵심이다. 필자의 생각에 이는 서구 지성사에서 절대에서 상대로, 차별과 배제의 형식논리의 이분법이 아니라 상호 용융의 초월적 이분법으로의 인식론적 전환이라고 본다. 그리고 이와 같은 내재초월의 사유는 이미 동아시아 근원 사유들인 주역, 노장, 불교 등에 깊게 내재되어 있었다. 본고는 시간과 공간을 두고 일어나는 과학과 동아시아 사유가 각기의 언어로 표현했던 것을 다시 접점적으로 재해석했다.

동아시아 사유 중 먼저 주역은 세계를 표상하는 큰 극인 태극이 송대 周敦頤에서 무극으로 재해석되면서 0과 무한의 만남이 가능해졌는데, 이는 138억 년 시작된 무에서 무한으로 확장 중인 우주에 대한 설명이론인 빅뱅이론[89] 및 양자수학과도 통하는 논리이다. 또한 태극중심선은 본고 서두에 제시된 민코프스키 시공간 도표에서의 존재의 세계선(world line)으로 해석할 수도 있는데, 이를 미분하면 주역 계사전에서 말한 개체의 내적 '幾微'가 되고, 이는 점복서로서의 주역을 표상하는 효과 괘의 기호화로서의 사건 표상에서 사건의 전개 방향과 흐름을 보여준다는 것을, 사건의 전조로서의 미분식과 그 현상적 결과로서의 중심선으로 설명했다.

노자 제1장은 노자 세계관 이해에서 핵심적 위치를 점한다. 노자는 세계를 보이는 현상계와 보이지 않는 잠재계의 둘로 구분하는데, 이 둘은 각기 상도와 가도, 혹은 무명과 유명, 또는 보이지 않는 무와 보이는 유를 표상한다.[90] 그렇다면 우주론적으로 충기로 가득한 무명의 세계는 현대 우주론에서 암흑물질 또는 암흑에너지로 유비 가능할 것이다.

각기 시와 이야기로 논지를 풀어나간 노자와 장자는 보이지 않는 저류와 보이는 표류의 두 세계를 별도로 읽을 것이 아니라, 양행·병작의 총체적

---

89 오태석, 『노장선역, 동아시아 근원사유』 중 '노자' 부분을 참조.
90 오태석, 「역설의 즐거움: 노장 존재론의 부정성」(『중국어문학지』 51집, 2015)을 참조.

시선으로 읽을 것을 주장했다. 이는 장자에도 이어져서 호접몽 고사는 존재의 세계란 현상적으로 나비도 되고 장자도 되는 물화의 장(field)이라고 보았는데, 이는 마치 불교 청원선사의 산과 물의 인식론[산수론]을 생각케 한다. 이와 같은 초이분법의 '양가불이'의 세계인식은 존재를 원소의 이합으로 보는 현대생물학이나 돌고 도는 윤회로 보는 불교로도 연결 가능하다.

또한 노장의 양행·병작의 세계 인식은 양자역학의 슈뢰딩거 고양이 실험의 핵심 개념인 양자 중첩과 파동붕괴를 통한 현재화와도 연결 해석이 가능하다. 그리고 이는 다시 정보론적으로 0과 1을 큐비트(qbit)적으로 병행 추동하는 양자컴퓨터의 추동 방식으로도 설명이 가능하다.

이와 같은 주역 및 노장과 양자론의 상호 접점적인 해석학적 열린 지평의 가능성은 본고 제2장 주역 음양론에서 논한 질적 음양 속성의 내재적·잠재적 이해와 함께, 서구의 대립적 이분법을 다른 방식으로 넘어가고 있다는 점에서 주목된다.

동아시아 이분법은 차별과 배체의 형식주의적 이분법이 아니라, 둘의 상관 작용을 통해 그것을 초극융화할 것을 지향한다는 점에서 이분법이면서 이분법이 아니다. 그리고 이러한 사유는 주역 음양론, 노장 양행·병작의 사유, 그리고 더 나아가 불교 반야공관과 중관사유를 관통하는 내재초월의 시선이다. 특히 불교 반야공관과 중도사유는 색즉시공론을 통해 모든 존재가 실은 허망한 것임을 설파하며, 잡아함경은 현상적 모든 존재가 실은 내적으로 연결되어 있다고 말한다. 이는 분광되어 형형색색으로 드러나는 존재의 색적 현현도 실은 그 모든 색과 빛이 합해진 무채색의 공에 다름 아님이다. 공과 연기설에 토대한 중론은 '緣起=무자성(niḥsvabhāva)=가명=공(śūnya)'의 등식을 통해, 모색이 가환이고 그 본질이 공임을 말하고 있으며, 이는 양자세계의 이해 및 빅뱅 우주론 및 암흑에너지의 이해와 연결 가능하다.

현재 현대물리학은 자신이 발견한 새로운 물리학에 대해 아직은 완전한 해답과 설명을 내놓고 있지 못한 상태다. 특히 이와 유관한 양자역학의 핵심 개념이 양자 중첩과 양자 얽힘이며, 그 대표적 논리가 하이젠베르크의 불확정성원리와 슈뢰딩거의 고양이 사고실험인데, 두 경우 모두 관찰 혹은 측정과 관계된다. 불확정성 원리는 양자 상태의 측정에서는 위치와 운동량을 동시에 포착할 수 없다는 것이고, '양자 중첩'과 관련된 슈뢰딩거 고양이 사고실험에서는 관찰 전에는 경우의 수가 확정되지 않고 확률적으로 공존·중첩되어 있다는 것이다. 그리고 '양자 얽힘'이란 두 개의 계가 거리와 무관하게 전일적 상태에 있다는 것인데, 그렇다면 떨어진 두 개의 양자는 서로 별개로 보이지만 실제로는 상호 공명을 하고 있다는 설명이 가능할 것이다.[91]

현재 물리학계에서는 양자 중첩과 양자 얽힘이 '잠재성' 및 그것의 현재화와 관계된다고 보고 있다. 그렇다면 이는 동아시아 사유와도 상당 부분 닮아 있다. 과학과 동아시아 사유, 이 둘을 이어주는 연결고리는 잠재성과 그것의 현재화이다. 이에 대해 좀 더 생각해 보자. 대상에 대한 '관찰'이란 인식론적으로 그것의 '현재화'를 의미한다. 양자역학의 잠재성과 현재화, 이 두 상태를 필자의 해석으로 설명하자면, 잠재성은 자연의 본질 속성으로서의 확률적 잠재성이다. 그리고 그것의 현재화는 관찰과 함께 일어나는 파동붕괴가 야기하는 현재화, 즉 가능태적 확률의 현실적 확정이다.

이를 동아시아사유 기반 언어로 풀자면 먼저 노장적으로는 보이지 않는 잠재계로서의 常道의 세계와, 그것의 현상계적 구현인 가도의 세계로 볼 수 있다. 또 슈뢰딩거 고양이의 관측과 중첩 상태와 그것의 어느 하나로의 발현은 불교적으로 공즉시색에서의 '卽'의 관찰을 통해서 어느 하나의 상태로

---

91   이에 대해 실재론자인 아인슈타인은 이를 귀신과 같은 이야기라며 끝까지 의심했는데, 비국소 영역에서의 결정론 비결정론의 문제는 아직까지도 해결을 보지 못한 상태다.

확정이 된다. 즉 양자역학에서 파동붕괴를 통해 일어나는 비결정적 중첩상태의 현재화는 노장의 구체적 개물들의 가도로의 전환이고 불교 '공즉시색' 중의 卽의 色化이다. '색즉시공 공즉시색'은 색과 공이 대립적 둘이 아니라 서로 상관되는 것임을 설하고 있다. 상대성이론의 암흑에너지 혹은 암흑물질이나 암흑에너지도 이와 같다. 이렇게 본다면 그리고 양자역학의 핵심개념인 하나의 존재가 장의 상태에 따라 잠재와 발현을 이중적으로 보이는 모습은, 바로 양가불이의 시선으로 바라본 노장과 불교 등 동아시아 사유와 다를 것이 없다.

결국 동아시아 사유에 대한 과학철학과의 접목해석에서 현대물리학의 핵심 개념인 얽힘과 중첩은 동아시아 사유에서 잠재와 발현으로 바꿀 수 있다. 그리고 그 이면에서 주역, 노장, 불교는 각기의 사유의 결을 따라 내재동태의 효와 그것의 결과 사건으로서의 괘[주역], 보이지 않는 상도와 보이는 가도[노장], 그리고 '일즉다, 다즉일' 혹은 '공과 색'[불교]으로 읽으며 디지털적 이분법을 넘어 이것이기도 하고 저것이기도 한 내재초월의 시선으로 총체 진리의 세계를 말하고자 한 것 같다. 이러한 '이분법 너머의 총체적 시선' 이것이 현대 과학과 동아시아 근원사유가 서로 다른 손가락으로 공히 가리키는 새로운 진리의 달은 아닐까?

서구 형식논리적 이분법과 달리 동아시아 사유가 보여주는 내재초월의 질적 관점, 이러한 생각은 근대 서구의 관점에서는 틀렸다고 생각되었지만, 현대물리학 이후인 오늘날에는 오히려 재성찰의 가치가 충분하다는 것이 본고를 추동해 나간 필자의 생각이다. 서구 이분법, 동아시아 사유, 그리고 상대성이론 및 양자역학의 현대물리학이 보여주는 새로운 세계상이란 삼자 상관성을 비교해 본 결과 결국 문명의 시계는 동아시아 사유를 조명하고 있다는 것을 필자는 최근 논문에서 도표 비교를 해 보았다.[92] 상세 내용은

「니즈다오(你知道)와 양가불이의 시선」을 참고 바란다.

20세기 초에 제기된 상대성이론과 양자역학이란 엄청난 과학사적 혁명기를 거치면서 수천 년간 세계진리의 탐구를 지향해 왔다고 여겨져 온 서구의 인문과학 사유는 그간 전가의 보도처럼 여겨 온 절대적 이분법에 더 이상 의지하기 어렵게 되었다. 대신 시공의 상대성, 근원을 알기 어려운 존재의 불확실성, 끝 모를 광대무변한 미지의 과제가 우리 앞에 놓여 있다. 사유 근거로서의 차별의 이분법이 퇴조하면서 우리는 세계를 해석할 새로운 척도를 찾아내야 한다.

문명사적으로 근대 서구는 15세기 이후 급속한 발전과 함께 문명의 주도자가 되어 왔다. 한편 동아시아 사유는 비논리적이며 열등한 것으로 여겨지며 정당한 평가를 받지 못했다. 그런데 20세기 현대물리학이 발견한 새로운 성과들은 서구사조에 대한 전면적 성찰과 함께 무엇인가 새로운 돌파를 요청하고 있다. 지금이야말로 현대물리학에 대한 해석학적 난관에 부딪친 기존 서구사유에 대한 새로운 사유의 필요성이 절박하게 요구되는 때라는 생각이 들며, 이 점에서 동아시아 사유에 대한 재발굴·재해독의 작업은 우리의 시대적 소명이다. 제1편에서의 서구의 시간과 공간론에 이어, 본고에서 행한 동아

---

92 오태석, 「니즈다오(你知道)와 양가불이의 시선」, 『중국문학』 제100집, 2019, 133쪽.

구분	서양→	현대물리학	←동양
근원	물질적, 실체성, 자성	사건중심적, 상대성, 무자성	사건적, 관계성, 무자성
시공	절대분리의 시간과 공간	곡률로서의 함수적 시공	시공 연계적
주체와 객체	주객 분리의 시선	관찰자 효과	주객 융화의 시선
이분법	선택의 차별의 이분법	입자·파동 이중성·양가성	음양상보·내재포괄의 양가양행
현상과 잠재	현상너머 절대자 상정	슈뢰딩거의 고양이(파동붕괴)	현상과 잠재의 상호 수수
유무	유무 분리	물질과 반물질, 양가성	유무 상통
수학	유리수적, 디지털적	무리수적, 양자적	무리수적, 아날로그적
존재	exist(외재적)	in·ex·ist(양행적)	in·ex·ist(양행적)
공명성	상호 분리적	양자 중첩, 양자 얽힘	상관적, 동시성원리
품사성	명사성 혹은 타동사성	상관적 동사성	자동사성(내적 역동성)

시아 시공간 인식의 과학철학적 재해석은 과학과 인문학, 그리고 동·서 사유의 접목 이해를 위한 시공 인식 관련 고찰이었다. 다음 제3편에 이어질 글은 '동아시아 문학예술의 시공 표상'이다.

5. 결어

본고는 시간과 공간에 관한 세 편의 글 중 두 번째 논문으로서 동아시아 시공관을 다루었다. 세 편의 주안점은 각기 서구의 시간과 공간론, 동아시아 시공관의 특징, 그리고 동아시아 문학예술의 시공 표상에 대한 과학과 인문학의 융합해석이다. 시간과 공간을 바라보는 관점상의 큰 변화는 아인슈타인의 상대성이론에서 시작되었다. 시간과 공간은 상대적이며 분리된 절대가 아니라 에너지와 밀도가 자아내는 기하학적 곡률에 다름 아니라는 것이 그 핵심이다.

필자의 생각에 이는 서구 지성사에서 절대에서 상대로, 그리고 차별과 배제의 형식논리의 이분법이 아니라 상호 융화의 초월적 이분법으로의 인식론적 전환이라고 본다. 그리고 이와 같은 내재초월의 사유는 이미 동아시아 근원 사유들인 주역, 노장, 불교 등에 깊게 각인되어 있었다. 본고는 시간과 공간을 두고 일어나는 과학과 동아시아 사유가 각기의 언어로 표현했던 것을 다시 접점적으로 재해석했다.

동아시아 사유에 보여주는 시공관의 구체 내용으로 필자는 주역, 노장, 불교 반야공관과 나가르주나 중론을 탐구했다. 다음은 주요 고찰 사항들이다. ① 주역: 0과 1의 음양 기호학과 초이분법적 음양 대대성, 무극과 태극의 양가성, 태극중심선의 미분으로 본 사건의 기미와 현상의 괘효 표상. ② 노장:

제1장에서 보이는 우주론적 관점, 상도와 가도, 무와 유의 상호텍스트성과 양행·병작 관점의 세계이해, 이 둘의 총체로서의 현동과 沖氣의 세계, 그리고 장자 호접몽에서 보이는 이 세계 간의 왕래와 물화적 세계 인식. ③ 불교 사유: 반야공관과 나가르주나(龍樹) 중관사유에 보이는 사물의 연기법적 무자성과 공성의 인식, 상호 얽힘의 인드라망의 세계인식 등이 서구사유와의 접점 해석의 여지가 높은 부분이다.

이러한 접점적 사유는 상대성이론의 물질 에너지 등가관계와 광속불변에 대한 시공의 상대화, 그리고 양자역학의 양자 중첩과 양자 얽힘이란 신비한 현상에 대한 동아시아 사유의 해석학적 접목 가능성에 있어서, 서양과학과 동아시아 인문학이라고 하는 근거가 다른 두 사유방식 간의 해석학적 접목의 열린 가능성을 우리에게 시사한다.

"베리타스 룩스메아(Veritas Lux Mea)", 즉 "진리는 나를 비춘다(Truth enlightens me.)"는 말이 있다. 우리가 발견하려는 진리가 비록 찾기 어렵고 또 찾아낸 그 진리가 혹여 우리를 어지럽게 한다고 하더라도, 우리의 진리를 향한 노력은 멈출 수 없다. 『중용』에서 말하는 도라는 것은 잠시라도 떠나 살 수가 없기 때문일 것이다.[93] 그런 점에서 그간 서로 다른 출발과 시선의 고착, 그리고 분과학문지상주의 풍토 속에서 오랫동안 서로 분리되었던 서구 과학과 동아시아 인문사유는 향후 문명사적 통합 해석의 비전 속에서 그 접점적 돌파를 위한 다양한 노력과 연구가 필요하다고 본다.

93　『中庸』, "道也者, 不可須臾離也. 可離非道也."

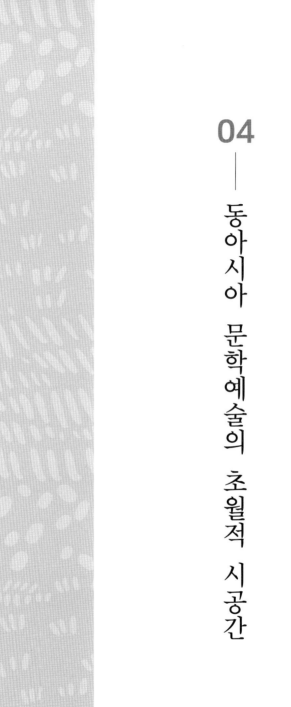

04
—
동아시아 문학예술의 초월적 시공간

동아시아 문학예술의 초월적 시공간

1. 현대물리학과 동아시아의 시공간 인식

(1) 동아시아 시공간 인식의 과학철학적 해석

앞의 두 글에서는 서양의 시간과 공간론, 그리고 동아시아의 시공간의 특징을 과학철학적 관점에서 고찰했다. 이번에는 동아시아 문학과 예술의 시공간적 초월성을 중국을 중심으로 본다. 동아시아 전통 사유와 문학예술을 현대물리학과의 상관성 속에서 고찰하기 위해 먼저 양자역학의 다음 두 가설에 주목할 필요가 있다. 그것은 양자역학 비주류면서 결정론의 입장을 취하는 데이비드 봄(David Bohm, 1917~1992)의 '숨은변수이론'(1952)과,[1] 제2의 스티븐 호

---

[1] 이 책 뒤에 있는 「데이비드 봄 숨은변수이론의 인문학적 검토」에서 필자는 양자역학 비주류 가설인 결정론적 관점의 봄 이론의 타당 가능성을 동아시아 사유의 세계인식을 통해 검토했다. 여기서 필자는 양자역학에서 아직까지 시비가 결정되지 않은 비국소 영역에서의 데이비드 봄의 이론이 동아시아 고전사유의 세계인식으로 볼 때 성립 가능을 부정할 수 없다는 의견을 제시했다.

킹이라고 불리는 카를로 로벨리의 '루프양자중력이론'이다. 이 두 이론은 명칭은 '이론'이지만, 검증된 상태가 아니므로 아직은 가설이다. 숨은변수이론에 대해서는 제5장에서 별도로 논하고, 본 장에서는 문학예술과 관련되는 부분을 위주로 이야기한다.

먼저 데이비드 봄의 숨은변수이론을 보자. 봄은 결정론적인 상대성이론과 비결정론적인 양자역학을 통일하기 위해 두 가지 종류의 세계질서 이론을 제시했다. 그것은 눈에 보이는 현상계적 펼친 질서(외연질서, explicate order)와 이면에서 보이지 않는 질서인 접힌 질서(내포질서, implicate order)이다. 양자역학 비주류인 아인슈타인 쪽의 'EPR 역설'에 속하는 숨은 변수이론인 내포질서의 실제적 검증은,[2] 현재 국소 영역에서는 오류로 나타났으나 비국소 영역에서는 아직 결론이 나지 않은 상태다. 필자는 그의 이론이 노자의 가도와 상도의 두 세계 설정과 유사한 것임을 논하며, 이 부분이 본고의 문학예술상 두 세계를 넘나드는 양행의 초월적 세계인식과도 밀접한 관련을 지닌다고 본다. 이 가설은 본 글에도 의미 있는 참조가 되므로 상관 부분을 도표로 그려본다.

---

2   'EPR'은 1930년대 닐스 보어에 대응해 조직된 아인슈타인·포돌스키·로젠(Einstein, Podolsky, Rosen)의 앞머리 약자를 딴 것이다. 'EPR 역설'은 양자역학만으로 물리적 실재에 대한 완전한 설명이 가능하지 않다고 하는 결정론적인 숨은변수이론을 지지하는 과학철학이론이다. 이 이론은 '양자 얽힘'과도 관련되는데, 1962년 벨 부등식으로 국소 영역에서는 타당하지 않다고 밝혀졌으나, 비국소 영역에서는 물리학적 타당성이 완전히 판명되지 않았다.

구분	펼친 질서 (외연explicate 질서)	접힌 질서 (내포implicate 질서)
상관 이론	상대성이론	양자역학
인과 관계	결정론, 인과율, 연속성	비결정론, 비인과율, 불연속성
국소성	국소적	비국소적
세계	보이는 세계, 현상계	보이지 않는 세계, 잠재계
관점	쪼개진 분리 관점	유기적 전일 관점
동아시아	가도, 유, 색계	상도, 무, 공계
세계 인식	이분법적 분절과 절연	양행·병작의 가능태적 연결

　필자는 앞글에서 동아시아 주역, 노장, 불교의 세 종류 사유에 보이는 시공 인식과 현대물리학과의 접목 해석에 중점을 두어 해설했는데, 그 요점은 이와 같다. 먼저 주역에서는 음양론이 시구 이분법과 달리 '양중음, 음중양'의 잠재성 속의 대대법적이며 자기초월적 추동을 보여준다는 점을 들었다. 이는 동아시아 음양론이 현상적 위주의 현상·분리·배제의 이분법이 아니라 서로 가 서로에 기대는 잠재적 이중성에 기초한 잠재·양행·상보의 이분법임을 말해 준다. 이렇게 현상적으로는 양(음)이면서 그 속까지 완전한 양(음)만이 아닌, 음(양)을 내재한 양(음)이라고 하는 이중성을 보여준다는 점에서 양자역학의 '양자 중첩(quantum superposition)'의 '잠재성' 혹은 '가능성'의 개념과 연결 가능하다.[3]

　한편 이 잠재성 또는 가능성의 문제는 송 주돈이(1017~1073)에 의해 세계 표상으로서의 주역 태극의 해석 문제에서 태극만으로는 석연치 않았던 유무

---

[3]　양자역학에서 상반된 두 가능성이 함께 내재된 상태를 양자 중첩이라고 한다. '슈뢰딩거의 고양이' 사고실험에서 관찰하기 전까지는 삶과 죽음의 두 상태가 중첩·병치되어 있다가 관찰과 동시에 파동함수의 붕괴와 함께 둘 중의 어느 하나로 결정·발현된다는 논리가 대표적 예이다.

론 돌파의 중심적 개념으로 등장하게 된다. 잠재성은 미발현의 가능태다. 중국철학사에서 태극과 유무론의 상호 연결은 돌파가 쉽지 않은 문제였는데, 이 문제는 주역과 노장에서 시작되어, 위진 현학과 불교를 거치면서 심화되었다. 그러다가 주돈이에 이르러 '무극이면서 동시에 태극(無極而太極)'이라고 하는 역설적 발상이 제기되며 새로운 국면에 이른다.

이 '무극-태극'론과 관련해 주목할 부분은 '잠재성과 현상'의 상호 관계에 있어서의 '무극-태극' 등가성에 관한 수학철학적 검토다. 그리고 여기에는 잠재성과 유무 개념이 개재된다. 극한 관점에서 볼 때 어떤 지향성을 끝까지 밀고 올라간 가장 '큰 극'[태극]은 결국 '극 없음'[무극]으로 연결된다. 이때 현상으로서의 태극의 최 극점에서의 미분 값, 즉 그 순간의 미분 기울기는 0(zero)이 되고, 이는 '다함(極)이 없음(無)'이니 곧 '무극'이 되는 것이다. 이를 수식으로 나타내면 태극중심선 즉 태극선 그래프의 양 극점에서의 미분 기울기는 $f'(x) = 0$이 된다. 부연하면 본 함수 태극을 극한으로 밀어붙일 때 미분인 도함수 $f'(x)$는 오히려 더 이상 오를 데가 없는 이른 바 "극이 없는" "0점 무극"이 되는 것이다. 그러므로 결국 "가장 큰 극은 극 없음", 즉 "무극이 곧 태극"이라는 설이 성립 가능하다. 이것이 '무극-태극' 역설에 대한 필자의 수학철학적 풀이다. 이에 대해서는 다음 유무론의 설명 후에 그림과 도표를 함께 제시하도록 한다.

그러면 태극은 무엇이고 무극은 무엇인가? 이번에는 세계를 두 종으로 나누어 논리를 전개한 노자적으로 이를 생각해 보자. 노자는 편의상 세계를 겉으로 드러난 유의 현상계와 이면에 내재된 무의 잠재계로 나누었다. 이때 현상의 극점이 태극이고, 그에 내재된 잠재의 세계가 무극이라고 할 수 있다. 달[月]의 차고 이지러짐을 생각해 보자. 초승달에서 시작해 상현을 거쳐 만월에 이르러 가득 차게 되면 그것이 바로 극(大)점이다. 그리고 그 순간의 기울기는 올라갔던 양을 지나 0에 이르며 바로 음의 값을 가지면서 기울게 된다. 그 극점의 순간기울기가 바로 무극이다. 이 점은 달의 이지러짐의 경우도 마찬가지 설명이 가능하다. 이렇게 보면 태극과 무극은 겉으로 보이는 '현상' 과 그것의 미발현인 '잠재'로 해석이 가능하며, 이를 노자적으로 말하면 보이는 세계의 유와 보이지 않는 세계의 무, 즉 가도와 상도가 된다. 이렇게 잠재와 유무의 관점에서 생각해 보면 주역과 노장 간의 세계 인식의 접점이 상당 부분 존재함을 알 수 있다.

　이러한 수학의 극한·미분의 해석을 잠재·발현의 중국 유무론과 연결하면 다음 논리가 가능하다. 미분 극점 무($f'(x)=0$)에서 유($f(x)$의 최댓값과 최솟값)가 나오며, 거꾸로 현상 유($f'(x)$의 최댓값과 극소값)에서 무($f(x)=0$)가 나온다. 바로 유무의 상생이다. 즉 잠재적 무(0)의 극점에서(②·④), 현상이 유로 발현하고, 잠재적 유($\neq0$)의 극점에서(③·⑤),[4] 현상이 무(0)로 발현된다.[5]

　그렇다면 이러한 유와 무의 상호성은 마치 빛이 지니는 입자·파동과 같이 잠재된 이중성(duality)의 상호 주고받음이며 양행적 동거다. 종교를 비롯한 존재 세계에 대한 진리 담론이 모두 이와 같지는 않은지에 대하여 향후 보다 심화 검토가 요청된다. 이상이 '무극-태극'의 양가성만을 언급했던 필자의 기존 논지에서 더 나아가 '잠재'과 '현상'을 유무와 연결 보완한 새로운 관점이며, 다음과 같은 도표로 나타낼 수 있을 것이다.

4　이 ③과 ⑤는 미분의 절대값이 최대에 이르는 극점으로서 기울기가 매우 가파른 점인데, 이때 본함수(현상)는 0을 통과하게 된다. 즉 도함수의 극점에서 본 함수는 0[무]이 된다는 것이다.

5　태극중심선을 가지고 수학으로 해석하면 이 선은 $y=\sin x$의 그래프이다. 여기서 $f'(x)=0$은 $y=f(x)$의 양 극단인 최솟값(②)과 최댓값(④)을 갖는다. 또 $y=f'(x)$가 극대(③)와 극소(⑤) 혹은 (①)일 때를 보자. 이때 $y=f(x)$는 각각 '음의 영역에서 양의 영역으로' 또는 '양의 영역에서 음의 영역으로' 가기 위해 0을 경과한다. 그것이 $f(x)$든 $f'(x)$든 0을 무라고 하고 0이 아닌 것을 유라고 한다면, 이와 같은 논리 도표가 성립된다.

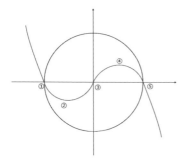

태극중심선의 미분으로 본 유무 관계 (유≠0, 무=0)				
함수	$f'(x)$		$f(x)$	
②	무(0)	(-) 0 (+)	최소, 가유	유·(≠0)
④		(+) 0 (-)	최대, 실유	
③	유·(≠0)	+ 극점	(-) 0 (+)	무(0)
⑤(①)		- 극점	(+) 0 (-)	

태극과 중심선($y = \sin x$)   미분 $f'(x)$와 $f(x)$의 유·무 관계

다음은 태극중심선에 대한 필자의 기존의 논의로서, 내부 고찰로서의 주
역이 지니는 점복 사건의 의미이다. 논의의 핵심은 『주역·계사전』에서 표
명한 점복 사건의 '기미'와 그것의 결과로서의 '현상' 간의, 시간 속에서 일어
나는 사건적 상관성이다. 세계 표상으로서의 태극 그림에서 그 가운데를
흐르는 태극의 중심선은 세계 내 존재의 흐름으로 해석 가능하다. 이때 그
중심선의 미분(differential)인 임의의 점에서의 기울기는 존재의 흐름에 대한
미래 지향과 강도에 대한 점복적 해석과 예언(foretell)이 된다. 그리고 구체적
점복 행위로서의 점괘에 해당되는 것이 기호 표상인 효와 괘다. 하나의 괘를
구성하는 각 효는 시간의 '초효'에서 시작해서 공간의 '상효'에서 끝이 나는
데, 시간의 '初'와 공간의 '上'을 병용하는 주역 괘효의 명명에서 우리는 시간
과 공간을 총체적으로 바라보는 동아시아 고대인의 통찰과 지혜를 느낄 수
있다.

주역의 괘와 효의 기호체계는 존재의 장인 시공세계 내의 위상학적 한
위치에서, 존재가 향후 처하게 될 미래의 그림을 상호 연계적으로 보여주는
것이 되고, 각 존재자는 성찰적으로 미리 대비하는 철학적 예견 장치라고
할 수 있다. 이것이 사건의 철학으로서의 주역의 시공 연계성과 세계 내 존재

의 점복철학적 특징이다.[6] 이러한 태극중심선의 점복철학적 해석과 더불어, 앞서 수학철학으로 풀어 본 '무극-태극'론, 즉 '가장 큰 극'인 태극과 '극 없음'인 무극에 대한 '양가(ambivalence)의 시선'은 유와 무에 대한 탁월한 돌파이다. 이러한 양가적 시선은 진리담론에 있어서 심화 고찰의 필요가 크다고 여겨진다.

　이와 같은 잠재 속성으로서의 주역 음양론에 이어 이와 연결되면서도 세계에 대한 또 다른 거시 관점을 보여주는 것이 노장의 사유다. 과학철학적 의미의 시공간과 관련한 노장 사유의 가장 큰 특징은 방금 '무극태극'론에서 보았던 세계 구성의 두 요소로서의 잠재계와 현상계라는 두 세계에 대한 양행·병작의 세계인식이다. 노장의 표현인 '양행·병작'에서, '양행'이란 두 길 혹은 두 요소가 함께 병행하는 것이며, 병작 혹은 병생이란 함께 생성되는 것이다. 이는 노장이 바라본 세계가 공자의 현세중심적인 유가사상과 달리 현세 저 너머의 세계에 대한 동시 포괄의 관점이라는 점에서 노장 시야의 광대함을 느끼게 된다.

　『노자』를 정치서가 아닌 존재와 사유의 기록으로 읽을 때 우리는 노자 제1장부터 두 세계에 대한 쉽지 않은 정언 명제와 만나게 된다. 그것이 상도(실은 恒道의 피휘)와 가도라는 2종 세계의 설정과 玄同의 통합 시야이다. 나누어진 두 세계를 이어주는 세계가 沖氣로 가득 찬 거뭇하고 거뭇한 현동의 세계다. 거꾸로 말하자면 노자는 온전한 하나의 우주를 보이지 않는 무와 보이는 유의 두 세계, 즉 상도와 가도의 둘로 나누어 우리에게 설명하고 있다. 차원에 대한 인간의 불완전한 인식론적 한계를 감안한 설명 방식으로 보인

6　주역 기호의 명칭으로 부여된 초효와 상효의 의미, 그리고 태극중심선을 $y = \sin x$로 보고 미분해 얻은 값이 지니는 사건의 예측인 징조와 종속사건으로서의 현상 간의 시간 연기적이며 점복철학적 의미에 대해서는 필자의 「은유와 유동의 기호학, 주역」(2011)을 참고.

다. 이는 이차원의 존재가 삼차원의 존재를 온전히 인식할 수 없는 것과 유사하다. 또 유·무를 포괄하는 온전한 현동의 두 세계는 유이기도 하고 무이기도 하며 恍하기도 하고 惚하기도 하다는 점에서,[7] 서로 다르게 보이는 두 속성을 함께 지님, 즉 '양가불이'적 비분리의 '원-세계'의 표상이다.

필자가 생각하는 노자의 상도란 비가시·비구현의 잠재계 혹은 잠재태의 세계로서 천지 세계를 구성하는 무정형적 에너지의 세계이다. 그리고 그것의 현상계 혹은 현재적 발현이 가도의 세계다. 이는 다시 유와 무의 세계로 표상되며, 진정한 세계란 이 둘 중 어느 하나로 되는 것이 아니라,[8] 이 둘이 상호 얽힘 속에 만들어 나간다고 하는 점이다. 물론 이러한 병작·양행의 노자적 세계 인식은 어느 정도 잠재계에 더 큰 비중을 둔 듯이 보이는데, 노자 텍스트 중 나오는 "유무상생"(제2장)은 존재의 상태에, 그리고 "유생어무"(제40장)는 "만물이 유에서 나오지만, 또 유는 무에서 나온다."는 생성에 중점을 둔 말로 보인다. 그럼에도 불구하고 기본적으로는 유·무 상호성에 기초한 것으로 이해된다.

보이지 않는 무의 잠재계와 보이는 유의 현상계라는 두 세계의 병렬·병치의 관점은 노자 제1장을 비롯해 허다한 장에서 확인 가능하다. 그리고 이러한 세계 인식은 장자의 경우도 마찬가지다. 또한 『장자·제물론』 호접몽 이야기에서 보이는 장자와 나비 간에 보이는 존재의 방식 상의 전전·환생이라고 하는 '물화'의 인식은, 현상과 그 이면의 잠재의 두 세계가 별개의 세상이 아니라 서로 얽혀 있는 세계로 읽혀져야 함을 의미한다. 이는 마치 진정한

---

7   노자 21장의 충기로 가득 찬 "恍兮惚兮"론은 마이너스와 플러스 전자, 즉 음전자와 양전자로 이루어진 상보적 원천 에너지의 세계에 대한 노자적 형용같이 생각된다.("孔德之容, 惟道是從. 道之爲物, 惟恍惟惚. 惚兮恍兮, 其中有象. 恍兮惚兮, 其中有物.")

8   그래서 필자는 서구철학의 플라톤의 이데아와 같은 본질계가 아닌 잠재계라고 말한 것이다.

존재가 지니는 동전의 양면 혹은 '뫼비우스의 띠'와 같은 것이다. 부분으로서는 둘이지만 그것의 전모는 하나이다. 노자의 보이지 않는 무의 잠재계와 보이는 유의 현상계의 표상이 이와 같다.

한편 노장이 보여주는 세계에 대한 양행의 시선은 정보론적으로도 중요한 함의를 내재하고 있어서, 필자는 이것이 별도의 선택의 디지털적 추동이 아니라 병행의 양자정보론적 추동과 유사한 방식이라는 것을 최근 논문에서 밝히기도 했다.[9] 이러한 양행·비분리의 시선은 본 시공간 연구에서도 중요한 의미를 지닌다. 그것은 두 세계 간의 상호 소통과 연결, 그리고 계기적 접점의 가능성을 두텁게 함의하고 있기 때문이다. 존재를 둘러싼 두 세계가 소통 불가한 선택적 어느 한 세계가 아니라 두 세계로 바라볼 때 중국의 문학과 예술은 보다 확장된 상상과 욕망, 그리고 응보와 흐름으로 얼마든지 다양하게 열린다. 본고는 이와 관련한 중국의 문학과 회화에 나타난 둘의 주고받음, 대응으로서의 울림과 공명, 지향과 표상상의 특징을 다양한 사례와 함께 고찰할 것이다.

주역과 노장에 이어 또 하나 주목할 점은 불교의 공에 기초한 상호 연기와 무자성의 존재론이다. 이와 관련한 과학철학적 고찰로는 '색즉시공, 공즉시색'의 반야공관에서 특별히 '즉'의 계기성과 매개성에 주목한다. 양자역학에서는 대상에 대한 관찰의 순간 존재의 상태는 관찰자와 분리되지 않고 그 영향을 받아 변화된다. 그래서 결국 양자역학에서의 존재의 춤은 상호 관계의 춤이다. 이러한 대상과 관찰자의 상호 연계적 비분리성은 다른 말로 얽힘(entanglement)이라 할 수 있는데, 양자상태하에서 이는 대상과 존재, 그리고 대상과 대상 간의 얽힘으로 나타나며, 양자역학에서 전자는 관찰자 효과로 그리고 후자는

---

9   주역의 자기초월적 陰陽論과 노장의 兩行의 세계인식이 세계진리 표상에 있어서 매우 효율적인 표상방식이라는 점에 대한 논증은 뒤의 「0과 1의 인문학」을 참조.

얽힘으로 표현되지만, 큰 의미에서 모두 다 관계 속의 얽힘이다.

그렇다. 존재는 독립적으로 존재하지 않고 상대와 어우러져 함께 존재의 춤을 추는 격이다. '관찰자 효과'에서 관찰이 개입되는 '卽'을 통하여 파동함수가 붕괴되면서 색이 공이 되고 공이 색이 되도록 존재상태가 변하는 것이다. 상대성이론과 양자역학 이후의 현대물리학은 이제 불변하는 독립적인 물질(matter)의 물리학이 아니라, 사건(event)의 물리학이다. 그렇다면 이 '즉'은 사건의 계기이자 물질이 자기 유지를 지속할 수 없는 순간인 임계점으로서의 특이점(singularity)이라고 할 수 있다. '즉의 특이점적 계기성'의 문제는 비단 불교에만 국한되는 것 같지도 않다. 이 점에 대해서는 추후 확장 고찰할 예정이다.

지난 백년의 양자역학은 현상으로서는 분명하지만 아직까지 설명하기 어려운 난제들을 여전히 풀지 못하고 있는 상태다 그렇기 때문에 그 근원적 이해를 위해서는 동아시아 고전사유에 대한 새로운 관점의 재해석 등 다양한 시도와 돌파가 필요하다. 이 점에서 우리 동아시아 인문학은 현대과학과의 단기적·기술적·가시적인 기능적 협업을 융합의 전부라고 치부해서는 곤란하다. 현상과 기술을 넘어, 보다 근본적인 시야 확장을 통한 메타적 재해석과 이를 통해 산출가능한 통합의 인문학으로 나아가야 삶과 학문의 기초 체력을 튼튼히 유지해 나갈 수 있다는 생각이다.

이상 지난 연구에서 행한 내용에 기초해 주역·노장·불교 사유의 시공간적 특징을 새롭게 기술한 본 장의 논의에 이어, 다음 장에서는 시간과 공간에 관한 현대물리학의 양자중력(quantum gravity)으로 인한 더욱 놀라운 물리 세계와 그것이 시공간에 대해 요청하는 인식론적 환기를 논함으로써, 물리학적 최신 성과가 어떻게 동아시아 문학예술의 시공간 표상과 연결 가능한지에 관한 내용들을 검토하기로 한다.

(2) 양자 중력과 시공간의 흔들림

이제까지 지난 두 편의 연구에 기초하고, 이에 더해 그 사이 숙성된 생각들을 더해 풀어보았다. 그것은 동아시아 주역·노장·불교에 보이는 시공 인식에 대한 현대물리학과의 접목 해석이었다. 이제까지의 작업이 동아시아 사유의 시공간적 특징을 논한 것이었다면, 이제부터는 동아시아 문학과 예술에 나타난 시공 인식의 현대물리학과의 접점적 특징들을 고찰한다. 본 절은 이를 위해 보다 직접적인 문학 예술적 시사를 제공할 최근 물리학의 가설적 제안을 먼저 소개한다. 그것은 스몰린(Lee Smolin, 1955~)과 카를로 로벨리(Carlo Rovelli, 1956~)가 상대성이론과 양자역학 간의 상호 호환되지 않는 문제들을 해결하기 위해 내통일장 가설로서 대담하게 제시한 '루프양자중력이론'(Loop quantum gravity theory)이다. 본고에서 소개할 내용은 한국에도 번역 소개된 카를로 로벨리 이론의 핵심 요지이다. 그의 저작 중 중요한 두 책은 2014년 초 이탈리아어로 출간된 『보이는 것은 실재가 아니다』와 그해 10월 출간된 『모든 순간의 물리학 Sette bervi lezioni di fisica』이다.[10]

거시이론인 상대성이론과 미시이론인 양자역학이 보이는 이론의 상호 부정합성을 해결하기 위해 대담하게 제기된 루프양자중력이론의 중심 관점은 ① 입자성, ② 비결정성, ③ 관계성의 세 관점이다. 먼저 입자성이다. 물체의 색이란 빛을 방출하는 전하들의 진동수. 즉 진동하는 속도에 의해 결정되는

---

10 본 절의 내용은 제2의 스티븐 호킹이라도 불리는 카를로 로벨리의 최근 저작이며 시공간 문제를 명료하게 설명한 『보이는 세상은 실재가 아니다』(김정훈 옮김, 쌤앤파커스, 2018, 원서 *Reality is not what it seems*는 2014년 발간)의 121~137쪽, 174~195쪽 부분을 주로 참고했다. 그의 또 다른 한 책은 축약본인 『모든 순간의 물리학』(김현주 옮김, 쌤앤파커스, 2016, 원서 *Seven Brief Lessons on Physics*는 2014년 발간)이다. 2014년 10월 이탈리아 출간 후 세계 41개 언어로 번역되어 100만부 이상 판매되었고, 2019년 Foreign Policy Magazine에서 세계의 영향력 있는 100인의 Global Thinkers에 선정되었다.

데, 왜 원자가 방출하는 빛은 모든 색을 띠지 않고 특정한 색을 띠는가? 원자의 스펙트럼을 보면 선들이 연속되어 있지 않고 불연속적으로 분리된 선들로 나누어져 있는 것을 보게 된다. 이에 대한 해답을 찾기 어려운 상황에서 닐스 보어는 가설을 세워 접근하는데, 원자 속 전자들의 에너지는 입자성을 띠는데 그것이 전자기 핵으로부터 특별한 거리(궤도)에서만 존재하며 그 척도는 플랑크상수(h)에 의해서 결정된다고 가정한다. 즉 전자는 한 원자의 궤도 중간에는 위치하지 못하고 여러 궤도상으로 움직여 다닌다는 것이며, 이것이 1913년 보어의 원자모형인데 그로 인해 일어나는 전자 입자의 양자도약(quantum leap)은 사실로 검증된다.

이후 하이젠베르크는 궤도 사이의 전자의 사라짐에 대해 숙고한다. 그리고 얻은 결론은 입자들의 위치는 모든 순간에 기술되지 않고 오직 특정 위치에서만 기술된다. 그런데 도약은 그냥 이루어지는 것이 아니라 다른 입자와 상호작용할 때만 가능하다. 여기서 존재를 인식된 대상이라고 볼 때 전자는 항상 존재하는 것이 아니라 상호작용할 때만 존재한다는 결론에 이른다. 즉 전자가 다른 무엇인가와 충돌할 때에 어떤 장소에서 물질화한다는 것으로서, 방해[충돌]하는 것이 없다면 전자는 어디에도 존재하지 않는다. 이것이 물질의 입자성이다. 그리고 입자성은 상호작용, 즉 관계하에서만 존재한다. 그렇지 않을 경우에는 존재하지 않는다. 그러면 입자는 궤도 사이에서는 사라졌다가 궤도 위에서 다시 나타나는 것이 된다. 결국 양자 수준의 입자의 세계는 '상호작용'과 귀신 같은 '출몰'이라는 속성을 가진다.

두 번째 속성은 비결정성으로서, 이는 곧 확률성이다. 양자역학이 기술하는 세계는 사물들이 부단하게 무작위적 변화를 만들어 내는 세계이다. 거기에는 늘 진동, 즉 떨림[진동]과 그것의 울림[공진, 공명]이 있다. 사물의 궁극으로서의 양자의 세계는 날 세계가 아니라 다발의 다세계로 되어 있다. 그래서 그 발현은 개별 수준에서 일어나지 않고 전체 속에서 비결정적 확률적 결과로 발현된다. 패러데이(Faraday)와 맥스웰이 발견했던 장(field)의 개념은 아인슈타인의 중력장 개념을 거쳐 양자역학에까지 확장·도입되는데 이것이 양자장 (quantum field) 개념이다.[11] 양자장에서 개별 양자들은 입자성을 띠며 그것의 인식 발현은 양자 확률 속에서 구현된다. 이때의 확률은 동전 양면 던지기와 같은 통계적 사건이 아니라 자연에 내재된 본성으로서의 비결정적 확률이다.

양자의 세 번째 속성은 관계성이다. 앞서 양자 수준의 대상은 관계 속에서만 존재한다고 했는데, 양자역학이 기술하는 세계는 물리계들 사이의 관계 속에서가 아니고는 그 어떤 실체도 없다. 사물이 있어서 관계를 맺는 것이 아니라 오히려 관계가 사물을 낳는다. 그러므로 양자역학에서 세계는 대상들의 세계가 아니라 사건들의 세계이다. 이것이 양자가 지니는 관계적 속성이다. 이상에 대한 카를로 로벨리의 요약은 다음과 같다.[12]

① 입자성: 계의 상태 정보는 유한하며, 플랑크상수에 의해 제한된다.
② 비결정성: 미래는 과거에 의해 하나로 결정되지 않는다. 엄격해 보이는 규칙성조차도 실제로는 통계적이다.
③ 관계성: 자연의 사건들은 언제나 상호작용이다. 한 체계의 모든 사건들은 다른 체계와의 관계하에 일어난다.

이 요약에서 보듯이 카를로 로벨리가 생각하는 사물의 본성에 관한 양자역학이란 과정과 상태에 관한 고찰이며, 하나의 상호작용에서 다른 상호작용으로 넘어가는 경과의 학문이다. 또한 사물의 속성은 상호작용 순간에만,

---

11 『모든 순간의 물리학』 21~29쪽, 81~83쪽; 『보이는 세상은 실재가 아니다』 127~128쪽.
12 이상 『보이는 세상은 실재가 아니다』 111~195쪽의 내용 정리. 요약은 137쪽.

즉 '과정의 가장자리'에서만 입자적인 모습으로 나타나는데,[13] 그것은 다른 것들과의 관계에서만 그렇다. 그리고 그 속성들은 단 하나로 예측할 수 없으며, 오직 확률적으로 추정된다.

카를로 로벨리의 양자중력이론은 일반상대성이론과 양자역학의 실험적 검증에도 불구하고 이 두 이론 간의 상호 비정합으로 인해 전체를 통합할 새로운 물리이론이 필요하다는 데서 출발하고 있다. 그런데 이 둘 사이에는 아인슈타인이 시공간의 휨이 중력장의 영향이라고 본 점, 하이젠베르크가 모든 물리적 장이 양자적 특성을 지닌다고 한 것은 공간과 시간도 이러한 이상한 속성을 지닌 양자적 대상이어야 한다는 것을 공통으로 내포한다. 그러면 이러한 속성을 지니는 공간과 시간은 무엇인가? 스몰린와 로벨리는 그것이 양자적 속성을 지니는 양자공간이고 양자시간이라는 것이며, 이것이 루프양자중력이론의 핵심이다. 그 상호작용은 고리와 같이 서로 연결 속에서 이루어지므로, 이를 '연결·고리·접속'을 뜻하는 '루프(loop)'란 말을 더해 '루프양자중력'이라고 명명했다.

우리는 이미 백여 년 전 상대성이론에서 시간에 대하여 그것이 마치 온 우주의 생애를 가리키는 우주적 기준 시계가 있기라도 한 듯이 생각해서는 안 된다는 것을 발견했다. 루프양자중력이론에서 시간과 공간은 이렇게 이해된다. 시간은 우주의 부분마다 물질들이 상호작용을 하는 가운데 생겨난 국지적인 저마다의 시간일 뿐이며 이 점은 공간도 마찬가지이다. 그런데 여기서 더 나아가 양자적 본성을 고려하면 이러한 국지적 시간과 공간마저 제대로 작동하지 않는다는 것이다. 양자 사건은 매우 작은 규모에서는 시간의 흐름에 따라 사건의 순서를 기술할 수 없다. 그러므로 어떤 의미에서는 시간

13　"사물의 가장자리에서 국지적으로 나타난다."는 표현은 노자 제1장의 무욕·유욕의 끝으로서의 '妙'·'徼'와 연결할 때 깊은 존재론적 논의가 가능하다고 본다.

은 더 이상 존재하지 않는다.

시간과 공간이 일정성이 없고 변환 가능한 것이라면, 이는 그리스 신화에 나타난 시간관을 연상시킨다. 순서에 따라 순서대로 일정하게 흐르는 크로노스(Chronos)의 시간은 현대물리학에서 설 자리를 잃게 되었다. 시간은 얼마든지 가변적으로 혹은 특이점을 지나 도약이 가능하다. 이는 마치 컴퓨터 자판의 시프트(Shift) 키와 같다. 이와 같은 특이점적 시간을 카이로스(Kairos)의 시간이라고 할 수 있는데, 이는 곧 초월이다. 그리고 중국문학과 예술에는 이러한 '하루가 천년 같고 천년이 하루 같은' 신선의 바둑놀이와 같은 카이로스적 시공 초월이 왕왕 나타난다.[14]

사물은 불변하는 공간에 포함되어 있는 것이 아니라 하나의 사물이 다른 사물의 근처에 있는 것이다. 그리고 시간과 공간은 사물 간의 근접이 만들어낸 관계의 파생적 직조물이다. 그러므로 어떤 의미에서 공간은 더 이상 존재하지 않는다. 중력장하에 있는 양자는 공간에 있는 것이 아니다. 중력장이 공간을 만들어 내고 있기 때문이다. 이와 마찬가지로 시간도 존재하지 않는다. 이를 양자적 수준에서 말하자면 양자들의 상호관계에서 생겨난 것이 공간과 시간이다. 즉 시공은 양자중력의 파생 결과다.

이제 현대물리학의 시공간론을 정리한다. 아인슈타인의 상대성이론은 빛과 시공간에 관한 거시이론으로서, 의해 공간이나 시간은 각기 별개로 존재하지 않을 뿐만 아니라, 시공 역시 국소적인 시공간(local space-time)임을 밝혀졌다. 그리고 미시세계의 이론인 양자역학은 더욱 불가사해한 양자의 움직임에 관한 이론으로서 그 이중적이며 불확정적인 기묘한 특성들은 앞에서 보았다. 이 거시와 미시의 두 이론은 실험적으로는 정확하지만 이론적으로는 상

---

14 『신약성서·베드로후서』 3:8, "사랑하는 자들아 주께는 하루가 천년 같고 천년이 하루 같다는 이 한 가지를 잊지 말라."

호 통일된 설명이 불가능했다. 이를 해결하기 위해 이론물리학자 스몰린과 카를로 로벨리는 '루프양자중력이론'을 제기하여 이 두 이론의 부드러운 연결 통합을 위한 가설을 제기했는데 그것이 루프양자중력이론이다. 이 가설적 이론은 양자를 바라보는 시선이 입자성, 관계성, 비결정성의 특징을 지니고 있다는 점에서 동아시아 사유에도 상당한 접점적 시사를 준다. 로벨리는 다음과 같이 정리한다.

우리 이론에서는 이제 공간도 사라지고, 시간도 사라졌다. 그러면 세계는 무엇으로 이루어져 있는 것인가? 입자는 양자장의 양자이다. 공간은 장에 지나지 않으며 이 또한 양자다. 그리고 시간은 바로 이 장의 과정들로부터 태어난다. 즉 세계는 오로지 양자장들로 이루어져 있다. 우리가 거시적 규모에서 지각하는 공간과 시간은 이러한 양자장들의 하나인 중력장의 대략적인 흐릿한 이미지이다. 이렇게 시공이 바탕에서 지탱할 필요 없이, 그 자체로 존립하면서 시공 자체를 생성할 수 있는 장들을 공변 양자장(covariant quantum fields)이라고 부른다. 세계, 입자, 빛, 에너지, 공간과 시간, 이 모든 것은 단 한 가지 유형의 존재자가 드러난 것일 뿐이다. 바로 공변 양자장들이다. 이로써 일반상대성이론이 굽은 공간과 양자역학의 평평하고 균일한 공간 속에 있는 불연속적인 양자들 사이의 분리와 모순은 해소되었다. 그리고 연속적으로 보이는 공간과 시간은 중력의 양자들의 역학을 큰 규모에서 어림해 본 것이다. 이것이 루프양자중력이 제시하는 실재의 모습이다.

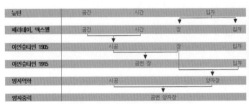

물리학적 시공간 이해의 전개[15]

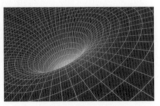

가변적·탄력적 시공간

현대물리학이 제시한 시공간은 절대 시공간이 아니다. 더욱이 최근의 루프양자중력이론이 말하는 시공간은 물질 간의 개별 사건에 따라 달라질 뿐만 아니라, 시공은 물질의 상호 관계에 의해 생성된 것이어서 궁극적으로 실체가 없다는 것이다. 이를 필자 식으로 표현하면 '안개 속의 고무줄놀이'같이 늘어나기도 하고 줄어들기도 하며, 간혹 작게는 궤도 사이의 보이지 않는 곳으로, 그리고 크게는 블랙홀의 안개 속으로 사라지기도 하는 시간과 공간이다. 이렇게 21세기 현대물리학이 가설로 제기한 루프양자중력 가설을 통해 물리학의 시공간론은 존재와 비존재의 분기점에까지 이르렀다.

사실 우리가 보는 시공간은 다양한 시공간의 향연이다. 저 하늘에 빛나는 무수한 별은 서로 다른 공간에 위치해 있을 뿐만 아니라, 과거·현재·미래가 혼재된 빛들의 인식의 결과인 까닭이다. 각 존재는 저마다의 시간과 공간을 점유할 뿐이다. 거시와 미시의 어느 측면으로 보아도 결과가 같게 되는 이러한 '보편적 시공간의 부재'와 '상변하는 시공'은 불교적으로 말하자면 가환의 시공 인식과 상통하는 것이며 노장적으로는 현재의 세계와 그 이면에 설정 가능한 저 세계라는 두 세계 간의 은현의 왕래요 존재의 춤이다.

이렇게 상대성이론과 루프양자중력이론의 세계이해는 시야의 측면에서 동아시아 근원사유 및 동아시아 문학예술심미와의 접목에 있어서 기존의 20세기 상대성이론과 양자역학보다도 더 급진적인 시사를 던져준다는 점에서 주목된다. 그러면 이러한 시공 개념은 중국을 중심으로 한 동아시아 문학과 예술 사유와 심미에서는 어떤 관계를 가질까? 이제부터 현대과학의 관점에서 중국을 중심으로 한 동아시아 문학과 예술의 초월적 시공간 인식을 보자.

---

15 표는 『보이는 것은 실재가 아니다』(공변양자장, 193쪽). 인용문은 필자 요약(192~194쪽)

2. 국소성을 넘어서, 중국문학의 초시공성

앞에서 우리는 동아시아 사유와의 접점 가능성의 측면에서 양자역학을
중심으로 한 현대물리학의 특징들을 개괄했다. 본고의 주안점인 동아시아
문학예술의 시공 초월성과 관련해 요점을 추리면 세계를 움직이는 것은 우리
가 직관적으로 느껴왔던 시간과 공간이 아니라 물질 사이의 중력이라는 점,
그리고 시간과 공간은 독립된 실체가 아니라 시공 연속체라고 하는 점이다.
또 양자역학에서 중요한 개념은 잠재성인데 이는 양자 중첩과 상호 얽힘이란
받아들이기 어려운 기묘한 현상을 사실로서 보여준다는 점이다.

초월적 시공이론과 관련해서는 아직은 가설 단계인 스몰린과 카를로 로벨
리의 루프양자중력이론이 주목된다. 이 이론에서 양자 중력의 핵심 속성은
전자 궤도에서 나타났다가 그 사이에서는 사라지는 신출귀몰의 입자성, 고리
와 같이 점점 연결을 지니는 우주 내 무수한 작은 알갱이들의 상호 관계성,
그리고 그것의 발현과정에서 드러나는 비결정론적 확률성이다. 이로써 이미
아인슈타인의 상대성이론에서 시간과 공간은 보편적이지 않고 각 존재마다
다른 국지성을 보인다는 것이 밝혀졌는데, 로벨리는 이에서 더 나아가 시공
은 존재하지 않는다고까지 선언한다. 시공을 지배하는 것은 물질 사이의 중
력이며 아인슈타인의 거시이론에서뿐만 아니라 미시영역인 양자역학에서도
중력 개념을 도입하여 제안된 양자중력이론에서는 대통일장 이론이 가능하
고, 결국 시공은 존재하지 않는다는 결론에 도달한 것이다.

이상 양자역학의 입자-파동의 이중성, 상호 중첩과 얽힘의 특징으로 현대
물리학의 시공간이 '국지성, 가변성, 가환성'을 보인다는 것을 보았다. 필자는
이러한 특성들이 동아시아 노장과 불교의 세계를 보는 시야와 접점이 있다고
생각한다. 이미 사실로서 증명된 현대물리학의 발견과 해석에 문제가 없다

면, 동아시아 문학예술에 나타난 시공 초월 양상에 대한 해석에 있어서 순수 인문학의 관점만이 아닌 인문융합적이며 과학철학적인 새로운 접근과 재해석이 필요하다. 특히 느낌 중심의 동아시아 문학예술은 실체 중심주의인 서구와 다르다. 흔들리고 울리며 퍼지는 느낌은 입자적이 아니고 파동적이다. 실체적이 아니므로 시공간적 구속이 덜하며 초월적이라는 특성을 지닌다. 이에 근거해 동아시아 문화의 근거지로서의 중국의 '시, 소설, 그리고 회화'가 지니는 시공 인식을 과학철학의 관점에서 검토한다.

(1) 중첩에서 얽힘으로, 중국시의 공명과 울림

문학과 예술은 자연을 포함한 대상과 사건을 둘러싸고 일어나는 인간의 마음에 관한 정감의 상상적 기록이다. 이러한 마음의 기록은 당연히 보이지 않는 인간 내부적인 것들이다. 따라서 주관적이며 사람마다 얼마간은 다를 수밖에 없다. 그리고 문학은 다시 서사와 서정의 두 장르로 나뉜다. 이중 시의 기본 속성은 반복되는 운율 속의 은유적 정감과 그 울림의 표현을 생명으로 삼는다. 물리학의 관점에서 바라본 시의 가장 큰 속성은 논리 이성이 아닌 정감과 감성에 기대는 공감공명의 장르라는 점에서 입자적 혹은 실체적이 아니라 파동성을 띤다는 점이다.

시는 기본적으로 정감의 파문을 그리며 울려 나간다. 소리 역시 파동으로 퍼져 나간다. 그래서 시는 소리 내어 음송하고 또 노래 불러야 맛이다. 시 장르가 지니는 이러한 큰 특성의 아래 층위에서 그러면 이번에는 동서양시의 차이는 무엇인가를 보자. 서사시(epic)와 서정시(lyric)가 병행 발전해 온 서구시가 주체 중심의 세계 내 사건과 존재에 대한 객관적 관찰과 함께 오랫동안 유지되어 온 선악 구분의 유신론적 시선이 내재되어 있다면, 동아시아의 시는 집체 내 개인의 자연과 세계에 대한 순응 찬미와 정감 공명이 두드러진다. 사실 이러한 차이는 동양과 서양의 거의 모든 문학예술 장르에 보이는 기본 현상이기도 하다. 하지만 천인합일의 농경문화에 기초한 개인 대 자연, 혹은 유가적 이념에 의해 개인과 사회의 공감·공명을 중시해온, 중국시의 문화사회적 토양에서 자연과 세계에 대한 파동적 공감과 울림은 중국시 정감을 드러내는 가장 두드러진 특징이다.

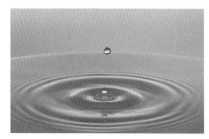 

파동·파문

시에 관한 여러 저작과 이론 역시 공감·공명의 지향으로 나타났다. 순수 문학이론의 천착을 목적으로 하지 않는 본고에서 이를 두루 언급하지는 않는다. 육조시대 육기는 「문부」에서 '시선을 거두고 소리도 안으로 되돌리는[收視反聽]' 내적 비움을 통한 세계와의 만남을 창작의 중요한 출발점으로 보았다.[16] 이 거두어들임의 과정은 자연에 내재된 진리의 포착을 위한 사전 준비이며, 새로운 채움을 위한 자기 비움의 내려놓음이다. 이러한 마음가짐은 세상의 모든 종교가 강조하는 비움의 설정이다. '명상, 내려놓음, 방하착, 자

16 　「文賦」, "其始也, 皆收視反聽. 耽思傍訊, 精騖八極, 心遊万仞. 其致也, 情曈昽而彌鮮, 物昭晰而
　　互进." (처음에는 시선을 거두고 소리도 안으로 되돌리니, 생각에 빠져 이리저리 물으며
　　정신은 팔극에 이르고 마음은 만 길을 다닌다. 영감이 떠오르면 정감에 동이 트며 선명해지
　　고, 사물은 밝게 다가온다.)

아 죽이기, 비움'이란 말은 모두 세계 이해에 있어서 개인의 일상적인 크로노스(Chronos)의 시공간으로부터 카이로스(Kairos)적 '깨침[打破]'을 통해 영원한 아이온(Aion)의 시공간으로 가기 위한 '다른 용어, 같은 내용'이 아니겠는가? 이 점에서 육기가 말한 외부 감관의 거둠과 내적 비움은, 영감을 받아들이고 공명과 울림으로 나아가는 관문이다. 이러한 깨침과 공명과 울림의 과정은 시간과 공간을 넘어 자연과 세계에 내재된 진리에 직입하게 해 준다. 즉 세계 진리와의 정신의 조응이다. 그 창작의 과정은 다음과 같다.

> ① 내려놓음과 자기 비움 → ② 영감의 도래 → ③ 내적 깨침 → ④ 개별 존재에서 '卽'에 의한 공명(resonance) → ⑤ 그 울림과 예술 표상

이번에는 세계 존재방식의 이중성·양가성에 관해 보자. 『중용』에 "군자의 도는 사용되면서도 숨겨져 있다."라는 말이 있다.[17] 이는 진리를 추구하는 성인군자의 도는 펼쳐져 있는 동시에 감추어져 있다는 말로 풀기도 한다.[18] 이러한 펼침과 감춤, 즉 은과 현의 이중성은 표현은 해석상 군자에 맞추어져 있지만, 확장하면 세계진리로도 볼 수 있다. 그러면 진리란 펼쳐져 보이기도 하지만 은장되어 드러나 있지 않기도 하니, 이러한 이중성의 '접힘과 펼쳐짐', 즉 은·현과 屈·伸이야말로 세계를 구성하는 방식이라고 볼 수 있다. 그리고 이와 같은 펼침과 접힘의 두 가지 세계 해석은 앞 장에서 말한 데이비드 봄의 숨은변수이론에도 연결 가능하다.

17　『中庸』 제12장, "君子之道, 費而隱."
18　프랑수아 줄리앙(François Jullien), 박치완·김용석 옮김, 『현자에게는 고정관념이 없다』, 한울, 2009, 92~96쪽.

그렇다. 세상은 드러나 있으면서 동시에 감추어져 있다. 앞서 현대물리학의 개관과 노장 및 불교 사유와의 연결을 통해서 우리는 보이지 않는 세계의 의미에 대해 다각도의 해석이 가능함을 보았다. 이 중 양자역학의 양자 중첩과 양자 얽힘을 인문학적으로 풀어 보자. 슈뢰딩거의 고양이 사고실험(thought experiment)에서 양자 중첩이란 주체의 시선이 닿기 전의 대상과 주체가 각각 분리적으로 있을 때의 상태이다. 다양한 상황이 함께 병존되는 상황이며 이는 한마디로 잠재적 가능태의 상태이다. 현대 우주론의 암흑에너지혹은 암흑물질의 상태이며 노자적으로는 규정 이전의 상도의 상태다. 이것이 관찰자의 시선과 조우하는 순간 다양한 가능성의 어느 하나로 확정되어발현되는 것이 바로 파동함수의 붕괴다. 무의 상도가 유의 가도로 전변하는셈이다.

이번에는 불교 반야공관으로 풀어 보자. 양자 중첩은 주체의 시선이 '卽'하기 전 나와 무관한 자연 상태로서, 주체와 세계가 얽혀 있지 않고 별개로존재하는 독립 상태다. 슈뢰딩거 고양이 사고실험에서는 삶과 죽음이 병치되어 있는 상태다. 그런데 주체가 대상에 대해 한걸음 내딛는 불교적 '卽'과중국어적 '就'의 순간, 대상은 중첩적으로 병존해 있던 노자적 가능성의 상도의 상태가 파동함수 붕괴와 함께 가도적으로 확정·구현되며 나타나게 된다.

또 양자 얽힘이란 얽힘 상태의 양자 쌍에서 어느 하나의 상태는 아무리먼 거리라 하더라도 동시에 비국소적으로 다른 양자에 즉각적으로 정보가전달되어 반응되는 것을 말한다. 이를 정보론으로 말하자면 양자정보론이된다. 이러한 '즉'의 순간의 상태 변화를 문학적으로 표현하면 '주체-대상'간의 무관한 중첩·병치에서 상관의 얽힘·공명으로의 전화라고 할 수 있다.이것이 '즉'을 통한 양자적 상태 변화다. 공명(resonance)이란 서로 다른 주파수에서 같은 주파수로의 공유 동조다. 이렇게 본다면 즉의 순간 주체와 대상

(세계)은 '분리된 개별에서 얽혀진 하나'가 된다. 이렇게 주객 간의 영감어린 방전(discharge) 속에 이루어지는 전하량 등가 상태에서는 나와 너의 구별이 없고 오직 도연명류의 말없는[忘言] 깨침[悟道]의 희열만이 가득할 것이다. 또 시인이라면 그 감발이 공명·공감·울림으로 퍼져 나가 결국 물아일체와 정경교융의 경지로 이어질 수도 있다.

도연명은 「음주」 시에서 가을의 정취 속에서 유유자적하며 세계와 존재가 하나가 되는 이치를 깨닫는다.[19] 그리고 "이 가운데 진리가 있으니, 말하려 하지만 이미 말을 잊었네."(此中有眞意, 欲辯而忘言)라고 한다. 진리의 깨침은 말을 넘어선 '忘言' 즉 공명적 느낌에 있다는 것이다. 다만 말을 빌어야 하는 시인 까닭에 이렇게 쓴 것뿐이다. 말을 빌되 말을 넘어선 곳에 진리의 깨침과 공명이 존재한다는 '망언의 시학'은 중국시 최고의 경지라는 점에서 세계진리의 역설성을 보여준다.[20]

이러한 시공간을 넘어선 영감어린 즉각 반응의 공명·공감의 울림의 기저에는 비국소적 시공초월, 잠재성, 가능성의 세계가 자리하고 있다. 그리고 이는 크게 보아 존재 인식의 이중성(duality) 혹은 양가성(ambivalence)과 관련된다. 사실 세계 존재 혹은 진리 표상의 이중성은 문학에서 상용된 소재로서, 중국의 시와 소설 역시 각기 다른 특징을 보이며 운용되었다. 시에서는 상상어린 이상경의 추구 혹은 자연에 내재된 진리 발견의 공명과 울림으로, 소설에서는 현실적 곤경과 잠재된 욕망 실현을 위한 가능태적 인과와 보응의

---

19 도연명, 「음주」 제5수 "인가에 초막을 지어도, 수레와 말의 시끄러움 없다. 왜 그런가 묻는다면, 마음이 세상과 머니 땅도 자연 외지다네. 동쪽 울타리에서 국화를 따며, 한가로이 남산이 눈에 드네. 산기운은 저녁 해에 아름답고, 날 새는 서로 돌아오네. 이 가운데 진리가 있으니, 말하려 하지만 이미 말을 잊었네."(結廬在人境, 而無車馬喧. 問君何能爾, 心遠地自偏. 採菊東籬下, 悠然見南山. 山氣日夕佳, 飛鳥相與還, 此中有真意, 欲辯已忘言.)

20 '역설'이란 뜻의 'paradox'는 'para·doxa'에서 나왔으며, '담론 너머'라는 의미다. 이러한 표상의 역설성은 자기언급성과 함께 진리 담론이 지니는 표상적 특징이다.

경로로 작용했다.

중국시의 경우를 하나 들어보자. 육조 산수시로 유명한 사령운은 중국 최초로 산수를 미적 관찰 대상으로 인식한 시인이다.[21] 그리고 그는 단순히 산수자연의 아름다움만 그린 것이 아니다. 그는 자연미를 넘어 이면에 내재된 불변의 이치인 '常理'를 추구했다는 점에서 본질주의적이다. 여기서 상리는 불교적 세계추동의 이치이기도 하고, 노자의 보이지 않는 세계의 진리인 상도이기도 하다.

이번에는 보이지 않는 세계를 의미하는 용어로서의 무의 개념을 생각해보자. 시공간에 관련된 동아시아 사유의 중요한 특징이 무의 의미 천착이라고 하는 것은 필자의 이제까지의 관련 고찰에서 논했다.[22] 그리고 이러한 관점은 주역, 노장, 불교가 공히 보여주는 중요한 특징이며, 현대물리학의 세계이해와도 상당한 교점을 지니고 있다. 결국 현대물리학, 노장, 불교가 가리키는 세계본질이 무라고 정의할 수 있다는 것이다. 그렇다면 이는 중국의 문학과 회화의 특징을 이해하는 데에도 큰 의미를 지닌다. 예술적 상관성에 대해서는 별도로 논하겠지만, 시문학에서 無는 특히 위진 현학을 거치며 중요한 개념으로 부상한다.

유와 무를 바라보는 인식론적 고양은 청원선사의 산수론에 잘 드러난다. 산과 물을 논한 3단계의 '인식'에서 '외형 인지'의 제1단계적 인식과 최고 단계인 제3단계가 공히 "산은 산이고 물은 물이다."라는 것은 언어 너머의 진리에 대한 내재적 깨침의 중요성을 보여준다. "말을 빌되 말 너머에 있음"은 즉 "같되 같지 않음"이니 역설이다. 이 역설은 깨침의 역설이다. 이렇듯

---

21 이 견해는 『文選』의 영역자인 David Knechtges(University of Washington)의 1999년 교과목 'Methods and Materials'의 수강 내용임.

22 유무 관계는 필자의 『노장선역, 동아시아 근원사유』의 노장 부분에 집중 언급되어 있다.

'작가의 세계에 대한 자기류의 깨침의 순간의 정감의 공명·공감의 울림'을 가장 잘 드러내는 것이 시다. 그리고 그 최고 지향은 말하지 않음, 혹은 20세기 최고 지성의 언어철학자들이 말해 온 언어적 부작용의 최소화가 아닐까? 이때의 시는 자신이 속한 시공을 넘어 아득한 영원으로 향해 쏘아 올린 초월과 은유의 신호탄일 것이다. 이것이 여타 장르와 다른 시만의 특별한 매력이다. 이와 같이 중국시는 시공간적 국소성의 초월, 대상과의 합일적 공명, 그리고 그 울림의 은유적 표상, 그리고 자구와 격률적 형식 심미를 통해 중국문학의 대표 장르로 성장해 나갔다.

지금까지가 초월성에 관한 메타분석이었다면 이제는 초월의 구체적 양상을 생각해 본다. 중국시사에서도 현저한 자유로운 영혼과 열정을 지닌 시인 이백에게서 느끼는 기탄없으면서도 존재의 외로움이 감추어진 순간적 열정은 어디서 나왔으며, 대문호 소식의 작품들에 보이는 담담한 관조와 천재적 통찰은 어디서 비롯된 것이며 또 무엇일까? 또한 굴원 이래 중국의 수많은 시인들은 피할 길 없는 각종 좌절과 울분과 분만을 어떻게 해소하고자 했던가? 전통시기 중국의 시인들은 각기의 인생을 출렁이게 하는 세상의 물결 중에서 현상 너머 또 다른 세계에 대한 갈증과 자기 위로와 정감을 현실의 풍경에 기탁해 표현했다. 그리고 그들이 목도한 것은 자연 경물이지만, 실은 내면의 마음을 그려 냈다. 이렇게 경과 정이 서로 녹아 있는 까닭에 물아일체적 정경교융이며, 시공을 초월한 정신의 공감과 공명이다.

인간은 숙명적으로 시간과 공간의 제약을 받는 존재다. 그래서 이백은 「春夜宴桃李園序」에서 "이 세상은 만물이 거쳐 가는 여관이며 우리의 시간이란 백년의 나그네"라며 무상한 삶을 아쉬워했다.[23] 도연명은 「도화원기」를 지어

---

23   李白, 「春夜宴桃李園序」, "夫天地者萬物之逆旅, 光陰者百代之過客. 而浮生若夢, 爲歡幾何?"

복사꽃 흩날리는 계곡 너머 동굴 저편의 초월적 별 세계를 통해 삶의 여정에
지친 우리를 위로해 준다. 이들은 모두 시공 너머의 세계를 꿈꾸며 假有·가환
의 작품 경계를 만들어 냈다. 이는 사실이 아닌 가유의 환상이지만 사실보다
더 핍진하게 우리에게 다가오는 것은 왜 그런가?[24] 우리 마음마다 지닌 하늘
에 빛나는 별에 대한 자기지향이 있기 때문이 아닐까? 이렇듯 문학은 현실과
는 또 다른 상상의 세계를 보여주며 현실에 지친 우리의 갈증을 풀어 주고
상처를 보듬어 준다. 더욱이 중국시는 표의문자의 강점인 한자의 함축과 단
음절·성조어의 리듬감 있는 평측률로 심미적 정감을 고도화했던 까닭에 더
욱 그 심미적 여운이 깊게 울린다. 다음 유종원의 「江雪」 이하 몇 작품을
통해 중국 고전시에 나타난 주체의 시공 초월의 여러 양상들을 본다.

千山鳥飛絶,	천산에 날 새 끊어지고
萬徑人踪滅.	만 길에 인적 사라졌다.
孤舟蓑笠翁,	외로운 배 도롱이에 삿갓 쓴 노인이
獨釣寒江雪.	홀로 차가운 강 눈 속에 낚시를 드리운다.

중당 유종원이 장기 유배지인 永州에서 쓴 「江雪」이란 이 작품은 한겨울
눈 내린 강가의 적막한 정경과 자신의 처지를 대비적으로 묘사하고 있다.
20자밖에 되지 않는 짧은 절구에 자신과 절멸된 세계 내 존재의 고독감이
짙게 배어 있다. 시에는 한 겨울 큰 눈이 내려 새마저 날지 않는 외로운
산천의 모습이 배경을 이루는 가운데, 홀로 쪽배를 타고 눈 내리는 망망한
강가에서 낚싯대를 드리우는 노인의 모습을 그리고 있다. 필자에게 이 그림

---

24 假有는 연기법에 의한 무자성의 공으로서, 실재 존재하는 세계가 아니라 있는 듯이 보이는
　　妙有의 세계다. 假幻도 실제가 아닌 환상의 세계이다.

같은 시는 아득한 망망한 세계 홀로 처한 시인이 나뭇잎 같은 배를 타고 홀로 삶의 강을 헤쳐 나가며 무엇인가를 찾는 존재의 자기표현의 은유로 다가온다.

이 작품을 핵심 시어로 읽으면 전반에서는 '千(山)·萬(徑)'의 광대한 세계에서 생명의 움직임이 '絶·滅'한 상태가 대조를 이루며 쓸쓸하고 외로운 정경을 원경으로 보여준다. 시의 후반은 카메라의 렌즈를 당겨 작가의 상태를 '孤(舟)·獨(釣)'로 은유한다. 이렇게 전반의 절멸의 거시 배경과 후반의 작가의 세계에 대한 몸짓을 대비적으로 그리고 있다. 전통 시학이론으로 말하자면 전반의 경물과 후반의 작가의 심정이 情景交融적으로 융화되면서 존재의 고독을 잘 드러냈다. 이러한 멸절의 정경 중에 한 움직임이 포착되는데, 그것은 '조(釣)'라고 하는 낚시행위이다. 눈 내리는 차가운 강[寒江] 배 위에서 드리운 어옹의 낚시가 표상하는 것은 무엇일까? 시에서 유일한 동적 움직임인 낚시하는 노인의 클로즈업된 시인의 의도는 무엇인가? 필자는 모든 것과 절연된 차갑고 엄혹한 존재의 망망한 바다에서 무엇인가를 구하는 일엽편주 위 노인의 자기초월적이며 구도적인 마음이 느껴진다. 시는 작가의 세계에 대한 심태의 은유적 표상이다. 유종원의 영주 유배시기 지어진 이 시에서 자아와 세계의 강렬한 대비적 구도 속에 낚시를 드리운 어옹의 모습은 세계에 대한 작가의 초월적 의지와 연결 가능하다. 이렇게 보면 결국 유종원의 '눈 내리는 강'이란 표제의 시는 그냥 자연일 수도 있는 눈 내린 강이 자신의 내면과 만나지면서 서로 섞이는 가운데 새로운 의미를 만들어 내고 있다. 이는 자연이되 자연만이 아닌, 즉 내가 만난 세계로서의 자연이다. '자연 → 시인'과 '시인 → 자연'의 쌍방향적 과정 속에서 자연과 내가 하나로 만난 지점에서 시는 그것이 점유한 시간과 공간을 넘어 새로운 초월적 의미를 만들어 내고 있다.

이렇게 시인과 세계의 상관관계 중에서 자아의 세계초월로 바라본 유종원의 「강설」은 끊어진 희망의 절대 시공 중 세계에 대한 내적 염원을 던지는 작품으로 필자에게 다가온다. 그러면 이러한 그의 염원은 성공했는가? 그렇지 않기도 하고 또 그렇기도 하다. 10여 년의 호남성 영주 유배시기 이후, 그는 다시 오지인 광서성 柳州로 쫓겨났고 4년 뒤 그곳에서 생을 마쳤다는 점에서는 그렇지 못하며, 당송을 휩쓸었던 고문운동과 함께 역사에 남는 시문 명편을 남긴 점에서는 그렇기도 하다. 이것이 개인의 삶의 자기조절이 쉽지 않았던 시대를 산 한 사람이 꿈꾸었던 자기만의 시공 세계는 아니었을까?

오늘날의 관점에서 유종원을 바라보면, 이는 '숨은변수이론'에서 제기한 펼치고 접힘의 두 세계 사이에서[25] 그가 꿈꾼 내재질서의 세계가 천여 년의 시공을 넘어 외재질서로 화한 것은 아닐까? 그렇다면 이는 사람에게 두 개의 목숨이 있다는 말이 된다. 하나는 가시적 몸과 현상의 삶이고, 다른 하나는 그 너머의 것인 꿈과 잠재의 삶이다. 그래서 시인은 오래 살지 못하기도 하고 또 거꾸로 오래 살기도 한다.[26]

이번에는 달에 관해 이야기해 보자. 중국시에서 흐르는 물과 같은 시간과 격절된 공간을 순식간에 넘어 두 대상을 연결해 주는 대표적인 모티프는 달이다. 다음 두보의 「月夜」에는 장안과 부주에서 서로를 그리는 두보 부부의 마음이 달을 매개로 상상 속에 이어진다.

---

[25] 데이비드 봄(David Bohm), 이정민 옮김, 『전체와 접힌 질서』, 시스테마, 2010, 183~194쪽.

[26] Alain Barrière의 잘 알려진 곡 <시인(Un Poète)>에서는, "시인은 오래 살지 못하리. 그의 삶은 분노로 산산이 부서져, 모든 종이를 불태워 버린다네. 거짓된 사랑과 가식을 비웃으며 시인은 더 이상 오래 살지 못하네. …"라고 노래한다. 그러나 韓愈가 「送孟東野書」에서 孟郊에게 건넨 위로의 말, "사물이 평형을 잃으면 울림이 있다.(物不得其平則鳴)"라고 한 언급이 연상된다. 하지만 시인은 그의 정신이 표현된 작품을 통해 오래 살기도 한다.

今夜鄜州月,	오늘밤 부주의 달을
閨中只獨看.	규방에서 홀로 바라보겠지
遙憐小兒女,	불쌍하다 어린 것들
未解憶長安.	장안의 아버지를 그리는 줄 모를 테지
香霧雲鬟濕,	향기로운 밤안개에 구름 같은 머릿결 젖고
淸輝玉臂寒.	맑은 달빛에 옥같은 흰 팔 차갑겠지
何時倚虛幌,	언제쯤 창가에 기대어,
雙照淚痕乾.	눈물자국 마른 두 사람을 같이 비출 날이 오려나?

당 왕조를 흔든 역사적 대전환의 사건 안록산의 난(755~763)으로 두보 가족은 장안과 부주에서 떨어져 지냈다. 당시 장안에 있던 두보는 달을 매개로 부주의 아내를 그리며 어서 난이 끝나기를 기다리는 마음과 함께 마음의 염원을 가상의 현실로 드러내고 있다. 여기서 달은 시간과 공간의 격절을 단숨에 넘어 달을 처다보는 것으로 상상 속에서 두 사람을 연결한다. 그리고 다시 현실로 돌아와 혼자에서 둘의 달빛 아래의 만남을 염원한다. 수련의 '獨'과 미련의 '雙'은 달을 매개로 한 복선인데, 서두는 현재적 분리 상황이며, 결미는 염원이 이루어질 미래의 대단원적 화합을 대비적으로 드러낸다. 분리된 현재의 달을 통한 희망으로서의 미래 공간으로의 연결이다.

달을 통한 초월적 매개와 소통은 소식의 사 「염노교·적벽회고」(1082)에도 보인다. 소식은 벗들과 함께 강가에 가 적벽을 바라본다. 비록 역사 속의 장소는 아니지만 900년 전 적벽대전에서의 삼국의 영웅호걸을 생각한다. 영웅은 이미 역사 속으로 사라지고 강물만 유유히 흐르니 홀연 인생무상을 느끼며 상념에 빠진다. 소식은 당시에도 역사적 사건을 내려다보았고 또 지금도 자신과 마주한 영원한 매개인 달을 바라본다. 물은 부단히 흘러가고 달은 늘 그 자리에 있어, 상호 대조적인 속성으로서의 물과 달에 생각이 미친다.[27] 그리고 흐르는 물에 비친 달에 술 한 잔을 붓는다. 술 따른 대상은 실은 달이 아니라 오래전 저 달이 목도했을 삼국의 영웅들이며, 보다 더 정확히는 시간 속에 스러질 숙명적 존재인 자신과 인간 존재에 대한 위로와 연민이 아니었을까? 이러한 소식의 행위는 시간 속에 무상한 존재의 숙명에 대한 달과 강물을 매개로 한 정신 교감이라고 할 수 있다.[28]

소식은 역시 같은 해에 지은 「적벽부」에서 배 위의 객(도사 楊世昌)이 부는 퉁소소리가 애절하기 그지없자 그 이유를 묻는다. 양세창이 답하길 일세의 영웅 조조 같은 영웅도 지금은 간곳없이 사라졌고, 우리네 일엽편주 같은 인생이 창해의 좁쌀 같이 미미한 존재임을 생각하니 슬픔을 주체할 길 없어 그렇다고 말한다. 이에 소식은 다음과 같이 말한다.

"그대는 물과 달에 대해서 아는가? 가는 것이 이와 같으나 가는 것이 아니요. 또 차고 이지러짐이 저와 같으나 결국 없어지거나 자라나는 것이 아니네. 사물을 변화의 관점에서 보면 천지는 일순간이라도 쉼이 없고, 또 사물을 불변의 관점에서 보면 사물과 나 모두 다함이 없으니, 무엇을 부러워 하리요? …… 강 위의 맑은 바람과 산간의 명월만이 귀로 들으면 소리가 되고, 눈으로 보아 빛을 이루어, 그것을 취함에 막을 이 없고, 마음대로 써도 다함이 없소. 이것이 바로 조물주의 무진장이니, 내 그대와 함께 실컷 즐기는 것이네." 이에 객이 기뻐 웃으며 잔을 씻어 다시 술을 드니, 안주가 다하고 잔과 쟁반이 어지러웠다. 배 안에서 서로 팔을 베고 누워 동쪽 하늘이 밝아오는 줄도 몰랐다.[29]

---

27 그러나 또 크게 보면 물과 달은 모두 가면서 가지 않고 또 가지 않으면서 가는 것이기도 하다. 물과 달에 대한 철학으로서의 '水月論'과 관련한 소식의 논증은 「적벽부」에 잘 개진되어 있다. "蘇子曰, 客亦知夫水與月乎? 逝者如斯, 而未嘗往也. 盈虛者如彼, 而卒莫消長也. 蓋將自其變者而觀之, 則天地曾不能以一瞬. 自其不變者而觀之, 則物與我皆無盡也, 而又何羨乎?" 해설은 『중국시의 문예심미적 지형』(오태석, 글누림, 2014, 210쪽)을 참조.
28 이에 대한 상세 내용은 오태석의 「이백과 소식 문학의 시대적 읽기: '將進酒'와 '念奴嬌·赤壁懷古'를 통하여」(『중국학보』 제40집, 1999)를 참조.

인간에게 죽음이란 피할 길 없는 숙명이다. 하지만 보다 큰 관점에서 바라
보면 저 흐르는 물이나 하늘에 뜬 달과 같이 돌고 돌아 순환하는 것이 세상의
이치다. 오히려 우리 역시 이 땅을 떠나되 다시 돌아오는 순환의 존재임을
알아 대자연과 숨결을 같이하여 흐름에 맡기면 되지, 부질없는 슬픔에 잠길
것이 없다고 말한다. 이는 정신의 눈으로 순환하는 대자연을 바라보아 시공
간의 강물에 몸을 맡기고 같이 흐르면 된다는 시공을 초월하는 존재론적
깨침이요, 자연과의 일체감어린 공조·공명이라고 할 수 있다. 이렇게 물과
달은 공자 이래로 이백, 두보, 소식은 물론 수많은 중국시에서 인간 존재의
무상과 또 그것의 초월적 매개로 상용되었다.

자연을 소재로 한 중국 고전시의 대체적인 경향으로서 자연과의 공감과
공명이 주류를 이루고 있기는 하지만 전부가 그런 것은 아니다. 장소와 시간
으로서의 세계 초월의 모티프는 중국의 신화에서 기원을 찾을 수 있다. 서구
와 마찬가지로 중국신화도 많은 원형 소재를 만들어 냈으며, 시인들은 이를
원용했다. 중국신화의 중심에는 산해경이 있는데, 도연명의 오언으로 된 「독
산해경」 13수에는 산해경을 읽으며 펼친 자유로운 상상의 세계가 그려져
있다. 작품의 중요 흐름은 수명의 연장, 욕망의 실현, 신력의 갈구, 권선징악,
역사의 糾正을 꿈꾼다.[30] 이후 중국의 시인 중에는 육조 현언시와 갈홍 포박
자의 불로장생과 신화적 상상을 원용한 이백, 이하, 이상은이 두드러지며,
현대 자유체시의 선구자 곽말약의 「봉황열반」에까지 이른다. 이중 "시귀"라

---

29 「赤壁賦」, "客亦知夫水與月乎? 逝者如斯, 而未嘗往也.. 盈虛者如彼, 而卒莫消長也.. 蓋將自其
變而觀之, 則天地曾不能以一瞬.. 自其不變而觀之, 則物與我皆無盡也, 而又何羨乎? 且夫天
地之間, 物各有主. 苟非吾之所有, 雖一毫而莫取. 惟江上之淸風, 與山間之明月. 耳得之而爲聲,
目遇之而成色. 取之無禁, 用之不竭. 是造物者之無盡藏也, 而吾與者之所共適. 客喜而笑, 洗盞更
酌. 肴核旣盡, 杯盤狼藉. 相與枕藉乎舟中, 不知東方之旣白."

30 도연명의 연작시 「독산해경」(양회석·이수진 옮김, 『도연명전집』 제1권, 지식을만드는지식,
2020, 580~623쪽)을 참조.

는 별칭의 이하(790~816)는 「苦晝短(고주단)」에서 이렇게 노래한다.

　　장생을 구할 神君은 어디에? 동황태일 천신은 어디에? 하늘 동쪽에는 부상
나무 대신 석양의 약목나무를 심고, 아래엔 어둠을 밝히는 (銜)烛龙 신을 놓아
두리라. 나는 촉룡의 발을 자르고 살을 씹어 먹어 아침이 오지 못하게 하고,
밤이 다시는 잠기지 못하게 하리니. 늙은이는 죽지 않고 젊은이는 나이로
울지 않으리라.(부분)[31]

　　이 시는 당시 불사약을 전국적으로 구하게 한 헌제를 풍자한 시지만 유한
한 삶을 사는 인간이 장생의 기본적 소망을 담고 있다. 시 중에서 인간의
수명을 "지져먹는[煎]" 낮과 밤(月寒日暖, 来煎人寿)"의 운행을 멈추어 불로장생
을 이루려는 마음을 신화적 상상의 변용을 통해 보여준다. 26세의 짧은 인생
을 산 이하는 현재적 삶에서 벗어나지 않는 일반 시인들과는 달리, 상상 속에
서 어둡고 초월적인 환상여행에 빠져들며 유한한 삶의 느낌을 독특한 심미로
표현한 시인이었다는 점에서 창작 의도와도 무관하게 특기할 만하다.

　　이상 중국시에서 시인과 세계와의 만남을 양자역학적으로 설명한다면 다
음과 같다. 중국시의 초월적 건너뜀은 세계와 그것에 '즉'하는 시인이 서로
접점화하면서 이루어진다. 이러한 '즉'의 접점의 순간, 주체와 분리되어 있던
세계는 주체에 의해 영향을 받으며 더 이상 객관 혹은 무관한 자연이기를
그치고 새로운 의미로 시인에게 다가온다. 이는 나와 관계없었던 다중적 가
능성의 중첩의 세계로부터, 나와 관계되는 얽힘의 세계로의 극적 전화이자

31　李賀, 「苦晝短」, "飞光飞光, 劝尔一杯酒。吾不识青天高, 黄地厚, 唯见月寒日暖, 来煎人寿. 食熊
　　则肥, 食蛙则瘦. [神君何在, 太一安有. 天东有若木, 下置衔烛龙. 吾将斩龙足, 嚼龙肉. 使之朝不
　　得回, 夜不得伏. 自然老者不死, 少者不哭.] 何为服黄金, 吞白玉. 谁似任公子, 云中骑碧驴. 刘彻
　　茂陵多滞骨, 嬴政梓棺费鲍鱼."

시프트(shift)적 초월이다.

시는 기본적으로 파동의 장르며, 논리중심적인 서양시에 비해 정감 공명의 중국시는 더욱 그러하다. 중국시에 나타난 시공의 구체적 초월 양상은 인간 존재의 유한성의 극복을 위해 자기 비움을 통한 자연과의 교감과 공명의 기록, 좌절과 울분, 그리고 희망적 대안으로서의 자기 토로와 상념이 은유와 상상적 감성의 울림으로 나타났다.

그리고 때때로 작가가 처한 종종의 현실적 제약으로부터의 낭만적이며 자기몰입적 해방으로도 나타났는데 李白 같은 경우가 그렇다. 이러한 시공초월적 깨침과 파동적 울림에 더해, 중국시는 표의문자인 한자가 지닌 다양한 방식의 은유적 의미 확장, 그리고 형식적으로 오언 혹은 칠언 등의 정형시가 지니는 격률미와 함께, 자기초월적 세계 확장과 심미 극대화에 다가갈 수 있었다.

(2) 펼침과 접힘의 가능성의 춤, 중국소설의 양행·병작

초월적 시공간과 관련된 중국소설의 가장 큰 특징은 두 세계를 자유로이 넘나드는 양행적 환상성이다. 이와 관련된 물리학 이론으로는 데이비드 봄(David Bohm)이 제기한 두 가지 종류의 세계로서의 펼쳐진 현상계와 접혀진 잠재계 가설이다. 제1장의 관련 비교표에서 보았듯이 봄의 펼친 질서와 접힌 질서의 두 세계 가설은 물리학자가 제기한 세계이해일 뿐 아니라 노장 및 불교와도 교융이 가능한 동서 회통적이라는 점, 더욱이 종교철학성까지 띠고 있다는 점에서 상당히 흥미롭다. 그리고 이는 특히 중국소설에서 강력한 상관적 해석력을 지닌 것으로 생각된다.

이와 함께 카를로 로벨리의 양자중력이론도 흥미롭다. 앞에서 우리는 현대물리학의 시공간적 특징으로 시공은 존재마다 서로 다른 국소성(locality)을 띤다는 점을 보았는데, 카를로 로벨리는 이에서 더 나가 시공은 허환이며 존재하지 않는다는 대담한 주장에까지 이른 것을 보았다. 이러한 논리는 바로 세계가 공이며 환상이라고 하는 반야공관과, 무가 세계를 구성하는 중요한 요소임을 설파한 노장의 사유와도 직결된다.[32] 특히 장자는 운문으로 된 노자의 역설과 함축의 정언 명제들을 상상력 풍부한 우언으로 풀어 호기심과 함께 읽는 즐거움을 안겨 준다. 노장이 보여주는 시공간의 시야 확장은 매우 광대하고도 역설적이다. 다음은 『장자·내편』에 보이는 초월적 시공인식이다.

아지랑이나 먼지는 생물이 숨을 쉬며 서로 불어내는 것들이다. 하늘의 푸른빛은 본래의 색인가? 아니면 그것이 멀어 끝이 없어 그런 것인가? 거기서 아래를 볼 때에도 이와 같이 푸를 뿐이겠지.[33] 「소요유」

천하에 털 한 올보다 더 큰 것이 없으며, 태산이 작은 것이 되며, 어린 나이에 죽은 아이보다 더 오래 수를 누린 이가 없으며, 팔백 살을 산 팽조보다 더 요절한 이가 없다. 천지와 내가 함께 일어나니, 만물과 내가 더불어 하나인 것이다. 이미 하나가 되었다면 이것이 유를 말함인가? 아니면 기왕에 하나라 일컬으니 이것은 또한 무를 말함인가?[34] 「제물론」

앞의 「소요유」는 지구에 대한 우주선 조망식의 서술이다. 위로 올라갈수

---

32 이에 대한 구체적 논증은 필자의 『노장선역, 동아시아 근원사유』(역락, 2017)를 참조.
33 「逍遙遊」, "野馬也, 塵埃也, 生物之以息相吹也. 天之蒼蒼, 其正色邪? 其遠而無所至極邪? 其視下也, 亦若是則已矣."
34 「齊物論」, "天下莫大於秋毫之末, 而大山爲小. 莫壽於殤子, 而彭祖爲夭. 天地與我竝生, 而萬物與我爲一. 旣已爲一矣. 且得有言乎? 旣已謂之一矣, 且得无言乎?"

록 총체 시야 속에서 자신이 속했던 세계를 객관적으로 바라보게 되면서 얽매이지 않은 정신적 자유를 느끼게 될 것이다. 그는 이제 전 지구의 숨결을 온전한 하나로서 느낀다. 그리고 창공의 푸른빛에서 광대무변한 우주를 바라본다. 장자는 이러한 원거리의 총체 시야를 통해 비로소 하늘의 소리, 즉 온 세상이 운행하는 소리인 '천뢰(天籟)'를 듣게 된다고 말한다. 장자의 제1편 「소요유」는 지구 표면에 붙어서 보는 좁은 세계가 아닌 거시적이며 메타적인 자기조망의 인식의 열림을 보여준다.

이어지는 「제물론」은 이러한 시야의 확장이 야기하는 인식의 상대성과 절대 진리의 의미를 역설의 어법으로 논한다. 장자의 시야는 단순히 지상과 하늘의 이분법적 구분 확장에 머물지 않는다. 지상도 하늘도 실은 다 우주다. 이런 관점에서 보자면 결국 이 곳에서 큰 것이 저 곳에서는 그만큼 작은 것이며, 이 세상에서 장구한 것이 저 세상에서는 단촉한 것이라고 할 수 있으니, 총량불변의 관점이다. 그러니 이것이 과연 보이는 유를 말함인가? 아니면 보이지 않는 무를 말함인가? 결국은 유와 무가 함께 이루어 내는 것이 진정하고 온전한 세계라는 것이다.

세상이 다 같은 것이라고 하는 이러한 「제물론」의 이야기는 우리가 잘 아는 '호접몽' 즉 나비의 꿈 이야기로 끝맺는다.[35] 나비의 꿈을 꾼 장자는 놀라운 사고의 반전을 하게 된다. 그것은 장자 자신의 삶이 혹시 나비가 꾸고 있는 꿈의 세계가 아닐까? 하는 것이었다. 그가 말한 것은 비단 나비만이 아니다. 이 세상 모든 존재가 이것에서 저것으로 그리고 다시 어느 다른 것으로 존재의 집을 바꾸어 가며 나타났다가 사라진다는 것이리라. 그리고 그는 이러한 존재의 출몰·전이가 바로 물질의 변화, 즉 '물화'라고 말한다. 이야기

---

35 『장자·제물론』, "昔者莊周夢爲胡蝶, 栩栩然胡蝶也, 自喩適志與! 不知周也. 俄然覺, 則蘧蘧然 周也. 不知周之夢爲胡蝶, 胡蝶之夢爲周與? 周與胡蝶, 則必有分矣. 此之謂 物化."

로 미루어 장자의 깨달음은 매우 직관적인 것인데, 불교 윤회설의 영향도, 그렇다고 물리학적 근거로 말한 것도 아닌 듯하지만, 원자와 양자론에 기초한 현대과학의 관점에서 볼 때도 상당한 화학적·물리학적 타당성을 지닌다.

그렇다. 세상과 우주의 모든 존재는 여기서 저기로 또 저기서 여기로 돌고 돌며 나타났다가 사라지고 다시 나타난다. 이상을 불교적으로 말하자면 공에 기초한 세계 존재의 현현은 상대적이며 반야심경에서 말하는 느는 것도 주는 것도 아닌 색공 총량의 관점에서 바라보아야 한다는 것을 의미한다고 할 수 있다.[36] 그렇다면 이는 세계인식에 있어서 '현상계'와 '잠재계' 둘 다 바라보는 총체적 양행의 시선을 우의적으로 말한 셈이다. 노자 사유의 핵심인 유와 무에 관한 논의도 이와 같으니, 바로 『노자』 2장의 '유무상생'이다.[37] 노자는 이를 '양행'과 '병작'으로, 장자는 '병생'으로 표현했다. 세상은 펼쳐져 보이는 것만으로 봐서도 안 되고, 또 그렇다고 그 접혀 있는 것만으로도 역시 전면적이지 않다는 것이다. 이제까지의 내용을 요약하면 ① 현상의 초월, ② 齊物의 세계인식, ③ 物化의 깨침, ④ 兩行 소통이다. 이러한 상호 연기와 양행·병작의 시선은 동아시아 사유와 문학예술의 큰 특징이다.

> ① 현상의 초월 → ② 제물의 세계인식 → ③ 물화의 깨침 → ④ 문학예술의 양행·병작

그러면 이러한 동아시아 시공인식은 중국소설에서 어떻게 전개되는가? 가장 큰 특징은 잠재적 가능성을 통한 서로 다른 두 세계 사이의 상호 왕래

---

36   『般若心經』, "舍利子, 是諸法空相. 不生不滅, 不垢不淨, 不增不減."
37   『老子』제2장, "天下皆知美之爲美, 斯惡已. 皆知善之爲善, 斯不善已. 故有無相生, 難易相成, 長短相較, 高下相傾, 音聲相和, 前後相隨."

와 연기적 보응이다. 중국소설에서는 이 세상과 저 세상의 구분이 모호하고, 人·鬼나 人·獸의 구별 역시 매우 약할 뿐만 아니라 서구에서와 같이 적대적이지도 않고 오히려 도움을 주고받기도 한다. 그런 의미에서 중국소설에 나타난 두 세계에 대한 양행적 바라보기는 암흑물질과 암흑에너지를 포함하고 잠재성과 상관성으로 이해되는 현대물리학의 세계 이해와도 유사하다. 본 절에서는 이상과 관련된 중국소설의 구체 양상과 시공간 표상을 고찰한다.

가장 먼저 나타난 것은 신화적 상상들인데, 이 부분은 이하의 시구와 함께 앞에서 간략히 언급했으므로 생략한다. 다음 단계에서 나타난 것이 동진 갈홍(283~343, ~364?)을 중심으로 유행한 신선사상과 함께 수집된 간보(?~336)의 『수신기』 등 육조 지괴소설이고, 그 다음이 당대 지괴류 전기소설과 애정 및 몽환류 전기소설이다. 당대에는 「이혼기」(진현우)와 같이 두 세계를 넘나드는 이야기가 몽환류와 애정류에 이르기까지 폭넓게 운용되었다. 이후 신괴고사의 전통은 송 이방의 『태평광기』나 홍매의 『이견지』와 청 포송령의 『요재지이』 등으로 이어지며 문언필기의 환상성을 강화하였다. 인과적 보응의 중심 흐름 속에서 대상으로서의 인간과 귀신, 인간과 동물, 그리고 상황으로서의 생과 사, 현실과 꿈, 낮과 밤 간의 변형과 조우의 방식으로 진행되는 두 세계 간의 펼침과 접힘의 스토리 전개는 소설과 희곡 등 여러 장르에서 활용되었다.

이러한 이종 세계 간의 변이가 보여주는 중국적 특징은 다음과 같다. ① 주로 부 주인공인 등장인물이 은[접힌 질서]과 현[펼쳐진 질서]의 두 세계를 왕래 교류하며 사건이 전개된다. ② 두 세계 간의 현실적·심리적 장벽은 높지 않아서 수월하게 왕래하며 맥락상으로도 연결이 부드럽다. 즉 정감 소통 면에서 서구와 같은 선과 악의 대결이 두드러지지 않고 친화적이다. ③ 두 세계

의 연결논리는 상호 인과와 보응 관계 속에서 사건이 전개된다. 이런 점에서
두 세계는 상관적이다. ④ 장르사적으로는 신화, 지괴, 전기를 거치며 그 내용
전개가 섬세화한다. 이와 같은 두 세계 간의 넘나듦은 문언문학 시기인 당까
지는 혼재되다가, 백화가 문학 언어로 편입되는 송부터 분기를 보인다. 지괴
소재는 이견지, 요재지이, 열미초당필기 같은 문언필기로, 그리고 현실 소재
는 백화 장회로 분기된다.[38]

　　다음에는 관련 작품을 통해 그 구체를 본다. 먼저 꿈을 소재로 한 당 전기
작품에 「침중기」와 「남가태수전」이 있다. 침중기는 신통력이 있는 베개를
베고 잠깐 낮잠을 자는 동안 인생의 부귀영화를 다 겪고 그 무상함을 느낀다
는 이야기다. 남가태수전은 모티프는 비슷하나 깨어나서 보니 집 앞의 큰
홰나무 밑 개미굴이 바로 자신이 겪은 꿈의 여정이었던 것을 알게 되는데,
꿈을 통해 인생과 개미의 세계를 연결하고 구성이 세밀해졌다는 점에서는
진전된 양태다. 이보다 더 진전된 이종왕래의 대표적 애정고사가 王宙와 倩
娘의 사랑을 그린 「이혼기」다. 두 남녀의 간절한 사랑으로 천랑은 부모의
뜻을 거역하고 도주해 왕주와 결합해 몇 년간 혼인생활을 하는데, 실은 현실
의 천랑은 부모의 뜻대로 다른 곳에서 살았던 것이다. 수년 후 어떤 계기에
천랑의 몸과 혼이 합해져 한 사람의 천랑으로 돌아온다는 혼령 이합의 초월
적 내용을 담고 있다. 이러한 고사성은 이후 잡극 「천녀이혼」(정광조), 포송령
의 『요재지이』 중의 「섭소천」, 그리고 그것을 영화화한 「천녀유혼」 등 다양
한 확장과 변용을 보여준다.

　　남송 홍매가 민간에서 보고 들은 수많은 이야기를 수록한 『이견지』는 현
재 420권의 절반인 206권이 전해지는데, 귀신·신괴·종교·이문·잡사 등

38　백화가 현실적 문제에 접근하는 데 비해, 문언의 환상서사는 조금은 구시대적 전통으로
　　치부된 까닭으로 추정되는데, 보다 정밀한 조사가 필요하다.

수많은 기문괴사가 수록되어 있다. 이성의 눈으로 보면 미신적이며 허황한 내용이지만, 당시 사람들의 풍속과 세계인식을 들여다보는 자료적 의미가 있다. 이러한 연장선상에서 과거에서 뜻을 얻지 못한 포송령의 『요재지이』 가 나왔다. 총 490여 편의 작품이 실려 있는데, 작품 말미에는 왕왕 작가인 이사씨의 평어가 실려 있어 세상을 바라보는 작가의 저작의도를 엿볼 수 있다. 본고에서는 영화로 널리 알려진 「섭소천」이나 「화피」를 제외하고, 「鞏 仙」이란 작품을 중심으로 본다. '공선'은 '공씨 신선'이란 뜻이며, 우리나라 완역본에는 "소맷자락 안의 세상"이란 부제가 달려 있다.

신비한 인물 공선은 王府를 구경하러 뇌물을 주고 들어가서는 높은 누각에서 뇌물을 받은 환관을 밀어 공중에 대롱대롱 매달리게 했는데, 결국 떨어져서 다시 보니 겨우 한자 남짓한 높이에 불과했다. 후에 왕의 초대에 응한 공선은 자기가 입은 도포의 소맷자락에서 미인들을 꺼내 공연을 벌이곤 했다. 한편 상씨 수재는 결혼을 하기로 약정했던 혜가라는 여인을 왕부에서 불러들이면서 헤어지지만, 그녀를 잊지 못하고 공선에게 도술을 부탁을 하니, 공선은 상 수재를 소맷자락 안에 집어넣고 왕부에 들어가 혜가를 만나자마자 그녀를 낚아채 소매로 들여 남녀는 소매 속에서 만난다. 상 수재는 기뻐 "소맷자락 안의 세상 정말로 크구나!"라는 시구를 지으니, 혜가는 "떠나간 남정네와 그리는 여인을 모두 감싸 안으니."라며 응수한다. 세 번의 만남 끝에 혜가는 상 수재의 아이를 임신하고, 해산달에 상 수재네 집에 간 공선의 소맷자락에서 상 수재의 아이가 태어난다. 공선은 이로써 인연이 끝났다며 도포자락을 남겨주며 죽는다. 이후 공선이 남긴 도포를 가지고 왕의 곤경을 도와 준 수재는 그 대가로 혜가를 자기에게 달라고 청원하여 왕부에서 풀려나오게 하였다. 나중에 도사의 무덤을 파보니 공선의 시체는 보이지 않고 빈 관만 있었다.
異史氏는 말한다. "소맷자락 안에 천지와 해와 달이 있어, 아내를 맞이하고 아들을 낳는구나. 게다가 세금도 번뇌도 없으니, 그 안에 사는 서캐나 이는

도화원의 개나 닭과 무엇이 다르랴! 소매 속 세상에서 살 수만 있다면 그곳에
서 늙어죽어도 좋겠네."[39]

닫힌 현실에서는 도저히 해결할 길이 없던 문제와 갈망들이 공선의 소매
를 통해 해결될 수 있었다. 공선은 생사의 전환이 가능한 신통력이 있는 인물
이며, 그의 소매는 공간의 축소, 확장, 자유로운 이동, 염원의 실현이 가능한
마법의 성이며 관문이다. 그리고 상상과 현실 사이의 가교 설정을 통해 두
세계 간의 인과응보적인 얽힘과 소통이 자연스럽게 전개된다. 이와 같은 현
실과 잠재에 속한 두 인물에 의한 주고받음의 상상적 인과관계 속에서 춤을
추듯 전개되는 중국소설에서 잠재계는 현상계에 대한 은장된 가능성의 보따
리다. 현상계와 잠재계의 두 주인공의 교차를 통해 벌어지는 사건들에서 잠
재계는 숨겨진 다중세계와도 같이 현상계에 대하여 계기와 보응에 따라 상상
적 신통력과 함께 다양한 가능성을 열어 준다. 그리고 이러한 몽환 및 지괴류
필기소설에 나타난 은·현의 왕래를 통한 스토리 전개는 사회적으로 현실에
구속된 사람들에게 상상 소요를 통한 초시공적 출구로서의 解寃과 정화의
기능을 제공해 주었다. 이를 그림으로 표시하면 다음과 같다.

현실세계 A ◄──► 주인공·계기자 ◄──► 잠재세계 B

계기 촉발   보응 해원

---

39 작품 감상은 『요재지이』(김혜경 옮김, 민음사, 2002) 제3책 「공선(鞏仙) — 소맷자락 안의
세상」 125~136쪽을 참고.

이상 중국소설에 보이는 현실과, 가상 혹은 또 다른 현실이란 두 세계 간의 상호 얽힘과 왕래는 데이비드 봄 식으로 말하자면 잠재적 가능성의 접힘(implicate)과 그 외현으로서의 펼침(exlpicate)이란 두 질서의 문학예술적인 구현이라 할 수 있다. 봄의 세계 인식을 필자 방식으로 정리하면 다음과 같다.

이것이기도 하고 저것이기도 한 것, 그것의 내재와 외적 발현은 양태는 다르지만 실은 하나이다. 그래서 하나가 둘의 모습을 가지는 의미에서 이중적이기도 하고 양가적이다. 둘이지만 하나이고 하나이지만 둘인 것, 이것이 우주만물의 본래적 모습이다. 때문에 그 적용은 생명과 비생명을 함께 아우른다. 그래서 시공간이란 개념에 토대를 둔 존재는, 보이는 것으로 말하자면 밖에 드러나 있어 '외재(ex·ist)'히지만 숨겨져 접힌 관점에서 보면 '내재(in·ist)'한다. 결국 존재는 관점에 따라 상도의 안과 가도의 밖 양쪽에서 '내·외재(in·ex·ist)'한다. 접히고 펼쳐지는 사물의 세계, 그것은 사건과 상황에 따라 펼쳐져 드러나기도 하고 접혀져 숨겨져 있기도 한다.

이것이 중국을 중심으로 한 동아시아 소설 대부분에서 나타나는 두 세계 간의 비교적 자유로운 왕래 소통이며, 가능성의 현재적 발현이다. 서로 다른 두 세계를 함께 조명하는 양행·병작의 시선은 노장 및 불교의 인식 초월과 깊은 관련이 있다. 결국 이러한 '현상-잠재'의 세계인식, 그리고 이 '현실태와 가능태'라는 두 세계 간의 상호 얽힘과 양행·병작의 세계인식은 서구 전통의 '현상과 본질'의 주종적·계층적 시선 및 '생과 사'나 '선과 악'의 차별과 배제의 이분법적 시선과는 또 다른, 동아시아 문화 특유의 융화 양행의 세계 인식의 장르적 구현이다.

중국의 시와 소설은 기본적으로 감동의 전달과 공감 소통을 지향한다. 특히 시에서는 자연과의 정경교융적 합일을 중시한다. 또 소설은 두 세계 간의 얽힘을 통해 사건의 전개가 추동된다. 이런 점에서 과학의 시선에서 바라본 중국문학은 파동적이며 그 울림과 얽힘의 속의 의미 전달을 지향한다.

3. 정신과 대상의 융화경, 중국화의 공간 표상

예술은 크게 시간예술인 음악과 공간예술인 회화·조각·건축 등으로 나눌 수 있다. 공간예술에 대한 고찰인 본장에서는 회화를 주로 하고 여기에 관련되는 건축 심미를 곁들여 본다. 서구의 공간은 'space, universe, cosmos'로 표현할 수 있다. 여기서 코스모스란 말에는 수학적 규칙과 질서의 개념이 들어 있다. 그래서 서구의 공간개념은 그 자체의 기하학적이며 시각적인 아름다움을 추구한다. 그런데 동아시아 회화미는 전체 속의 조화를 중시한다. 'human, time, space'를 중국어로는 '人, 時, 空'이라고 하지 않고, '間'을 더해 '인간, 시간, 공간'으로 부른다. 특히 공간을 뜻하는 'space'의 번역에서 기초요소를 '공'으로 부른 것은 하늘이 허공으로 비어서 붙여진 것으로 보이는데, 불교의 공관을 생각하면 그 의미가 심장하다.

문자적으로 공간은 '空'에 '사이'라는 '間'이 더해진 말이니, 공간은 '비움과 사이' 나아가서는 '비움과 관계'의 합성어가 된다.[40] 그렇다면 시와 공 사이의 분포와 밀도에 따라 탄력적으로 구조화되는 것이 시간과 공간이라고 할 수 있다.[41] 이는 실체 중심의 서구와는 다른 마당 속의 '관계' 중심의 동아시아

---

40 유현준은 『공간이 만든 공간』(을유문화사, 2020, 124쪽)에서 공간이 '비움과 사이 혹은 관계'의 합성어로서 전체 속의 상관성을 보이는 것은, 동양의 공간 개념이 건축학적으로도 서구의 실체적이며 기하학적 공간 개념과는 다른 철학적 이해 위에 있다고 했다.

41 최태군은 『모든 것의 이론』 324, 349쪽에서 중력장으로서의 시공간은 시(timing)만 가지고 있는 암흑물질들의 분포 사이에서 間이 있다고 말한다. 즉 각 물질에는 時만 있으며, 물체와

사유와 직결된다. 이밖에 과학의 눈으로 보면 '間'에서 장(field) 혹은 구조화의 개념으로 읽힐 수 있다. 장은 전체 속의 공유의 마당이다. 공간의 학문인 건축학의 핵심 개념인 공간에 대한 이해에서 서구의 건축미가 기하학적 심미를 추구한다면, 동양은 도가적이기도 한 비워진 마당 속의 존재의 만남과 소통에 중점을 두고 있다고 할 수 있다.

이러한 동아시아의 '공간' 개념을 한 번 더 밀고 나가면, 그 마당 위에서의 존재의 '영위' 또는 '운동'이 개재되어 있다. 사물은 꽉 채워진 곳에서는 움직일 수가 없다. 비워진 마당에서만이 운동이 가능해진다. 그런데 앞에서 보듯이 상대성이론과 루프양자중력이론의 세계이해는 장 개념 위에서 잘 작동한다고 보고 있다는 점에서 동아시아 공간론과 현대물리학의 발견은 해석학적 접점의 여지가 크다. 본장은 이와 같은 공간에 대한 융합 해석의 가능성을 염두에 두고, 중국을 중심으로 한 동아시아 건축과 회화의 시공간 표상의 의미를 생각한다.

필자가 생각하는 서구와 다른 동아시아 회화 심미의 두드러진 특징을 먼저 제시하면, ① 작가적 비움과 깨침 및 그 寫意的 표현, ② 2차원 평면 캔버스 위에서의 세계에 대한 작가의 동적 관찰인 산점투시, ③ 유채색이 아닌 무채색의 수묵화, ④ 면이 아닌 선형 예술이 만들어 낸 여백의 의미 부여다. 대상에 대한 접근 자세를 본다. 『장자·제물론』의 '庖丁解牛'는 소를 잡는 백정의 이야기로서 19년이나 칼을 갈지 않는 비결이 소를 잡기 전에 그 외양이 아니라 마음의 눈으로 소의 내외 전모를 샅샅이 이해한 후에 칼을 대면 요소와 사이로 칼이 들어가므로 날이 상할 일이 없다는 것이다. 이는 기술의 습득에서 대상의 내적 파악이 외형보다 우선되어야 함을 말한다. 文同과 소식 문인

물질의 분포와 밀도 사이에서 間, 즉 시간(time)이 생겨난다고 말한다. 공간도 마찬가지다. 그렇다면 시간, 공간이란 이들 물질의 밀도가 자아내는 구조가 된다.

화론에서 말한 마음속에 대나무가 이미 들어 있는 '흉중성죽'의 이치이다. 이로부터 정신에서 오도를 거친 사의적 예술 표상으로의 순서도가 가능하며, 이러한 깨침과 융화는 동아시아 예술 정신의 핵심이다. 그리고 이는 선 중심의 중국회화에서 생략과 여백의 표현으로 나타난다.

정신의 비움 ──→ 도의 깨침 ──→ 본체의 파악 ──→ 융화 재배치

결국 중국 고대 사유에 나타나는 세계진리로서의 공과 무에 대한 의미부여는 동아시아 건축과 회화에도 투영되어 서구와 같은 대상 자체의 아름다움이 아니라, 여백미, 대상 간의 상호 관계, 전체 속의 조화의 추구로 나타났다. 여백에 대한 강조는 면 중심의 서양 회화와 다른 선 중심의 수묵화가 지니는 큰 특징이다. 이는 표의문자인 한자의 대상에 대한 형상표현이 선·획·점으로 운용되어 온 것과 연결된다고 보기도 한다.[42] 이러한 양상은 회화와 건축에 공히 보인다. 서양의 건축이 실체로서의 건물 자체에 중점을 두고 이루어진다면, 중국의 건축은 건물 간 상호 관계와 전체 구도를 중시한다. 특히 중국의 원림건축은 다양한 공간의 상호 연결에 중점을 둔다. 자연에 대한 감상 역시 초점투시적 조망이 아니라 산점투시적 다중조망을 보인다. 그 한 예가 원림건축 기법의 하나인 경치를 누른다는 의미의 '抑景'인데, 원림에 들어서면 모든 경치가 한눈에 다 들어오지 않고 파노라마 같이 걸어가는 가운데 경치가 전개되는 방식이다.[43] 그래서 문, 담장, 창, 바위, 숲과 연못

---

42 박정진, 『일반성의 철학과 포노로지』, 소나무, 2014, 195쪽; 박석, 『대교약졸』, 들녘, 2005, 137쪽.

43 박석, 『대교약졸』, 들녘, 2005, 211~216쪽.

등으로 공간을 세부화하면서 전체로는 공간을 확장하고, 그 가운데 다양성과 동적 연결을 강화한다. 자연을 원림으로 끌어들이면서 공간을 심미적으로 재배치한 것이다.

서양 현대건축에도 동양의 미학을 따른 이가 있는데 그 중의 한 사람이 루이스 칸(Louis Kahn, 1901~1974)이다. 그는 20세기 후반에 유행했던 "형태는 기능을 따른다."는 국제주의 양식에 만족하지 않고, 노자 1장의 상도적 빈 공간의 개념을 적극 도입했다. 그는 "나는 위대한 건물은 잴 수 없는 것에서 시작해야 하며, 디자인 과정에서 잴 수 있는 것을 통해야 한다고 생각한다. 하지만 그 끝은 잴 수 없는 것이 되어야 한다."고 했는데, 이는 노자가 말한 상명과 상도로 이해 가능하다.[44] 이것이 동아시아 예술심미의 중요한 특성인 '비움을 통한 채움의 의미부여'다.

중국의 초기 회화는 자료와 발전단계의 속성상 초기 건축, 궁전, 사원과 묘실 벽화, 백화(帛畵), 공예장식에서 볼 수 있는데, 오늘날의 관점에서 숙성도가 높지는 않으나, 자료 자체만으로도 역사문화 연구의 소중한 참고가 된다. 본격적인 회화이론은 후한의 혼란 속에 시작된 위진 남북조 초기 동진 고개지(345~406)와 송의 종병(375~443), 그리고 남제 사혁(500?~535 활동)에서 본격 시작된다. 특히 고개지는 중국회화이론의 서막을 끊었는데, 중요 논점은 '형상은 정신을 그려 내야 한다(以形寫神)'는 '전신'론이다.[45] 그는 "실제 마주한 대상을 헛되이 하면, 생기를 온전히 함이 잘못되며 내재된 정신을 전하는 지취를 잃게 된다."고 했다.[46] 즉 그림은 단순한 외형 모사보다 그 이면에

---

44 유현준, 『공간이 만든 공간』, 을유문화사, 2020, 277~294쪽.
45 고개지가 말한 회화의 여섯 가지 중요한 요소는 "神氣, 骨法, 用筆, 傳神, 置陳, 模寫"이다.
46 顧愷之, 「畵論」(張彦遠 『歷代名畵記』), "空其實對, 荃[全]生之用乖."(溫肇桐, 강관식 역, 『중국 회화비평사(원저: 中國繪畵批評史略, 1981)』, 미진사, 1994, 78쪽)

있는 정신, 즉 신운을 그려내는 것이 중요하다는 것으로서 중국회화심미의 근간이다. 실제보다 내재된 이치의 깨달음을 강조하는 관념은 "큰 형상은 모양이 없다(大象無形)"거나, "큰 기교는 서툰 듯하다(大巧若拙)"는 노자의 심미 사유에 기초한다.[47] 인간의 마음이 형을 초월하여 무형의 상을 인식하는 것이나, 좀 서툰 듯이 보이는 게 실은 최고의 기교라는 역설의 논리다.

고개지에 이어 신불멸론의 주창자이기도 한 종병은 산수화를 그리되 그 이면에 내재된 불변의 도리를 추구했다. 그는 「화산수서」에서 "도를 품고 사물에 응하여, 마음을 맑게 하여 형상을 음미한다."거나 "자연과 만나 정신이 감응하면, 정신은 시공을 초월해 진정한 이치를 얻게 된다."라고 주장했다.[48] 이러한 정신과 마음의 눈으로 바라보기는 「포정해우」의 소의 해부 작업에서 마음의 눈으로 본 도의 체득이 자연스레 기로 연결된 경지를 연상케 한다. 이는 중국화에서 내면을 비우고 자연을 대할 때 자연의 상리를 심득하여 형상으로 담아내는 것이니, 곧 시공을 초월하여 세계에 내재된 진리에 도달하는 것과 같다. 이와 같은 대상과 주체의 공명은 마치 앞에서 본 육기의 영감어린 창작론과도 흡사하다. 이렇게 하여 도달한 경지가 바로 '정경교융' 의 경지이다.[49]

육조시대 최고의 이론가는 사혁이다. 그의 저작인 『고화품록』은 현존하는 최초의 수준 높은 회화이론서다. 그는 이 책의 서문에서 회화육법을 주장하고, 삼국 이래 梁에 이르는 화가를 6품으로 분류했다. 육법은 ① 기운생동(氣韻生動), ② 골법용필(骨法用筆), ③ 응물상형(應物象形), ④ 수류부채(隨類賦彩), ⑤

---

47 『老子』제41장, "大方無隅, 大器晚成, 大音希聲, 大象無形, 道隱無名, 夫唯道, 善貸且成.", 제45 장, "大成若缺, 其用不弊. 大盈若沖, 其用不窮. 大直若屈, 大巧若拙, 大辯若訥. 躁勝寒, 靜勝熱, 淸靜爲天下正."

48 宗炳, 「畵山水序」, "含道應物, 澄懷味像.", "應會感神, 神超理得."

49 북경중앙미술학원 미술사계 편저, 박은화 옮김, 『중국 미술의 역사』, 시공사, 1998, 117쪽.

경영위치(經營位置), ⑥ 전이모사(傳移模寫)의 여섯 가지다. 이 비평 기준은 이후 중국회화비평의 준칙이 되었으며, 이중 '기운생동'은 중국화 구현의 핵심 개념으로 부상한다. 한편 서구의 연구는 사혁의 육법이 인도 불화 이론중의 육법(Sandaga)의 영향을 받은 것으로 보고 있기도 하다. 인도 육법과 사혁 육법을 비교 정리하면 다음과 같다.[50]

	인도 육법(Sandaga)	사혁 육법
① 정신	현상의 인식	기운생동
② 운필	정조와 감각	골법용필
③ 표현	유사와 모사	응물상형
④ 채색	우아와 심미	수류부채
⑤ 구도	척도와 비례	경영위치
⑥ 묘사	재료와 용법	전이모사

이후 당의 장언원(張彦遠, 『역대명화기』)과 형호(荊浩, 『필법기』), 송의 황휴복(黃休復, 『익주명화록』), 유도순(劉道醇, 『송조명화평』), 곽약허(郭若虛, 『도화견문지』), 심괄(沈括, 『몽계필담』), 곽희(郭熙, 『임천고치』), 소식, 원의 조맹부(趙孟頫, 조맹부), 황공망(黃公望), 예찬(倪瓚), 명의 동기창을 거치며, 형사(形似)는 물론 그보다 더 중요한 작가의 정신인 신사(神似)와 사의(寫意)를 중시하는 문인화 전통이 이어졌다. 이렇게 대부분 중국의 화론은 대상과 주체의 만남 속에서 그 공명과 울림을 그려 낼 것을 주장한다. 이들 모두 중국회화사상 탁월한 성취를 보여 주었으며, 소식은 화공의 그림과 다른 사의를 중시하는 문인화 전통을 이론화하고, 시·화가 같은 이치라는 '시화일률(詩畵一律)'의 이론을 제기하였다.[51]

---

50 본 표는 온조동의 『중국회화비평사』(96쪽)를 기초하고 여러 자료를 정리해 작성했다.

그러면 동아시아 회화의 공간 표상은 어떠한 특징이 있는가? 먼저 서구 회화의 특징을 보자. 서구회화의 양대 특징은 원근법과 명암법이다. 르네상스 이래 발전한 이 회화기법은 객관적 실재의 묘사를 중시하는 서양 회화의 중요한 표현 방식이다. 이들은 다음과 같은 생각에 기초한다. 원근법은 절대 공간은 변하지 않으며, 그것은 주체의 대상에 대한 이분법적 응시의 결과라는 점이다.[52] 명암법은 대상에 대한 빛의 투영과 그것의 표현과 관련된다. 그리고 이 두 기법은 실체로서의 대상에 대한 주객 이분법과 절대 시공간의 회화적 표상으로서, 19세기 사진이 발명되기 전까지 지속되었다. 그러면 과연 시간과 공간은 변하지 않는가? 물론 그렇지 않음이 현대물리학으로 밝혀졌다. 이후 서양미술은 피카소(Pablo Picasso, 1881~1973), 후안 그리스(Juan Gris, 1887~1927), 살바도르 달리(Salvador Dalí, 1904~1989), 르네 마그리트(René Magritte, 1898~1967)를 거치며 시공간의 상대성과 굴절된 모습을 입체적으로 혹은 초현실적으로 표현해 나갔다.

한편 동아시아 전통 회화의 특징은 작가의 영감과 마음의 눈으로 본 세계의 표상이며, 그것은 상호 얽힘에 의한 공간의 재배치·혼용·굴절로 나타난다. 그러면 그 구체적 방식으로는 무엇이 있는가? 동아시아 회화의 대표적인 시선은 '산점투시'이다. 산점투시에서는 작가의 관찰점이 고정되어 있지 않고 마치 전지적 작가시점처럼 여기저기로 옮겨 다닌다. 서구의 초점 투시는 작가 중심의 시선이며 대상을 바라보는 오직 하나의 주체(I)가 있다. 이에 반해 동양의 산점투시는 하나의 그림에도 '수많은 나'가 존재한다. 영어로 말하자면 'I'도 아니고 'We'도 아닌 'Is' 즉 여기저기를 돌아다니며 바라본

---

51   이상 중국회화의 개관은 온조동의 『중국회화비평사』, 71~251쪽 부분을 주로 참조.
52   서양 원근법과 동양 수묵화의 비교는 필자의 「니즈다오와 양가불이의 시선」(『중국문학』 제100집, 2019, 126~127쪽)을 참조.

'나들'이 있다. 이렇게 함으로써 다양한 동적 공간이 한 장의 그림 안에 존재한다. 공간의 다중화이다. 그곳을 다닌 시간도 다를 것이므로 결국 시공간의 다중성이 녹아 있는 셈이다.

송 곽희는 "산의 모습은 원근고저가 다르며 걸음마다 다르다."고 했는데, 이는 대상에 대한 바른 묘사를 위해서는 고정시선이 좋은 것만이 아니라는 말이다. 서양에도 세잔(Paul Cezanne, 1840~1906)의 <생 빅투아르 산> 같이 일점투시를 버리고 시점을 옮겨가며 그린 경우가 있다. 동아시아 회화의 '삼원법'은 산점투시에서 한걸음 더 나간 기법이다. '아래서 위를 쳐다보는 고원(高遠), 앞에서 뒤쪽을 깊이 바라보는 심원(深遠), 그리고 가까이서 멀리 조망하는 평원(平遠)'의 삼원법은 각기 맑고 밝은 색, 무겁고 어두운 색, 그리고 때마다 다른 농담으로 형세를 그려 낸다. 아래 소식이나 동기창, 서위의 그림은 이를 잘 운용한 수묵화들이다. 대상이 정신을 거쳐 그 융화경을 그리므로, 농양화는 대상모사가 아닌 자기표현이다. 그 대표적인 화풍이 문인화다.

墨竹圖(蘇軾)

林和靖詩意圖(董其昌)

묵죽도의 창시자인 文同(1018~1079)과 그의 회화를 추종한 소식(1037~1101)은 "뜻이 붓보다 먼저다.(意在筆先)", "마음에 대나무가 있다.(胸中成竹)"를 주장하며 작가의 정신이 그림에 투영되어야 한다는 문인화론을 주장했다. 특히 소식은 왕유의 시와 그림에 대해 "시중유화, 화중유시"라고 하며 시와 그림이 하나라는 '시화일률'을 강조했다.[53] 문인화는 눈에 보이는 풍경에 내재된 작가의 영감어린 세계인식을 주관적 필치로 핵심 부분만을 강조한다. 따라서 형태의 묘사는 실재의 객관적 재현이 아닌 정신의 인지적 포착이다. 작가의 세계인식을 중시하는 문인화는 당시 유행한 선학과 함께 시·화·선의 융화를 보여주었다. 이렇게 하여 사형이 아닌 사의는 중국의 수묵과 담채화를 관통하는 핵심 정신으로 자리 잡았다.

사유 면에서 이러한 수묵화의 근저에는 무의 관념이 자리하고 있다. 세계의 근원을 무와 공으로 보는 노장과 불교의 동아시아 사유에서 세계는 있는 모든 것을 전부 그리는 것이 필요하지 않다. 주변의 것들을 정리하고 핵심만 보여주는 것이 바로 작가의 대상에 깊은 인상과 깨달음의 표현이므로, 생략과 절제를 통한 공간 재배치와 기세의 강조가 두드러진다. 이러한 작가 중심의 재배치는 화폭의 구성에서도 드러난다. 본고에서 제시한 몇 장의 그림을 보아도 알 수 있듯이, 동양 회화의 화폭은 '가로-세로'의 비율이 상당히 임의적이다. 느낌을 표현하는 데 있어서 도구의 제한을 넘어서고 있다는 것을 알 수 있다. 또 사실의 모사가 중요하지 않고 최소한의 표현을 중시하는 동아시아 회화는 재료와 색채의 선택에도 특징을 가져왔다. 그것은 유채색보다는 흑과 백의 수묵 혹은 담채화가 더 선호되었다는 점이다.[54] 현대에까지 수묵화가 그려지고 있는 점을 감안해 보면 이러한 선호는 단순히 안료의 수급 문제로 볼 일이

---

53 장준석, 『중국회화사론』, 학연문화사, 2002, 153~159쪽.
54 최병식, 『동양회화미학』, 동문선, 2007, 45쪽.

아니다. 현상의 여러 색을 제거한 그림의 無彩化는 무에 기초한 세계의 본질 표상에 더 효과적인 부분이 있다고 여겨졌기에 가능하다는 생각이다.

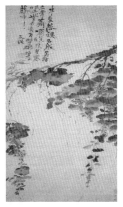
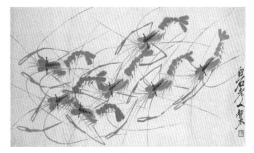

墨葡萄圖(徐渭: 北京古宮博物院)　　　　　　　蝦(齊白石)

　새우를 잘 그린 현대 최고의 화가 齊白石(1860~1957)은 그림이란 "닮음과 닮지 않음의 사이.(似與不似之間)"에 있어야 한다고 했다. 이는 청 석도(石濤, 1641~1720?)의 '닮지 않음의 닮음(不似之似)'론의 계승이다. 일례로 서위(徐渭, 1521~1593)의 「묵포도도」는 먹을 뿌려 흘리고 붓을 휘둘러 그려 냈는데, 실제의 포도보다 더 사실적이다.[55] 작가의 마음을 경유하고, 대상을 그리되 주관화한 대상의 특징 모사로서의 형사(形似)와 정신 경계로서의 신사(神似) 사이의 미묘한 균형을 이룬 결과이다.

　요컨대 동아시아 회화 예술의 가장 큰 특색은 대상에 대한 우월적 혹은 그 반대인 숭고의 이분법적 분리의 시선이 아닌 작가와 대상의 상호 교융과 조화다. 대상과 정신의 상호 조응, 즉 형신상조(形神相照)의 회화적 표상, 이것

55　박우찬·박종용, 『동양의 눈, 서양의 눈』, 재원, 2016, 198~201쪽.

이 실제에 기초하지만 사의를 지향한 동아시아 회화의 특징이며 예술적 성취다. 그리고 그 표상은 간략한 선 중심의 회화표현, 이에 따르는 여백의 미, 대상 간의 상호 연결성으로 나타났다. 특히 무채색인 흑백으로 운용된 수묵화는 선에 의한 공간의 분할과 상하좌우의 비실경적 재배치, 생략과 굴절, 주관적 강조로 특징되며 실체중심주의의 서구 회화와는 다른 길을 걸었다. 이와 같은 주객융화와 공간의 자유로운 굴절 및 주관적 변용의 동아시아 회화가 걸어 온 시공간의 자기융화적 탄력성을 보여주었다. 그리고 이는 상대적이며 심지어 양자중력이론에서 존재하지 않는다고까지 논의되고 있는 현대물리학의 시공간 개념과도 일정한 접점을 형성한다.

4. 미분리의 전일성, 동아시아 문학예술의 시공 표상

본고는 중국의 문학과 회화에 나타난 초월적 시공간 인식의 특징을 동서 대비적으로, 거시적으로는 중국을 중심으로 한 동아시아 문학·예술의 시공간 인식이 지난 100년 현대물리학이 고찰한 상대적 시공간 이해와 어떤 내적 연결을 가질 수 있는지에 관해 '인문기반의 과학적 재해석'이라고 하는 인문 융합의 고찰을 하였다.

'동아시아의 초월적 시공간 연구' 주제의 제3년 차인 본고는 먼저 서구 현대물리학이 발견한 시공간의 새로운 이해, 즉 시간은 보편적 개념이 아니라 개체마다 다른 국지적·상대적이며 공간 역시 중력 작용의 부수적 현상이라는 사실로부터 시작했다. 그리고 이는 동아시아 근원사유인 주역 음양론과 '무극이태극'론, 노장의 잠재·현상의 두 종의 세계 인식의 양행적 조망, 불교의 색즉시공의 반야공관과 서로 문화 기반과 분야가 다름에도 불구하고 시선

면에서 공유점이 상당하다는 것을 몇 가지 예와 함께 적시했다.

그리고 물리학적 참조로서 두 가지 이론을 들었다. 하나는 데이비드 봄의 숨은변수이론이 제기한 두 가지 세계, 즉 현현된 '펼친 질서'의 세계와 접혀져 보이지 않는 '접힌 질서' 가설이다. 그리고 다른 하나는 카를로 로벨리의 시공간의 탄력성을 양자론적으로 설명한 '루프양자중력' 가설이다. 데이비드 봄과 카를로 로벨리의 이론은 아직 완전한 검증에 이르지는 않았으나, 노장과 불교의 동아시아 시공 인식과의 접점적 이해에 많은 시사를 던져준다는 점에서 주목이 필요하다. 또한 이 두 이론이 아니라고 하더라도 현대물리학의 우주는 보이는 명징과 보이지 않는 암흑의 병존이며, 보편·절대의 시공간도 아인슈타인 이후 이미 사라졌다. 이를 과학철학적으로 재해석하면 우주상별 위의 각 존재자는 물질과 에너지 두 영역을 호접몽과 같이 物化하며 저마다의 국소적 시공(local space-time)을 영위하는 가능성의 다중우주적 존재로도 바라볼 수 있다는 점에서 노장의 '상도-가도'론 및 불교 '색공론' 등 동아시아 사유와의 시선적 접점과 재해석의 가능성을 지닌다.[56]

다음 중국을 중심으로 하는 동아시아 문학과 예술의 시공간 표상의 특징은 시, 소설, 회화로 나누어 고찰했다. 먼저 시는 주체와 대상 간의 시공간적 국소성을 넘어 영혼의 울림이라고 하는 카이로스적 깨침의 은유의 기록으로서 비국소적이며 초월적이다. 그리고 그 구체는 주로 일상의 소소한 즐거움에 기초한 영물과 영탄, 개인과 사회적 자아로서의 사변적 자기초월, 그리고 그 과정적 계기로서의 자연과의 합일·공명 및 환상여행 등으로 표출되었다.

---

56 여기서 '存在'(existence)란 말은 중국어 혹은 영어를 막론하고 시간(存)과 공간(在) 상의 밖으로 나타나 있음(existence)으로 언어 표상되고 있다. 즉 현상계적 관점에서의 있음이다. 이것이 유이고, 무는 잠재계적 표현으로서 보이지 않음이다. 이러한 점에서 특히 동아시아 시공인식은 현상과 본질이 아니라 현상과 잠재의 양행·병작이다.

또 때로는 이백과 같은 분방한 상상과 순간에의 탐닉, 또는 이하와 같은 환상 서정으로도 표출되었다. 이들은 모두 자기가 살아야 하는 시간과 공간의 제약을 자연과 상상을 통해 자신을 위로하거나 공명하며 현세의 삶을 확장 혹은 초월하려 했다. 요약하면 중국시에서 작가의 자기 비움과 세계진리의 정감 포착은 크로노스적이 아니라 초시공적이다. 그리고 그 카이로스적 특이점에서의 공명·깨침·울림은 한자 특유의 의미 표상과 성음상의 절제된 격률로 심미화의 길을 걸어갔다.

중국소설의 가장 큰 특색은 보이는 것과 보이지 않는 두 세계 간의 자유롭고도 비분리적인 시공간 전환이다. 이러한 공간과 시간의 전이는 데이비드 봄 식의 접힘과 펼침의 두 세계를 통한 왕래와 문제해결, 그리고 탄력적인 시공간 전개로 나타났다. 특히 중국에서 두 세계 간의 왕래는 서양과 달리 감정의 거리낌이나 괴리 없이 전개되고 있다는 점에서 특징적이다. 중국소설에서 접힌 질서적인 잠재계는 현상계에 대한 숨겨진 가능성의 보고다. 이 두 세계에 속한 주인공들은 특이한 계기에 의해 만나며 사건이 전개되고, 그것은 상호 얽힘과 보응의 원리에 의해 스토리텔링이 이루어졌다. 그리고 잠재계는 현상계에 대한 숨겨진 다양한 가능성의 보고로 작용했다. 이에는 아마도 삶과 죽음, 현상과 잠재를 병작적으로 바라보며 현세에 대해 발언하고자 하는 노장과 불교의 영향으로 보인다.

더욱이 순천적인 동아시아 전통 사유와 종교의 영향으로 두 세계를 왕래하는 각색 간의 얽힘과 연기(緣起)는 생사 시공뿐만 아니라, 인·귀 및 인·수간의 왕래 소통에도 거리낌 없이 전개되었다. 그들의 시공 혹은 종간 초월은 억압적 현실에 살았던 당시 사람들의 고단한 삶의 출로, 즉 해원(解冤)을 위한 정화장치로서도 작용했다. 이에 따라 엄혹한 현실과 가능성의 잠재라는 두 세계 간에는 인연과 보응의 원리에 따라 항시 상상 실현을 위한 해피엔딩의 순방향적 소통이 가능했다. 그리고 이는 장르사적으로 육조 지괴에서 당 전기와 송『이견지』를 거쳐 청『요재지이』로 전개되며 문언필기의 전유화로 나아갔다.

세 번째로 선의 예술인 중국화는 사물로서의 대상과 마음의 만남의 주관적 표현 장치로서 주로 공간 면에서 일어났는데, 자유로운 생략, 배치, 굴절을 통해 결국은 정태적 세계가 아닌 인간 존재의 마음의 눈에 부딪히는 내적 역동성을 표현하고자 했다. 시선 면에서 하나의 시점이 아닌 다중 시점을 보여주는 산점투시의 중국화에는 다중적으로 시공간이 융화되어 있다는 점에서 시공초월성을 띤다. 이렇게 대상과 주체의 구분이 따로 없이 함께 녹아든 융화경의 추구와 그 예술적 표상은, 상호 분리의 시선을 지닌 원근법과 명암법에 기초한 절대 시공간의 서양미술과는 매우 다른 비분리적 융화의 시공표상으로 나타났다.

본고의 주안점을 요약한다. 서구 사유는 입자적 실체성에 기초한다. 그런데 동아시아 철학은 파동적 상관성에 기초하고 있다는 점에서 상호 대비적이다. 그리고 파동적 특성에 따라 동아시아 문학예술은 주체와 대상의 만남 속의 상호 결맞음(coherence), 공명(resonance), 울림을 중시한다. 이 점은 본고에서 고찰한 시, 소설, 그림 모든 면에서 공통으로 나타나는 양상이다. 동아시아 문학예술의 시공간 인식은 현상계와 그 배후에 있는 잠재계 사이를 분리 없이 왕래하는 방식으로 추동되었다. 그리고 이러한 미분리적 전일의 왕래는 거부감 없이 친화적인데, 이는 노장과 불교가 보여주는 초이분법적 전일의 시선을 지닌 동아시아 사유의 문학예술적 구현이다. 해석학적 중요 개념은 상호 관계성, 공명과 울림, 전일성 속의 얽힘과 융화, 인과와 보응이며, 이들은 상당 부분 과학철학을 통한 해석학적 접점 이해가 가능하다.

물질적인 것이든 정신적인 것이든 중력이 있는 곳에 시공간의 휨과 왕래가 일어난다. 따라서 시간과 공간 역시 별도로 존재하지 않고 밀도와 중력에 의해 서로 얽혀 있다. 이러한 기초 위에서 중국을 중심으로 한 동아시아 문학 예술의 시공 인식은 잠재와 현상 두 세계 간의 차원 간 인과관계인 보응과 공명, 비분리적 융화, 탄력적 시공간 왕래에 더하여 종간 교섭의 특징을 지닌다. 그리고 이는 양자역학의 숨은변수이론과 루프양자중력이론이 주목하는 탄력적이며 가환적인 시공간 개념과도 상통한다. 이러한 주객 상호의 춤에 따라 동아시아의 문학과 회화는 모두 인간과 세계 간의 미분리적 융화와 전일성 속에서 상관적으로 추동되었다.

사실 현대물리학이 걸어온 거시와 미시세계에 대한 획기적인 발견과 해석은 아직까지 온전한 이해에 도달하지 못한 상태다. 그럼에도 불구하고 특히 양자역학의 중첩, 얽힘, 결맞음 현상들은 보이는 것과 보이지 않는 것은 물론 물질과 정신의 경계에 대해서도 새로운 해석학적 시사를 던져준다. 동아시아 근원사유인 주역, 노장, 불교 사유는 기본적으로 이분법적 경계를 수용하지 않는다. 이들 사유는 내부적으로는 음양, 양행, 공관(空觀) 등으로 지향점이 서로 다르지만 크게 보면 실체적 접근이 아니라 존재의 파동적 이해라는 점에서 유사하다. 이 점에서 아직 진행 중인 현대물리학의 세계이해와 흘러간 과거의 사유로 치부되었던 동아시아 고전사유는, 세계진리 규명에 있어서 시선상의 공유가 일정 부분 가능하다. 이와 같은 세계진리에 대한 동아시아의 비구분, 전일, 양행·병작의 얽힘과 융화의 시선은 향후 다양한 분야로의 심화 적용과 재해석 작업이 필요하다.

05
―

데이비드 봄 숨은변수이론의 인문학적 검토

데이비드 봄 숨은변수이론의 인문학적 검토

1. 인문학과 과학의 사이에서

동서를 막론하고 인문학과 자연과학은 대체로 철학이라는 동일 범주 안에서 구분 없이 논의되었던 학문체계들이며, 그 궁극적인 목표는 공히 인간과 자연을 아우르는 세계진리 이해였다. 그러나 시간이 흐르며 점차 분과 중심적으로 흘렀고, 결국 뉴턴 역학에서 신이 만든 세계로서의 유클리드적 완결성은 정점에 달한 듯했다. 그러나 이러한 확고한 믿음은 20세기 초 과학사적 혁명인 상대성이론과 양자역학으로 새로운 전기를 맞게 되었다. 이 글은 상대성이론 성립으로부터 한 세기가 흐른 지금 동아시아의 인문학자로서 지난 백년의 인문학적 진로를 어떻게 설정해야 좋을지에 대한 지평적 모색에서 출발한다. 본고의 핵심은 양자역학 100년이 다 되어 가는 오늘날에도 충분한 이해에 이르지 못한 기묘한 양자역학의 논점 중 아인슈타인 계열의 결정론적 물리학자 데이비드 봄이 제기한 숨은변수이론(Hidden variable theory)에 대한 인문학적 성찰과 검토다. 보다 구체적으로는 아직까지 충분히 해명되지 못한 양자역학에 대한 다양한 시선 중 하나이면서 비주류 이론으로 평가되는 데이비드 봄 숨은변수이론에 대한 동아시아 근원사유로부터의 인문학적 타당성 검토다.

아인슈타인에서 시작하여 데이비드 봄으로 이어지는 비주류 양자론의 연구선상에 있는 데이비드 봄의 이론은, 닐스 보어가 주도한 코펜하겐학파의 양자역학에 대한 현상적 설명을 넘어, 그에 대한 비판적 대안으로 1952년 제기되었다.[1] 필자는 봄이 주장한 숨은변수이론이 전일적, 통일적, 총체적 관점과 이해를 지향한다는 점에서 동아시아 근원사유와도 맥락을 같이 하는 부분이 있다고 본다. 이런 의미에서 본고는 두 가지 의미를 지닐 수 있다. 하나는 노장선역(老莊禪易)으로 대표되는 동아시아 근원사유에 대한 과학철학적 재해석이다. 그리고 다른 하나는 봄 이론에 대한 동아시아 사유로부터의 해석이 결과에 따라서는 봄 이론의 물리학적 검증이 완결되지 않은 상태에서 그의 가설에 대한 의미 있는 과학적 탐구로 이어질 가능성을 진작할 수 있다는 점이다. 다시 말하면 동아시아 사유의 과학철학적 재해석을 통해 그것이 내포하는 세계진리 표상의 타당성을 높일 경우, 아직 물리학적으로 완전한 해결에 이르지 못한 숨은변수이론의 실험물리학적 연구에 인문학적 참조로 작용할 가능성도 있다는 생각이다.

본격 논의에 들어가기 전에 서론에 해당되는 본 장에서는 그간의 과학사적 흐름과 연구 동기를 개술한다. 동서양을 막론하고 종합철학으로 출발한 인문학은 오랜 역사를 통해 정치문화사회적 영향력을 잃지 않으며 국가 운영

---

[1] 봄의 숨은변수이론은 비국소적 영역에서는 아직까지 명확한 판정이 나지 않은 까닭에 가설적 단계에 머물러 있다. 그러나 물리학계에서 통상적으로 '이론'(theory)이라고 부르므로 본고 역시 이를 따른다.

의 이데올로기를 제공해 주어 왔다. 그러나 17세기 뉴턴 역학으로 표상되는 근대과학혁명 이후 급속한 과학기술의 분화와 18세기 산업혁명으로 인류는 그 어느 때보다도 풍성한 물질문명을 향유하는 대신 인문학은 과학기술에 비해 상대적으로 동력과 우위를 잃어 가고 있다.

오늘날 현대인은 과학기술 문명의 토대 위에서 생활하고 사고하고 움직인다. 야스퍼스가 말한 인류문명 발전의 기폭점인 이천 오백 년 전 차축시대에 통합학문으로서의 철학으로 출발한 인류의 학문 체계는 17세기 이후 실험의 중요성이 강조되면서 학자들의 관심은 '왜' 보다는 '어떻게'라고 하는 질문에 치우치면서 학문분야의 가지치기가 가속화되었고, 자연과학과 인문학은 각기 세부 영역으로 분화해 나가면서 오늘과 같은 폐쇄적이고 자기 충족적 학문 분야가 만들어지게 되었다. 하지만 20세기 후반부터 시작하여 금세기에 본격화한 인공지능(AI, Artificial Intelligence), 생명공학(BT, Bio-technology) 등 지식정보학문으로서의 제4차 산업혁명시대에 이르러서는 융복합이나 통섭 등 여러 용어로 불리는 '융합'(convergence)이 시대의 화두로 떠오르고 있다. 그리고 동아시아 인문학을 하는 우리의 학문하기 역시 이로부터 자유로울 수 없게 되었다.

이제 현대물리학의 흐름을 개관한다. 역사적으로 자연과 물질에 대한 질문에서 시작한 서구물리학은 17세기 과학혁명시대에 제1차 발진을 하였고, 20세기 초 아인슈타인의 상대성이론과 닐스 보어의 양자역학으로 제2차 가속을 해 이제는 임계점을 벗어나 패러다임이나 인식론적으로도 전혀 새로운 미지의 단계를 항해하기 시작했다고 볼 수 있다. 지난 세기 현대자연과학의 성과를 한마디로 요약하는 일은 물론 쉽지 않겠으나, 물질과 세계의 절대성을 탈피하고 거시(상대성이론)와 미시(양자역학)의 두 세계가 보여주는 상대적이며 비직관적으로 '관측-운동'되는 '존재-사건'에 대한 새로운 눈뜸이라고 할 수 있다. 거시 영역에서의 절대 시간과 공간 대신 우주의 기하학적 곡률에 의한 상대적 시공간 관념의 수용, 그리고 양자적 미시영역에서 '양자 도약'이나 '양자 얽힘' 등 비직관적인, 그러나 증명가능하고 정합적인 양자 행태에 대한 해석학적 문제들이 새롭게 전개되며 우리의 대응을 기다리고 있다. 일반상대성이론이 발표된 1915년 이후 오늘에 이르는 지난 백 년은 바로 이러한 당혹스런 발견들에 대한 이해와 해석학적 탐색 설명의 과정이었다.

현대물리학의 두 축인 상대성이론과 양자역학의 원리와 법칙들은 개별적 수준에서만 적용되는 원리 법칙이 아니다. 이 두 이론은 일반물리법칙의 상위에 있는 관계로 거의 모든 물리법칙들이 이 원칙을 따라야 하는 메타이론이다. 이는 다음 두 가지 의미가 있다고 본다. 첫째, 궁극적 세계진리의 규명과 학문적·문화적 파급 확장이다. 둘째, 메타 과학이론의 철학적 함의에 대한 동아시아 학자로서의 동·서 문명사적 재해석의 필요다.

필자는 인식의 대전환 과정을 통과하고 있는 현대물리학과 인문학의 만남을 동아시아 사유와 관련해 바라볼 때, 현대과학의 눈부신 성과들이 이미 오래전 동아시아 근원사유에서 비록 그 표현과 방식은 다르지만 보다 포괄적이며 혜안어린 세계 인식의 시선과 함의를 담고 있는 것으로 생각된다. 동시에 이러한 동아시아 사유가 궁극적으로는 동서 문명 및 학제간적 융복합 연구에 유의미한 참조 체계로 작용할 수 있을 것으로 본다. 필자가 이렇게 과학적 내용을 인문학에서 바라보는 일은 17세기 이후 형성된 분과학문주의의 시선에서는 다소 생경하게 생각될 수도 있겠다. 하지만 과학 쪽에서는 이미 융합이라는 거대 화두가 주동적으로 추동되어 왔다는 사실을 유념해야 한다. 본 연구에서 추진하는 자연과학과 인문학, 그리고 동과 서의 시선을 탈경계와 융합의 시선으로 고찰하는 일은, 인문학에는 물리적 실재에 대한 시야 확장을, 그리고 과학에는 철학적 해석학상의 심화를 가져오면 좋겠다.

2. 양자역학과 데이비드 봄의 양자론

역사적으로 양자역학에는 서로 다른 두 관점이 존재한다. 하나는 파동방정식을 지지하는 막스 플랑크(Max Planck, 1858~1947), 아인슈타인, 드 브로이, 슈뢰딩거파이고, 다른 한 쪽은 이들에 반대하며 정통 양자물리학파가 된 닐스 보어(Niels Bohr, 1885~1962), 하이젠베르크(Werner Heisenberg, 1901~1976)를 중심으로 한 양자역학의 주류인 코펜하겐 학파다.

본 장에서는 먼저 양자역학의 두 관점 중 전자에 속하면서 아인슈타인의 결정론적, 실재론적 관점을 심화한 데이비드 봄(David Bohm, 1917~1992)의 '숨은 변수이론(Hidden variable theory)', 그리고 사고실험으로 검증한 벨 부등식의 의미를 고찰한다. 아인슈타인의 상대성이론과 닐스 보어의 양자역학이 보여주는 '통상적' 이론들은 현상적으로는 정합성이 강하며 오류가 발견되지 않은 실증된 이론들이다. 그러나 리처드 파인만(Richard Feynman, 1918~1988)이 "만약 양자역학을 안다고 하는 사람이 있다면 그 사람은 양자역학을 모르는 사람이다."라고 말했듯이, 양자역학의 실재가 보여주는 비직관적인 현상들에 대한 총체 관점의 완결된 설명은 아직 수립되지 못했다. 이렇게 두 이론을 모두 만족시키는 통일장 이론이 나오지는 못한 상태에서, 관점과 해석이 다기하게 흐를 수밖에 없음은 불가피하다.

상대성이론과 양자역학을 포함하는 현대물리학은 고전물리학이 견지해왔던 독립적이며 절대적 실재로서의 물질의 세계가 세계진리가 아님을 밝혀나가고 있다. 먼저 상대성이론에서는 빅뱅, 우주 팽창, 힉스입자, 시간의 문제 등이 보다 설득력 있는 해결점을 추구해 나가고 있으며, 양자역학에서는 양자의 '입자-파동' 이중성, 양자 얽힘이나 비국소성의 문제들에서 보듯이 실재 자체보다는 실재들 간의 관계가 더욱 중요하며, 관찰(측정)이 실재(물질)에

미치는 영향에 대한 다양한 연구가 이론과 실험물리학 양면에서 펼쳐지고 있다.[2]

양자역학에서 특히 문제가 되는 것은 입자-파동 이중성, 상보성, 확률성, 비국소성과 얽힘 등 인과율을 깨는 비결정론적인 양상들에 대한 해석학적 설명의 필요성이다. 고전역학에서 현대물리학으로 넘어가는 첫 번째 사건은 빛의 속성으로서의 1901년 막스 플랑크(Max Planck, 1858~1947, 1918년 노벨상)의 흑체복사(플랑크 곡선)의 발견이다. 검은 물체에서 빛이 방사되어 나오는 에너지 밀도의 곡선이 진동하는 모양의 파장을 그리고 있으며 짧은 파장의 빛은 무한대에 가까운 에너지를 만들어 내는 것을 알게 되었는데,[3] 이는 빛이 에너지 다발임을 의미한다. 이러한 발견들을 통해 빛이 입자이며 에너지의 크기가 단순히 진폭에 의하여 결정된다고 여긴 고전역학은 설득력을 잃어 가게 되었다.

이후 아인슈타인은 전자와 에너지의 관계를 설명한 광전효과로 1921년 노벨상을 수상했다. 이에 힘입어 프랑스의 드브로이는 빛이 파동뿐 아니라 입자와 같은 성질을 함께 가진다면 전자는 파동의 성질을 지니지 않을까 생각하여 보통의 입자 또한 파장을 가진다고 하는 물질파(matter wave)론을 주장한 박사논문을 제출했고, 아인슈타인의 지지로 1929년 노벨상을 받게 된다. 이러한 성과들로 현대물리학은 빛 또는 물질의 세계가 '입자-파동'의 모호한 이중성(duality)의 세계를 보여주고 있음을 알게 되었다. 양자세계의 이중성은 곧 보어의 상보성이론(1927)의 기초이기도 하다.[4] 파동은 곧 요동이

---

2 빅 맨스필드, 이중표 옮김, 『불교와 양자역학』, 전남대학교 출판부, 2014, 133쪽.

3 파장이 짧을수록, 진동수가 클수록 큰 에너지를 생성하는데, 식으로 표현하면 이렇다. $E = h\nu$ (h는 플랑크 상수, ν는 라틴어로서 nju:(뉴)라고 읽으며, 영어의 n에 해당된다.)

4 상보성이론은 개체적 상태가 아닌 총체적 관점을 지향한다는 점에서는 전일성을 주장한 데이비드 봄의 숨은변수이론과도 만나는 부분이 있다. 하지만 아인슈타인과 슈뢰딩거는

다. 이와 함께 일정한 진폭과 파장을 가지며 오르내리며 진행하는 파동을 설명하는 유력한 이론이 장(field)이론인데, 아인슈타인은 만년인 1950년대에 장이론에 대한 확신을 가지고 있었다. 또한 빛이 파동임을 구체적 입증이 이중슬릿 실험으로서 빛의 '중첩'과 '간섭'의 속성을 보여준다.

양자역학의 이론적 구조를 완성한 사람은 행렬역학과 불확정성 원리 (uncertainty principle)를 제기한 하이젠베르크(Heisenberg, 1901~1976, 1932년 노벨상) 이다. 그는 닐스 보어와 함께 코펜하겐 학파의 중심인물이다. 이 원리는 양자 수준의 관측에서는 위치와 운동량을 동시에 정확하게 측정할 수는 없다는 것이다.[5] 이는 상보성 원리로도 설명 가능한데, 위치와 운동량은 상보적이어 서 하나를 정확히 할 때 다른 하나를 특정하기 힘들어진다. 양자역학에서는 이 둘의 동시적 정확성을 포기하는 대신 슈뢰딩거 방정식의 파동함수 ψ(psi 프사이)로 풀 수 있다.[6] 따라서 양자역학에서는 개체의 정확도 보다는 총체로 서의 확률이 더욱 의미 있다. 이런 점에서 파동함수는 확률이다. 막스 보른 (Max Born, 1882~1970)은 파동함수에 대한 확률론적 해석으로 1954년 노벨상을 수상했다.[7]

양자역학에서 이중슬릿 실험 다음으로 유명한 이야기는 '슈뢰딩거(Erwin Schrödinger, 1887~1961)의 고양이' 사고실험이다. 슈뢰딩거는 드 브로이(Louis de

---

대상의 물리적 상태가 측정과 무관하게 객관적으로 존재한다는 믿음으로 상보성이론에 찬 성하지 않았다.

5 $\Delta\chi\,\Delta\rho \geq h$ ($\Delta\chi$는 위치의 오차, $\Delta\rho$는 운동량의 오차이다. h는 플랑크 상수) 변수 둘 중 하나가 커지면 다른 하나는 작아져야 하는 상반된 관계에 있다. 그리고 불확정성 정도는 플랑크 상수에 비례한다.

6 나중에 데이비드 봄은 파동함수 ψ(프사이)가 단순한 수학기호가 아니라 실재하는 대상으 로서의 장(field)을 나타낸다고 주장한다.(데이비드 봄, 이정민 옮김, 『전체와 접힌 질서』, 시스테마, 2010, 113쪽)

7 이상 양자역학의 기본적 설명은 『신의 입자를 찾아서』(이종필, 마티, 2008) 73~127쪽 부분 정리.

Broglie, 1892~1987)의 물질파 개념에서 파동방정식을 만들어낸 사람이다. '슈뢰딩거의 고양이'는 실은 그가 1935년 미시세계의 사건이 거시세계에서는 제대로 작동되지 않는 것을 말하여 양자역학의 불완전성을 역설적으로 말하기 위해 제안한 사고실험이다. 슈뢰딩거의 고양이 실험은 양자역학에서는 양자 단위의 미시세계에서 사건은 관측되기 전까지는 확률적으로만 계산되며, 서로 다른 가능 상태들이 잠재적으로 중첩되어 있다가, 관측의 순간에 그 어느 하나로 확정된다는 것이다. 대상이 관찰자의 시선을 기다려 그에 따라 자신의 모습을 어느 하나로 드러낸다니 기묘한 일이 아닐 수 없다.

닐스 보어가 주도한 코펜하겐 해석은 양자 현상에 대한 있는 그대로의 인정이다. 양자적 수준의 기묘한 현상들이 비록 직관적이지는 않지만 실험의 오류가 없는 한 물리적 성질의 불확정성과 확률적 확정은 우주 자체의 본성으로서 그것을 있는 그대로 받아들여야 하며, 꼭 결정론적 관점으로 설명할 필요가 없다는 생각이다. 이는 우주자연 현상의 이면에 숨겨진 조화롭고 질서정연한 이데아적 본질이라고 하는 서구 전통 사유에 비추어 볼 때는 무언가 공허한 느낌마저 드는 해석이다. 이에 아인슈타인이나 봄 등은 아직 총체적이고도 완전한 설명에 이르지 못한 양자역학의 근본적 문제들에 대해 궁극의 메타원리가 있을 가능성을 배제할 수 없다는 점에서 이에 동의하지 않았다.

그들은 이와 관련해 상대성이론과 양자역학을 아우르는 통일장 이론을 수립하려 했으나 성과를 보지는 못했다. 아인슈타인은 기묘한 양자역학적 현상에 대하여 궁극의 원인을 알 수 없다는 점에서 "신은 주사위놀이를 하지 않는다."고 하며, 그 근저에는 보다 '국소성'과 '실재성'[8]을 뒷받침하는 '인과

---

8 아인슈타인은 평생 결정론, 실재성, 국소성을 고수했으며, 그것은 양자역학에 대한 패배로 이어졌다.(아미르 D. 액젤Amir D. Aczel, 김형도 옮김, 『얽힘 *Entanglement*』, 지식의풍경,

율'을 지원하는 숨은 변수가 있을 것이라고 했다.[9] 그러나 그렇다고 해서 이를 성공적으로 규명하지는 못했다. 그를 이어 데이비드 봄이 몇 사람의 동조자들과 함께 숨은변수이론을 주창했으며, 아인슈타인 사후 70여 년이 흐른 지금까지 숨은변수가설을 비롯한 어떠한 이론도 물리학계의 속 시원한 인정을 받지는 못한 상태이다.[10]

기이하고도 이해하기 어려운 양자역학의 일반적 속성에 대하여 봄은 다음 네 가지로 요약했다. 여기서 대괄호는 필자의 해석이다. ① 작용 양자의 불연속성[양자 도약 quantum leap]: 모든 전이는 중간 상태를 통하여 연속으로 일어나는 것이 아니라 일정 상태에 도달해 임계점을 넘으면 기본 양자의 정수배로 '양자 도약'을 하는데, 이는 물질 존재의 불연속적 속성으로서 그간의 연속 개념으로서의 물질관에 배반한다.

② '입자-파동' 이중성[양자 중첩 quantum superposition]: 빛은 때로는 입자로, 때로는 파동으로 행동한다. 또 어떻게 보면 둘 모두로 행동한다. 이는 하나의 양자가 입자와 파동의 속성을 함께 가져 두 개의 구멍을 함께 통과하여 벽에 얼룩무늬를 그려 내는 '이중 슬릿' 실험이나, 관측 이전까지는 삶과 죽음의 상태가 잠재적으로 중첩되어 있다는 '슈뢰딩거의 고양이' 사고실험에서 보듯이, 양자 수준에서는 하나의 양자가 두 개의 모순되는 속성을 함께 가지고 있다는 '양자 중첩'과 관련된다.

③ 통계로 나타나는 물질의 내재 속성[확률성]: 모든 물질은 파동함수(힐베르

2007, 134~13쪽)

9   그와 함께했던 물리학자 특히 볼프강 파울리는, 종교에 구애받지 않고 과학과 종교의 구분이 없는 아인슈타인으로서는 그가 말한 신 또는 하느님은 서구 유일신의 종교성을 띤 신으로 보는 것은 무리이며, 벗치 않는 자연법칙이라고 하는 선에서 이해하는 것이 타당하다고 말했다.(하이젠베르크, 유영미 옮김, 『부분과 전체』, 서커스, 2016, 139~143쪽)

10 양자역학에 대한 해석학적 스펙트럼은 상당히 넓으며, 대표적 예가 동양적 신비주의와 접목 해석한 프리초프 카프라의 신과학이며, 불교 및 티베트 불교와도 연결 해석하기도 한다.

트 공간 벡터)로 기술한다. 이는 사건의 실제와는 직접적 관련이 없고, 물리상황에 잠재하는 성질을 기술한 것이다. 파동함수로 보면 특정 조건에서 관측된 통계 모음에서 서로 다른 확률측도(probability measure)를 알 수 있다. 그러나 이것으로 개별 관측에서 각각의 물질에 무엇이 일어날지 알 수는 없다. 이렇게 모순되는 잠재성을 확률통계로 처리하는 것은 고전물리학에서는 생각할 수 없는 일이었다.

④ 비인과적 상관성[양자 얽힘 quantum entanglement, 비국소성 non-localty]: 양자론에서는 서로 얽혀 있는 두 양자는 아주 멀리 떨어져 있다 하더라도 한 사건이 멀리 떨어진 다른 양자에게서도 즉각적으로 일어나는 것을 볼 수 있다. 이는 인과율로 설명되지 않을 뿐만 아니라, 거리와도 무관하다는 점에서 비국소적이며, 사건이 빛의 속도보다 느려야 한다는 상대성이론과도 모순된다.[11]

이 글의 주안점은 데이비드 봄 양자론의 해석학적 타당성의 문제에 대한 인문학적 고찰이다. 필자는 특히 최근 몇 년간 연구해 온 노장과 주역의 관점을 봄 이론과 접목하여 그의 이론이 세계진리로서의 의미가 있는지를 예제적으로 고찰할 것이다. 동·서 두 관점 간의 상관성을 보다 잘 이해하기 위해 봄 양자론을 좀 더 자세히 들여다보자. 봄 이론의 출발은 아인슈타인에서 시작된다. 1927년 브뤼셀에서 열린 제5차 솔베이 컨퍼런스에서 아인슈타인과 보어는 치열한 논쟁을 하였고, 결과는 보어의 승리로 기울었다. 그러나 뒤이은 '아인슈타인-포돌스키-로젠'(Einstein-Podolsky-Rogen)의 EPR 논문은 이와 관련하여 만약 어떤 계를 전혀 방해하지 않고서 물리량을 확실히 예측할 수 있다면, 이 물리량에 대응되는 물리적 실재의 요소가 존재한다고 주장했

---

11   데이비드 봄, 이정민 옮김, 『전체와 접힌 질서』, 시스테마, 2010, 170~171쪽.

다. 그리고 1952년 봄의 숨은변수이론이 그 뒤를 이었다.

형이상학적이며 과학철학적인 봄 이론의 주안점은 그의 저서 『전체와 접힌 질서』에 요약되어 있다. 봄의 숨은변수이론은 경험과 직관만으로는 이해하기 어려운 양자역학의 양자 얽힘 현상에 대한 봄 나름의 해석학적 준거라고 할 수 있으며, 아인슈타인 관점의 연장선 위에서 결정론적 인과율, 국소성을 배반하지 않으려는 관점이다. 그리고 그 이론적 대안은 '접힌 질서' 혹은 '내포질서'의 개념이다. 이 이론은 비국소성을 띠는 '양자 얽힘'을 옹호하는 주류 양자물리학파의 관점과 대척점에 있었으므로, 현실적으로는 닐스 보어와 폰 노이만(John von Neumann, 1903~1957) 등 코펜하겐학파의 공격과[12] 공산당원이었던 봄에 대한 매카시즘 공격이 병행되어, 미국 추방 및 이론의 타격을 함께 맛보아야 했다.[13]

한편 존 벨(John Bell, 1928~1990)은 1964년 사고실험인 '벨 부등식' 혹은 '벨의 정리'를 내놓았다. 그 결과 봄의 숨은변수이론이 양자역학의 예측과 맞아떨어지려면, 국소적 영역에서는 봄 이론이 적용되지 않고 비국소적이어야 한다는 결론이 나왔다.[14] 이러한 벨의 정리는 '실재의 요소에 관한 아인슈타인

---

12 폰 노이만은 그의 저서에서 숨은변수이론의 수학적 불가능성을 증명하며 봄의 이론을 반박했고, 봄은 노이만의 협소한 가정을 문제 삼았다.

13 봄은 미국 핵개발에 참여한 오펜하이머의 제자였다. 그는 나중에 무혐의를 선고받기는 했으나, 매카시즘의 시대에 오펜하이머의 학생으로서 핵정보를 러시아에 넘기는 데 일조했을 것이라는 미국 정보당국의 혐의로 결국 고국인 미국을 떠나, 아인슈타인의 추천으로 브라질, 이스라엘, 영국의 대학을 전전했다.

14 '벨 부등식'(혹은 '벨의 정리')의 내용과 함의는 다음과 같다. 멀리 떨어진 한 쌍의 입자는 어느 정도의 상관관계를 나타낼 수 있다. '국소성'과 '분리가능성'이라는 요건이 함께 작용하는 경우 상관관계의 정도는 일정 수준 이하로 떨어진다. 만약 상관관계가 이 한계를 넘어선다면, '국소성'이나 '분리가능성' 이 둘 중 하나가 무너졌다는 뜻이다. 그런데 얽힌 입자들은 당혹스러울 정도로 빈번하게 이런 성질을 위반한다. 그 입자들은 우리가 상식선에서 그리리라고 여기는 것보다 훨씬 더 깊은 상관관계를 갖는다. 우주의 실재는 '비국소성' 아니면 '분리불가능성'이라는 형태를 띠는 것이다. 이것이 양자역학의 특성이다.(루이자 길더,

등 비주류의 EPR식 정의가 부적절하며, 얽힘 현상이 실재한다는 것을 의미한다.[15] 사실 벨의 당초 의도는 EPR의 진리성을 뒷받침하려는 의도에서 시작했지만, 결과는 정반대로 나온 것이다. 결국 벨 부등식은 숨은변수와 국소성 가정이 양자론 안에서는 자리할 수 없다는 것으로서, 양자론은 적어도 국소 영역에서는 EPR가설과 맞지 않는다는 것이다. 이후 벨의 정리에 관련된 실험들은 거의 모두 양자역학 주류 관점의 타당하며, 얽힘 및 비국소성이 실재한다는 많은 증거들을 보여주었다.[16]

다만 벨은 양자역학에서 말하는 측정의 개념이 지니고 있는 문제점에 대해 지적했다. "양자역학은 측정의 결과에만 관심을 가질 뿐 그 외의 어떤 것에 대해서는 아무런 할 말이 없다."고 말했다. 벨은 또 양자역학의 근본 공리인 측정의 개념이 지닌 두 가지 문제도 언급했다. 하나는 계와 장치의 분리가 지니는 비총체성의 문제, 그리고 둘은 근본적 물리학이론으로서의 양자역학이 실험실 상황에만 적용되도록 제한을 가하는 실험과학적 한계의 문제이다.[17] 이러한 점에서 벨의 정리는 비록 아인슈타인과 봄의 이론이 정리를 만족시키지 못한다는 것을 말하고 있기는 하지만, 양자역학이 여전히 자연을 제대로 파악하는 충분한 해석인가에 관한 질문을 끝난 것은 아니다.

벨의 정리로 봄의 숨은변수이론은 최소한 '국소적'으로는 타당하지 않다는 것이 밝혀졌다. 그러나 이는 거꾸로 말하여 숨은변수이론은 '비국소적'으로는 미판명 상태라는 것이다.[18] 그에 대한 결론은 민감한 실험 조건에 대한 고려가 포함된 실험물리학의 결과를 기다리고 있다.[19] 즉 국소적 영역에서의

노태복 옮김, 『얽힘』, 부키, 2012, 413쪽)

15   루이자 길더, 『얽힘』, 463쪽.(현재 한국의 『얽힘』이란 동명의 물리학 책은 3종이다.)

16   아미르 D. 액젤(Amir D. Aczel), 김형도 옮김, 『얽힘』, 지식의 풍경, 2007, 171~176쪽.

17   루이자 길더, 『얽힘』, 502~504쪽.

18   아미르 액젤, 『얽힘』, 180쪽.

숨은변수이론은 1964년 벨 부등식 정리로 양자역학의 승리로 기울었으나, 아직 비국소적 영역에서의 봄 이론과 코펜하겐 학파 중 누가 승리할 것인지는 실험물리학의 판단이 필요한 상황이다.[20]

본고에서 필자가 주류 물리학이 아니라 데이비드 봄의 숨은변수이론을 중점적으로 고찰하는 이유는 봄의 이론이 비주류 이론으로서 양자역학 주류 관점의 공격을 받은 소수 관점이기는 하지만, 봄 이론의 불씨가 꺼진 것이 아닐 뿐만 아니라[21] 특히 물질의 세계 배후에서 그것들을 작동케 하는 메타법칙의 가능성을 배제하지 않고 있기 때문이다. 필자는 봄 이론의 관점 방식이 도 또는 자연으로 세계운행의 이치를 설명하려 한 동아시아 근원사유인 노장이나 주역의 관점과도 맥을 같이 하는 부분이 있으며, 나아가 세계진리에 접근하는 방식 면에서 과학이론에 대한 인문학적 지원의 의미를 지닐 수도

---

19 벨은 논문에서 다음과 같이 주장했다. "만일 숨은 변수가 국소적이라면, 여기서 얻은 결과는 양자역학과 일치하지 않을 것이다. 그러나 숨은변수이론이 양자역학과 일치한다면 그것은 국소적 특성을 갖고 있지 않다는 뜻이다. 이것이 내가 유도한 정리이다." "양자역학의 통계적 예측에 영향을 주지 않으면서 개개의 관측결과를 결정하는 변수를 추가하면, 하나의 장비가 다른 관측에 영향을 주는 구조가 반드시 존재한다. 거리가 아무리 멀어도 이 사실은 변하지 않는다. 뿐만 아니라 이 영향은 즉각적으로 전달되기 때문에 특수상대성이론과 양립할 수 없다." 1935년 '아인슈타인-포돌스키-로젠'이 양자역학이 완전한 이론이 아님을 증명하기 위해 주장한 'EPR 역설'("Can Quantum-Mechanical Description of Physical Reality Be Considered Complete?")에서처럼 양자역학은 불완전하며 물리적 실체는 국소적일지도 모르게 된 것이다. 그동안 확인할 길 없었던 두 진영 간의 논쟁은 존 벨의 부등식으로 인해 실험실에서 수행 가능한 실험이 개발되기만 하면, 양자론과 국소적 숨은변수이론 중 어느 것이 옳고 틀린 것인지 판명 가능하게 된 것이다. (짐 배것, 박병철 옮김, 『퀀텀 스토리』, 반니, 2014, 474~475쪽)

20 이와 관련하여 실험물리학에서는 1980~1990년대에 알랭 아스페, 그랜지어, 로저의 실험으로 '양자역학'이 옳다는 것이 증명되었다. 하지만 이는 '국소적 실재론'이 부정된 것이며 실재론 자체가 부정된 것은 아니므로, 논쟁이 완결된 것은 아니다. 자세한 것은 『얽힘』(아미르 D. 액젤 Amir D. Aczel, 김형도 옮김, 지식의풍경, 2007) 12장 이후를 참고.

21 비국소적 세계에서의 봄 숨은변수이론의 타당성 여부는 최종 결론이 나지 않았다. 따라서 정확한 의미에서 봄의 숨은변수이론은 정설이 아니라 가설적 단계이다.

있다고 본다.

물리학자이며 과학철학자인 봄의 '숨은변수이론'의 키워드는 '접힌 질서 (implicate order)' 혹은 '내포질서(enfolded order)'이며, 이에는 철학적 내용이 내재되어 있다. 이 점에서 봄의 관점은 동아시아 근원사유와의 연접 가능성이 크다. 당초 봄은 닐스 보어 주도하의 코펜하겐학파의 양자론을 학습해 교과서적 저술인 『양자론 *Quantum Theory*』(1951)을 썼다. 하지만 이 책의 출간과 동시에 양자역학의 비결정론적 관점이, 관찰은 가능하지만 그 원인을 충분히 해석하지 못하는 것에 회의하게 되었다. 이에 이듬해인 1952년 양자 얽힘과 국소성의 문제에 관하여 '양자 포텐셜'로 설명되는 '숨은변수이론'을 제시한 것이다.

숨은변수이론은 봄 자신만의 것은 아니라고 할 수 있는데, 그의 생각은 아인슈타인과 보어의 격렬한 논쟁에서 시작된 것이다.[22] 아인슈타인은 보어의 양자론에 대해 그러한 "유령과도 같은 원격작용은 믿을 수가 없다"고 말하면서, 양자역학에는 우리가 아직 알지 못하는 무엇인가가 있을 것이라고 했다. 그리고 이러한 관점을 본격 제기한 사람이 데이비드 봄이다. 1952년 봄이 제기한 숨은변수이론에 대해 드 브로이(Louis de Broglie)[23], 비지에르(Jean Pierre Vigier, 1920~2004) 등이 동조했다. 봄은 양자역학이 말하는 관측대상과

---

22 봄과 아인슈타인은 내내 우호적 관계를 유지했다. 그러나 학문의 세계가 지니는 속성인바 봄이 아인슈타인의 이론을 그대로 따른 것도, 아인슈타인이 봄의 이론을 전폭적으로 지지한 것도 둘 다 아니다.

23 드 브로이는 전자도 빛처럼 파동이 될 수 있다는 물질파의 개념을 제안하여(1923년) 양자역학의 '입자-파동' 이중성의 개념 확립에 결정적 기여를 한 공로로 1929년 노벨물리학상을 받았다. 그의 근본적 관심은 "측정행위가 대상에 영향을 미치는 관측과 통계에 대한 고려가 사실 판단의 전부인가?"라는 의문이었으며, 그 배후에 무엇인가 숨겨져 있지 않은가 하는 질문의 추구였다. 누차의 갈등 후 만년에 "통계적 이론은 우리의 실험기법을 교묘히 빠져나가는 변수들 뒤에 완전히 결정된, 그리고 확인할 수 있는 실재를 숨기고 있다."고 봤는데, 이 점에서 봄과 관점을 같이한다.

관측기구를 분리해야 한다는 관점에 반대하였다. 봄은 이 둘을 분리하지 않는 '총체적 관계' 속에서의 인지와 이해가 중요하다고 하는 '전체적, 관계적 관점'의 새로운 서술이 필요하다고 했다. 즉 실험조건이라는 형식과 실험결과라는 내용이 통일적 전체가 되어야 하며, 이들 각각을 독립된 요소로 분석하는 일은 의미가 없다고 했다.[24] 그리고 아양자수준의 미시세계에서 아직 발견되지 않은 '내포질서(implicate order)'와 같은 숨은 변수(hidden variables)가 있을 것이라고 했다.[25] 다만 숨은 변수가 무엇인지에 대해서는 특정하지 못하고 개연성만 주장한 것이 이 가설의 한계이다.[26] 이에 대해 코펜하겐학파의 정통 물리학은 드러난 실재 이외에 숨겨진 것은 없으며 오류도 없다고 하며 봄을 비판했다.

봄의 숨은변수이론의 의의를 찾으라면, 실험적으로는 증명 가능하지만 그럼에도 불구하고 아직은 완벽하게 설명되지 못한 양자물리학의 총체론적 해석학적 지평을 열어 놓았다는 점에서 도외시하기 어려운 측면이 있다. 이후 물리학계에서 이를 해결하기 위한 다각적 연구가 지속되어 왔는데, 아직 최종 이론에 이르지는 못하고 있다.[27] 봄의 만년의 성과로는 『전체와 접힌 질서 *Wholeness and the Implicate Order*』(1980)와 사후 출판된 『미분리된 우주 *The Undivided Universe*』(1993)가 있다.

---

24 데이비드 봄, 이정민 옮김, 『전체와 접힌 질서』, 시스테마, 2010, 175쪽.

25 데이비드 봄, 이정민 옮김, 『전체와 접힌 질서』, 시스테마, 2010, 113쪽.

26 주류 물리학자들의 논리에 대한 봄의 반론은 그의 책 『전체와 접힌 질서』(101~149쪽)에 일반인이 이해하기 쉽지 않은 전문적인 내용이 서술되어 있다.

27 이러한 관점의 갈래 역시 지엽으로 가면 티베트 불교에 이르기까지 다양하지만, 기본적으로 의식(consciousness) 또는 정신의 문제가 개재된다. 이와 관련해 물리학자가 담담하게 쓴 해설서로서는 『양자 불가사의: 물리학과 의식의 만남 *Quantum Enigma: Physics encounters Consciousness*』(2011): 브루스 로젠블룸·프레드 커트너, 전대호 옮김, 지양사, 2012, 448쪽)이 있다.

결정론적이며 논리적 단순성과 내적 완전성을 지닌 이론체계의 건립이 목표였던 봄 이론을 요약하면 기이한 행태를 보이는 양자세계의 비국소적 속성의 총체적 이해의 단서를 발견하고자 노력했으며, 이를 위해 숨은 변수 가설을 제기하였다. 이러한 관점은 물리학계의 비판에 직면했지만, 봄은 이론을 굽히지 않고 양자론에 대한 실재론적이며 인과론적 토대를 뒷받침하기 위한 '내포질서'(implicate order)란 개념을 제시했다. 그의 이론은 총체적, 배후적, 전일적 연결과 이해를 추구한 까닭에 봄의 이론은 주류 정상과학보다는 정신과학과 동양적 신비주의를 앞세운 신과학의 주목을 더 받기도 했다.[28]

3. 숨은변수이론과 내포질서의 인문학적 검토

(1) 숨은변수이론과 내포질서

이 글의 출발은 봄의 저서들에 보이는 키워드들인 '숨겨진 변수', '내포질서', 또는 '미분리된 우주'라는 용어가 암시하는 바, 양자역학의 철학적 함의들이 동아시아 사유와 만나는 부분이다. 물론 동아시아 사유가 봄 등 양자역학의 비주류 관점에 대한 과학철학적 설명의 필요충분조건이 되는 것은 아니다. 필자의 동아시아 근원사유와 자연과학의 접점적 이해는 기본적으로 주류 물리학의 관점에서 시작했다. 그럼에도 필자가 봄 이론을 화두로 삼아 동아시아 사유와 현대물리학의 상관성을 새롭게 해석해 보는 것은 봄 이론과 동아시아 근원사유 간의 연결강도와 시사점이 보다 크기 때문이다.

---

28 프리초프 카프라 주도의 신과학은 현대물리학에 대한 새로운 시야를 보여주고 있다. 하지만 동양의 관점을 신비주의의 각도에서 바라보고 있는 점에서 동아시아 사유에 대한 전면성을 보이고 있다고 보기는 어렵다.

데이비드 봄의 이론적 주안점은 '양자 측정에서 위치와 운동량(속도)을 동시에 측정하는 것이 불가능하다'고 하는 하이젠베르크(Heisenberg, 1901~1976)의 불확정성 원리가 함의하는 주체와 대상 간의 상호 연결적이며 미분리적인 전체성의 사유, 물질의 본래의 속성으로서의 불연속성, 독립변수가 아닌 상호 종속변수로서의 비기계론적인 '얽힘'과 '중첩'의 해석학적 차이, 그리고 이러한 것들을 가능하게 해 주는 보이지 않는 내면의 힘, 즉 숨은 변수이다.[29]

20세기 현대물리학 특히 양자역학의 획기적 발견과 과학철학적 해석들은 필자의 저서명이기도 한 '노장선역(老莊禪易)'[30]으로 표상 가능한 동아시아 문명사유와도 일정한 맥락 소통이 가능하다. 현대물리학과 동아시아 근원사유라는 두 사유는 비록 출발과 접근 방식이 다를지라도 지난 수천 년의 기간보다도 20세기 새로운 과학혁명의 시대로 접어들면서 상호 접점이 더욱 크게 부각된다. 그것은 동아시아 근원사유가 가리키는 과학철학적 지향이 현대물리학의 지점과 맥락적으로 닿는 부분이 크기 때문일 것이다.

필자의 과학철학적 해석은 그간 상대성이론, 양자역학, 그리고 데이비드 봄의 양자론 등 현대물리학 관련 서적을 탐독한 가운데 동아시아 사유와의 접점적 영감을 심화 연계한 것이다. 하지만 두 사유의 기본 토대와 학문적 접근방식은 본래부터 크게 다르므로 동일 범주로 묶어낼 수는 없다. 물리적 세계에 대한 봄의 접근은 아인슈타인과 마찬가지로 눈에 보이는 물리적 현상 너머의 보이지 않는 통일된 세계 질서를 염두에 두며 과학철학적 해석을 가하고 있다는 점에서 형이상학적이며 철학적이다. 그리고 이는 동아시아 사유와 만나는 부분이 있다. 그런 의미에서 본고의 논의는 하나의 동일 맥락적 사고에서 만나 각기 다른 방식으로 전개된 두 사유체계에 대한 이공베이

---

29   『전체와 접힌 질서』, 「접히고 펼쳐지는 우주와 의식」, 219~222쪽.
30   오태석, 『노장선역, 동아시아 근원사유』, 역락, 2017.

스가 아닌 인문베이스의 과학철학적 접근이다.

이제 숨은변수이론, 아니 정확히는 숨은변수가설의 내용을 자세히 보자. 그 핵심 개념은 내포질서(implicate order) 혹은 접힌 질서의 개념이다. 데이비드 봄의 문제적 저서 『전체와 접힌 질서』(1952)는 영어 원제 'Wholeness and the Implicate Order'가 말해 주듯이 개별 현상이 아닌 전체의 관점, 그리고 기이하게 보이는 양자역학적 현상의 이면에 있을 것으로 보이는 숨겨지고 접혀져서 함축된 그 어떤 질서와 요인에 대한 탐구이다. 물론 봄의 숨은변수 이론은 1964년 존 벨의 부등식으로 국소적인 차원에서는 맞지 않는다고 판명되었다.[31] 그러나 비국소적 영역의 문제는 아직 미완이다.

데이비드 봄의 책 『전체와 접힌 질서』는 목차만으로도 중국 고대사유와의 접점을 느끼게 해주며, 세심한 논리전개 역시 많은 철학적 시사를 던져 준다. 그러나 어떤 부분은 필자와 같은 동아시아 학자의 관점에서는 미흡감도 느껴진다. 그것은 특히 서양 언어의 어원론적 분석을 통한 논의 부분이었다. 봄이 만약 표의문자인 한자의 특징, 그리고 그것이 야기한 '老莊禪易' 등 동아시아 근원 사유들에 대한 이해가 깊었더라면, 라이프니츠(Gottfried Wilhelm Leibniz, 1646~1716)의 이진법이나 닐스 보어의 태극문양 또는 칼 융(Carl Gustav Jung, 1875~1961)의 주역과 동시성원리(synchronicity principle) 등과 같이 동아시아 근원사유와의 접점이 더 잘 드러났을 것이란 생각이 든다. 이런 면에서 본 연구는 어쩌면 봄과 필자의 시차를 둔 협력 연구의 의미도

---

31 고전역학과 다른 양자역학의 중요한 특징 중 하나는 얽힘(entanglement)과 국소성(locality)의 문제이다. 아인슈타인·포돌스키·로젠의 EPR 국소성을 가정한 상태에서 벨 부등식에서의 3개의 물리량간의 발생할 확률은 다음 부등식으로 표현된다.
    '$1 + C(b,c) \geq |C(a,b) - C(a,c)|$,' (C는 상관관계, a,b,c는 측정 물리량) 그리고 고전역학에서의 이러한 상식적 부등식이 양자역학에서는 맞지 않음을 보여준다는 점에서 EPR의 국소적 인과율 및 봄의 국소적 숨은변수이론은 맞지 않는다는 것이 요지이다. 하지만 비국소 영역에서의 문제는 아직 해결되지 않았다.

있다고 생각된다. 이는 필자가 양자역학의 비주류 학자이기도 한 '데이비드 봄 숨은변수이론의 인문학적 검토(또는 보완)'라고 제명한 이유이기도 하다. 별도 목차가 제시되지 않은 봄 책『전체와 접힌 질서』의 목차는 아래와 같다.

① 전체와 조각내기, ② 흐름양식: 언어와 사고로 하는 실험, ③ 과정으로 본 실재와 지식, ④ 양자론과 숨은 변수, ⑤ 새 물리질서를 보여주는 양자론-1부: 물리학 역사에 나타난 새로운 질서, ⑥ 새 물리질서를 보여주는 양자론-2부: 물리법칙에서 내포질서와 외연질서, ⑦ 접히고 펼쳐지는 우주와 의식.

목차를 통해 볼 수 있듯이 봄 이론의 주안점은 『전체와 접힌 질서』 제5·6장 '새로운 물리질서를 보여주는 양자론'과 제7장 '접히고 펼쳐지는 우주와 의식'에 집중적으로 기술되어 있다.[32] 그 기본 관점을 개괄하면, 우주 자연의 본질은 '상호 유기적이며 비분리적 연결 속에서 흐르고 작동하는 그 무엇으로서의 전체성'이며 '질서'와 '의식'의 개념의 중시이다. 그는 먼저 기계질서와 내포질서를 대조하며, 기계질서는 독립적 현상적, 분리적, 비인과적이라고 했다. 봄은 또 상대론의 질서가 '연속성, 엄격한 인과율(또는 결정론), 국소성'에 근거하고, 양자론은 불연속성, 비인과율, 비국소성의 특징이 있다고 했다.[33] 그렇기 때문에 상대론과 양자역학은 기본 개념부터 모순되므로

---

32 데이비드 봄,『전체와 접힌 질서』, 제5·6장 '새로운 물리질서를 보여주는 양자론' 151~ 218쪽, 제7장 '접히고 펼쳐지는 우주와 의식' 219~263쪽.

33 기계론과 대조되는 양자론의 특징을 봄은 이렇게 말했다. ① 운동은 불연속적이며, 작용은 미분리된 양자로 이루어진다. ② 전자와 같은 존재자는 관측 환경에 따라 그 성질이 달라진다.(입자나 파동 또는 그 중간성질을 지닌다.) ③ 원래 한 분자를 이루다 분리된 전자와 같은 두 존재자는 특이한 비국소적 관계를 보인다. 이는 EPR실험이 보여주는 대로 원거리 요소간의 비인과 관계로 볼 수 있다. 그리고 덧붙여 양자법칙은 통계법칙이며 일어날 사건은 개별 사건 하나로 결정되지 않는다.(『전체와 접힌 질서』, 222-223쪽)

이 둘을 기존의 개념으로 통합하려는 시도는 출발부터 문제가 있고, 이 둘을 함께 바라보기 위해서는 새로운 관점이 필요하며 그것이 내포질서의 개념이라고 했다.[34]

봄은 아인슈타인이 최초 제기했던 숨은변수이론을 다시 들고 나온 이유를 들면서 새로운 양자론은 질서의 관점에서 바라보아야 한다고 했다.[35] 그리고 '시공간에 충만한 가운데' 숨겨지고 접혀지는 보이지 않는 질서와 규칙성이 양자역학에 맞는 새로운 '내포질서' 개념이라고 했다.[36] 이 내포질서(implicate order) 혹은 접힌 질서(enfolded order)의 상반된 개념으로서, 외연질서(explicate order) 혹은 펼친 질서(unfolded order)의 개념이며, 이들은 각각 본질과 현상 이 두 세계를 표상한다. 즉 내포질서는 현상의 이면에서 진공처럼 보이지만 우주에 충만한 가운데 작동하는 본질적 메커니즘이며, 그것이 밖으로 드러난 모습이 외연질서이다. 이러한 질서 개념은 봄에게서 '생명과 비생명을 모두 아우르는 개념'이다.[37] 그러면 이제부터는 봄 양자론의 내포질서 개념을 중심으로 그것의 동아시아 인문학적 상관성을 생각해 본다.

---

34 『전체와 접힌 질서』, 223쪽.

35 제4장 '양자론과 숨은 변수'

36 뒤에서 다시 언급하겠지만 "시공간에 충만한 가운데"라는 말은 마치 노자의 유와 무의 양 관문으로 나아가게 하는 현동의 세계에 충만한 '冲氣'를 연상케 한다.

37 필자는 생명과 비생명이 우주에서 양자적으로 실은 하나라는 점에서 세계진리 표상으로서 유기체와 무기체를 가를 필요가 없다는 점에 적극 동의한다. 또한 봄은 미분리된 전체의 개념을 확장하고 추동하기 위해 내포질서를 전달하는 움직임을 全運動(holomovement)이라고 하고, 이 전운동은 어떤 특정한 방식으로 제한하거나 규정할 수 없는 자율적인 운동이라고 했다.(『전체와 접힌 질서』, 194~201쪽) '전운동'에 대한 봄의 해석은 쉽게 납득되지 않는다. 보다 면밀한 고찰이 요구된다.

(2) 봄 이론의 동아시아 인문학적 검토

본 란에서는 봄 숨은변수이론의 핵심개념인 내포질서의 함의에 대해, 이와 유사한 접점을 보이는 '老莊禪易' 등 동아시아 근원사유와는 어떠한 연결고리가 있는가를 생각해 본다. 그리고 이 두 사유의 접점적 모색과 이해를 인문과 과학의 학제간적 시야에서 시도할 것이다.[38] 먼저 생활 속의 양자론적 유비로써 본 논의를 시작한다. 닫혀 있던 휴대폰의 폴더를 닫았다가 얼마 후 다시 열어 열람하거나 혹은 노트북 여러 창 중 이미 열려 있던 다른 창으로 돌아가서 화면을 보게 되면, 먼저 열람했던 정보가 그대로 보존되어 나의 관찰까지 가만히 기다려 주었다가 현재상태를 향하여 빠르게 움직이는 것을 발견할 수 있다. 필자가 경험한 예를 들면 비트코인(BTC) 매매창의 가격 변동이나, 볼링게임에서 공을 던지고 나서 나갔다 돌아올 때의 공의 움직임 같은

---

38 봄의 책 『전체와 접힌 질서』의 한국어 번역자인 이정민은 역주(264쪽)에서 일례로 봄이 인용한 용어인 동양철학의 '이름붙이기 어려운 으뜸가는 실재'로서의 '무량함'(the immeasurable, 51쪽)은 노자 도덕경의 '道可道, 非常道'를 떠올리게 하는데, 봄의 동양사상에 대한 이해는 주로 1961년 이후 지두 크리슈나무르티(Jiddu Krishnamurti)와의 25년간의 교류를 통해 이루어졌으며, 한국이나 중국의 사상을 염두에 둔 것이 아니라고 했다. 이정민은 특히 서양을 다루는 논의가 보통 그러하듯이 상호 관계에 대해서는 주의를 기울여야 한다고 주장한다. 무턱대고 봄 자신의 사상이 동양사상에서 유래한다거나, 양자역학이 동양사상의 특정 조류와 일치한다는 근거 없는 이야기를 해서는 안 될 것이라는 것이다. 그럼에도 불구하고 필자의 논지는 봄 이론의 지향이 중국을 중심으로 하는 동아시아 인문학이 가리키는 궁극적 세계 이해와도 만나는 부분이 있다는 생각이다. 봄은 역자의 말대로 인도 외의 동아시아 근원사유에 대해서는 충분한 지식이 없는 상태에서 이론을 제기했던 까닭도 있을 것이다. 이 부분은 동아시아학 전공자인 필자가 보기에 미흡한 느낌이 든다. 그렇기 때문에 필자는 본고에서 동아시아 근원사유가 지향하는 몇 가지 사유 특징이 봄 사상의 인문학적 의미를 강화해줄 것이라는 점을 말하고 싶으며, 이를 통해 봄 이론이 지닌 세계질서 혹은 세계진리에 대한 보다 진전된 함의를 이해하는 계기가 되기를 희망한다. 결론적으로 봄 이론과 동아시아 사유의 접점적이며 상관적 검토를 하는 본 고찰은 아직 미해결인 봄 이론에 대한 온전한 실험물리학을 향한 인문학적 지원이나 참조의 역할을 하면 좋겠다는 것이 필자의 기대다. 그리고 동양사상과의 무리한 연결을 경계해야 한다는 역자의 우려스런 경고는 필자 역시 동의한다.

것이 그 예이다.

휴대폰과 양자역학의 두 비유
가 같지는 않겠지만 화면을 다
시보기까지 전까지는 과거의 정
보 상태에 있다가 관찰자가 개
입하면서 현재 정보로 전환된다
는 점에서, 이는 마치 상자를 열기 전까지 삶과 죽음의 중첩상태에 있다가
뚜껑이 열리는 순간 둘 중 하나로 결정되는 '슈뢰딩거의 고양이'를 연상케
한다. 즉 휴대폰이나 노트북 창을 바라보는 대상에 대한 즉(卽) 혹은 취(就)의
행위를 관찰이라고 한다면, 관찰 행위가 대상에 영향을 미치며 상호작용을
한다는 뜻으로 볼 수 있다. 이러한 대상과 관측자의 상호작용을 양자 현상이
라고 할 수 있을 것인지는 확단할 수는 없지만, 양자론의 생활상의 비유라고
보아, 데이비드 봄 양자론 내포질서 가설에 대한 인문학적 고찰의 서두를
연다.

봄 양자론이 지니는 내포질서론의 특징을 필자 나름으로 정리하자면, ①
기계론적 독립성이나 부분성이 아닌 전일성(全一性)과 총체성, ② 우주 자연의
실상으로서의 흐름의 관점, ③ 현상이라고 하는 외연질서의 안에 접혀 숨겨
진 참질서로서의 내포질서의 설정과 작용, ④ 우주에 충만한 보이지 않는
실재성[39]이다.

본 절의 서술을 위해 먼저 봄의 『전체와 접힌 질서』의 주안점을 그의 서문
을 통해 다시 가급적 봄의 용어로 요약해 본다.[40] 제1장에서는 조각나지 않은
전체로서의 세계관이 과학에도 필요함을 말했다. 세계를 독립된 부분들로

---

39 봄은 이것이 이미 과학적으로 그 존재가 부정된 가상의 물질 에테르는 아니라고 했다.
40 『전체와 접힌 질서』, '들어가기' 18~25쪽.

쪼개 바라보는 현재의 물리학적 관점은 상대론이나 양자론 모두에서 잘 맞지
않는다고 한다. 봄에게는 이것이 대통일이론이 나오지 않는 이유가 될 것이
다. 봄 사유의 가장 중심적인 전제는 전일적 바라보기인데, 쪼개진 것으로는
진면모를 알 수 없다는 것이다. 그의『전체와 접힌 질서』(1952), 그리고 유작인
『분리되지 않은 우주』(1993)라는 저서명만 보아도 알 수 있다. 그런데 현대
양자론은 미시세계의 개별 현상에서 벗어나지 못하고 있다는 점에서 봄은
직관적 불만을 지녔다. 이러한 사유의 형성에는 아마도 그와 장기간 교류했
던 인도의 크리슈나무르티의 영향도 있었을 것이다.

　제2장에서는 언어가 전체적 사고에 문제를 일으키며 어떻게 조각내는지
에 대해 영어와 라틴어를 중심으로 고찰했다. 주안점은 ① 분리된 존재로서
세계 바라보기인 주어중심주의의 문제점을 논한다. 여기서 언어구조와 사물
을 원자적 개체가 아닌 전체 운동의 추상화로 보는 장(field) 개념도 도출이
가능하다고 하였다. ② 그리고 흐름을 통해 전개되는 세계의 표상 방식으로
서 명사중심주의가 아닌 '흐름 양식'으로서의 동사 중심주의를 강조한다. 이
러한 명사와 동사중심주의의 차이는 최근 동서양의 문화심리적 비교를 통해
이미 일반화된 지식이다.[41] 만약 봄이 표의문자이며 원형 표상성이 강한 한자
에 대한 지식이 좀 더 있었더라면 이 부분은 보다 효과적으로 기술되었을
것이다.

　제3장은 지식, 사고, 의식의 본질은 고착·고정된 것이 아니라 과정적이며
변화하고 흐르는 것이라는 점을 강조한다. 고전물리학에서 끝까지 남아 있을
것으로 보았던 그 기본입자들마저 사라지고 변하며 결국은 불연속적으로
흐르는 양자역학의 세계와 같이, 의식 역시 외연질서 말고도 순간순간 전체

41　EBS '동과서' 제작팀, 김명진, 『동과서』, 예담, 2008.

속에서 접히며 흘러간다고 보았다는 점에서 봄의 생각은 화이트헤드(Alfred North Whitehead, 1861~1947)와도 유사하지만 다르다.[42] 제4장에서는 양자론의 특징과 숨은 변수에 대해 전문과학적으로 기술했다. 이 과정에서 하이젠베르크, 폰 노이만, EPR 역설 등을 검토하며 문제점과 가능성을 타진했다. 그리고 제5, 6, 7장은 본장 서두에서 기술했듯이 기계론과 대척점에 선 양자론에서 새로운 관점이 필요하고, 그 대안으로서 숨은변수이론과 그 세부사항인 내포질서와 외연질서의 개념을 제시했다.

이제부터 필자는 상기한 봄의 이론 중의 핵심 화두를 동아시아 사유로 넘겨받아 재해석해 볼 것이다. 그 요점을 가급적 봄의 용어를 빌어 요약한다면 다음과 같다. ① 미분리의 전일성과 총체성, ② 불연속과 맺음, 그리고 흐름의 사유, ③ 두 종의 세계질서: 내포질서와 외연질서, ④ 양자론과 동아시아 사유에서 공히 보이는 이중성·양가성의 함의이다. 이제부터 동아시아 사유로 본 봄 이론의 인문학적 검토를 상술한 네 가지 측면에서 기술한다.

① 미분리의 전일성

먼저 미분리된 전체의 개념은 고대 그리스 시대로부터의 분할과 쪼개기 중심의 분석적 사유와 대별되는 동아시아 문명사유의 가장 큰 특징임을 말하지 않을 수 없다. 총체로서의 바라보기는 '일즉다, 다즉일', 그리고 모든 것이 연결되어 있다고 하는 인드라망(Indra's net)이나 화엄의 연기 사유와도 닿아 있다. 사실 과학에서 상관적 총체의 관점은 데이비드 봄뿐 아니라 프리초프 카프라 등 신과학에서 중시하는 개념이기도 하다. 그리고 그것은 동양 사상

---

42 『전체와 접힌 질서』, 81~99쪽, 256~263쪽.

과 닿아 있다.

동아시아 사유에서 전일과 총체의 관점은 절대 양보할 수 없는 중심 관점이다. 이는 불교와 노장은 물론 인학(人學) 중심의 유가사상에서도 마찬가지이나 본고에서는 우주 자연의 물질적 질서와 구성 원리를 중심으로 다루는 만큼 유가보다는 노장과 불교를 중심으로 본다. 봄이 좋아한 용어인 조각나지 않는 하나, 혹은 말로 형용하기 어려운 시초로서의 '무량함'(the immeasurable)[43] 같은 것에 대한 『장자·제물론』의 표현은 가장 극진한 경지는 사물이 있기 전이고, 둘째가 사물이 있기는 하나 나누어지지 않음인 '미봉(未封)'이라고 했다.[44] 필자는 이를 크게 보아 '분리되지 않음'이란 뜻의 '미봉'이라고 표현한다.[45] 『장자』 내편을 마무리 하는 「응제왕」 편의 말미에는 '혼돈의 죽음'이란 고사가 나온다. 이 역시 나누어지기 전의 총체로서의 원-존재의 중요성에 대한 설파이다.[46] 이 '혼돈의 죽음' 이야기는 자꾸 갈라지고 나누어짐, 즉 분봉됨으로써 야기된 도의 은폐를 지적한 것이다.[47] 이와 같은 노장의 미봉 혹은 현동(玄同)과 같은 동봉(同封)의 경지는 우주와 인간 의식의 '전일성'의 경지이며, 동아시아 사유의 가장 특징적인 속성 중 하나이다. 그리고 데이비드 봄 역시 분석이 야기하는 총체성의 훼손으로서의 지엽성과 편향을 극복하

---

43 『전체와 접힌 질서』, 51쪽.

44 『장자·제물론』, "古之人, 其知有所至矣. 惡乎至? 有以爲未始有物者, 至矣, 盡矣, 不可以加矣. 其次, 以爲有物矣, 而未始有封也. 其次, 以爲有封焉, 而未始有是非也."

45 김형효는 노자 사상에 대해 서로 모순되는 것들이 함께 동거하고 있다는 의미에서 '同封'이라고 했다.(김형효, 『사유하는 도덕경』, 소나무, 2004, 230쪽, 295쪽)

46 『장자·응제왕』: 남해의 제왕은 儵[숙]이고, 북해의 제왕은 忽이며, 중앙의 제왕이 渾沌이다. 숙과 홀이 때때로 왕래하면서 혼돈의 땅에서 만났는데, 혼돈은 이들을 아주 잘 대접하였다. 숙과 홀이 혼돈의 덕에 보답할 방도를 상의하였다. "사람들이 모두 일곱 개의 구멍이 있어 보고 듣고 먹고 숨을 쉰다. 그런데 혼돈만 없으니 우리가 한번 뚫어주자"고 하였다. 하루에 하나씩 뚫으니 칠일이 되자 혼돈은 죽었다.

47 오태석, 「장자의 꿈: 초월·해체·역설의 글쓰기」, 『중국어문학지』 45집, 2013.12, 77쪽; 오태석, 『노장선역, 동아시아 근원사유』, 역락, 2017.

기 위해 전일·총체의 관점을 지향했던 것으로 보인다.

이러한 전일성의 도는 태극 음양 사유를 통해서도 설명 가능하다. 태극으로 표상되는 음양론의 사유는 총체성과 개별성, 그리고 그 사이의 모순·상반되는 요소들의 내적 상호공존과 상호추동이라고 하는 측면에서 봄 사유에 대한 매우 의미 있는 검토 대상이다. 주역의 사유는 태극과 음양의 자기전개적 혹은 자기수렴적 의미, 0과 무한의 양자수학적 개념,[48] 그리고 흐름과 맺음의 속성 등 다양한 부면을 내포하고 있으므로 개별 논리의 일관성을 위해 세 가지로 나누어 해당 부분에서 기술한다.[49]

② 불연속, 맺음, 그리고 흐름

봄은 양자적 세계가 불연속적이라고 했다. 그리고 이러한 불연속성을 설명해 보이지 않는 규칙으로서의 그 무엇인가가 숨겨져 있으며 그것을 '내포질서'라고 했다. 세계와 사건은 거시적으로는 흐르나, 미시세계에서는 불연속과 단절로 보인다. 흐른다면 그것은 흐름으로서의 일상이지 개별 사건이 아니다. 또한 일상과 그것의 누적인 일생 또한 사건의 점으로 이어져 있으며, 그것이 '점철'이며 유동하는 흐름이다. 미시에서의 단편적 사건들이 거시에서는 흐름이 된다. 사실 수학에서도 흐름은 자연의 본질이며 그런 의미에서 마디로 단절된 점의 집합인 정수보다는 무리수가 더 본질과 실상이라고 말

---

48 물리학에서도 0과 무에 관한 연구가 이미 활성화 되어 있다. 『무0진공 *The Book of Nothing*』(존 배로, 고중숙 옮김, 해나무, 2003); 『우주의 구멍 *The Hole in the Universe*』(K.C. 콜, 김희봉 옮김, 해냄출판사, 2002); 『무의 수학, 무한의 수학 *Zero*』(찰스 세이프, 고중숙 옮김, 시스테마, 2011).

49 태극 음양론의 전일과 분화에 대해서는 필자의 「은유와 유동의 기호학, 주역」(『노장선역, 동아시아 근원사유』, 2017)을 참조.

한다.[50]

그렇다면 양자역학의 미시에서의 불연속적인 것들, 상대성 이론의 동시성의 상대성들이 뉴턴 고전역학에서는 일정 수준의 관점으로 보면 각각 미시와 거시의 임계 값을 넘지 않는 근사치이므로 절대적이며 일상적으로 비춰질 것이다. 사실 우주생물학에서 인간의 크기나 수명은 생각보다는 크다. 우주의 나이 138억 년에 비겨보아도 이것을 10의 지수로 계산하면 인간 스케일은 시간과 공간 양면에서 큰 쪽에 가깝다. 양자적 미세함에 비하면 상당히 크기 때문에 인간의 관점으로 보면 고전역학에 대해 별 이상을 느낄 수 없는 것이다. 그러나 아주 크거나 혹은 너무 작은 미시세계에서는 이것이 잘 맞지 않게 된다. 이 둘을 통일하려면 무엇이 어떻게 필요한 것일까? 아인슈타인은 결정론적 실재성에 기대어 통일장이론을 수립하고자 했으나 지금까지도 성공하지 못했다. 이러한 갈등과 분기의 시점에서 과학만이 아닌 인문학적 상상과 감성이 필요한 것은 아닌지 되묻고 싶다.

실상 양자론과 우주물리학을 포함하는 현대물리학은 거의 상상소설의 경지를 아낌없이 보여주고 있다. 홀로그램 우주론, 평행우주론, M-Universe, 양자 중첩과 얽힘, 양자전송, 양자컴퓨터, 그리고 요즘 화두가 되고 있는 인공지능 AI(Artificial Intelligence), 가상현실 VR(Virtual Reality), 증강현실 AR(Augmented Reality) 및 수학적 연산으로 생성되는 비트코인 등 가상화폐에 이르기까지 상상에서 시작된 과학 이론과 기술적 적용들이 우리의 현실 생활 곳곳에 침투하고 있다.

다시 주역으로 돌아온다. 주역의 사건은 아주 작은 개별 사건인 爻의 진행과 그 결과로서의 일단락인 卦로 구성된다. 그러면 효과 괘는 어떤 관계인가?

---

50 『깨달음에서 바라본 수학』, 오정균, 라온북, 2014, 31~61쪽.

주역에서 효는 동태적 미시 사건들이다. 그리고 하나의 소성괘 혹은 대성괘
는 셋 또는 여섯 효가 순열을 이루는 순간 시공간상에서 하나의 정태적 상이
맺히면서(capture), 그림(picture)이 되어, 의미를 발하게 된다.[51] 이것이 특정한
위상공간상에서의 사건의 모습과 의미이다. 이를 양자역학적으로 말하자면
관찰자가 바라보는 순간 양자상태의 파동함수가 붕괴되면서[52] 관찰자와 대상
은 상호 공명의 춤을 춘다. 그렇기 때문에 굳이 융의 동시성원리(synchronicity)
를 말하지 않더라도 마음과 정성을 다해 좋은 공명을 위해 점복을 하는 것이
겠다.[53]

이제 '흐름과 맺음'의 의미를 양자론적으로 생각해 본다. 양자적 세계에서
는 관측자와 대상이 상호작용하여 파동함수가 붕괴라고 하는 확률적 사건을
통해 관측 결과를 자아낸다. 관측 전 중첩 상태의 미발현의 세계가 관측을
통하여 하나의 상으로 맺어지며 사건이 발현된다. 그렇다면 사건의 연속인
존재의 삶이란 이러한 상 맺음의 점철과 연속과 흐름이 아닐까? 그리고 그
상 맺음은 각 존재마다 서로 다른 세상에서 각기 다르게 구현될 것이다. 그렇
다면 우리는 하나의 우주에 살면서 동시에 수많은 우주를 만들어 내고 있는
것은 아닐까? 이것이 바로 노자가 말한 '可道'라는 개별적·상대적 세계이다.
그리고 그 우주들은 서로 연결되어 있을지도 모른다. 인드라 망(Indra's net)처
럼 말이다. 이것이 인문학적 멀티 유니버스의 상상적 세계이다.

태극의 중심선은 중심점을 좌표 중심에 놓고 보면 $y = \sin x$의 그래프가

51　여섯 효가 하나로 일단락되며 맺혀진다는 의미에서 'capture', 즉 포착되는 것이고, 상이
　　그려진다는 점에서 'picture', 즉 그림이 이루어지는 것이다.

52　드 브로이 물질파에 기초하고 슈뢰딩거에 의해 수립된 파동함수 이론이다. 전자의 배열
　　상태는 시간과 공간의 복소 함수인 파동함수에 의해 결정된다. 측정 행위가 일어나기 전에
　　는 결정되지 않던 전자의 배열 상태는 해당 위치에서의 파동함수의 절대값의 제곱에 비례
　　한다.

53　오태석, 「주역 표상체계의 확장적 고찰」, 『중어중문학』 제53집, 2012.12, 166~170쪽.

된다. 이것을 미분해 보면 일정 시공간상에서의 시간 선행적 사건의 조짐과 미래 예측이라고 하는 점복의 의미가 도출될 수 있다.[54] 일상의 근사 세계에서 미분된 매 지점은 방향과 강도가 다르다. 그러나 총체로 보면 마치 주가변동 그래프와 같이 일정한 흐름을 보인다. 척도를 분·시·일·주·월·년으로 갈수록 그래프는 안정적인 흐름이 될 것이다. 미시로 보면 단절과 불연속이나 거시로 보면 연속과 이어짐으로서, 맺음에서 흐름으로 가는 과정이다. 효의 흐름이 괘로 맺어지며 사건이 되고, 이러한 사건들이 시간 속에서 누적되며 다시 흐름을 만들어 낸다. 이것이 인간과 우주의 시공간적 유동의 과정이다.

이것이 동아시아 주역을 통해 본 미시와 거시의 과학철학적 해석이다. 양자론과 상대성이론의 미시와 거시물리학도 혹 이와 같은 관계일지도 모르겠다. 그렇다면 데이비드 봄 숨은변수이론의 설정 근거로서의 흐름의 사유와 내용은 그 설명 방식과 토대의 상이성에도 불구하고 유사한 접점과 맥락을 보여준다. 그래서 본고의 내용은 봄 이론에 대한 동아시아 인문학적 검증 혹은 피드백이기도 하다.

③ 두 개의 세계질서

봄이 본 양자론의 물리적 세계질서는 접혀져서 드러나지 않는 '내포질서'를 통해 이해 가능할 것이라고 예측했다. 그리고 그것이 밖으로 펼쳐져 드러난 것이 외연질서라는 것이 그의 숨은변수이론의 핵심이다. 그러면 동아시아

---

54 이런 의미에서 태극은 에너지, 음양분화, 그리고 점복에서의 기미와 현상 간의 미분적 時差性 등 많은 것을 함유하고 있다. 태극중심선의 미분철학의 구체는 필자의 「은유와 유동의 기호학, 주역」(『중국어문학지』 37집, 2011.12) 및 필자의 『노장선역, 동아시아 근원사유』(2017)를 참조.

사유가 보여주는 세계 구도는 어떻게 표상되고 있는가? 이에 대해서는 도불이 다른 언어와 유사한 지향을 보이고 있는데, 필자가 보기에는 노자의 관점이 가장 표상적이다. 노자는 세계가 눈에 보이는 세계와 보이지 않는 세계의 둘로 이루어져 있다고 했다. 마치 생 떽쥐베리(Saint-Exupéry, 1900~1944)의 『어린왕자』(1943)에서 어린왕자가 "정말 중요한 것은 눈에 보이지 않아."라고 말한 것처럼 말이다.

노자는 제1장에서 "도를 도라고 말할 수 있다면, 그것은 항구불변의 도가 아니다. 이름을 이름 부를 수 있다면 그것은 항구불변의 이름이 아니다. 이름 없음[무명]은 천지의 시작이요, 이름 있음[유명]은 만물은 어미이다. 그러므로 항상 지향 없음[無欲]에서 우주만상의 은미함[妙]을 보고, 항상 지향 있음[有欲]에서 사물의 나누어진 발현[徵]을 본다. 이 둘은 하나에서 나왔으나 이름을 달리한다. 이 둘을 일컬어 거멓다고[玄] 한다. 어둡고 또 깊으니 모든 신묘함의 관문이다."라고 말했는데,[55] 여기에는 깊은 우주론적, 존재론적 함의가 담겨져 있다.

문중 '常無欲, 常有欲'의 구두(句讀)에 대해서는 이설이 분분하나 필자는 무욕과 유욕으로 읽는다. 이 글을 과학적으로 읽으면 무욕과 유욕이 타당하기 때문이다. 관측자의 영향과 관련한 불확정성 이론에 기초해 볼 때, 系에 대한 영향을 배제한 상태가 무욕이고, 영향을 미치는 상태가 유욕이다. 노자적으로 말하자면 자연에는 주체의 객체에 대한 영향 관계 측면에서 비인위성의 '원-자연'과 인위성의 '인위-자연'의 두 상태가 존재한다. 비인위성의 [무위, 무욕] 상태에서는 만물에 숨겨진 내재된 질서가, 그리고 인위적 영향[유위, 유

---

55 『노자』 제1장 "道可道非常道, 名可名非常名. '無名'天地之始, '有名'萬物之母. 故'常無欲'以觀其妙, '常有欲'以觀其徵. 此兩者, 同出而異名, 同謂之玄. 玄之又玄, 衆妙之門."(구두에 이설이 있는 부분은 홑 따옴표 표기.)

욕] 상태에서는 현상으로 구현된 질서가 나타난다.[56] 그리고 노자 제2장으로 이어가자면 이 보임[유]과 보이지 않음[무]의 두 세계는 '유무상생'하며 상호 추동된다는 해석이 가능하다. 또한 그 중간에 진정한 배태의 시공간으로서의 아득한 거뭇함의 영역인 沖氣로 가득 찬 '玄同'의 세계가 있어 여기서 유와 무가 생성된다.[57] 그렇다면 노자의 '玄同'은 곧 우주물리학으로 보면 암흑물 질 혹은 암흑 에너지의 영역인 '玄洞'(black hole)이 아닐까?

노자가 말한 두 세계란 ① 보이지 않는 '상도'의 잠재태의 세계, 그리고 ② 밖으로 구현된 '可道'의 현상의 세계이다. 이를 서양철학에서는 본질과 현상이라고 부르겠지만, 필자는 본질이 현상에 비해 역사적으로 우월한 개념 으로 사용되어 왔고 또 상호적이라고 보기도 어려우므로, '잠재계'와 '현상 계'로 부르려 한다. 가도의 세계는 개별 존재자들의 현상의 세계이고, 상도의 세계는 개별 존재자들을 넘어 미발현된 잠재태의 세계이다. 노자가 바라본 세계는 이 둘이 상호텍스트적으로 서로 주고받으며 추동되어 나가는 세계이 다. 도표로 나타내면 다음과 같다.

> ┌─► [현상계] 가도 → 유와 유욕, (함께 나와서 이름을 달리한) 양: [외연질서]
> **玄同** (玄洞:black hole)의 충기의 유물혼성의 세계 (무와 무한의 미봉)
> └─► [잠재계] 상도 → 무와 무욕, (함께 나와서 이름을 달리한) 음: [내포질서]

---

56 2014년 작성한 필자의 「노자 도덕경 기호 체계의 상호텍스트성 연구」(『중국어문학지』 제 49집, 69~72쪽)에서는 본고와 같은 과학철학적 고찰에 이르지 못했는데, 본고에서 비로소 양자역학적 관점을 봄의 내재질서의 관점으로 해석함으로써 이상과 같은 구두(句讀) 문제 에 대한 확신과 함께 심화 이해를 하게 된 것 같다. 나머지 부분은 필자의 위 논문을 참고.
57 노장은 가도와 상도의 두 세계를 설정하고 이들 사이에 道樞[장자] 또는 玄同[노자]가 있어 衆妙의 門이라고 했다.

또한 노자의 함축을 우화로 풀어 나간 장자 역시 유사한 논리를 펴는데, 노자와 장자는 "병작, 양행, 병생" 등의 용어를 써가며 보이는 유계열과 보이지 않는 무계열의 두 세계를 모두 있는 그대로 바라봐야 한다고 했다는 점에서 내포질서의 중요성을 강조한 봄과는 차이가 있다.[58] 이 두 세계의 관계 설정에 대해서는 『장자·제물론』의 '호접몽' 고사가 가장 잘 보여준다. 나비의 꿈을 꾸고 깨어난 장자는 잠시 후 세계인식에 대한 반전된 사유에 이른다. 장자 자신이 나비의 꿈을 꾼 것이 아니라, 나비가 장자라는 삶을 꿈꾸고 있는 것일 수도 있다고 하는 관점적 도치이다. 그렇다면 노장의 사유는 어느 하나의 우월적 세계관이 아니라 가도와 상도라고 하는 두 마당(field) 간의 상호텍스트적이며 둘 다 모두 받아들이는, 즉 사물의 흐름 자체를 있는 그대로 대긍정하는 양행의 세계 인식이다.[59]

노자의 용어로 봄의 이론을 말하자면, 봄의 내포질서론은 현상의 이면에서 늘 존재하는 상도의 세계에 대한 주목이고,[60] 그것을 내재 또는 함축된 질서로서 내포질서(implicate order) 혹은 접힌 질서(enfolded order)라고 한 것이다. 그리고 밖으로 드러난 일상적 질서는 외연질서(explicate order)가 된다.[61] 봄의 내포질서와 외연질서의 개념은 각각 필자가 지금 설명한 상도와 가도의 두 세계에 대한 노자의 세계인식과 흡사하다. 표출 방식은 두 문화권의 차이만큼 다르지만 핵심 지향점과 내용은 맥락적으로 상당한 접점을 보인다는

---

58 이와 관련해서는 필자의 「역설의 즐거움: 노장 존재론의 부정성」(『중국어문학지』 제51집, 2015.6, 14~18쪽)을 참조.

59 오태석, 「장자의 꿈: 초월·해체·역설의 글쓰기」, 『중국어문학지』 제45집, 2013.12, 49~53쪽)

60 『노자』에 나타난 常道, 常名과 같은 많은 '常'자는 실은 '恒'의 피휘자이므로 '恒'으로 독해해야 한다.

61 『전체와 접힌 질서』, 192쪽. 필자는 내포질서와 외연질서보다는 내재질서와 외현질서라는 용어가 더 좋겠다는 생각이다.

것이 필자의 관점이다.

④ 이중성·양가성

어떻게 보면 세계는 이진법으로 움직인다. 양수와 음수, 0과 1, 들숨과 날숨, 경선과 위선, 빛과 어둠, 요(凹)와 철(凸) 등 두 요소의 대립은 단순한 대립이 아니라 상호 주고받는 보완성을 내재하고 있다. 이들은 두 요소의 맥동적 왕래 중에 파동과 흐름을 이어 나가지, 둘 중 어느 하나로써만 추동되지 않는다. 또한 '이것이냐 저것이냐'가 아니고, '이것도 저것도'의 이중성과 모호함을 보여준다. 빛과 물질 역시 입자와 파동의 속성을 함께 지닌다는 점에서 이중적이다. 음양론은 대립되는 두 요소가 서로 영향 관계 중에서 생성과 붕괴를 같이하는 상보적 짝성을 지닌다. 그리고 이 둘 같은 하나는 내재작용에 의해 움직이므로 양적이 아니라 질적이다. 그런 면에서 양자역학에서 질적 속성을 보이는 '둘 같은 하나의 비국소적 얽힘'은 봄 이론의 전일적 관점하의 내포질서 개념과 상충되지 않는다.

동아시아 사유에서 가장 핵심적인 개념 토대는 음양론이다. 음과 양은 서로 상반·모순적인 두 속성이 '음중양, 양중음'으로 하나의 사물에 내재되어 있다는 점에서 量이 아니라 질의 개념으로 보아야 한다. 또 노장에서의 유와 무, 음과 양, 가도와 상도의 두 세계는 둘이 서로 관계한다는 점에서 이중적이다. 노장에서 무는 존재의 한 형태이다. 존재는 무로도 유로도 나타난다. 그래서 노자와 장자는 이 둘이 이름은 다르지만 실은 같이 나오는 것이며[並作, 並生], 그래서 같이 나왔으되 이름을 달리한다[同出而異名]고 했다. 그래서 노장은 둘을 있는 그대로 인정하고[因是], 함께 가라고[兩行] 한 것이다.[62]

이것이기도 하고 저것이기도 한 것, 그 가장 대표적인 예가 '슈뢰딩거의 고양이'이다. 양자상태에서 관측 전 상자 안의 고양이의 상태는 살아 있기도 하고 죽었기도 하다. 양자역학에서 새롭게 제기된 이중적 상태라는 모호성, 이는 바로 양가성(ambivalence)으로 이어진다. 하나의 사물이 두 가지 모순되는 속성을 함께 내재하고 있는 사건의 중첩을 의미한다.

고전수학에서 0과 무는 별 의미 없는 숫자에 불과했다. 그러나 현대우주론과 양자론에서 무는 만물의 시원이며 무한으로 확장 연결된다. 동아시아 불교에서 공은 곧 만물[色]의 기원이고, 색은 곧 공이다. 색과 공이 하나인 것, 이는 노자 사유에도 내재되어 있다. 유무는 상생하기도 하지만 무에서 유가 생성되어 나온다고 노자는 말한다. 양자론과 동아시아 사유에서 공히 보이는 0과 무의 무한성은 팽창하는 우주에서 빅뱅 이전의 상태와도 맞닿는다.[63]

주역으로 말하자면 송대 주돈이(1017~1073) 성리학에서 심화된 '무극이 곧 태극'이며 동시에 만물의 분화이다. 또한 노자적으로 말하자면 상도의 잠재태에서 무수한 현상으로의 가도적인 분화와 발현이다. 봄의 숨은변수이론에서는 내포질서가 외연질서로 무한 확장되는 과정이기도 하다. 이 무한해 보이는 우주는 빅뱅 이전 티끌보다 작은 무에서 시작하여 특이점(singularity)의 사건을 지나며 무한으로 확장 중이다. 그렇지만 언젠가는 다시 특이점을 거치며 수축하여 무로 돌아갈 것이다.

이것이기도 하고 저것이기도 한 것, 그것의 내재와 외적 발현은 양태는 비록 다르지만 실은 하나이다. 그래서 하나가 둘의 모습을 가지는 의미에서 이중적이기도 하고 양가적이다. 둘이지만 하나이고 하나이지만 둘인 것, 이것이 우주만물의 본래적 모습이다.[64] 때문에 그 적용은 생명과 비생명을 함

---

62 노자 사유의 양가성과 양자수학으로 본 양가성은 필자의 「노자 도덕경 기호 체계의 상호텍스트성 연구」 77~83쪽, 89~92쪽을 참조.

63 찰스 세이프, 고중숙 옮김, 『무의 수학, 무한의 수학 Zero』, 시스테마, 2011, 192~216쪽.

께 아우른다. 그래서 시공간이란 개념에 토대를 둔 존재는, 보이는 것으로 말하자면 밖에 드러나 있어 '외재(ex·ist)'하지만 숨겨져 접힌 관점에서 보면 '내재(in·ist)'한다. 결국 존재는 관점에 따라 잠재된 에너지 상태의 무명의 상 도와 발현된 물질 상태의 가도, 그 양쪽에 '내·외재(in·ex·ist)'한다. 에너지로 접히고 물질로 펼쳐지는 존재의 세계, 그것은 사건과 상황에 따라 펼쳐져 드러나기도 하고 접혀져 숨겨져 있기도 하다. 그렇다면 "지금의 나는 어디에 있으며 또 어디로 가는 누구인가?"라는 존재론적 물음이 인식론적으로 또 종교철학적으로 우리에게 새롭게 다가온다.

4. 요약

얽힘과 관련된 1952년 데이비드 봄의 숨은변수이론은 1964년 벨 부등식에 의해 국소적으로는 맞지 않는다는 논리적 결론에 이르렀다. 하지만 확인된 것은 봄의 숨은 변수이론이 국소적으로 맞지 않는다는 점이지, 비국소적인 봄 숨은변수이론은 벨 부등식만으로 확단할 수 없다. 양자역학에서 핵심 개 념의 하나인 비국소적 얽힘은 양자역학의 본질적인 특징이다. 문제는 이러한 얽힘이 왜 또는 어떻게 하여 나타나는가 하는 점인데, 이에 대해서는 아직 알 길이 없고, 봄은 그것을 숨은변수이론에서 전체와 흐름이라는 총체 관점 속에서 내포질서의 외연적 발현이라는 논리를 전개했다.

이 글은 아직까지 완결되지 않은 봄의 비국소적 숨은변수가설 및 내포 질서 개념을 동아시아 인문학의 관점에서 검토해 보았다. 이를 요약하면,

---

64 여럿이면서 하나인 것, 그리고 하나이면서 여럿인 것이란 "다즉일, 일즉다"가 바로 둘이면 서 하나인 우주존재의 본 모습이다.

① 미분리된 우주개념으로서의 전일과 총체의 관점, ② 미시의 불연속과 사건적 마디가 거시에서는 연속과 흐름으로 연결된다는 관점적 전환, ③ 보이는 현상계와 보이지 않는 잠재계의 주고받음의 상호적 세계인식, ④ 우주적 이치의 둘이 실은 하나이고 하나이면서 둘인 이중성과 양가성의 제물(齊物)적 양행의 인식이 될 것이다.

의식하지 못할 뿐이지 모든 존재는 사건의 연속과 누적으로 시간 속에서 존(存)하고 공간 속에서 재(在)하며 흘러간다. 이러한 사건 속의 존재를 '존재-사건'이라고 한다. 대나무가 단절되고 불연속적으로 보이는 매듭을 통해 이어지듯이, '존재-사건'의 흐름을 미시적이고 미분적으로 보면 각 순간으로는 불연속적지만 거시 전체로서는 연속적 흐름이 된다. 마찬가지로 효(爻)의 개별 사건이 모여 괘(卦)라고 하는 중사건을 이루고, 또 그것들이 모여 대사건으로서의 존재의 삶을 구성한다. 그리고 개별자적 사건들은 또다시 전체의 흐름을 만들어 낸다. 이는 자기분화와 자기조직적인 프랙탈 형식을 구현한다. 이와 함께 간헐적으로 사건적 특이점(singularity)이 존재하며, 세계는 '잠복'되어 보이지 않기도 하고 '현현'되어서 보이기도 하는 두 종의 양식으로 접히고 펼쳐진다.[65]

이상을 지난 10년간 필자가 연구해 온 '노장선역'의 사유를 통해 말하자면, 동아시아 근원사유는 봄의 내포질서개념과 어휘와 접근은 다르지만 결국은 노장의 '보이는 세계'와 '보이지 않는 세계'의 설정과 상호 주고받음, 그리고 주역의 하나이면서 전체인 태극의 개념과 함께 은유와 유동의 괘효의 사건적 해석, 그리고 불교에서 말하는 보이는 색이 실은 근저의 공에서 온 것이므로 색과 공이 하나인 '일즉다, 다즉일'에 다름 아니라고 한 논지들과 시선과

---

65 이것이 구성된 두 세계 간의 은폐와 탈은폐의 과정이다.

맥락상의 유사성을 지닌다.

결국 데이비드 봄의 숨은변수이론의 핵심 개념인 내포질서(접힌 질서)와 그것에 상대되는 외연질서(펼친 질서)의 개념으로 설명한 우주자연에 대한 이해는 접근 방식과 문화적 차이에도 불구하고 '노자·장자·선학·주역'의 '노장선역'을 중심으로 하는 동아시아 근원사유의 관점에서 볼 때 인문학적 접점과 맥락의 공유도가 상당하다. 특히 개별이 아닌 총체·전일의 관점, 가시와 불가시라고 하는 두 종의 세계 설정과 그 사이의 넘나듦, 무와 0 등의 이중적·양가적 속성들은, 일반 양자역학 및 봄의 이론과 의미 있는 접점과 맥락을 보여준다는 것이다. 이와 같은 동아시아 고대 사유가 보여주는 인문학적 특징들은 아직까지 완결되거나 검증되지 못한 봄 이론에 대한 인문학적 참조체계와 관점적 지원을 해줄 가능성이 있다고 본다.

필자는 동아시아 근원사유를 인문 기반 과학철학적으로 재해석하여 『노장선역, 동아시아 근원사유』(2017)를 발간했다. 이 책을 쓸 때는 필자가 봄의 이론을 아직 접하지 못하던 때였으므로 봄 이론과의 상관성은 깨닫지 못했다. 그러나 이제 두 사유의 관점들을 비교해 보니 그 맥락과 접점의 정도가 유의미하다는 생각에 이 글을 쓰게 된 것이다. 결과적으로 이는 동서 철학적 의미에서는 『노장선역』 책의 새로운 발문이 될 수도 있을 것 같다. 향후 이 글의 제3장에서 행한 몇 가지 주안점들, 즉 전일성과 두 세계, 흐름과 맺음의 사유, 모호성·이중성·양가성, 0과 무, 역설의 사유, 한자의 언어철학적 의미 등의 과학철학적 내용과 상관성에 대해서는 별도의 고찰이 가능할 것이다.

06

0과 1의 해석학

0과 1의 해석학

1. 0으로부터

우리가 별 생각 없이 사용하는 '0'이라는 숫자는 상당히 기묘한 숫자다. 수학사에서 0의 기원은 불확실하다. 고대 마야인들이 이미 수천 년 전에 0을 사용했다고 하는 주장이 있으나 연구가 완결되지 않았다.[1] 또 기원전 700년경 바빌로니아의 숫자체계에서 0을 자릿수를 표시하는 수단으로 사용했다는 설이 있고, 또 서기 628년경 인도의 수학자 브라마굽타는 0을 그저 자릿수 표시가 아닌 하나의 수로 다루는 규칙을 제시했다는 내용과 함께, 830년 다른 수와 작용하는 0의 속성에 대한 이해에 도달했고, 1100년경에 바스카라가 드디어 0을 대수학의 기호로 사용했고, 1202년에 피보나치가 0을 다른 숫자 체계에 추가로 사용했다는 설이 있다.[2]

---

1   김상일, 『대각선 논법과 역』, 지식산업사, 2012, 41쪽.
2   토니 크릴리, 김성훈 옮김, 『반드시 알아야 할 위대한 수학』, 지식갤러리, 2011, 12~17쪽.

또 다른 견해로는 서구 수학에는 본래 0이란 개념이 존재하지 않았고, 인도에서 아랍으로 건너오면서 세계적으로 통용되기 시작했다고 한다. 인도 산스크리트어로 空을 뜻하는 'sunya'가 그 기원이라고 본다.[3] 그 후 7세기경 아랍인에 의해 '시프르(sifr)'가 되었으며, 다시 라틴어로 'cifra, zephirum, zeffro' 등이 되었고, 이것이 베네치아에 방언으로 지금의 'zero'가 되었다고 한다. 프랑스어로는 아랍어 원음에 가깝게 시프르(chiffre)라고 한다.[4] 한편 최근 들어 0의 기원은 보다 앞당겨지게 되었다. 2017년 옥스퍼드대 연구진은 이 대학 보들리 도서관에 보관 중이던 인도의 두루마리 '바카살리 문서'에서 기존보다 약 500년 앞서 0의 위치에 점을 찍어 나타낸 것을 발견했는데, 탄소연대 측정으로 이 문서가 3,4세기경의 것임이 밝혀졌다.[5]

자연수가 아닌 숫자 0의 기본적 의미 역시 다양하다. ① 없음, ② 빈자리, ③ 시작, ④ 양수와 음수의 분기와 변곡점 등으로 다양하게 사용되고 있는데, 인도의 수학자이며 천문학자인 브라마굽타(Brahmagupta, 598~668)는 "0은 같은 두 수를 빼면 얻어지는 수"로서, 아무것도 남지 않은 무의 상태인 실수라고 했다. 그는 또 "어떤 수에 0을 더하거나 빼도 그 수는 변하지 않는다. 0을 곱하면 어떤 수라도 모두 0이 된다."고 하며 그 작용을 설명했다.

본고는 이와 같은 기묘한 수인 0, 그리고 그것과 상당한 관련이 있는 1에 대하여, 동서대비적 정보이론의 관점에서 고찰해 수학 및 과학의 인문적 의미를 온고지신적으로 생각해 보고자 한다. 먼저 제2장에서는 수학에서 활용되는 0과 1의 다양한 경우와 함께, 그것의 인문수학적 의미를 고찰한다. 다음

---

3   'sunya'는 sun(생명) + niya(가까이 가다) + tâ(본성), 즉 생명의 본질에 다가감, 순환, 회귀이다.

4   찰스 세이프, 고중숙 옮김, 『무의 수학, 무한의 수학』, 시스테마, 87쪽.

5   0의 또 다른 유래는 공이나 무를 뜻하는 라틴어의 눌루스(nullus)에 기초하여, '눌라 피구라'(nulla figura), 즉 '없거나 공허한 숫자'란 말에서 유래했다고도 한다.

제3장에서는 현재 상용되고 있는 디지털컴퓨터, 그리고 개발 추진 중인 양자 컴퓨터에서의 서로 다르게 읽히고 적용되는 0과 1의 정보추동의 의미를 생각해 본다. 이를 토대로 제4장에서는 음·양 두 요소로 세계를 동태적으로 기호화한 동아시아 주역 괘효의 정보 표상의 속성과 함의를 상기 두 가지 컴퓨터의 정보이론과 비교하며 동아시아 사유의 세계 표상 방식의 함의를 정보론적으로 연결 고찰한다.

이러한 작업은 단지 동아시아 사유의 탁월성을 말하기 위함만은 아니다. 종교가 아닌 한 과거 수천 년 전의 사유에 모든 것이 완성적으로 내재되어 있다고 말할 수는 없다. 필자는 그간 15년 이상 과학의 눈으로 동아시아 근원 사유의 재해독 및 과학철학적 접목 작업을 진행해 왔으며, 2018년 초 '한국동아시아과학철학회'를 한국연구재단 등록학회로 발족하여 현재 약 70명의 회원과 함께 격월 세미나를 진행해 오고 있다. 이 글 역시 서구 과학기술 문명 주도하에 전개되는 오늘날 상황에서 문명사적 기초가 다른 동아시아 사유를 재발굴, 재해독하여 궁극적으로는 동아시아 사유의 시야 확장, 동서융회의 접목 활용에 기여할 수 있기를 희망한다.

2. 0과 1의 인문수학

(1) 0의 이중성과 양가성

0은 극단적인 이중성과 양가성을 지니고 있다. 이중성(duality)이란 빛의 입자와 파동 이중성과 같이 '서로 다른 두 성질을 함께 지니는 것'이다. 양가성(ambivalence)은 '서로 반대되는 두 속성의 동시 병존'이다. 이 두 개념은 서로 유사하면서도 조금 다른 지향을 보이므로 두 표현을 모두 썼는데, 개인적으로 0에 대해서는 0과 무한대와 같이 서로 상반된 두 속성이라고 하는 점에서 양가성이란 표현이 더 다가온다. 이러한 이중성과 양가성은 양자수학 및 양자물리학의 관점에서 잘 드러난다. 이에 대해서는 필자 역시 간략히 언급을 한 적이 있는데,[6] 이 글에서는 0의 이중성과 양가성을 인문수학, 혹은 철학적으로 바라본다.

양자수학에서 0은 zero이면서 무한대(∞)이다. 이는 먼저 최소와 최대의 상반되는 두 요소를 지니고 있다는 말인데, 철학적으로는 무와 유를 함께 지칭한다. 현대 우주론에서 이러한 논의는 영점 무한소에서 시작하여 빅뱅과 함께 확장 중인 우주의 온갖 시공존재에 대한 논의로 이어진다. 양자수학은 또 이렇게 말한다. "0과 무한은 동전의 양면과 같다. 0과 무한대는 모든 수를 서로 삼켜 버리려는 투쟁 속에서 서로 얽혀 있다. 동등하지만 반대이고, 음과 양이며, 수의 영역 양극단에 있는 강력한 맞수이다."[7]

0이 지니는 무한소와 무한대의, 보임과 보이지 않음의, 무와 유의 양가성은 인문학적으로 우주론, 존재론, 인식론으로의 함의를 내포한다. 철학적으로 말하자면 송 주돈이가 「태극도설」에서 "무극이 곧 태극(無極而太極)"이라고 제창한 것도 상통한다. 이는 또 마치 우로보로스(Ouroboros)의 뱀처럼 수미가 하나로 이어지고 무한소와 무한대가 같고, 뫼비우스 띠(Mobius strip)처럼 표리가 서로 이어지며, 잠재계와 현상계가 상호 소통하는 '내재-초월'이라고도 할 수 있다. 특히 0은 미분에서 수학적 변곡점이며,[8] 우주물리학적으로는

6 　오태석, 『노장선역, 동아시아 근원사유』, 역락, 2017, 285~289쪽: '(2) 영(0)과 무한의 수학 철학으로 본 노자 사유의 양가성' 부분을 참조.

7 　"아인슈타인의 상대성이론에서 0은 별들을 통째로 집어 삼키는 괴물 같은 블랙홀이 되었다. 양자역학에서 0은 무한하고 어디에나 있으며 심지어 가장 깊은 진공에도 존재하는 기이한 에너지의 원천이며, 무에 의해 발휘되는 유령과 같은 힘의 근원이기도 하다."(『무의 수학, 무한의 수학』, 154쪽, 169쪽, 184쪽)

8 　함수 그래프 중 +에서 -로 또는 -에서 +로 바뀌는 전환점은 기울기가 0, 즉 '$f'(x)=0$'가

특이점(singularity)이기도 하다. 그래서 이와 같은 말이 가능하다. "블랙홀(black hole)을 찾아낼 수는 있지만 그 중심에 있는 '특이점으로서의 0'은 事象의 지평에 의해 가려져 있어 결코 찾아낼 수 없다." 이것이 아무 곳에도 보이지 않으며[공과 무] 모든 곳에 존재하는[색] 0이 자아내는 마법의 숫자다.

(2) 0과 1의 사이에서: 원과 파동함수, 확률, 집합과 대각선논법

이상과 같은 다양한 함의를 지닌 0은 때로 1과 연결되면서 더욱 다양하고 깊은 함의를 인문학에 던진다. 수학적으로 이 경우 대체로 0은 중심점을, 그리고 1은 함수의 경계 값, 또는 또 다른 기준 값의 의미를 지닌다. 한편 1은 기하학적으로는 0에서 1만큼의 거리를 뜻하는데, 여기서 0은 기점의 의미를 지닌다. 이때의 0은 상대무가 된다. 이는 '색즉시공, 공즉시색'의 반야지의 관점과도 상통한다. 그러나 1이 생기기 전까지의 0은 절대무로서 제법을 생성하는 근원으로서의 의미를 지니게 된다고 할 수 있다. 이 점에서 노자 '1,2,3론'의 근거지로서의 무라고도 할 수 있다.[9]

세계를 표상 운행하는 태극중심선은 0을 중심으로 1과 -1, 그리고 다시 1 사이를 상승·하강하며 파동같이 흐른다. 동양적 용어로 음과 양의 상태와 관계되는 '氣'라고도 할 수 있는 중심선의 흐름은 0의 평형상태와, 음양 극점을 내포하는 절대값 |1|의 세계이다. 음양 기운의 세계내적 추동과 구현이라고 할 중심선은 음양구현의 양극인 -1과 1 사이를 파동적으로 유동한다. 이렇게 볼 때 태극은 원과 파동의 조합이 된다. [태극=원+파동]의 조합을 도형화

되는 변곡점이다. 그래서 0은 끝이자 동시에 새로운 시작이다.(오태석, 『노장선역, 동아시아 근원사유』, 66쪽)

9 『老子』 제42장, "道生一, 一生二, 二生三, 三生萬物. 萬物負陰而抱陽, 沖氣以爲和."

하면 다음과 같다.

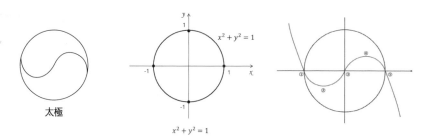

[태극 = 원($x^2 + y^2 = 1$) + 파동($y = \sin x$)]

원이기도 한 좌측 그림은 우리가 잘 아는 이태극이다. 그리고 두 번째 그림은 태극 외선인 원이다. 방정식으로는 $x^2 + y^2 = 1$의 그래프다. 이것은 중심 0에서 1만큼 떨어진 점들의 연결 경계의 궤적으로서의 반지름 1인 원의 도형 표상이다. 그러면 중심으로부터 공히 1의 거리만큼 떨어진 각점의 궤적들은 바로 현상으로서의 '조화로운 세계 경계'의 구현의 궤적으로 볼 수 있으며, 이로부터 원융의 이상 세계라는 은유로 해석 가능하다.

세 번째 그림인 태극 내선은 파동이다. 필자는 이미 주역 태극중심선의 파동적 흐름을 $y = \sin(x)$의 그래프로 보고 그 세계선(world line)상에서의 임의의 점[시공간]에서의 미분을 통해 미래 사건의 점복적 의미를 풀어냈다.[10] 미분(differential)이란 함수 그래프 중 특정 점에서의 변화의 기울기이다. 즉 현상 $f(x)$의 각 점에서의 미분 값인 $f'(x)$는, 현상에 대한 미래에 대한 사전 조짐과 기미(幾微)이다. 그리고 각점에서의 흐름의 방향과 강도를 결정하는

---

10   오태석, 「한시의 뫼비우스적 소통성」, 『중국어문학지』 31집, 2009.12, 44~50쪽; 『노장선역, 동아시아 근원사유』, 「은유와 유동의 기호학, 주역」 '2. 생성과 흐름의 사유, 태극중심선의 미분철학' 84~91쪽.

태극중심선의 미분의 의미가 주역 점복의 의미로 연결 가능하다. 미분은 변화율의 수학적 척도인데, 이를 위해서는 잘게 나누게 되며, 그 극미의 분할은 곧 0과 관계되고,[11] 미분을 통해 산출되는 변화율에서 0은 역시 중요한 변곡점의 의미를 띤다.[12]

0과 1이 만들어 내는 또 다른 인문수학의 세계는 확률에서 찾을 수 있다. 확률은 사건이 일어날 가능성에 대한 추정치이다. 사건이 발생할 가능성이 전무하다면 0이고, 100%라면 1이 된다. 그런 의미에서 확률이란 시간으로서의 존재, 즉 '시간-존재'가 만나게 되는 온전한 무(0)와 온전한 유(1) 사이에서 벌어지는 '가능한 사건'의 기록이다. 이것이 일반적 의미의 확률이다.[13]

확률의 또 다른 의미는 큰 수[大數]의 작은 수[小數]화이다. 예를 들어 동전을 던져 앞면과 뒷면이 나올 확률이 각각 50%라고 하자. 그러면 이미 한 번을 던져 앞면이 나왔을 때 두 번째 던져서 다시 앞면이 나올 확률은 얼마인가? 개별사건으로서는 역시 50%이며, 이것은 100만 번을 던져도 다음에 앞면이 나올 확률은 여전히 50%이다. 그러므로 확률은 개별 사건적 빈도가 작을 때는 별 의미가 없고, 누적 사건 즉 큰 빈도(frequency)에서 사건의 확률에 수렴하게 되는데, 이를 '큰 수의 법칙'이라고 한다. 기본적으로 확률은 경우의 수가 크지 않을 때에 사건 발생의 예측에 중요하며, 그 원인은 한 사건의 방향과 강도가 그것을 가늠한다.[14]

---

11 오정균, 『깨달음에서 바라본 수학』, 렛츠북, 2017, 315쪽. "모든 극대의 출발은 극소에서 출발하고, 극소는 0으로부터 출발한다."

12 태극중심선의 미분에 대한 유무 관계에 대한 진전된 논의는 이 책의 제4편 「동아시아 문학 예술의 초월적 시공간」 제2장 해석을 참고 바람.

13 하지만 양자론의 확률은 위와 같은 일반적이며 통계적 확률과는 의미가 다르다. 양자역학에서의 확률이란 만물에 내재된 물질의 근원적 속성으로서의 자기 발현이다.

14 들뢰즈(Gilles Deleuze) 역시 현상계의 아날로그적 그래프인 $y = f(x)$에서 미분이 지니는 의미로서 '방향(vecteur)과 강도(intensité)'를 중시했는데, 필자의 생각에 이 방향과 강도는

한편 100% 확률을 1로 본다는 점에서 1은 온전한 수이며 완전한 전체이다. 시작이란 의미의 '初'란 글자를 분해하면 옷(衣)을 칼(刀)로 잘라 가르는 것이다. 시초가 둘로 분화되어 노자적으로 分封되는 것이라면, 분봉되기 전의 '시초의 시초', 혹은 반야경적으로 '무의 무'가 있을 것이고 그것이 1이며 그것은 온전한 하나로서, '성삼위일체'와 같이 모든 것이 합쳐지고, 남녀로 나뉘기 전의 신적 존재이기도 하다. 이런 의미에서 1은 온전한 하나이고, 여기에서 더 밀고 들어가 무과 공, 즉 0에 이르게 된다. 이밖에 대수의 소수화의 극명한 예는 log에서 찾아 볼 수 있는데, 이 부분은 다음 절에서 논한다.

이어서 0과 1의 인문수학적 연관은 집합론에서도 가능하다. 집합론에서는 {0}도 하나의 집합이므로 이를 '공집합의 집합'인 {∅}로 표시한다. 이 '공집합의 집합'이라는 것이 바로 숫자 1이며, 집합에서 숫자 1은 이렇게 탄생한다.[15] 이것이 집합론에서의 0과 1의 상호 연결이다. 아무 것도 없는 ∅에서 공집합 {∅}으로의 과정은 '0 → 1'의 창출 과정이며, 노자적으로 말하면 무에서 유가 나오는 것이고,[16] 서구 신학적으로는 하나님이 세상을 만드는 과정이기도 하다.

여기서 더 나아가면 0과 1을 집합으로 하는 멱집합과도 상관된다. 멱집합이란 주어진 집합의 모든 부분집합들을 원소로 가지는 집합이다. 멱집합의 특징은 자기언급(self-reference)에 있다. 수학적으로 어떤 집합 S에 대한 멱집합은 P(S) 또는 2^S로 나타낸다. 즉 S={0,1}이라 하면 P(S)={∅,0,1,S}이다. 원소

확률에서 다른 의미로 역시 중요하다.(들뢰즈, 김상환 옮김, 『차이와 반복』, 민음사, 2004, 488~539쪽)

15 김상일, 『대각선 논법과 역』, 지식산업사, 2012, 90쪽; 블래트코 배드럴(Vlatko Vedral), 손원민 옮김, 『물리법칙의 발견: 양자정보로 본 세상』, 모티브북, 2011, 262쪽.

16 『老子』 제40장, "天下萬物生於有, 有生於無."

의 개수가 n개인 집합의 부분집합의 개수는 2^n개가 되고, 멱집합의 원소의 개수 역시 2^n개가 된다.[17] 특히 집합 {∅}이 0(무)이면서 1(유)을 가지는 것에 대해 이를 '무극=태극'의 주돈이 방식으로 말하자면 바로 동아시아 주역의 '무극이 곧 태극'인 역의 逆說과도 상통한다.

이러한 자기언급은 독일 집합론자 게오르그 칸토어(George Cantor, 1845~1918)의 대각선논법(diagonal argument), 그리고 괴델(Kurt Gödel, 1906~1978)의 불완전성 정리(incompleteness theorems)와도 연결된다. 자기가 자신을 언급[재귀언급, self reference]한다는 점에서 대각선논리를 가지는 멱집합은 "나는 나이다"라고 말하는 성서의 하느님처럼 공의 자기현현과 함께 자기모순적인 동시에 완전성을 지향한다. 이렇듯 0과 1, 그리고 이로부터 파생된 집합론적 개념인 2의 함의가 다양한 시야의 학문과 확장적으로 소통 가능하게 되는 것이다. 그렇다면 본고에서 행할 정보론적 베이스로서의 주역 음양 괘효의 2^n의 추동력, 그리고 본고에서는 아직 검토하지 못하는 방도(方圖)를 통해 드러나는 역의 자기언급성은 보다 확장된 세계 표상의 한 방안일 가능성이 있다.

이상 보았듯이 0과 1은 단순한 숫자의 영역을 넘어, 원, 파동, 태극중심선의 미분을 통한 점복의 의미, 확률, 그리고 집합, 나아가서는 이진법의 기초가 되는 2^n, 그리고 멱집합적 대각선 논리로까지 확장 적용되며 인문 수학의

---

17 칸토어, 러셀, 중국 역 등의 자기언급적이며 멱집합적 대각선 논증에 대한 창의적 논의는 김상일의 저서 『대각선 논법과 역』에서 집중적으로 언급되어 있다. 유클리드수학이 현대수학에 와서 변한 점은 자기언급을 수학에 도입한 데 있다. 다음을 보자. 어떤 집합의 총 개수가 2^0=1, 2^1=2, 2^2=4, 2^3=8, …2^n과 같이 되는 이유는 '공집합과 자기 자신이 반드시 포함되어야 하기 때문이다. 즉 '2^0=1'이라는 것은 "원소가 0개인 1개의 존재"라는 의미이다. 예를 들면 원소가 아무것도 없는, 즉 0인 집합의 공집합은 {∅}인데, {∅}집합의 실제 개수는 1, 즉 하나이다. 그렇다면 공(무)이 곧 1(유)이 되는 셈이다. 이 점이 주돈이가 말한 "무극이 곧 태극(無極而太極)"이란 역(易)의 역설로 연결된다. 이상 『대각선 논법과 역』(김상일, 2012) 63쪽, 132~133쪽을 참고하여 재작성함.

길을 넓혀 나갈 수 있다. 다음 절에서는 지수법칙으로 올라가는 큰 수를 작은 수화하고, 정보의 엔트로피를 낮추는 데 기여하는 log의 정보이론을 고찰하여 컴퓨터 정보이론의 수학적 기초 이해에 갈음한다.

(3) 0과 1의 정보론적 기초: 지수와 로그

지수는 밑수를 몇 번 곱하는지를 표시하는 장치수로서 플러스이든 마이너스이든 간에 밑수의 방향을 한 방향으로 가속시킨다. 지수는 첨자로 표시된다. 예를 들면 $y = x^2$, $y = x^3$, 또는 $y = 2^x$ 등식에서의 첨자가 지수다. 갈수록 가파르게 나아가는 다음 그래프는 지수의 가속성을 잘 보여준다.

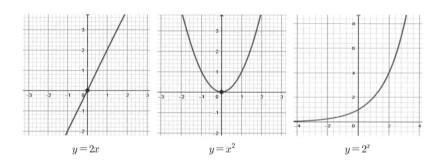

$$y = 2x \qquad\qquad y = x^2 \qquad\qquad y = 2^x$$

한편 지수의 반대편에 로그가 있다. 스코틀랜드의 수학자 네이피어(John Napier, 1550~1617)가 최초로 제안한 개념인 로그(logarithm)는 길이가 긴 수를 빠르게 나누거나 곱할 수 있는 방법으로서,[18] 어떤 수를 나타내기 위해 고정

---

18 네이피어는 『놀라운 로그의 세계』(1614)를 쓰면서 로그(logarithm)란 말은 '비율(logos)'과 '수(arithmos)'의 라틴어 합성어로서 자신이 작명했다고 밝혔다. 한편 로그표는 네이피어와는 무관하게 스위스 지수이론 수학자 요스트 뷔르기(Justus Byrgious)가 1620년 무기명으로 발표했다.

된 밑을 몇 번 곱하여야 하는지를 나타내는 함수이다. 나눗셈이 곱셈의 역인 것과 같이 로가리듬은 지수의 역으로서, 지수가 가속장치라면 로그는 사람의 인식능력을 감안한 감속화의 표상인 셈이다. 특히 지수와 관련해 로그는 지수의 곱셈을 덧셈화하는 간명한 장치이기도 하다. 이렇게 지수와 역산적인 로그의 개념은 지수가 제곱수로서 기하급수적으로 크기가 커가는 것에 대한 엔트로피 부담을 덜어 준다.

이를 수학식으로 보자. $a > 0$, $a \neq 1$이고, $y > 0$일 때,[19] x, y 사이에 $y = a^x$이라는 관계가 있으면, 로그가 지수와 대비된다는 뜻에서 'x는 a를 밑으로 하는 y의 로그(對數)'라고 하고 $\log_a y = x$로 표기한다. 이를테면 $2^6 = 64$이므로 이를 로그로 표시하면 $\log_2 64 = 6$가 되고, $3^4 = 81$의 경우는 $\log_3 81 = 4$가 된다. 로그의 특징은 상수 법칙,[20] 덧셈 법칙, 뺄셈 법칙, 지수법칙, 밑 변환 법칙, 역수 법칙이 있어서, 이러한 특징을 이용하면 복잡한 곱셈계산을 간단한 덧셈식으로 바꿀 수 있다.

아래 두 그림 중 좌측의 그래프는 서로 밑을 달리하는 세 종류의 $y = \log x$의 그래프를 보여준다. 1사분면의 아래쪽부터 순서대로 보자면, 밑이 각각 10, e, 1.7인 로그함수의 그래프이고, 모든 로그함수는 밑 값에 상관없이 (1, 0)을 지난다.[21] 이것은 상수 법칙인 '$\log_a 1 = 0$, $\log_a a = 1$' 중 전자인 $a^0 = 1$의 결과이다. 이런 면에서 로그에서도 0과 1은 역시 특수한 수임을 보여준다. 또한 우측 그래프에서 알 수 있는 점은 log 그래프 대신 지수 그래프를 그릴 때, y값의 증가속도가 급격하게 증가하여 복잡도가 커짐을 볼 수 있다. 즉

---

19    $a \neq 1$이어야 하는 이유는 1의 지수값은 모두 1로서 변별의 의미가 없어지기 때문이다.
20   상수법칙은 어떤 수의 0제곱은 1인 $\log_a 1 = 0$과 어떤 수의 1제곱은 바로 그 수인 $\log_a a = 1$ 이다.
21   위키백과 '로그'항 참조. 로그 그래프가 (1, 0)을 지나듯이 역으로 지수그래프는 다음 그림과 같이 (0, 1)을 지난다.

로그를 사용하면 복잡도, 즉 난이도가 낮아져서 알고리즘 정보(bit) 사용의
효율화와 저비용화가 가능하다.

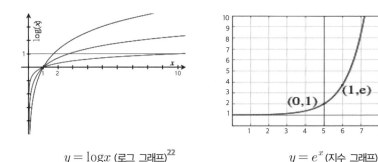

$y = \log x$ (로그 그래프)[22] $y = e^x$ (지수 그래프)

　로그의 효율성은 로그의 기본 특성인 곱셈의 덧셈화인 덧셈 법칙과 나눗
셈의 뺄셈화인 뺄셈 법칙에서도 마찬가지로 보인다.[23] 이러한 로그의 정보
효율성은 다음 예를 통해서도 확인가능하다. 1에서 1,000까지 임의로 정한
수를 맞추는 게임인 '업 앤 다운(Up & Down)' 게임을 생각해 보자. 여기서
특정한 숫자를 지정하는 질문은 정답 확률을 낮춘다. 그러므로 질문방식을
바꿔 어느 수보다 큰가(작은가)를 물으면 상당히 효율적이다. 한 번 부를 때마
다 데이터의 양이 해당되지 않는 부분만큼 사라지게 되므로 n번의 시도로
정답이 나온다고 하면 2^n이 1,000이 될 때까지 하면 정답이 도출된다. 이를
수식화하면 $2^n > 1{,}000$ 이므로, 이를 로그로 환산하면 $n > \log_2 1000$의 식, 즉
$n > 3\log_2 10$이 성립한다.[24] $n > 9.$*이 되므로 9회보다 더 많이 질문하게 되면

22　3종의 다양한 로그 $y = \log x$의 그래프. 이를 흑백프린트가 아닌 파일로 보면 아래 초록색은
　　밑이 10, 중간의 붉은 색은 밑이 e, 그리고 위의 보라색은 밑이 1.7이다. 밑 값에 상관없이
　　모든 로그곡선은 (1, 0)을 지난다.

23　$\log_a xy = \log_a x + \log_a y$(덧셈 법칙), $\log_a \dfrac{x}{y} = \log_a x - \log_a y$(뺄셈 법칙)

정답이 나오는데, n은 횟수를 나타내는 자연수이므로 결국 10회가 된다. 즉 1에서 1,000까지의 숫자를 알아맞히는 데에는 10회의 질문이면 충분하다는 말이다. 이를 정보이론으로 말하자면 1회의 질문과 답(yes, no)을 1bit로 보아, 답을 아는 데는 총 10bit면 1에서 1000까지의 숫자 중 특정 숫자를 맞출 수 있게 된다. 이렇게 로그는 정보 알고리즘(algorithm)의 복잡도를 단순화하는 효과적인 장치다.

본란에서는 0과 1의 숫자를 정보론으로 가기 위한 인문수학으로 풀어 그 다양한 함의를 검토했다. 먼저 0의 양가성, 즉 1의 온전성과 0에 대한 연속성을 보았고, 그 예로서 태극의 원과 파동함수, 확률, 집합과 대각선논법으로의 확장적 의미를 고찰했다. 다음으로 정보 계산의 효율화 방안으로서 역시 (1,0)과 관계되는 로그(log)의 속성을 살펴보았다. 그리고 '업앤다운 게임(up & down game)'에서도 보듯이 로그 역시 현대 정보이론의 기본 요소가 되는 이진법으로 가는 선상에 있음을 알게 되었다. 다음 장에서는 이진법의 우수성, 그리고 이에 기초한 디지털컴퓨터와 양자컴퓨터의 비교를 이진법의 두 가지 연산방식과 연결 고찰한다.

---

24 등치를 한다면 한번 부를 때마다 찾을 숫자의 범위가 반으로 줄어드니까 $100 \div 2^k = 1$이 되는 n을 구하면 $k = \log_2 100$가 되므로, 그 알고리즘은 $\log_2 n$이 된다. (이창옥, 「근사한 알고리즘의 세계」, 『세상의 모든 비밀을 푸는 수학』 카이스트 명강 제3책, 사이언스북스, 2016, 45쪽.

3. 0과 1의 정보 추동

(1) 디지털 컴퓨터(bit)

디지털이란 무엇인가? 이를 위해서는 아날로그의 개념과 같이 보는 게 좋다. '아날로그(analogue)'란 일상 상태에서 물질이나 시스템 등의 상태를 연속적으로 변화하는 물리량으로 표시한 것이다. 그리고 '디지털(digital)'은 물질이나 시스템의 상태를 0과 1 사이의 구간 값을 생략하고 단속적이고 불연속인 지표 값으로 표시한 것이다.[25] 다음 그림의 시간이나 무게 표시에서 아날로그와 디지털 방식의 차이를 쉽게 알 수 있다. 이런 점에서 보면 사이의 연속적인 흐름을 보여주지 못하고 건너뛰는 디지털 값은 아날로그 값보다는 개략적이고 분절적인 근사 값이다. 디지털 값은 비록 정확도가 떨어지기는 하지만, 계량화하고 있다는 점에서 지표 전달 효과가 좋다. 하지만 더 세밀히 본다면 아날로그나 디지털 값은 모두 일상적 현실의 세계의 개략적인 인지 표현에 불과하다. 양자의 미시세계로 들어갔을 때와 주역 음양론에서의 표지와 함의에 대해서는 뒤에 상술한다.

아날로그와 디지털

---

25 'digit'라는 말은 인간의 손가락이나 발가락에서 유래하며 사이 값을 취하지 않고 정격화하여 끊어 표현하고 있다는 점을 보면 쉽게 이해된다.

0/1, o/x, yes/no, on/off, T/F, 음/양, 평/측 등은 모두 이진법이다. 현대 세계는 대부분 10진법에 의거하고 있지만, 0과 1의 이진법은 매우 간단하므로 오래전부터 폭넓게 사용되어 왔다. 중국 갑골에 보이는 상의 점복문화도 이진법에 기초해 길흉을 물었으며, 여기서 주역 음양론이 나왔다. 그러면 이진법과 십진법은 효율 면에서 어떤가?

현재 우리가 사용하는 디지털컴퓨터는 기본적으로 0과 1의 조합인 비트(bit)들을 옮기고 바꾸며 섞는 조지 불(George Boole, 1815~1864)의 논리연산에 기초한다. 이러한 연산은 트랜지스터로 구현되었고, 이로부터 현재의 컴퓨터가 발전되어 나왔다. 이진법의 정보화에 대한 이론적 정립은 클로드 섀넌(Claude Shannon, 1916~2001)이 절대적이다. 그는 1938년 석사학위논문에서 전자회로를 통해 아날로그를 디지털로 바꿀 수 있다는 것을 깨닫고 불 대수와 전자회로를 연결해 디지털논리회로를 창안한다. 그리고 이 디지털회로는 벨 연구소의 섀넌의 논문 「정보통신의 수학적 이론」(1948)에서 정보전달의 최소 단위로 '비트(bit)'라는 용어와 함께 구체화되었다. 모든 정보 즉 유한한 질문에 대한 모든 답은 일련의 0과 1로 표시되는 bit로 표시 가능하다는 것이다. bit는 동일한 확률을 지닌 두 대안 중 하나를 선택하는 데 필요한 정보량의 단위이다. 'yes/no'형 질문에 답을 하려면 1비트의 정보가 필요하다. 그리고 이는 이진법 정보의 기초가 된다. 이와 같은 이분법의 장점에 대해 한신대 철학과 교수였던 김상일은 "이진법의 특징이 바로 자기언급성에 있으며, 현대컴퓨터가 이진법을 채택한 이유는 이진법의 셈방식이 십진법보다 탁월한 데 있다."고 했다.[26] 그리고 섀넌은 전송되는 정보량 측정의 수학적 도구로

---

26 金相日, 『역과 대각선 논법』, 64~70쪽. "자기가 자기에 포함되는 자기언급을 할 때, 하나의 자기는 내용이고 다른 하나의 자기는 명패이다. 즉 물건이 명패가 되고, 명패가 물건이 되는 순환적 구조를 가진다. 이진수는 보편적이지만 십진수는 그렇지 않다. 이진수는 '모든' 것을

log함수를 이용했고, 무작위적인 메시지의 특성을 확률적으로 파악했다는 점에서 정보이론의 문을 열었다.[27]

그러면 정보는 추상적 정신영역에 속하는가? 아니면 구체적이며 물리적인가? 정보 이론에서 정보는 후자라고 단언한다. 랄프 란다우어(Rolf Landaur, 1927~1999)는 "정보는 영혼과 육체가 분리된 추상적 실체가 아니라, 언제나 물리적 표현과 연결되어 있고, 따라서 열(entropy)과 관련된다."고 말한다. 새넌은 정보에 잡음이 생기는 현상으로부터, 정보전달에 손실이 없으려면 전달 속도에 한계가 있어야 한다고 했는데, 이것이 '새넌의 한계'(Shannon limit)라고 한다. 이는 정보가 추상적인 것이 아니라 바로 구체적인 물리적 성질, 즉 '정보의 물질성'을 지니고 있음을 뜻한다. 실제로 정보의 영역인 information은 'in+form+ation'으로 나뉘는데, 이는 ['(집어, 불어)넣는다' + '형태' + '명사화']의 세 부분으로 되어 있으니, 정보란 어원상 '형태를 부여한 것'이란 뜻이다. 상도의 잠재계와 가도의 현상계의 둘로 세계를 바라본 노자의 세계 인식을 영어의 뜻으로 미루어 재해석하자면, '상도'는 형태화 이전의 상태로서 정보 이전의 상태이고, '가도'는 그것의 현상적 구현으로서의 정보화된 상태라고 말할 수 있을 것 같다.

디지털컴퓨터는 0과 1의 이진법적 선택으로 작동되고 있다. 그리고 이는 주어진 문제를 풀기 위한 단계, 절차, 해법 프로그램인 0과 1의 알고리즘(algorithm)에 기초해 운용된다. 디지털컴퓨터의 (0,1)의 알고리즘은 기본적으로 0과 1의 선택적 갈래, 즉 'yes or not'의 분기를 통하여 구현된다. 이를

다 계산한 다음에 그 모든 것 자체도 자기언급적으로 '모든' 속에 집합적으로 넣을 수 있으나, 십진수는 그렇지 못하다."

27 찰스 세이프, 김은영 옮김, 『만물해독 Decoding the Universe』, 지식의숲, 2008, 109~119 쪽.

전구의 연결로 말하자면, AND 게이트에서는 스위치 두 개가 직렬로 연결되어 있어서 스위치 두 개가 모두 닫혀야 전구에 불이 들어온다. OR 게이트는 스위치 두 개가 병렬연결이므로 어느 하나만 연결되어도 불이 들어오게 된다. 그리고 이 계산은 내부적으로는 '논리곱(AND, ∧)', '논리합(OR, ∨)', '부정(NOT, ~)', 그리고 추가적으로 '배타적 논리합(XOR, ⊕)'[28]의 기본적 논리연산으로 모든 종류의 데이터를 처리하게 된다. 다음 그림과 도표는 논리게이트와 각 경우의 결과 값이다.[29]

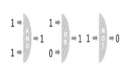

AND, OR, NOT : 컴퓨터 핵심 요소

연산자 기호	쓰임	의미
AND (&&)	그리고	둘 다 참이어야 참
OR (ll)	또는	둘 중 하나만 참이면 참
NOT (!)	부정	참이면 거짓, 거짓이면 참

A	B	AND (A·B)	OR (A+B)	NOT (A)
0	0	0	0	1
0	1	0	1	1
1	0	0	1	0
1	1	1	1	0

0과 1, T와 F의 논리게이트

이러한 논리회로를 가지는 AND나 OR 식의 디지털컴퓨터는 두 가지 사건을 함께 현재화할 수 없다는 선택적 한계(alternative system)로 인해 연산처리능력의 한계가 있다. 그리고 모든 원인은 예측 가능한 인과적 관계하에 구동된다. 입력 값이 결정되면 곧 출력 값이 결정되는 방식으로서 명료하다. 운용 도구가 스위치에서 진공관을 거쳐 실리콘 트랜지스터로 바뀌면서 계산능력이 빨라지기는 했으나, 결정론적 이분법 시스템에는 변함이 없다. 이렇게

---

28 두 명제 A, B의 논리합이 참이 되는 경우란 두 항 중 한쪽만이 참일 때이다. 만약 둘 다 참이라면 그것은 거짓이 된다.

29 조지 존슨, 김재완 옮김, 『양자컴퓨터 *A shortcut through Time: The Path to the Quantum Computer*』, 한승, 2007, 45쪽.

디지털컴퓨터는 칩의 소형화·집적화가 가속되면서 무어의 법칙이 적용되며 매우 빠르게 진화해 왔다. 하지만 디지털컴퓨터의 뒤에는 0과 1의 원인이 예외 없이 결과에 인과론적 영향을 미친다. 이러한 '조건-결과' 논리성은 디지털컴퓨터의 특성이며 동시에 한계이다. 그러면 1982년 리처드 파인만(Richard Feymann)의 제안 이래 차세대 컴퓨터로 주목받고 있는 양자컴퓨터란 무엇인가?

(2) 양자 컴퓨터(qbit)

만약 18개월을 주기로 성능이 2배씩 향상된다는 무어(Gorden Moore)의 법칙에 따라 디지털컴퓨터에서 사용되는 칩과 연산장치를 더욱 집적화, 소형화하여 우리 눈에 보이지 않는 극소의 세계로 들어가게 된다면, 결국 양자물리학의 지배를 받게 될 것이다. 양자물리학은 아직은 전모를 완전히 밝혀내고 있지는 못한 상태지만, 현상적으로 엄연한 사실임은 판명되었다. 이러한 극미시의 양자 영역에서는 일상과 거시 세계의 물리법칙과 전혀 다른 알 수 없는 당혹스런 현상이 일어나게 된다. 지난 백 년간 밝혀진 양자물리학의 대표적 현상은 모호한 불확실성, 서로 다른 속성의 겸비인 이중성, 하나이면서 여럿인 다중성, 얽힘, 중첩, 불연속과 단절 등이다. 양자역학은 그 원인에 대해서는 충분한 설명을 할 수 없으나, 현상은 사실이라는 점에서, 그리고 거시세계와의 통합적 이해에 이르지 못했다는 점에서 미완의 영역이다.

양자컴퓨팅의 이해에 들어가기 전에 잠시 하나의 양자 상태에 대한 예를 들어 이해를 돕는다. 일상계와 양자계 이 둘을 비유하자면 이는 마치 '아름다운 그녀'를 바라보는 두 가지 방식과 같다. 앞에서 아주 아름다운 여성이 걸어오고 있다. 너무나 아름다운 그녀에게 반한 남성은 점점 가까워지며 자기도 모르게 열심히 바라보기 시작한다. 10m, 5m, 1m, 30cm, 10cm, 어느 순간 그는 너무 근접하여 아까와 같은 그녀의 미모를 볼 수 없게 되었지만 관찰을 멈출 수는 없다. 그는 급기야 x선이나 감마선 같이 그녀 안으로 들어가 관찰한다. 심장 뛰는 소리와 함께 혈류가 맹렬히 흐르고 생체 공장 같은 세포(cell)들과 그것의 최소 속성 단위인 분자(molecule)를 거쳐, 이제는 그 최소 성과도 무관해진 별과 같이 궤도를 도는 원자(atom)를 거쳐, 양자(quantum)와 비어 있는 쿼크(quark)들이 간간히 펼쳐진 세계를 만나게 된다. 아름다웠던 그녀는 어디론가 사라지고 한 번도 보지 못했던 텅 빈 기묘한 세계가 자신 앞에 전개되고 있는 것이다. 도대체 그녀는 어디로 사라졌나? 이쯤 되면 우리가 본 현실이 어쩌면 현실이 아닐 수도 있다는 기묘한 결론에 이르게 된다. 그렇다면 우리가 본 것은 무엇이고, 진정한 실재는 무엇이며 어디에 있는가?

디지털컴퓨터가 0과 1 중 어느 하나를 선택적으로 논리화하는 데 반해, 양자컴퓨터는 0과 1을 동시에 받아들이는 논리방식을 취하는데, 이는 양자역학의 양자 얽힘과 양자 중첩에 기초한다. 양자컴퓨터는 노벨상 수상자 리처드 파인먼이 이론적 가능성의 이론을 처음 제시한 이후 현재는 상당한 진척을 보이고 있다. 둘을 모두 포괄하는 양자정보 단위는 디지털컴퓨터 정보 단위인 bit(0 or 1)와 구별하기 위해 양자비트(quantum bit), 즉 qbit(0&1)라고 부른다.[30]

기본적으로 이분법적 점멸 스위치 방식인 디지털컴퓨터는 고전적인 세계의 논리를 따르므로 불확정성이 최소화되며 항상 예측 가능한 결정론적 방식에 의거한다. 그러나 양자컴퓨터는 0과 1을 동시에 나타내는데, 각각은 좌우로 회전하는 두 스핀(spin) 값을 보여주므로 결국 양자컴퓨팅의 정보는 앞의

---

30 조지 존슨, 김재완 옮김, 『양자컴퓨터』, 한승, 2007, 54~81쪽.

그래프에서 보듯이 매우 빠른 2^n의 지수적 확장성을 지닌다는 점에서, 향후 컴퓨팅으로 구현되는 검색, 인공지능 AI·생화학·각종 연관 산업·사회 경제 과학 시스템의 획기적인 변화가 예상된다. 한편 양자컴퓨터에서 해결해야 할 문제도 적지 않다. 큰 두 과제는 측정이 결과에 영향을 미치는 영향을 제거하는 문제, 그리고 정보 전달을 방해하는 환경적 잡음의 제거 문제이다.[31]

일반컴퓨터의 1억 배 이상의 속도를 지니는 최초의 양자컴퓨터 'D-wave One'이 2011년 1,000만 달러의 가격에 나왔으며, IBM은 2018년 현재 50qbit(2^{50}), 즉 1125兆 수준의 연산을 처리할 수 있는 수준이고, 2020년에는 100qbit(2^{100}) 개발을 목표하고 있다. 양자 얽힘(quantum entanglement)과 양자 중첩(quantum superposition)을 활용하는 양자컴퓨터는 디지털컴퓨터의 역량을 매우 빠른 속도로 추월하게 되는데, 그렇지 않아도 빠른 큐비트를 서로 연결시킬 경우 그 처리 용량은 지수적으로 증대된다.

여기서 다시 앞의 디지털과 아날로그의 문제를 양자론의 관점과 연결해 생각해 본다. 우리가 보는 아날로그 자연은 연속적이다. 그러나 그것을 표현하는 디지털은 0과 1의 분절된 숫자로 표현되어 있다. 이 점에서 디지털은 치밀한 것 같으나 실은 근삿값이다. 그러나 디지털의 분절단위가 작을수록, 즉 미분이 세밀히 진행될수록 인식상의 실제 값에 근접한다. 하지만 이럴 경우 이번에는 반대로 이정표적인 지표 표상성이 떨어지게 된다. 이렇게 양자역학에서 보면 일상에서 연속적으로 보이는 자연도 미시세계에서는 분절

---

31 양자컴퓨팅에서 측정의 문제는 문제와 해답을 찾는 과정에 측정이 영향을 미치므로, 잘못된 확률적 결과를 제어할 관리의 필요성이 대두된다. 또 환경적 문제로 에러율을 0.0001까지 낮추든가 원자의 움직임을 최소화하도록 온도를 맞추어줘야 하는데, IBM은 0.015K(절대온도는 -273.16℃)까지 낮추었다. 에러율이 0.001이면 50qbit와 100qbit의 성능 차이가 없다.

과 단속으로 나타난다. 이러한 단절과 연속의 괴리는 마치 초당 24컷 이상의
사진이 이어질 때, 우리 눈이 연속으로 인식하는 것과 비슷하다. 사실 디지털
과 아날로그의 차이는 축척, 즉 스케일(scale)에 따른 차이로서, 미시와 거시
중 어디를 바라보는가에 따라 달라진다고도 할 수 있다. 사물의 이해에 대하
여 이 둘은 상호 배반적이면서 동시에 보완적이기도 하다.

　더욱이 양자정보론의 핵심인 0과 1의 양자 포괄 방식을 지닌다는 점에서
이해에 다가가기가 수월치 않다. 디지털과 아날로그의 두 가지 인지 차이는
세계 이해의 측면에서는 '모순-포괄'의 관점이 요구된다. 이런 점에서 그 이
중성 또는 양가성(ambivalence)은 '음중양, 양중음'의 주역 음양론이나 현상과
잠재라고 하는 노장의 세계 표상 방식과도 연결된 부분이 있다.[32]

　존재를 둘러싼 일상(거시)과 미시의 두 층위의 세계는 과연 어느 것이 진짜
인가? 혹시 노장이 말한 '병작'과 '병생', 그리고 '양행'과 있는 그대로를 긍정
하라는 '인시(因是)'는 바로 이러한 현상과 내재(잠재)에 대한 설파는 아닐까?
양자역학의 세계는 '물질-입자' 이중성, '위치와 운동량'의 동시 측정이 불가능
하다는 하이젠베르크(Werner Karl Heisenberg, 1901~1976)의 불확정성원리(uncertainty
principle), 그리고 양자 중첩(quantum superposition), 양자 도약(quantum jump), 양
자 얽힘(quantum entanglement)이 횡행하는 기묘한 미시세계이다. 슈뢰딩거의
고양이로 잘 알려진 사고실험에서 양자 상태에서는 그것을 관찰하기 전까지
는 두 상태가 중첩되어 있다가 관찰 측정의 순간에 파동함수가 붕괴되면서
어느 하나의 현상으로 결정된다고 한다.[33] 여기서 정보이론과 관련해 주목할
부분은 양자 중첩과 얽힘이다. 양자 중첩과 얽힘은 적어도 국소영역(locality)
에서는 인과율 및 결정론적 세계를 배반하고 있는 것으로 밝혀졌다.[34] 하지

32　이 점은 『노장선역, 동아시아 근원사유』 제1·2편인 「주역」과 「노장」 부분을 참조.
33　양자역학의 세계와 특징에 대한 인문학적 이해는 이 책 제1·2·5편의 글을 참조.

만 비국소영역의 문제는 아직 미결 상태이다.

정보론적으로도 이와 같은 비일상적 현상은 현행 디지털컴퓨터의 이분법적 결정론이 적용되지 않는 세계이다. 양자론에서는 '상태'란 말이 중요하다. 양자 중첩의 상태는 0과 1 중 어느 하나의 선택의 문제가 아니라 0과 1의 둘을 모두 함께 가지고 있다는 애매하고 모호한 속성을 보인다. 즉 '이것이냐 저것이냐'가 아닌, '두 가지 모두'를 확률적으로 내재하고 있다는 점이다. '빛과 유리'의 경우를 예로 들어 보면 어떤 빛은 유리를 투과하고, 어떤 빛은 유리에 반사된다. 어떤 것이 투과하거나 혹은 반사될 것인가는 개체 광자의 문제가 아니라 사물에 내재된 본질적 확률의 문제이다. 따라서 이 확률성은 개별성이 아닌 총체성의 문제에도 연결된다. 이런 점에서 양자역학이 지닌 확률성은 동전 던지기의 외적 조건과는 무관한, 양자역학의 본원적 속성으로 이해해야 한다는 점에서 일반 확률론과 전혀 다르다.

그러면 양자컴퓨터의 정보 처리는 어떤 방식으로 작동하는가? 양자적 상태보다 큰 정보처리를 하는 일반 컴퓨터에서는 어느 한 순간의 물리체계 내에서는 0과 1 중 어느 하나만 존재한다. 그러나 양자역학에 따르면 한 물리체계 내에서 0과 1의 상태가 동시에 존재할 수 있다. 이는 '슈뢰딩거의 고양이'로 알려진 사고실험을 통해 널리 알려지게 된 양자적 세계의 특징이다. 리처드 파인만(Richard Feynman, 1918~1988)이 제시한 양자컴퓨팅에서는 0과 1 둘을 모두 포괄하므로, 정보 처리는 2^n의 지수적으로 추동된다. 이에 대해서는 제4장 주역 음양론과의 비교 부분에서 상론한다.

---

34 적어도 국소영역에서의 양자 얽힘에 대한 숨은변수이론은 실제에 부합하지 않는다는 것이 1964년 벨(Bell) 부등식으로 증명되었다.

4. 중첩과 파동, 주역 음양론의 정보론적 이해

이제까지 우리는 단순한 숫자 0과 1의 수학에서 출발하여, 해당 숫자의 인문수학적 의미, 또 0과 1이 만들어내는 다양한 수학적 모형과 식을 원, 파동, 확률, 대각선논법, 그리고 로그함수까지 살펴보았다. 그리고 다시 0과 1의 디지털 숫자에 기초한 디지털정보인 bit와 양자정보인 qbit의 두 종류의 정보 시스템의 속성을 초보적으로 이해했다. 본 장에서는 시공간적으로 거리가 큰 동아시아 고대의 근원사유의 하나인 주역 음양론이 만들어 내는 세계 표상을 정보이론의 관점에서 고찰해 동아시아 고대사유의 재해석이 어디까지 가능한지를 생각해 보는 계기로 삼고자 한다.

주역에 관해서 필자는 이미 주역 음양론의 기호학적 의미, 태극의 미분철학적 의미와, 의학, 문학예술, 생활역학 등 주역의 문화적 확장 양상을 고찰했다.[35] 본고에서는 주역 기호학의 정보론적 의미를 생각해 본다. 주역 음양론은 이진법에 기초하고 있으며, 이는 동아시아 사유의 근간을 이룬다. 그리고 그 원류는 은상 갑골의 이분법적 점복문화와 복사로 추정된다. 주역 기호체계의 구도는 기본적으로 [(무극) → 태극 → 음양 → 사상 → 팔괘 → 육십사괘]로의 확장성을 보여준다. 주역이 64괘에서 끝났다고 그것이 완료된 것은 아니다. 기제(旣濟)괘(63) 다음에 미제(未濟)괘(64)로 이어지는 괘명의 순차 역시 이를 말해줄 뿐만 아니라, 당시의 필자의 교양과목 수강 학생인 이경화 군 역시 필자의 설명을 듣고서 괘의 무한분화를 수학식으로 증명 보고해주었다. 이제 주역 음양 괘효의 체계, 그리고 이진법에 기초한 컴퓨터와 주역 음양 기호의 정보론적 특성을 본다.

---

35 오태석, 『노장선역, 동아시아 근원사유』, 역락, 2017.

(1) 음양 중첩의 파동적 역동성

0과 1은 서구에서는 (yes, no) 또는 (on, off)의 단순명료함에 기반하고 있다. 이러한 명료함은 질문이 거듭될수록 목적에 가까워지는 장점이 있다. 그런데 주역의 이진법은 외적 단순성을 넘어서서 내외적 표상력을 지닌다는 점에서 서구 정보이론의 상호 구분적 이진법과는 출발이 다르다. 이는 음양의 본의가 산언덕의 해가 비치고 비치지 않음에 따라 그려진 표의문자인데서도 알 수 있다. 아침의 양지가 저녁이 되면 음지가 되며 시시각각 동태적으로 변한다. 동양에서의 개별적 사물은 사물 자체의 실체성에서 출발하지 않고, 다른 사물과의 상호 조응 관계 속에서 이해된다. 서양인이 자기중심적인 'insider's perspective'를 보이는데 반해 동양인이 'outsider's perspective'가 강한 것도 같은 이치이다.[36] 동아시아에서 주체는 주체 자체로 독존하는 것이 아니라 대상과의 연계 혹은 연접 속에서 동태적으로 파악된다.

더욱이 주역에서 사물은 하나의 속성이 아니라 음중양, 양중음의 작용을 통해 내외적 연계 속에서 자기 추동을 해나간다고 본다. 하나의 사물이 두 가지 속성을 지닌다면 이는 이것이기도 하고 저것이기도 하다는 점에서 이중적이며 양가적이다. 양가성(ambivalence)은 외적으로는 이것 같기도 하고 저것 같기도 하므로 애매(ambiguous)하다. 그래서 모호하게(vagueness) 여겨진다. 그런데 그것을 총체로서 바라보면 외형적 모순이 내면에서 이해되며 결국 하나의 통일된 의미로 다가온다.

모순되거나 동시에 같이 할 수 없는 둘이 모두 긍정될 때, 별개였던 두 세계는 하나의 세계로 통합 이해가 가능하다. 내적으로 음양의 상관 추동·외적으로 세계와의 상호 조응, 이런 것들이 질적 추동을 하는 주역기호학의

---

36 동양과 서양의 문화심리적 차이는 EBS다큐 『동과서』(예담, 2008)를 참조.

음양 사유에 녹아 있다. 나아가 노자와 장자의 현상과 잠재의 두 세계가 실은 하나라고 말하는 논리 역시 상반성의 함께함이다. 그래서 존재는 안에도 있고 밖에도 있다는 '내외구존'이 노장의 양행·병작의 논리이다. 영어로 말하자면 'in·ex·ist'이다. 필자 식으로는 '동태적 양가포괄'이라고 표현할 수 있다. 보이는 것과 보이지 않는 것, 현상과 잠재의 내적 추동을 이해하며 그 둘을 함께 바라봄, 이는 주체와 객체, 정신과 물질의 철저한 이분법에 기초한 서구사유와는 판이하게 다른, 전통 동아시아적 시선의 기본 토대다.

동아시아 사유에서 음과 양은 불변 고정하지 않고, 늘 상호텍스트적으로 내적 잠재와 외적 발현을 역동적으로 추동해 나간다. 그래서 음과 양의 상관작용은 '상호 추동과 상호 병생의 내재 포괄, 그리고 대립 속의 기다림인 對待'로 요약 가능하다.[37] 이러한 가변성은 음이 양이 되거나, 혹은 양이 음도 되게 한다. 상황에 따라 내부의 두 속성이 적절한 비율과 배합을 통해 발현되는 것이다. 여기서 비율 배합은 반드시 0과 1의 어느 하나가 아니다.[38] 음에서 양이 나오고, 양에서 음이 나오는 질적 잠재 발현이다. 그래서 동아시아 음양론에서는 상호 내재되면서 키워주고 옮겨가는 '음중양, 양중음'의 잠복적 대대 논리가 가능해진다. 고정된 실체가 아니라 내외 두 세계를 통해 발현된다고 하는 관점에서 바라본다. 이와 같은 동아시아 음양론의 '음중양, 양중음'의 내재잠복의 질적 속성은 '복희육십사괘차서도(伏羲六十四卦次序圖)' 도표를 통해 확인 가능하다.

---

37 김혜숙, 『신음양론: 동아시아 문화논리의 해체와 재건』, 이화여자대학교출판부, 2014, 70~72쪽.
38 비율·배합의 과정적 흐름과 양자컴퓨터의 상관관계에 대해서는 다음 절에서 상론한다.

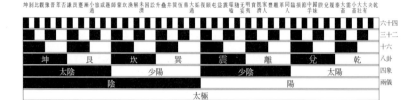

이 그림을 통해 내재·외현의 이중성을 지니는 주역이 정보론적으로는 어떤 속성과 의미를 지니는가에 대하여 생각해 보자. 주역은 음과 양, 즉 0과 1의 기호로 표현되었다는 점에서 외양상 디지털적이다. 하지만 주역에 대한 해설적 도해인 '복희육십사괘차서도' 중 각 괘의 배열을 보면 음과 양은 분화가 진행될수록 은미하게 세분되며 확장·분화한다. 그것은 태극에서 음과 양의 두 괘를 낳으나, 다시 이들 음과 양은 각각 다시 또 음과 양을 낳고, 그 다음 세부 층차에서도 역시 다시 분화한다. 그래서 음이 양을 낳고 양이 음을 낳는다고 한 것이다. 실체적 서구 사유라면 음은 음이고 양인 양이어야 한다. 양자역학적으로 말하자면 서구사유의 기반은 입자적이다. 그러나 동아시아 사유의 음과 양은 중첩적이며 파동적이다. 동아시아 사유의 파동성, 이 점은 세계 진리에 대한 매우 중요한 시사라고 생각된다.

그리고 이는 64괘 중에서 기제괘와 미제괘를 지나 다시 우로보로스 (Ouroboros)의 뱀과 같이 처음으로 회귀 순환하며 세계의 '존재-사건'을 표상한다. 일반으로 주역은 64괘에서 표상적으로 일단락했을 뿐이지만, 이는 무한괘로 확장 가능하다. 그렇다면 주역의 정보론적 함의는 시원으로서의 0과, 온전한 전체이며 무한 분화로서의 1 사이의 무한분할성이다.[39]

---

39 그 은미함이 주역에서는 64괘로 상징 표상되었을 뿐이지, 더 작게 무한괘로 분화할 수도 있다. 이에 대해서는 필자의 『노장선역, 동아시아 근원사유』 62쪽 이경화의 보고서 부분을 참조.

양자정보론에서 큐빗(qbit)은 0과 1 상태의 병존이며, 0과 1 사이에는 무한 범위가 존재한다. 그런 의미에서 큐빗이 차지 가능한 상태의 수 역시 무한이다.[40] 그렇다면 그 사이에 무한한 우주 실상을 내재하고 있는 0 혹은 1은 이정표 혹은 표지석으로서의 유리수와 같고, 그 사이는 실체적 우주로서의 무리수와 같다고 할 수 있을 것이다.[41] 만약 확실한 상태로서의 온전한 1을 얻게 된다면 이는 특수한 경우로서 고전적인 경우로의 환원 양상일 뿐이다.

순음과 순양을 각각 0과 1이라고 할 때, 64괘의 음양비율은 0에서 1까지를 64등분한 과정이다. '복희육십사괘차서도'에서 음과 양 사이가 0에서 1로 나아가는 과정이라고 한다면, 이 차서도는 0과 1 사이의 64개의 분할 역시 노자적으로 말하자면 64 分封의 양상을 보여준 것이다. 0과 1은 노자적 '동봉 (0)과 (무한) 분봉(1) 사이', 그리고 주역의 곤과 건 사이의 스프레드는 무엇인가? 주역은 2^6인 64괘에서 계산을 그치고 있으나, 이는 필자가 앞에서 말했듯이 무한 분할이 가능하다. 다만 주역은 64괘로써 문학적, 해석학적으로 세계를 유비 표상한 것이다. 이 점에서 수학의 정수나 유리수가 자연의 실상이 아니라 그 사이의 무리수가 실상이라는 관점과도 상통한다. 양자적 세계는 바로 없는 0과 전체인 1 사이의 무한 분할의 표상이며, 그것은 양자론적 세계상이기도 하다는 점에서 결국 주역과 양자정보론은 세계 표상의 해석학적 의미 면에서 일정 부분 공유점을 보인다.

한편 0과 1은 노자의 세계 인식과도 연결 가능하다. 노자는 제1장에서 "도

---

40 블래트코 배드럴(Vlatko Vedral), 손원민 옮김, 『물리법칙의 발견: 양자정보로 본 세상』, 모티브북, 2011, 177~178쪽.

41 실체로서의 무리수와 가상으로서의 유리수에 대한 깊은 성찰은 오정균의 『깨달음에서 바라 본 수학』(렛츠북, 2017, 38~54쪽)을 참조. 오정균의 유·무리수론을 정리하면, 유리수는 수의 분절적 실체론적인 정적 세계표상이며, 열거 가능하다. 그리고 무리수는 비분절적, 동적 세계표상이며, 연속성과 역동성을 보이는 비가산의 세계를 표상으로서, 연기법적인 실상을 가리킨다.

가도, 비상도(道可道, 非常道)"론을 제창했고 필자는 이를 상도의 미분화된 잠재 세계와 가도의 분화된 현상계로 풀어 해설한 바 있다.[42] 0은 빅뱅이전의 미분화의 세계로서 0을 상징한다고 할 수 있다. 그리고 그것이 분봉되며 구체적 만물로 확장되어 나갈 때 결국 분화된 총체로서의 1을 지향하는 것이 아니겠는가. 만약에 "나는 사과 하나를 가지고 있다.(I have an apple.)"는 것은 '사과'와 '있다'를 모두 구체화하는, 유(有) 중 사과(apple)의 세계로 나아감이다. 그런데 만약 나는 "0개의 사과를 가지고 있다."[43] 즉 영어로 "I have no apple." 혹은 "I have 0(zero) apple."이라고 한다면 그것은 사과 이전의 배 혹은 바나나일 수도 있는 류적 확정 이전의 무의 상태를 이르는 것으로서 발현 이전의 잠재의 상도의 세계에는 해당된다. 노자와 장자는 이 잠재(0)와 현상(1) 둘 다 의미 있는, 그리고 비배타적이며 비우열적 양행(兩行)의 세계라고 말하고 있다.

이는 바로 인간과 자연, 삶과 죽음, 양과 음, 분화와 미분화, 현상과 잠재를 가르지 않고 모두 포괄하는, 보다 거시관점의 노장적인 세계 인식이기도 하다. 이러한 관점을 오강남의 방식으로 말하면 이분법적 "이것이냐 저것이냐 (either or)"의 '냐냐'가 아닌 "이것도 저것도(both and)"의 양행적 '도도'의 관점이 되겠다.[44] 그리고 이러한 '비구분 비배타, 비단절'의 양행의 관점이 자연의 근본적 원리로서의 양자역학의 세계에도 내재되어 있다고 본다.

---

42 이에 대해서는 졸저 『노장선역, 동아시아 근원사유』 제2편을 참조.

43 이 부분 필자의 논의는 『수학자는 어떻게 사고하는가』(William Byers, 고중숙 옮김, 경문사, 2011, 99~100쪽) 중의 "0개의 사과"라고 한 표현으로부터 계시를 받아 논리를 진전시켜 본 것이다.

44 오강남, 『또 다른 예수: 도마복음 풀이』, 예담, 2009, 232쪽, 제47장 강해.

(2) 주역과 양자컴퓨터의 논리체계

주역 괘의 $1 \to 2 \to 4 \to 8 \to 16 \to 32 \to 64$의 분화는 바로 2를 밑으로 하는 2^0의 무극(0)인 태극(1)에서 시작한 괘의 2^1에서 2^6으로의 지수적 전개 바로 그것이다. 정보의 확장이 지수적 전개라는 점은 의미가 크다. 양자컴퓨팅은 0과 1 모두를 동시에 안으며 2의 승수적으로 전개되는데, 이런 점에서 주역의 정보 확장성은 디지털적이 아니라 양자적이다. 이를 보다 상세히 생각해보자. 양자컴퓨팅은 0과 1의 공존이라고 하는 양자역학적 이중성·병렬성을 전제로 한다. 즉 측정 전에는 두 가지 상태가 동시에 존재하다가, 측정과 동시에 파동함수가 붕괴하면서 어느 하나로 드러난다. 그러면 양자컴퓨팅의 작동 원리는 측정 전의 내적 구동이 0과 1을 함께 병존시킨다는 점을 활용하고 있고, 그것의 정보처리·검색·측정 이후에는 다시 0 또는 1의 선택적 발현이라고 하는 고전적 경우로 환원된다는 뜻을 내포한다.

그러면 2^0인 1은 과연 무엇인가? 앞서 보았듯이 집합론에서는 없는 것[무]도 없음[무]이 아니라 하나의 유적 존재[유]이며 그것이 바로 1이라는 것이다. 그래서 집합 {∅}은 0(무)이면서 1(유)인 것, 이것이 바로 0과 1의 상호성, 더 나아가 은미한 내적 추동성이다. 이를 주돈이의 방식을 가지고 다시 표현하자면 '무극이 곧 태극'이며, 나아가 만물이다.[45]

앞 절에서도 말했듯이 이러한 동아시아 음양론의 '음중양, 양중음'의 내적 분화는 양적이라기보다는 질적이라는 점에서 명증적이지 않으나 오히려 그 모호함 속에 진실 접근의 함의가 담겨 있다.[46] 좌측 그림은 0과 1의 이진수로

---

[45] 본고 2-(2)의 내용: 집합 {∅}이 0(무)이면서 1(유)을 가지는 것에 대해 이를 주돈이식으로 말하자면 바로 동아시아 주역의 '무극이 곧 태극'인 역의 역설과도 상통한다.

[46] [음 : ○, 양 : ●. 각 단위의 좌는 음(○), 우는 양(●).] 그림은 「유가의 복희8괘 생성과정 설명도」(김상봉, 『수역』, 은행나무, 2007) 37쪽의 오류를 수정 인용. 『노장선역, 동아시아

표시된 이진괘 도표이다. 그리고 태극에서 괘로 분화되어 나갈 때 매 차원마다 재분화되는 음양의 속성을 보여주는 우측 그림에서 일음양 태극이 다양한 다음양으로 분화·전개되어 나가는 방식과 속성을 볼 수 있다. 아래 두 그림에서 '사상'의 행렬을 보자. 음(--)과 양(—), 즉 0과 1, 단 두 개의 정보로 4가지 사건이 표상 가능하다. 2^n 방식으로 구동되는 주역 기호의 확장 방식은 양자컴퓨팅과 같다.

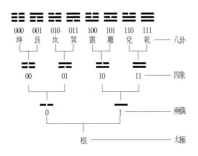 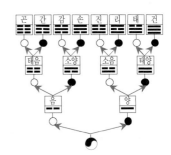

이번에는 주역 이진법의 논리 게이트로 돌아온다. 주역 괘효의 확장은 2의 지수로 구동된다. 그리고 그것은 조합적이 아니라 각 효는 괘를 이루는 효의 위치에 따른 순차적 순열성을 지닌다. 동시에 그것은 괘효의 명칭에서 봐도 알 수 있듯이 시공연계성을 지닌다. 그렇다면 주역 괘효의 사건은 '시공간 (space-time) 중에서 일어나는 개별 효들의 순차적 사건의 상호관계적이며 동태적 변화의 맺어진 기록'이 바로 '괘'라고 할 수 있다. 요약하자면 주역의 표상은 시공성, 존재-사건적, 순열적, 동태적의 기록이다. 시간의 초효로부터 사건이 시작되어 흘러가다가 공간의 상효에서 상이 맺혀 하나의 괘로 걸려 표상된 것이니, 계사전에서 "효와 상이 안에서 움직여, 길흉이 바깥으로 드러

근원사유』 61쪽.

난다. 공과 업은 변화로써 드러나고, 성인의 마음은 (괘효사의) 말로 나타난다."고 했다.[47]이것이 주역의 '효변(爻變)'과 '괘상(卦象)'이다.

64괘는 2^3짜리 두 종의 8괘가 아래 위쪽에서 서로 순열 결합하여 구성되는데, 여섯 개의 위치에 처한 각 효는 다시 상하 두 개의 팔괘들인 소성괘가 위치적으로 상호 조응한다. 그래서 비록 2^6인 여섯 자리밖에 되지는 않지만, 각 효가 처한 고유 위치뿐만 아니라 다른 쪽 팔괘와 팔괘 간의 상응도 해석학적으로 중요한 의미를 지닌다. 나아가 괘효의 의미는 점복자가 처한 상황에 맞게 유비적으로 재해석된다.

이상 주역이 전개하는 세계의 '존재-사건'의 스프레드는 0에서 시작하여 1로 끝나는 과정을 64분하고, 그것이 내적으로 질적 자기추동을 해나가는 방식을 보여준다. 이에 대해서는 복희육십사괘차서도를 통해 그 의미를 쉽게 발견할 수 있다. 그리고 주역이 보여주는 음양 이진법은 서구의 주객 분리적 · 배타적 이진법이 아니라 음과 양을 '음중양, 양중음'의 배타와 포괄을 동시에 추동하는 상호텍스트적 양가성을 보여준다는 점에서 동시적이며 병행적 양행의 이진법을 구사한다. 그리고 이는 0과 1을 동시 포괄하는 양자정보이론의 정보 확장력의 극대화와도 만난다.

주역의 비구분적 이진법은 시간과 공간에서도 나타난다. 시간의 초효에서 시작해 공간의 상효로 끝나는 주역 괘효의 '존재-사건'에 대한 동태 기술은 시간과 공간을 하나로 묶어 세계를 바라보고 있다는 점에서, 시공을 물질과 에너지의 밀도가 야기하는 곡률이 자아내는 상호 연계된 결과로 이해하는 아인슈타인 특수상대성이론의 관점과도 맥을 같이 한다.

그러면 논리적 선택지로서의 0과 1을 기본단위로 삼는 디지털정보와 양자

47　『繫辭 · 下傳』(1) "爻象動乎內, 吉凶見乎外, 功業見乎變, 聖人之情見乎辭."

정보이론에서는 어떤가? 현행 디지털정보에서는 0과 1의 논리게이트를 가지고 기본적으로 (yes, no) 혹은 {on, off} 스위치로 알고리즘(algorithm)을 만들며 논리추동을 해나간다. 알고리즘은 곧 실패를 통한 답안 찾아가기의 과정이다. 그리고 그 숫자는 주역과 같이 6효에 그치지 않고,[48] 사건 중심적으로 열려 있다. 또한 논리의 진행은 초기 사건(초효)의 단서가 단위상의 끝 사건(상효)까지 지속성으로 보이며 일관화, 섬세화, 심화되며 해답을 찾아나간다. 디지털컴퓨팅의 알고리즘 추동은 순열성·동태성은 있지만, 그 과정은 선형적·대수적이다. 그러나 양자 정보론은 선형적이 아니라 동시적, 양가적, 이중적으로 추동되며 그 속도는 지수적이다. 다시 말하자면 오늘날 정보론적 관점에서 보면 주역과 노장의 음양 속성의 파동성, 정보의 지수적 확장성, 양행·병작성은 양자컴퓨터의 작동방식과 유사하다는 점에서 동아시아 사유에 대한 보다 깊은 주목과 고찰이 필요할 것이다.

본 논의에서 우리는 주로 주역에 초점을 맞추었지만, 노장의 시선 역시 주목이 필요하다. 노장이 보여주는 "양행, 병생, 병작의 시선은 ① 잠재계와 현상계라고 하는 두 세계의 상호성을 바라보는 관점에서도 논의되지만, ② 양자 결맞음을 통해 추동하는 양자컴퓨터의 (0&1)의 양행의 논리와도 부합한다는 점에서 주역과 노장의 사유는 정보혁명 시대를 사는 오늘날에도 온고지신적 재해석이 충분히 가능하다. 노장의 양행, 병작, 병생의 논리는 디지털적 (0/1)이 아닌 (0&1)의 양자컴퓨터의 작동 방식이기 때문이다.

양자컴퓨터에서는 슈뢰딩거의 고양이 사고실험에서와 같이 측정 전에는 삶과 죽음, 두 상태가 공존해 있다. 이러한 양자 결맞음(quantum coherence)

---

48 그러나 앞에서도 기술했듯이 주역 표상은 2^6인 64괘에서 끝나는 것만은 아니다. 제63 기제괘에서 제64 미제괘로 명명된 점과 필자의 학부 수강생 이경화가 증명한 수학적 무한 분화가 그 증거이다. 이 점에서 주역의 '은·미'한 분화는 닫힌 열림이다.

상태는 그것이 양자 세계에 대한 측정과 함께 관찰자효과로 파동함수가 붕괴되면서 둘 중 어느 하나로 현재화되어 발현되는 것이다. 양자컴퓨터도 미발현의 연산 과정에서는 두 상태를 모두 구동한다. 이것이 바로 노장이 말한 두 길을 모두 함께 간다고 하는 양행, 그리고 함께 일어나는 병생, 또 함께 작동되는 병작의 논리가 아니겠는가. 그렇다면 주역과 노장의 사유는 양자컴퓨터에 한층 더 다가가 있다는 것이 필자의 생각이다. 도표로 요약하면 다음과 같다.

	0과 1 알고리즘	세계 확장성	예측성	특징(scale)
디지털컴퓨터	양자택일(0/1)	산술적	결정론, 입자적	고전역학, 이분법적
양자컴퓨터	병행 추동(0&1)	지수적	비결정론, 파동적	양자역학, 양행
주역과 노장	잠재와 발현	동태적	내적 역동성, 파동적	이중성, 양행

5. 0과 1의 동아시아적 해석학

이 글에서 우리는 가장 기본적인 숫자 0과 1에서 논의를 시작하여, 디지털컴퓨터, 양자컴퓨터, 그리고 동아시아 고대 주역 괘효의 이진법적 확장 양상과 의미를 인문수학과 정보이론의 관점에서 살펴보았다. 0과 1에 관련된 수학적 사례는 원과 파동, 확률과 집합론 등에서 볼 수 있으며, 그 수학·과학, 철학적 함의 역시 다양하게 전개 가능하다. 특히 0과 1은 현대 정보이론의 중요 기본 요소로 부상했는데, 이는 주역 음양 기호의 사건의 전개와 및 세계 표상 방식과도 연결 설명이 가능하다. 이와 함께 총체로서의 0에서 1로의 추동 과정은 무에서 유로의 세계 분화의 노장적 과정으로도 해석될 수 있다.

필자는 태극중심선의 미분인 $y = \sin x$의 그래프를 존재의 세계선으로 보고 점복 사건의 기미와 미래적 발현으로 해석했는데, 이 역시 0과 1 사이의 '존재-사건'에 대한 동아시아적 해석이라고 할 수 있다.[49] 여기서 미분함수 $f'(x)$와 원함수 $f(x)$의 관계 속에서 '아날로그적 현상 $f(x)$'의 이면에는 시간과 공간의 크기로 인해 보이지 않는 $f'(x)$의 미분의 내적 역동의 세계 추동이 있다. 주역 계사전에서도 언급된 이러한 사건의 조짐을 가리키는 '기미(幾微)'는 근사적, 분절적이며 시간 선행적이고, 그것이 현상에서는 범박하게 아날로그적으로 이어져 보인다. 이런 점에서 연속, 비분절, 비경계의 아날로그의 자연에 대하여 디지털은 불연속 분절, 경계의 양상을 띤다.

양자적 스케일에서의 불연속적 확률적 비정형적적으로 나타나며 때로는 궤도의 건너뜀(quantum leap)으로 나타난다. 그리고 이보다 큰 디지털 세계에서는 사이를 무시한 채 담아내는 단속으로 구현되나, 인간의 지각은 그 미세한 차이를 감지하지 못한 채 연속적으로 이해한다. 이것이 인간이 이해하는 아날로그 자연이다. 양자, 디지털, 자연의 인식 수용의 차이는 물질의 스케일(scale)의 차이와 인식의 한계에서 비롯된다. 이렇듯 아날로그와 디지털, 그리고 상대성이론과 양자역학에서 보이는 연속과 단절 등의 간극의 문제 이면에는, 물론 그것이 전부는 아니겠지만, 적어도 Scale 즉 크기의 수준과 관계가 있는 것으로 보인다. 미시세계로 들어갈수록 이전에는 문제가 되지 않던 관찰자의 개입과 인식의 문제가 드러나고 있다.[50] 다시 차이와 간극에 관한 논의로 돌아오자. 스케일 면에서 $f(x)$와 $f'(x)$의 관계는 고전역학과 양자역

---

49 「은유와 유동의 기호학, 주역」(2011): 오태석, 『노장선역, 동아시아 근원사유』(2017)에 수록
50 그러나 이것만이 전부는 아니다. 왜냐하면 비국소적 영역에서의 양자 얽힘(quantum entanglement), 양자결맞음(quantum ciherence) 등의 문제가 아직 남아 있기 때문이다.

학과의 관계와도 유사하다. 일상은 거시적으로는 연속이지만 양자적 수준에서는 내적으로 비직관적 양자도약, 양자 얽힘, 양자 중첩 등으로 분절과 단속의 확률적 불안정성 및 모호성으로 충만하다. 이는 양자 세계가 입자뿐만 아니라 파동의 속성을 가지고 있는 데서 비롯된 것도 있다. 이런 의미에서 '음중양, 양중음'의 비명료성에 기반한 '내재-포괄'적이며 양가적 모호성의 내적추동으로 이루어지는 주역 음양론과 지수적인 괘효의 세계표상 방식은 파동적이며 양자 세계 내의 하나인 양자컴퓨팅의 추동방식과도 일정 부분 접점이 있다는 생각이다.

본 글의 제3장에서는 디지털 및 양자컴퓨터의 서로 다른 속성에 대해 생각해 보았다. 오늘날 디지털컴퓨터의 논리게이트는 하나의 문제에 대한 결정론적이며 명료한 예측에 기초한 대수적 논리 추동을 보여준다. 이에 반해 양자정보 컴퓨터는 미시세계에서의 양자 중첩이라는 양자역학의 본질적, 내재적 특징을 이용해 오히려 역설적으로 정보의 사장을 없애고 효율을 극대화한다. 그리고 그 중심 추동은 양자 중첩이라고 하는 파동이 지니는 비결정론적 애매성에 기대고 있다. 그렇다면 양자역학의 정보론적 활용은 결국 근대 이성에서 무시해 온 모호성과 애매성을 거꾸로 활용해 기존의 입자적 디지털컴퓨터의 정보처리 능력을 지수적으로 수억 배씩 끌어올리겠다는 새롭고도 대담한 발상이다. 아직은 미완이며 개발 중인 이러한 양자정보혁명은 미래시대를 이끌어나갈 중심 추동력이다. 디지털컴퓨터를 극복할 대안으로 부상한 양자컴퓨터는 명료성 대신 파동적인 양자 중첩의 모호성에 기초한다는 점에서 주목된다.

제4장에서는 동아시아 주역과 노장의 시선과 양자컴퓨터의 정보처리방식을 비교해 보았다. 주안점은 동아시아 주역의 음양 이진법의 양가적이고 내재적인 음양의 역동적 추동이 중첩과 파동의 양자컴퓨터와 유사성을 보인다

는 점이다. 먼저 주역의 음양 추동은 양자택일적인 알고리즘의 디지털 컴퓨터보다는 양자 결맞음(coherence)의 파동이 붕괴하여 어느 하나로 발현되기 전까지 (0&1)을 동시에 추동한다. 또 노장의 '병작(並作), 병생(並生), 양행(兩行)'의 시선은 0과 1을 선택적으로 작동하는 디지털컴퓨터가 아니라, 이 둘을 동시에 구동하는 양자컴퓨터에 가깝다고 할 수 있다. 바로 앞의 도표는 그 요약이다. 이것이 동아시아 사유의 외형 중심의 이분법이 아닌 내재적 음양 관계와 둘을 함께 바라보는 노장의 세계 인식 시선, 이는 0과 1 중 어느 하나를 이분법적으로 선택하는 입자적 시선이 아닌, 중첩된 둘을 함께 바라보는 파동적 이해에 다름 아니다. 이 점은 동아시아 사유의 가장 큰 특징이자 문화예술 전반에 대하여 화수분과 같은 내재력을 배태하고 있다는 점에서 문화사적 주목과 심화 연구가 요청된다.

현대물리학의 두 축인 상대성이론과 양자역학은 과학뿐 아니라 인류 사회 문명 전체에 거대한 인식의 전환을 야기했으며, 특히 양자역학은 미시적 분절성을 보이면서도 물질세계의 근원의 문제라는 점에서 함의가 엄청나다. 만약 인간이 자연 자체를 최종의 완전한 대상으로 본다면, 서로 다른 두 스케일을 보여주는 이 둘의 통합은 아직 미완의 과제이다. 이에 수반하여 이론물리학적 연구 성과도 아직은 충분하지 않다. 만약 완전성의 상징으로서의 우주, 자연을 향해가는 현대과학의 진보적 성과와 표상을 정보의 관점에서 본다면, 서구과학의 성과는 아직은 완전한 재현에 이르지는 못했다고 할 수 있다.

동아시아 전통 사유는 기본적으로 '모호성, 상관성, 이중성, 양가포괄적 총체 사유에 기초하고 있는데, 기실 이는 서구 학문체계에서는 수백 년 이상 홀시되어 오던 개념들이었다. 하지만 이와 같은 차축시대 동아시아 전통 사유는 양자역학 등 현대물리학의 성과들로 인해 새로운 국면을 맞이하게 되었다. 동아시아 전통 사유는 기존 서구 사유와는 전혀 다른 잠재 역량을 가지고 있으며, 그 재해석 과정을 통해 오늘에도 현재적 소통이 가능한 인류의 혜안을 담고 있다고 생각한다. 동서 문명사유 비교의 관점에서 근대 르네상스 이래 서구 기독교의 대안으로 부상한 세속주의(secularism)가 추구한 근대 이성중심주의 명료한 논리 추구 속에서 모호성과 비합리의 오명으로 방치·폐기되었던 동아시아 사유의 새로운 의미 산출을 기대할 만하기 때문이다.

이와 관련해 필자는 이 글에서 양자정보혁명의 핵심 기제인 이진법의 지수적 확장성과 0과 1 사이의 무한 은장이 이와는 아무런 상관이 없을 것 같은 동아시아 고대사유인 내재포괄의 이분법적 세계 표상으로서의 주역, 그리고 잠재계적 상도와 현상계적 가도를 통해 무와 무한의 이중성·양가성의 세계인식을 보여준 노장의 사유와 일정 부분을 공유하고 있음을 보았다. 이상 정보이론과 연결 고찰한 동아시아 고대 사유의 내재적 가능성에 대한 새로운 눈뜸은 그간 서구 문명과 현대물리학이 야기한 21세기 첨단 과학과의 새로운 해석학적 접목이며 우리가 고대 과학철학사유에 대해 온고지신적으로 다시 바라보아야 할 이유이기도 하다. 이 점에서 필자는 동아시아 중심사유의 하나인 주역과 노장의 사유가 오늘날에도 상당한 의미를 시사해준다고 본다.

필자는 2016년 '한국동아시아과학철학회'를 창설해 회원들과 함께 인문베이스의 과학과의 융합 연구를 진작해 나가고 있다. 제4차 산업혁명의 핵심인 AI로 대표되는 지식혁명 시대의 머지않은 장래에 다가올 것으로 예견되는 특이점(singularity)의 도래와 함께 새로운 질서의 재편을 기다리는 문명사적 전환기에, 동아시아 문명을 공유하고 있는 우리 한국의 학자는, 17세기 이래 고착화한 서구의 분과학문주의에 대한 새로운 융합적 돌파, 그리고 20세기 내내 모더니즘의 언저리에서 맴돌고 있는 서구사조에 대한 비판적 성찰, 그리고 중국에서도 시들어가고 있는 기계론적 사회주의 문예이론에 대한 새로운 출로 모색의 문제들에 대처해야 할 거시적 책무를 지니고 있다. '0과 1의 해석학'은 바로 이러한 시대적 요청에 대한 필자 나름의 인문융합적 시도이다.

07
— 니즈다오(你知道)와 양가불이의 시선

니즈다오(你知道)와 양가불이의 시선*

동아시아 고전해석학의 현재성

1. "知道"의 깨침

인간은 무엇으로 사는가? 물론 잘 먹고 잘 사는 것이 중요하겠지만, 물질적 풍요만으로는 무엇인가 부족할 것이다. 결국 자기와 세계에 대한 이해가 부족한 삶은 크게 의미 있는 삶이라 말하기 어렵다. 왜냐하면 자신의 존재 근거에 대한 성찰이 빠져있기 때문일 것이다. 세계에 대한 보다 총체적인 이해, 이는 사람이면 누구나 도달하고 싶은 희망의 깨침이요, 종교적으로는 해탈의 궁극경이다. 그리고 학문의 최종 지향 역시 그것에 대한 논리적 과정이며, 우리 인문학과 중국학도 당연히 예외가 아니다.

그러면 그 중심에 있는 '앎'이라는 것은 과연 무엇인가? 먼저 동서양 두 언어의 '안다'라는 표현에 대해 보자. 영어로 '안다'는 'know'이고 중국어로

---

* 이 글은 2019년 6월 14일 "위기의 시대, 융합이 인문학을 구원할 것인가"란 주제의 '한국중국어문학회' 창립50주년 기념학술대회 초청 발표 후 수정 완성한 글이다.

는 '知'가 아니라 '知道'라고 한다. 그래서 "당신은 아는가?"라는 말이 영어로는 "Do you know?"가 되고, 그 대답은 "I know(see)."이다. 그런데 중국어로는 "你知嗎?"라고 하지 않고 "你知道嗎?"와 "我知道."라고 말한다. 언제부터인지는 알 수 없으나 중국어에서 '안다'는 단순히 '知'가 아니라 '세상만물의 이치를 안다'는 의미의 술목 구조인 '知道'라고 표현하며, 이 말은 나중에 동사가되었을 것으로 추정된다. 이렇게 동사 하나에도 동서양 문화의 차이가 발견된다.

이를 동서 간의 문명 대비적으로 생각해 보자. 실체적 주체중심의 시야 위주로 발전해 온 서구문명에서 '안다'는 것은 주체인 내(I)가 실체인 대상을 눈으로 확인하면 그것이 곧 보아(see) 앎(know)이다. 그래서 영어에서 "To see[Seeing] is to believe[believing]."라는 말이 생겼다. 그런데 중국어에서는 "你知嗎?"가 아니라 "道"라는 보다 추상화한 목적어를 더해 '知(其)道'로 묻고 대답한다. 여기서 '道'의 앞에는 구체적인 무엇인가가 생략되어 있다. 여기서 생략된 지시사 其의 원의가 그것의 도리인지, 그것이 관계하고 있는 제반 세계에 대한 것인지, 혹은 그것과 나와의 관계인지는 분명치는 않다. 하지만 적어도 '知道'에는 그것 자체만은 아닌 그것의 이면 혹은 주체와의 관계성이나 이치 등이 개재되어 있다고 할 수 있다.

이렇게 '知道'의 원의를 가지고 논하자면 중국어가 보여주는 언어문화적 사유 특징은 대상을 그저 눈에 보이는 대상 자체만으로 보지 않고, 그것이 연결된 어떤 관련성, 혹은 그것의 이면에 담긴 추상화한 연관성 속에서 대상과 사건을 파악하려는 것으로 보인다. 그러면 서구 사유는 단순히 눈에 보이는 대상을 대상 자체로서만 보려고 했던가? 그렇지만은 않다. 서양철학의 아버지 플라톤은 물질계의 이면에 정신 혹은 신성 등 불변의 본질적인 무엇인가가 있다고 보고 그것을 이데아(Idea)로 표상했다 그런데 사물의 이면에 내재된 본질로서의 서구의 절대적 이데아와, 동양의 세계 인식은 좀 다르다. 서양과 동양 모두 이면의 그 무엇을 설정하고 있기는 하지만, 서양에서 정신을 육체의 상위에 놓고서 상하 층위적 실체로서의 대상을 차별적으로 바라보았다면, 동양에서는 관계적, 사건적, 유동적 흐름 속의 존재로 바라본다. 요약하면 서양의 시선이 입자적 토대 위에 있다면, 동양의 사유는 파동적이라고 할 수 있다.

동양에서는 그 변화의 저변을 추동하는 힘 또는 이치를 종교와 사유 주체에 따라 '도, 리, 불' 등으로 표상했는데, 이는 결국 '참인 세계진리'라고 할 수 있다. 이를테면 도가의 道, 불교의 法(Dharma: 다르마), 유가의 '性', 기독교의 靈(πνεῦμα: 프뉴마), 그리고 우리말의 얼이 그것이다.[1] 다시 안다는 것으로 돌아오자. 세계 추동의 진리성을 '도·법·성·령·얼'의 그 무엇이라 칭하든, 중국어로 "당신은 아는가?"는 "你知道嗎?"이다. 여기서 '道'자를 살려 직역하면 "그대는 도를 아는가?"가 된다. 그리고 그 긍정 대답은 "我知道."이니 "나는 도를 안다."가 된다. 역사적으로 높았던 한자 문맹률을 생각할 때 글자를 모르는 시골 노인조차 그 속에 담긴 도리를 묻고 대답하니 이 점에서 중국은 어쩌면 좀 대단한 나라 같다.

이렇게 조금은 과장되게 중국어 '知道'의 문면적이며 문화적 해석을 가해보았다. 중국에서는 왜 이렇게 일상의 지식에 대해서도 거창한 용어를 사용하게 되었는지 자못 궁금해진다. 서구에서는 지식의 획득이라고 하는 점에서, 보는 것이 곧 아는 것이며 결국 현상을 눈으로 확인하여 이해에 도달한다고 하는 점에 중점을 둔 것 같다. 그리고 동양에서는 내적 연결을 중시하는 까닭에 겉으로 드러난 사물을 단순히 보고 아는 데 그치지 않고 이면에 담긴

---

1   류영모 번역, 박영호 풀이, 『노자와 다석』, 교양인, 2013, 14쪽, 36쪽.

내적 연관성과 도리를 체험으로 알아 깨치는 것, 즉 지혜에 이르는 것이 중요하다고 본 데서 양대 문명 간의 표현이 차이가 생긴 것은 아닐까 싶다. 그렇다면 이는 두 가지 차이를 지닌다. 하나는 서양에서 지식을 중시한 데 비해 동양에서는 지혜를 중시했다고 할 수 있다. 둘은 서양이 타동사적으로 아는 것을 지향했다면, 동양은 체화하여 아는 것에 즉함, 즉 자동사적 앎을 지향한 것으로 여겨진다.[2] 이렇게 볼 때 동서 문화의 시선상의 차이는 서구의 '주체의 대상에 대한 타동사적 차별 배제'와 동아시아의 '둘을 함께 바라보는 자동사적 양행 抱一'로 볼 수 있으며, 이 둘은 각기 다른 지향을 지닌다.

그러면 도란 무엇인가? 도란 본래 길이다. 그러나 그 자의를 보면 단순한 길의 상형이 아니라, 길을 가는 모습의 추상화이다. 『설문해자』에서 '道'눈 간다는 뜻의 '辵'와 머리라는 상형자인 '首'의 회의자로 설명된다.[3] 그러면 道는 머리를 앞세우고 나가는 것을 형용한 것으로서, 수많은 것들을 역(逆)으로 맞이하며(迎) 전진해 나가는 것을 뜻한다. 여기서 '逆'은 곧 '迎'이며, 모든 것을 무릅쓰고 나아갈 때 새 길이 열린다는 뜻이다. 인류 역사의 새 길을 연 노자, 붓다, 예수, 혹은 마호메트와 같은 선지자가 새로운 지혜의 이정표를 세울 수 있었던 것은, 인습의 답습이 아니라 기존 전통을 맞받아내는 逆의 창출을 통해서였다. 진리의 언표에 역설이 도사린 까닭이다. 그러므로 한자의 道의 참뜻은 하늘의 길에 순조롭되, 눈앞의 현상에 끌려가는 인간의 길에

---

2 롤랑 바르트(Roland Barthes, 1915~1980)에 의하면 이 세상에는 두 종류의 작가가 있다. 하나는 타동사적으로 글을 쓰는 작가이고, 다른 하나는 자동사적으로 글을 쓰는 작가이다. 전자는 목적적으로 설교를 하며, 후자는 그것 자체를 즐긴다. 그래서 바르트는 남에게 자신의 생각을 강요하는 고전을 좋아하지 않는다. 구체적 내용은 롤랑 바르트의 『카메라 루시다』 (열화당 미술선서 56, 조광희 외 옮김, 1998)를 참조.

3 『說文解字』, "道, 所行道也. 从辵从首." 가는 것이 도이다. 辵(주)는 간다는 것이고 首(수=百)는 首로서 머리털이 있는 모습이다. 段玉裁, 『說文解字注』, "所行道也. 毛傳每云行道也. 道者人所行. 故亦謂之行. 道之引伸爲道理. 亦爲引道. 从辵从首.首者, 行所達也。首亦聲徒皓切."

대해서는 맞받아쳐내는 자기 창출에 있다. 즉 도는 이렇게 하는 '리더의 모습' 혹은 그렇게 하여 '생겨난 길'이라고 해석할 수 있다. 노신은 소설 「故鄕」에서 "희망이란 땅 위의 길과 같다. 그것은 없다고도 할 수 없고 있다고도 할 수 없다. 다니는 사람들이 많아지면 곧 길이 된다."고 하며 20세기 초 암울한 중국의 미래를 희망 속에서 그렸다. 이러한 '희망의 길'을 향한 은유는 길[道]의 개척성과 그 결과로서의 가보지 않은 꿈의 새 땅에 대한 내적 마음 그림이다.

다시 앎과 지혜의 표상으로서의 '길'로 돌아오자.[4] 길과 희망의 공동 인지는 구체와 추상 양면에서 진행되어, 구체로서의 길이 추상으로서의 희망의 길 즉 타당한 도리 내지 앎으로 전화하였다. 사실 도의 진리성에 대한 선언 명제의 장구한 역사는 이미 "道可道, 非常[恒]道"로 시작되는 노자 『도덕경』이상의 시대로 소급된다.[5] 노자에서 도는 길이면서 앎이다. 앎도 처음에는 극소수가 깨치지만 결국 그것을 공동 인지하게 되면 많은 사람들의 공준화한다는 점에서 길과 도의 은유는 인지적 토대를 공유한다.

오늘 필자는 본 한국중국어문학회 50주년 기념학술대회의 주제로 내건 '융합과 텍스트학'의 대조적 슬로건과 관련하여, 동·서 문명대비 혹은 진리 탐색의 시야에서 안다고 하는 말의 동아시아적 표상인 '도'에 대해 보다 구체적으로 생각해 본다. 필자는 이 글에서 동아시아적 길 혹은 앎의 방식이 지니는 특성과 적절성의 문제를 동서 대비 및 과학과의 융합 관점에서 볼 것이다.

---

4 『영적인 파산』(존 캅, 박만 옮김, 한국기독교연구소, 2014) 11쪽에는 인류의 전통적 길들이란 뜻으로 대문자 'Ways'로 써서 종교와 구분하였다.

5 『노자』 저본의 '道可道, 非常道'는 본래 '道可道, 非恒道'였으나, '恒'자가 피휘에 걸려 '常'으로 바꾼 것이다. '常'에는 '恒'과 같은 '항상성, 불변성'의 의미가 있기도 하지만, 한편 '일정성, 고정성'의 의미가 있어 恒이 지닌 뜻과 완전히 같지는 않다. 이 부분은 필자의 『노장선역, 동아시아 근원사유』(역락, 2017) '노자' 부분에 상술.

이를 통해 크게는 진리탐구를 본령으로 하는 학문, 그리고 작게는 중국학하기의 문제와도 연결해 본다.

이를 위해 다음 순서로 논지를 전개한다. ① 깨침의 학문으로서의 道의 진리성에 내재된 시선상의 함의, ② 20세기 현대물리학이 요청하는 인문학의 시대적 소명과 동아시아 인문학 하기, ③ 본 대회의 주제인 학문적 방법론으로서의 자기돌파적 시중의 텍스트학이다.

2. 동아시아 사유의 현재성

(1) 상대성이론과 양자역학의 인문학적 충격

앞에서는 '안다'고 하는 동사 영어 'know'와 중국어 '知道'의 차이를 통해 동서 문명 간의 관점의 차이를 일별하였는데, 필자는 이를 인간이 중심이 되어 대상에 대한 실체적 지식의 획득을 바라보는 서양과, 인간과 자연이 하나로 연결되는 가운데 그 변화의 흐름 속에 개재된 존재의 지혜를 바라보는 동양의 사유방식의 차이가 투영된 것으로 생각한다. 이렇게 보면 결국 서양과 동양 문명의 사유 차이는 노자 혹은 불교적으로 말하자면, 서양의 고정적이며 실체적인 유의 사유와 동양의 상변하는 유동적이며 관계적인 무의 사유로 대별할 수도 있다고 본다.

서양철학의 아버지 플라톤과 아리스토텔레스 이후 뉴턴까지의 흐름과, 이것을 깬 아인슈타인의 상대성이론과 양자역학의 새로운 발견에 이르는 서구 과학철학의 흐름과 세계인식의 변혁에 대하여 앞의 「현대물리학과 동아시아 인문학」에서 논했으므로 같은 이야기를 하지는 않는다. 본 장은 이에 기초해 먼저 뉴턴까지의 실체론적 기계론적 이분법의 시대에 종언을 가한 20세기 아인슈타인과 닐스 보어의 거시와 미시우주의 새로운 세계 모형이 오늘을 사는 자연과학자와 인문학자 모두에게 이전과는 매우 다른 형태의 사유를 강력히 요청하고 있다는 생각에서, 서구의 실체 중심의 사유 및 주체와 대상을 명확히 가르는 이분법적 관점과는 다른 '동아시아 사유의 현재성'에 관해 생각해 보고자 한다. 이를 다른 말로 표현하면 20세기 상대성이론과 양자역학의 혁명적 발견이 요청하는 새로운 방식의 인문사유로의 접근 및 동아시아 사유의 재발견·재해석의 필요성이라고 할 수 있다.

실체 중심의 서구사유는 기본적으로 현현과 있음의 사유이며, 그 있음은 없음보다 위에 있다. 가령 어떤 사물이 물에 가라앉는 것은 그 사물이 가라앉는 고유의 속성이 본질적으로 내재되어 있기 때문이라고 본다.[6] 그런데 상대 관점의 동양사유는 사물이 가라앉고 뜨는 것은 매질과의 관계 즉 과학적으로 말하자면 둘의 상대적 밀도에 따라 달라진다고 생각한다. 이는 고정적 실체가 아닌 상대적 관계에 따라 달라지므로 변화를 수반한다. 그러기에 여기서 가라앉는 것이 저기서는 뜰 수도 있다고 본다. 이러한 시선의 차이를 각 문화권과 연결해 보자면 먼저 서양에서는 있음과 없음을 주체의 대상에 대한 우월적 시선 즉 차별적 계층화로 바라본다. 그래서 서구의 인간상은 자신을 창조한 신 외에는 모든 것 위에서 군림하고 지배한다는 생각을 합리화하였다. 만물에 대한 인간의 우월적 정당성을 부여하는 경험주의 철학자 베이컨의 자연관이 대표적 예이다. 그리고 이는 오늘의 지구를 생태학적 위기상황에 이르게 하였다. 다음으로 동양에서는 사물을 사물자체(matter) 즉 실체로 보지 않고, 그것의 여건 즉 그것을 자아내는 상황 혹은 사건(event) 속에서 바라본

---

6   동서 문명을 문화심리학으로 다룬 다큐 및 책자인 EBS다큐멘터리 『동과서』(1편)에서는 서구의 실체중심주의의 사고가 명사중심주의와 연결된다고 보았다. 한편 동양은 변화하는 존재들의 상호 관계에 맞추어져 있으므로 동사적 사유가 더 중시되었다고 했다.

다. 이것은 곧 변화의 철학이다. 그래서 易이 중요하고 제법이 무상하다는 논리로 이어진다.

서구의 차별적 이분법 사유는 플라톤에서 데카르트에 이르는 '육체-정신'의 분리라고 하는 절대적 이분법과 뉴턴의 인간중심의 기계론적 세계관에 이르기까지 유구한 역사를 지니고 있다. 그러면 유는 유이고 무는 무일뿐이니 둘 사이에는 정말 아무런 관계가 없는 것인가? 이에 대해 필자는 다음 두 가지 이유로 동의하지 않는다. 하나는 상대성이론과 양자역학으로 대표되는 현대물리학의 거대한 패러다임의 변화이고, 둘은 고대 아시아의 위대한 두 사유 즉 불교와 도가의 초이분법적 관점이다. 편폭과 주안점상 본고에서 이에 대해 상세히 논증할 수는 없으므로 요점적으로 기술한다.

아인슈타인은 특수상대성이론(1905)에서 사고실험을 통해 빛의 속도는 일정하며 세계는 관찰자의 속도에 따라 다르게 보이며, 빠르게 움직이는 물체에서의 시간은 천천히 흐른다는 '동시성의 상대성'을 주장했다. 이 말은 동일한 사건이 서로 다른 기준계에서 시간에 대한 절대시간적 직관이 달라진다는 뜻이다. 이것은 앞서 말한 물질의 고정적 실체성과 인식론적 직관에 대한 회의를 내포한다. 이어서 그는 일반상대성이론(1915)에서 시간과 공간은 에너지와 물질의 밀도가 자아내는 기하학적 곡률에 따라 트램펄린 같이 비유클리드적으로 휘어지며 절대적이지 않다는 점을 밝혔다. 이로써 신의 공간으로서의 오랜 시간 유지되어 오던 뉴턴적 절대시간 및 절대공간의 개념은 더 이상 유효하지 않게 되었다. 그리고 양자역학에서 이중슬릿 실험을 통해 빛은 입자이기도 하고 파동이기도 한 사실이 밝혀지고, 백 년 전 중력파의 예측과 그 발견,[7] 힉스입자의 규명[8] 등으로 물질의 실체성에 대한 새로운 설명 또한

---

7   2016년 2월 12일 아인슈타인이 백 년 전 예측한 중력파가 검증되었다. 중력파란 블랙홀처럼 중력이 큰 물체가 충돌·폭발·결합하면서 에너지가 마치 물결처럼 퍼져 나가는 것을 말한

필요하게 되었다. 이상이 전부는 아니지만, 이러한 현대물리학의 발견만으로도 세계와 우주의 근원을 찾는 데 많은 인문학적 시사를 던져주었다. 그것은 서구의 고정된 실체 중심주의와, 이것 혹은 저것 둘 중의 하나라고 하는 이분법적 세계의 사유가 더 이상 존재근거를 갖기가 어려워졌다는 점이다.

한마디로 과학사의 중대사건인 20세기의 상대성이론과 양자역학으로 거시세계와 미시세계에서 기존의 뉴턴 역학이 기초했던 절대시간과 절대공간의 토대는 허물어졌다. 이제 시간과 공간은 에너지와 물질의 밀도가 자아내는 중력에 의한 기하학적 곡률이 자아내는 종속변수일 뿐이고, 대신 빛의 속도가 불변의 우수상수가 되었다. 이로써 수천 년간 지배해오던 유클리드 기하학은 평면상의 단순화일 뿐이고, 휘어진 곡면의 비유클리드 시공간이 자리를 대신하게 되었다. 우리 우주는 균일하지 않고, 개별 존재들은 망망한 우주의 미미하기 짝이 없는 한 점에 불과하다. 그리고 특수상대성이론의 '동시성의 상대성' 원리로 인해 우리의 '존재-사건'들은 다른 관찰자들에게 각기 다른 시각에 포착·인지된다. 같은 사건이 관찰자에 따라 비동시적으로 보이니, 존재와 인식의 시간 괴리인 셈이다. 이 말을 더 밀고 나가면 모든 존재는 각기 서로 다른 우주를 영위한다는 말이 된다.

미시세계의 양자역학으로 가면 더욱 불가사의한 일들이 일어난다. 이중슬릿 실험에서 보듯이 빛은 입자와 파동의 이중성을 지니고 있어서 입자로 또한 파동으로 나타난다. 슈뢰딩거의 고양이 사고실험에서와 같이 고양이의 상태는 우리가 그것을 관찰하기 전까지는 삶과 죽음의 두 상태가 중첩되어

다. 중력파가 퍼져 나가면 시간과 공간이 뒤틀리며 우주 원초의 움직임까지도 추정할 수 있다는 점에서 우주기원 연구에 중요하다.

8   힉스입자는 1964년 피터 힉스가 주장한 입자로서 2013년 3월 14일 공식 발견되었다. 137억 년 전 빅뱅 당시 모든 입자에 질량의 힘을 불어넣고 사라진 입자를 뜻한다. 힉스입자는 극히 짧은 시간만 존재하다 사라지는데, 물질의 실체성에 대해 많은 시사를 내포한다.

있다가 관측과 동시에 즉시로[卽] 파동함수가 붕괴되고 다양한 잠재 가능성 중 어느 하나로 나타난다. 이러한 양상은 빛의 반사와 투과에서도 보이는데 바로 자연의 본질로서의 확률이다.[9] 슈뢰딩거에 의하면 특정 공간에서 입자가 발견될 확률은 파동함수 ψ(프사이)의 제곱인 ψ^2로 표현된다는 것이다.

닐스 보어는 주역 음양의 상보적 개념을 원용하여 상보성이론을 제시하여 검증되었다. 폴 디랙(Dirac) 역시 음양이론을 확장하여 음의 성질을 띠는 전자가 있다면 양의 전자도 있을 것이라는 생각에서 반물질을 예견했으며 후에 검증되었다. 하이젠베르크는 명멸하는 양자 세계의 특성을 양자 도약으로 설명하며 "사람이 정확하게 볼 수 없는 것이 자연의 실체"라고 했다. 실상 우주는 무수히 많은 매우 작은 물질들이 사건적으로 명멸하는 무한 시공간이며, 서로 얽혀있는 양자적 상태의 두 개의 전자는 아무리 먼 거리에 있다 하더라도 서로 얽힘을 유지하여 양자 얽힘에 의해 정보를 공유한다. 그래서 천재적 물리학자 리처드 파인만은 양자역학의 내용을 이해한 사람은 아직까지 한 사람도 없다고 공언하였다.

고전역학과 양자역학은 대상의 '현재 상태, 상태 변화, 그리고 임의의 미래 상태'에 대한 계산을 기본 흐름으로 삼는다는 점에서는 둘이 같다. 그러나 이 둘은 '상태'에 대한 개념과 정의가 다르다. 고전역학에서는 위치와 운동량의 값을 상태라고 보므로 위치와 운동량을 알면 결과 값이 나온다. 그러나 극미세계의 양자역학에서는 하이젠베르크의 불확정성원리의 인식론적 특성, 즉 측정 장치의 불완전성 및 관찰자의 영향으로 인해 양자상태의 위치와 운동량을 정밀하게 특정할 수 없다. 이에 따라 양자역학에서의 '상태'라는 용어는 위치와 운동량의 값들이 아니라 이것들과 일정한 관계를 맺고 있는

---

9   이것은 수학과 통계의 확률과는 다르다. 자연의 본질 속성으로 내재된, 자기명멸하는 불확정의 상황을 뜻한다.

어떤 수학적 범주로 본다. 특히 우리가 예측할 수 있는 것은 위치와 운동향의 고정 값이 아니라 자연의 (존재론적 기본 속성으로서의) 확률적 범주, 즉 불확정성을 예측할 수밖에 없다는 것이다. 이렇게 인과율을 깨는 것 같이 보이는 이해 불가한 양자역학의 난점에 대하여 닐스 보어는 "양자역학이 양자역학의 언어로는 설명되지 않고 고전역학의 언어로 설명해야 하는 것이 나의 패러독스다."라고 말할 정도였다.

이러한 과학의 새로운 패러다임은 인문학과 예술 사조에도 엄청난 충격과 새로운 시선을 요구하고 있다. 크게 봐서 20세기를 관통한 모더니즘사조는 과학으로부터 밀려온 충격에 대한 인문학적 갈등과 출로 모색이었다.[10] 필자는 이와 관련한 내용은 본서의 첫 두 글에서 논해 보았다. 이제 우리 인문학은 과학이 발견한 세계본질에 대한 더 이상의 외면을 하기 어렵게 되었다. 그럴 경우 우리의 현실과 유리된 방향으로 흘러갈 가능성이 높기 때문이다.

필자는 이러한 시대적 요청과 돌파에 대한 시도의 하나로서 현대과학과의 접점을 향한 동아시아 고대사유의 재해석 작업을 지속해오고 있다. 특히 노장과 불교 사유는 기존 서구자연철학이 걸어온 길에 대한 성찰의 계기로서, 또 현대물리학이 보여주는 새로운 세계 인식과 관련한 접점 이해의 좋은 자료다. 더욱이 현재 난관에 봉착한 이분법을 중심으로 흘러온 서구철학의

---

10 존 캅(John Cobb, 1925~)은 현대물리학이 이루어 놓은 놀라운 발견으로 인해 새로운 자연주의(new naturalism) 및 철학과의 재결합이 가능하게 되었지만, 영미철학은 그 분석적 형태 속에서 언어에만 관심을 보이면서 훨씬 더 협소한 근대 후기적인 기획에 머물렀다고 진단했다. 이 점은 현대물리학이 플라톤 이후 수천 년간 지속되어 온 서구 분석주의 시야와 무관하게 새로이 발견한 거시와 극미시세계의 우주적·근원적 발견들에 대하여, 20세기 인문학이 이를 여전히 외면하고 전통 인문학의 범주에 머물며 언어철학과 유형무형의 구조 분석 안에서만 답을 찾아보려 했다는 뜻으로 해석되며, 필자 역시 존 캅의 이와 같은 진단에 동의한다. 관련 부분은 존 캅의 『영적인 파산』(박만 옮김, 한국기독교연구소, 2014, 262~263쪽) 참조.

출로 모색을 위해서도 동아시아 사유와 시선의 재발굴·재해석 작업은 의미
가 크다. 동아시아 사유 일반에는 근저에 잠재성의 개념이 폭넓고 깊게 깔려
있다. 이에 더하여 둘이면서 동시에 둘이 아닌 것을 지향하는 비분리의 양가
포괄의 사유가 흐르고 있다. 이러한 시선은 양자역학이 보여주는 실재와 매
우 근사하다는 점에서 접목 이해와 함께 새로운 융합학문적 자양을 제공할
가능성이 크다는 점에서 매우 고무적이다.

(2) 동아시아 사유의 현재성, 이분법을 넘어서

상대성에 기초한 이분법적 바라보기는 사실 동서 모두에 존재한다. 그러
나 그 이분법을 대하는 동서의 시선은 매우 다르다. 필자는 서두에서 서구의
지식이 눈앞에 펼쳐진 현실을 바라봄(see)을 중시하는 앎이라고 보았다. 데카
르트와 뉴턴으로 이어지며 기계론적 고전역학으로 완성된 근대 서구의 이분
법의 시선은 주체와 대상을 철저히 분리하고 나누는 '차별과 배제의 이분법'
이다. 이에 반해 동아시아 이분법은 둘이면서 둘이 아닌 모순과 역설의 '잠재
포괄의 이분법'이다. 그리고 동아시아의 이와 같은 '외적 이분법 너머 하나로
보기의 시선'은 탈근대의 시선과도 일정 부분 맥락을 같이 한다. 본 절에서는
서구 근대에 이르는 이분법과 동아시아 이분법의 차이를 예술, 문학, 사유의
세 측면에서 보도록 한다.

먼저 예술에서 서양미술은 사물의 객관적 모상, 즉 재현을 지향한다. 그런
데 이러한 객관화된 대상이 실은 주체의 타자에 대한 차별적 배제와 주관성
속에서 구현되고 있다. 서양화에서 화가의 주체중심주의를 잘 드러내는 것이
원근법(perspective)이다.[11] 원근법은 주체(subject)인 내가 중심이 되어 대상인
타자를 바라보는 시선으로 그려진다. 원근법에서 나 이외의 모든 것은 대상

즉 객체(object)가 된다. 여기에서 주·객의 이분이 노정된다. 또한 주체와 객체
는 모두 상대적 절대공간상의 좌표 위에 자리한다는 점에서, 역시 절대공간
의 설정위에 이루어진 뉴턴 역학과 연결된다. 그러나 이렇듯 주체의 시선
속에서 사물의 실상을 잘 반영한 것같이 보이는 원근법도 실은 변형된 실체
를 담고 있다. 실제의 원이 원근법에서는 타원으로 그려지게 되는데, 이 점에
서 원근법은 사실적으로 보이지만 실체적 진실은 아니다.[12]

그러면 동양의 그림은 어떠한가? 수묵화를 비롯한 동양의 그림은 일견하
여 사실적이지 않다. 이런 점에서 동양화는 서구의 재현(representation)과는
다른 표현(expression)을 추구한다. 동아시아 화론으로 말하자면 형사(形似)와
신사(神似)가 하나로 융화되어 있다. 대상인 자연과 자아가 서로 만나 심상을
그려내고 있기 때문이다. 육조 사혁(謝赫)의 '전신사조(傳神寫照)'의 화론이 대
표적이다. 중국 문인화를 창시한 소식은 '흉중성죽(胸中成竹)'론에서 대상인
대나무는 작가의 마음속에서 그려지는 까닭에 실제와 다른 형상으로 그려진
다. 문인화의 대상은 실제의 대나무가 아니라 작가가 만난 작가의 대나무이
다. 마치 노자 '道可道, 非常道'가 함의하는 잠재와 보편의 상도[恒道]가 아닌
개별적·현재적 도인 가도와 같다. 이 점에서 동양의 그림은 상호텍스트적
(intertextuality)이다. 사의(寫意)에 중점을 두는 수묵화의 정신은 바로 주객 교융
의 시선을 담고 있다. 서의 구분과 동의 비구분 혹은 비분별적 교융, 이것이
동서 미술 사유의 큰 차이이다.

---

11 회화에서 원근법은 ① 不動의 위치인 정태성, ② 주체의 감정 불개입이란 객관성이란 특성
    을 지닌다. 정태적이란 점에서 서구 원근법은 역동적이거나 상호텍스트적이지 않다. 그리고
    감정불개입의 객관성은 그럴싸하게 보이지만 실은 엄밀한 의미에서 타당한 특성은 아니라
    고 생각한다. 주체 중심의 시선이 객관성을 담보하지는 않기 때문이다.
12 원근법의 일반적 특징과 의미는 『동양의 눈, 서양의 눈』(박우찬·박종용, 재원, 2016, 38~55
    쪽) 참조.

　'서로 다른 것들의 함께 함'은 중국시학에서도 중요하게 여기는 심미 경지로서, 그 대표적인 것이 중국 시학에서의 '정경교융'의 심미이다. 이것을 현대적으로 말하자면 '交'는 상호텍스트성(intertextuality)이고, '融'은 융합(convergence)이니, 작가 외부의 景과 작가의 내부의 情이 별개로 있지 않고, 하나로 녹아있음을 뜻한다. 소식이 왕유의 시와 그림을 평한 '시중유화, 화중유시'는 시와 이미지의 함께함이다. 이는 시이면서 그림이고 그림이면서 시인 둘의 공존이다. 노장이 말한 병작·병생이며 양행이다. 둘의 함께함, 이것이 대립과 차이를 강조한 서구와 다른 동아시아 예술과 문학에 나타난 무경계와 비차별의 심미사유다.

　그러면 이번에는 동아시아 전통 사유, 그리고 그것의 현대 접점으로서의 정보론의 관점에서 보자. 이와 유관한 세계인식으로서 인도에서 발원한 불교와 중국 도가 사유가 있다. 먼저 불교부터 보자. 우리에게 익숙한 「반야심경」에 "색이 공과 다르지 않고 공이 색과 다르지 않으니, 색이 곧 공이요 공이 곧 색이다."라는 구절이 있다.[13] 여기서 공이 곧 색이란 말을 한자를 통해 보자. '공즉시색' 공이 곧 색이란 말인데, 그러면 공이 언제 색으로 변하는가를 양자역학으로 바꿔 표현해 본다. 이는 곧 슈뢰딩거 고양이 사고실험을 통해 보았던 파동함수의 붕괴를 뜻한다. 양자 상태에서 생과 사의 두 가능성을 함께 하고 있던 고양이는 관찰자가 바라보게 되는 즉 삶 혹은 죽음의 어느 하나로 드러난다. 이는 양자컴퓨터의 연산방식과도 같다. 0과 1의 어느 하나(0/1)의 bit 알고리즘을 추동해 나가는 디지털컴퓨터와 달리, 양자컴퓨터는 0과 1을 동시에 병렬 연산(0&1)하다가[양행], 처리가 관측[卽]되는 순간 즉 파동붕괴를 하며 0과 1의 어느 하나로 확정되며 나타난다. 이는 양자컴퓨터

13　「般若心經」, "色不異空, 空不異色. 色卽是空, 空卽是色."

의 최종계산은 파동붕괴와 함께 현재태로 발현되지만, 발현 전까지의 연산은 0과 1을 모두 취하는 양자 중첩(quantum superposition) 방식으로 계산된다는 말이다. 이러한 연산기능은 2^n의 qbit(quantum bit)로서 기하급수적으로 확장되는데, 2018년 IBM에서는 50qbit(2^{50})까지 개발했으며, 이는 지수적으로 확장되는 만큼 그 효율이 디지털컴퓨터가 상상할 수 없는 속도로 구동된다.

그러면 '색즉시공, 공즉시색'에서 조건에 대한 결과를 뜻하는 말인 '卽'이란 무엇인가? 『설문해자』에서 '卽'은 음식을 속히 취한다는 뜻이다.[14] 즉심시불(卽心是佛, 마음의 깨달음이 곧 부처) 혹은 즉신성불(卽身成佛, 몸으로써 성불한다)에서 보듯이 '즉'이란 결국 취함으로써 체화하여 변한다는 뜻이다.[15] 그러므로 '공즉시색'에서도 '즉'은 곧 관찰의 순간 새로운 발현으로의 변화를 뜻한다.[16] 그러면 이전까지 잠재적 가능태였던 것이 관찰을 통해 현재태로 '즉화(卽化)'함, 즉 현현되는 것이다. 그리고 '색즉시공'은 그 역방향으로서, 색이 곧 공에서 온 것임을 의미한다. 청원선사의 '산수론(山水論)'과 같은 이치이다.[17]

이번에는 불교의 중심 논제인 나가르주나의 중관 사유를 보자.[18] 불교의 핵심 사유는 색과 공의 不二와 緣起論이다. 먼저 '不二'는 곧 '不異'로서, 색과

---

14 『說文解字』, "卽食也. 从皀(bī)卩(jié)聲. 子力切." [注]徐鍇曰: "卽, 就也."

15 湯淺泰雄(유아사 야스오), 이정배·이한영 옮김, 『몸의 우주성』, 도서출판 모시는사람들, 2013개정판, 158~159쪽.

16 오정균, 『깨달음에서 바라본 양자역학』, 레츠북, 2017, 65쪽.

17 인식의 제1단계는 산은 산이고 물은 물이며, 제2단계는 산이 산이 아니고, 물이 물이 아님이다. 그리고 제3단계는 다시 산이 산이고 물이 물임을 대긍정하는 고차적 깨달음의 단계이다. 여기서 중도사상으로 본 산과 물은 자성이 없어 산이기도 하고 또 아니기도 한 존재사물의 여여함을 함의한다. 장자적으로는 나비이기도 하고 장자이기도 한, 존재의 物化요 遷移인 셈이다.

18 남인도인 나가르주나(龍樹, 150?~250?)의 『中論(Mūamadhyamakakāikā)』을 중심으로 한 사상을 일반적으로 中觀思想이라고 칭한다. 용수는 제2의 부처로 우위되는 대승불교의 위대한 논사인데, 대승사상은 주로 그의 이론에 기초하고 있다. 그는 「중론」을 통해 두 극단에 치우치지 않아야 한다며 자성을 부정하고 공사상을 이론화했다.

공의 상통을 뜻한다. 그리고 두 번째로 연기와 유사한 개념이 인과다. '인과'는 보통 직접적 원인을 뜻하고, '연기'는 간접적 조건으로 볼 수 있다.[19] 인은 직접적 필연적인 원인이며, 연은 결과를 야기하는 여러 원인들 중의 하나인 간접 원인이라고 할 수 있다. 초월적 부정의 사유자인 나가르주나(Nāgārjuna 용수)는 「중론」에서 불교 연기론을 풀면서 별개의 x와 y가 연결되는 인과 관계는 불성립한다고 했다. 이를 씨앗의 비유를 들어 말하자면, 만약 '因中有果'라면 씨앗 안에 이미 그 자체로서 결과가 있으니 원인 삼을 필요가 없으며, 또한 '因中無果'라고 한다면 이 둘이 서로 무관하므로 인연관계가 불성립한다고 하였다.[20] 그럼에도 씨앗에서 새싹이 생겨나는 것은 그 자체에 고유한 속성인 자성이 있어 그런 것이 아니라, 다른 것에 연하여 생겨나는 것이다. 이는 필자가 서두에서 말한 실체적 사유가 아니며 동시에 만물의 상호관계성, 즉 존재의 존재됨의 원인이 그 자체가 아니라 다른 것에 기대어 있다는 '의타기성'을 깔고 있다. 한편 「중론」의 함의는 그때그때 적중하여 맞추어나 가는 '時中'이 중요하다는 의미로 해석 가능하다. 이 부분은 뒤에 부연한다.

또 당 화엄종 연기론의 대표 논사인 법장(641-712)은 이사무애를 넘어 고정된 독립적 실체가 아니라 상의상관하는 '사사무애'를 주창했다.[21] 여기서 독립된 실체로서 고유성이 없다는 것은 사물과 존재에 고유 속성인 '자성'이란

---

19 불교에서는 이를 포함해 緣을 다음 네 가지로 본다. ① 직접적 인인 因緣, ② 지각 대상으로서의 緣과 果의 緣緣, ③ 시간 흐름 속에서의 연인 等無間然, ④ 이상 세 가지 이외의 연인 增上緣이다.

20 이상의 논리는 한자경의 「불교의 연기론에 담긴 '표층-심층 존재론' 해명」(김상환·박영선 엮음, 『분류와 합류: 새로운 지식과 방법의 모색』, 이학사, 2014, 121~127쪽) 참조.

21 화엄 사상은 천태 사상과 함께 불교의 쌍벽을 이루는 사유다. 화엄의 사종법계는 ① 본체 진리의 세계인 이법계, ② 물질과 차별의 미혹적 현상계인 事法界, ③ 이치와 현상이 차별없이 '相卽'하여 연결된 이사무애법계, ④ 모든 현상이 다르지만 그것들이 현상의 걸림 없이 원융자재 무진연기하는 사사무애법계의 단계를 지닌다고 했다.

것이 없다는 것인데, 이것이 바로 공이다. 동시에 이는 일체 존재의 不可分性을 함의한다. 결국 아무 실체도 없는 공에서 색이 생생불식하며 생기도 또 변해간다는[生變] 뜻이다. 이러한 비자성의 사유가 바로 불교 중관론의 핵심으로서, 불교의 인식론적 존재론의 세계관을 극명하게 보여준다. 일상적으로 경험되는 형상이 있는 사물의 세계 즉 색의 세계는 그것의 이면에서 연기적으로 연결된 형상이 없는 공의 세계에 다름 아니라는 것이다. 불교적으로 말하자면 自性이 없는 무상한 존재의 세계에 대한 설파이다.

이러한 관점은 곧 인드라망(Indra's net)과 같은 '일즉다, 다즉일, 일체중일체'의 개물의 전체와의 상호 연결을 표상한다.[22] 실제 우리가 보는 빛의 세계는 빛이 자외선과 적외선 사이의 파장 안에서 분광된 '가시광선'의 다채로운 '幻'일 뿐이다. 그것이 모이면 다시 거뭇하거나(玄)[23] 희게(白) 된다. 이를 다른 말로 풀면 유채색이 모여 흑과 백의 무채색이 된다는 이야기다. 물질의 기본인 삼원색을 모으면 검정이 되고, 빛을 모으면 백색이 된다. 유채색을 한데 모으니 오히려 색이 사라지면서 무채색으로 돌아온다는 것은 색이 곧 가·환이라는 말로서, 다양한 흥미로운 연상을 던져준다.

이러한 논리를 동아시아 사유 및 현대물리학과 연결해 보면, 색을 모으니 공이 되고[불교], 구체 개별의 가도를 모으니 아득한 현동이 되며[노자], 빅뱅 이후의 무수한 세계를 모으니 빅뱅 이전의 블랙홀적 세계[우주론]가 된다. 그리고 이는 분별지 너머 총체적 앎의 세계를 지향하는 불교와 노장의 바라봄과도 맥을 같이 한다. 색과 공이 과연 다른가? 다르지 않다. 그래서 색이 곧 공이고 공은 곧 색이며, 그래서 불교의 유는 무가되고 노장의 무는

---

22 이상 불교 용수 중론, 천태, 화엄의 교리적 의미는 『몸의 우주성』 153~168쪽 참조.
23 이 말은 노자 제1장에서 유와 무의 모든 것을 망라한 관문으로서의 거뭇한 '玄同'을 생각나게 한다.

유가 된다. 만물이 있기 전의 세계에 대해, 노자는 '만물이 두루 섞여 있음'
[有物混成](25장)으로, 또 장자는 '만물이 있기 전'[未時有物] 혹은 '혼돈'으로 표
상했다.[24]

　이제 본격적으로 노장에 들어가 보자. 노자 제1장은 우주론적 및 존재론적
으로 매우 중요하다. 제1장을 어떻게 해석할 것인가는 노자 사상에 대한 시야
를 결정하는 중요한 단서가 된다. 필자는 이를 세계 구성의 원리를 설명한
장으로 본다. 노자 제1장을 다시 풀어 본다. "세계는 유와 무, 혹은 현상(可道)
과 잠재(常道: 恒道)의 두 세계로 구성되어 있으며, 그것을 우리는 말로 설명하
기 어렵다. 왜냐하면 말로 설명하는 순간 우리는 말에 한정되어 그것이 지니
고 있는 본질로서의 전체성·총체성·항상성을 잃기 때문이다. 말하기 어려
운 근원으로서의 무엇을 굳이 표현하자면 현묘한 아득함(현동)이라고 할 수
있을 것이다."[25] 노자에 있어서 세계는 나누어지기 전과 나누어진 이후의
둘이다. 전자는 무언지 알 수 없는 원형질의 미봉 혹은 동봉의 세계고, 후자
는 조각난 分封의 세계다. 노자의 세계인식을 주로 우화 형식으로 풀어낸
장자 역시 만물제동을 설파한 「제물론」에서 차별적 인식이 지식의 전면성과
총체성을 훼손한다고 보았다.

　노자와 장자는 세계를 눈에 보이는 유의 세계와 보이지 않는 무의 세계로
나누고, 이 둘의 관계를 유와 관계된 가도와 무에 관계된 상도로 보면서,

24　『장자』 내편 「齊物論」과 「庚桑楚」(未時有物), 「應帝王」(混沌).

25　『노자』 제1장, "道可道非常道, 名可名非常名. 無名天地之始, 有名萬物之母. 故常無欲以觀其妙,
　　常有欲以觀其徼. 此兩者, 同出而異名, 同謂之玄. 玄之又玄, 衆妙之門." 문중 '무욕'과 '유욕'은
　　'상무', '상유'로 끊어 보는 경우도 있다. 하지만 잠재계와 현상계로 나누어 보는 필자의
　　관점으로는 무욕과 유욕으로 끊는다. 구체 개물의 다양한 발현이란 관점에서 볼 때 '상유'는
　　노자 세계인식의 전체 문맥과 정합하지 않아서. 또 "此兩者同, 出而異名"으로 구두하기도
　　하는데 이는 큰 뜻에서는 큰 차이가 없다.(오태석, 『노장선역, 동아시아 근원사유』, 역락,
　　2017, 262쪽)

이 둘이 서로 다른 것이 아니라 이름을 달리할 뿐 실은 동근의 현묘함에서 나온 것이라 했다. 그리고 이러한 이치를 세계 추동의 이치라고 하는 의미에서 '道'라고 했다. 여기서 상도[恒道]는 항구불변의 본래적이며 그것의 현재화 이전, 즉 분화 이전의 무형의 근원으로서의 잠재의 도이다. 그리고 가도는 유형으로 분화된 구체화되고 개별화된 도다.

『노자』제1,2장에서는 이를 각각 무 계열과 유 계열로 나누어 설명하고, 다시 이 둘이 다른 것이 아님을 설파한다. 노자 제2장에서는 둘의 '유무상통' 즉 눈에 보이지 않는 무형의 잠재적이며 가능태의 에너지적 세계가 개별적으로 분화된 현상계의 물질적 세계와 서로 상호텍스트적임을 시사했다. 제2장의 '유무상생'이 그것이다. 이 두 계열은 서로가 서로를 낳는 생생불식의 관계로서 둘을 함께 바라보는 양행·병작의 포일의 세계인식이다.[26] 그래서 노장 사유의 특징은 비편향적이며 총체적 관점에서 '두 편단 어느 하나에 있지 않고 둘을 포일하여 아우른다.'는 의미에서 내적 양가성(ambivalence)을 보인다. 양가성이란 두 대립적인 것의 비배제적인 공존 동거를 말한다. 노장이 존재의 세계 구도로 설정한 유무론에 이러한 양가적 관점이 잘 드러나 있다.[27] 이러한 논지는 우언으로 풀어간 장자에서도 마찬가지다. 결국 노장의 '병작, 병생, 양행, 포일'의 시선은 주객과 선악의 서구 이분법적 세계인식과는 매우 다른 동아시아적 시선을 표상한다.[28]

이렇게 불교와 노장이 보여주는 색·유의 현실태의 세계와 보이지 않는 공·무의 잠재태란 두 가지 세계인식 간의 상호성은 현대물리학과도 상통하는 부분이 있다. 암흑물질과 암흑에너지의 존재가 그것이다. 무로 운위되는

---

26 둘을 함께 포괄하는 '抱一'에 대해서는 『노자』제10, 27, 39장을 참조.

27 오태석,『노장선역, 동아시아 근원사유』, 139쪽.

28 『노자』제7, 10, 16장 및 『장자·제물론』

진공은 생성과 소멸의 양자적 요동이 무수히 일어나는, 노자적 의미에서의 恍하기도 하고 惚하기도 한 역동의 시공이다.[29] 이것이 언뜻 보이지 않는 듯이 여겨지는 '沖氣'로 가득 찬 공의 세계이다. 그리고 빛이 입자와 파동성을 이중적으로 띠듯이 에너지가 물질이 되고 물질은 입자와 함께 파동의 장을 이루며 숨을 쉬며 우주 안에서 생멸해간다. 이것이기도 하면서 저것이기도 한 것, 이러한 이중성·양가성의 존재론적 성찰은, 불교와 노자, 그리고 상대성이론 및 양자역학이란 이질적인 것들이 서로 서로 만나게 되는 놀라운 접점이란 점에서 주목과 재해석을 요한다.

이렇게 볼 때 보이는 것과 보이지 않는 것, 유와 무, 색과 공, 0과 1, 주와 객, 정신과 육체, 이성과 감성, 선과 악, 인간과 자연(물)은 둘이면서 실은 둘이 아니다. 세계는 분리된 실체가 아닌 '존재-사건'적 상호 연기의 역동성과 불이의 시선을 통해 바로 이해된다. 양자수학에서 0은 0이면서 무한(∞)이다. 0과 무한(∞)의 등가성, 그리고 꼬리를 먹고 다시 태어나는 우로보로스(Ouroboros)의 뱀과 같이 두 극의 상호 맞닿아 있음인 양가의 시선이다. 또한 '이것이냐 저것이냐'(either or)가 아니라 '이것이기도 하고 저것이기도'(both and) 한 양행·병작의 시선, 상호 대척과 배제의 형식논리학이 아닌 둘을 함께 안음인 포일의 사유, 이것이 동아시아 불교와 노장 사유가 보여주는 '양가불이'의 사유이다. 색으로 치자면 빛의 분광된 '빨주노초파남보'의 화려한 각종 선색들, 그리고 그것들의 분광 이전인 혼효한 원광, 더 나아가서는 빛으로 나아가기 전의 어둑한 아득함(현동), 이러한 무수한 계층과 갈래들을 함께 보아냄이다.

한편 '곡신은 죽지 않으니'(谷神不死),[30] '유약한 것이 삶의 무리이며'(柔弱者,

---

29 『노자』 제21장, "道之爲物, 惟恍惟惚. 惚兮恍兮, 其中有象. 恍兮惚兮, 其中有物. 窈兮冥兮, 其中有精."

生之徒也.),[31] '최고의 선은 물과 같아서'(上善若水)[32] 등을 주장한 노자는 강한 여성성을 보여준다. 실상 위대한 종교 사유자인 예수, 부처, 노자 모두 비공격적이며 탄력적인 여성성을 지니고 있다. 사물을 경직되게 보지 않아야 한다는 도의 깨침의 자세와도 연결되지 않겠나 싶다. 기존의 너도 깨고 나도 깨침, 그것이 중국어로 '打破'이다. 여기서 이해가 일어난다. 신약성서에 "보이는 것은 나타난 것으로 말미암아 된 것이 아니라"는 구절이 있다.[33] 보이는 현상계의 이면에 담긴 잠재태의 세계, 가도가 아닌 상도의 세계에 대한 '함께 봄'을 통해서만이 분리된 듯이 보이는 두 세계에 대한 온전한 이해가 가능하다. 그래서 이들 텍스트는 논리적이지 않고 비유로 점철되어 있다. 또한 기존의 인식을 깨쳐나가야 하므로 정설이 아닌 역설로 되어 있다. 노자 도덕경이 은유 풍부한 시로 쓰인 까닭이기도 하다. 이성만으로는 부족하기 때문이다.

실상 동아시아 사유에는 상반적 둘을 함께 보려는 시선의 이중성과 양행성이 짙게 드러난다. 중국문화사유에는 유와 무, 중국화와 율시의 평측률이 추구하는 허와 실 및 음과 양, 장자 호접몽과 각종 몽환소설에서 상용되는 꿈과 현실, 생과 사, 요재지이 등 사람과 동물 사이의 자유로운 넘나듦이 모두 그렇다. 이는 종교에서도 마찬가지여서 중국의 종교와 사유의 세속화(secularization) 현상은 성속의 구분을 강조한 서구와 다른 특징이다.[34] 영어로

---

30 『노자』제5장, "谷神不死, 是謂玄牝. 玄牝之門, 是謂天地根. 綿綿若存, 用之不勤."

31 『노자』제78장, "人之生也柔弱, 其死也堅强. 萬物草木之生也柔脆, 其死也枯槁. 故堅强者死之徒, 柔弱者生之徒. 是以兵强則不勝, 木强則兵. 强大處下, 柔弱處上."

32 『노자』제8장, "上善若水. 水善利萬物而不爭, 處衆人之所惡, 故幾於道. 居善地, 心善淵, 與善仁, 言善信, 正善治, 事善能, 動善時. 夫唯不爭, 故無尤.

33 『신약성서·히브리서』11장 3절.

34 세계적인 종교다원주의 신학자 존 캅(John Cobb, 1925~)의『영적인 파산』전서를 통하여 서양과 중국의 종교를 세속주의(secularism)와 관련하여 종교철학적, 생태학적으로 현대종교의 문제점과 미래 전망을 다원주의 관점에서 논했다. 세속주의(secularism)의 역사적·내외적 함의와 기본 이론은 찰스 테일러(Charles Taylor, 1931)의『현대 종교의 다양성』(송

존재란 밖에 드러나 보인다는 점에서 'ex·ist'라고 한다. 그러나 동아시아의
도불 사유는 안과 밖, 생과 사, 선과 후 어느 한쪽이 아니라 양면 모두를
보아낸다. 그렇다면 동아시아에서 '존재'란 겉으로 드러나는 것만 일컫지 않
는다. 안에도 있고 밖에도 있는 내외병존, 즉 'in·ex·ist'가 된다.

동아시아 사유의 큰 특징은 둘이면서 하나로 보기, 전면적이며 총체적 시
선, 노자적으로 말하자면 이것이면서 저것인 양가성, 그리고 이것과 저것
둘을 다 취하는 양행성, 수학으로 치면 유클리드적 평면의 분리적 디지털적
사유가 아니라 비유클리드적 곡면과[35] 양자역학적 병행의 시선이다.[36] 또한
내외를 함께 보아내는 비구분, 그리고 평면성을 넘어서는 비유클리드적 시선
은, 그간 우리가 홀시해온 동아시아 사유에 대한 새로운 인문학적 주류 정신
의 돌파 가능성을 보여주는 대목이다. 요컨대 필자는 동아시아 고대 사유의
재발굴·재해석은 배타적 이분법의 금자탑을 이루었던 데카르트와 뉴턴으로
대표되는 근대 너머 새로운 이정표를 요청하고 있는 현대물리학의 발견에
대한 해석학적 접점을 보여줄 또 하나의 문명사적 대안 가능성을 안고 있다
고 본다.[37] 이것이 오늘날 우리가 아득한 시간 전의 동아시아 고대 사유를

재룽 옮김, 문예출판사, 2015)을 참조.

35 B.C. 3세기에 유클리드(Euclid)에 의해 제기된 『기하학원론』은 점, 선, 면의 평면상의 대상
    을 다루는 일상적이며 직관적 공간 인식을 다루고 있다. 칸트에 의해서도 지지된 이러한
    공간은 절대불변의 공간이었다. 그러나 19세기 리만(Riemann) 등 수학자들에 의해 평행선
    공리 등을 포함한 이러한 뒤틀리지 않는 공간개념은 보편적 공간이 아니고, 뒤틀린 공간,
    즉 곡률이 있는 공간이 일반적이라는 점이 밝혀지면서 기하학적 인식혁명의 기폭이 되었다.
    이는 이후 특수상대성이론의 이론 기초가 된다. 공간곡률이 0이면 유클리드 공간, 1이면
    타원적 비유클리드 공간, -1이면 쌍곡적 비유클리드 공간이 된다.

36 (0/1) 양자택일의 디지털적 속성과 (0&1)의 양자적 속성의 차이를 통한 (0,1) 이진법의 서로
    다른 구동 방식, 그리고 양자컴퓨터의 구동방식이 동아시아 잠재·발현의 주역 음양론과
    유사하다는 논지에 대해서는 필자의 「0과 1의 해석학: 수학, 디지털 및 양자정보, 그리고
    주역과 노장」(『중국문학』 97집, 2018.11, 20쪽, 22쪽)을 참고.

37 특히 비유클리드 기하학에 아인슈타인 상대성이론의 시간 요소를 더하면(즉 시간여행이

재발굴해 다시 읽어 재해석해야 할 의미 있는 이유이자 동아시아 고전 사유의 현재성이다. 지금까지의 내용을 토대로 도표화하면 다음과 같은데, 현대 물리학과 동아시아 사유는 시선, 방식 면에서 상당 부분 유사성을 띤다는 것을 확인할 수 있다.

구분	서양→	현대물리학	←동양
근원	물질적, 실체성, 자성	사건중심적, 상대성, 무자성	사건적, 관계성, 무자성
시공	절대분리의 시간과 공간	곡률로서의 함수적 시공	시공 연계적
주체와 객체	주객 분리의 시선	관찰자 효과	주객 융화의 시선
이분법	선택의 차별의 이분법	입자·파동 이중성·양가성	음양상보·내재포괄의 양가양행
현상과 잠재	현상너머 절대자 상정	슈뢰딩거의 고양이 (파동붕괴)	현상과 잠재의 상호 수수
유무	유무 분리	물질과 반물질, 양가성	유무 상통
수학	유리수적, 디지털적	무리수적, 양자적	무리수적, 아날로그적
존재	exist(외재적)	in·ex·ist(양행적)	in·ex·ist(양행적)
공명성	상호 분리적	양자 중첩, 양자 얽힘	상관적, 동시성원리
품사성	명사성 혹은 타동사성	상관적 동사성	자동사성(내적 역동성)

본 글은 먼저 동서 시선의 차이를 화두적으로 중국어 '知道'의 함의를 통해

가능해진다면), '존재-사건'으로서의 개별 존재는 망망한 우주 시공에서 어디론가 사라지는 것이 아니라, '시간 속에 흐르는 공간'(즉 시공간) 어딘가에서 만날 수 있다는 논리가 가능해진다. 이에 관해서는 영화 <인터스텔라>(2014)의 자문을 맡았으며 2017년 노벨물리학상을 받은 칼텍(California Institute of Technology) 킵 손(Kip S. Thorne)의 이론에서도 가능성을 열어 놓고 있다.

비교해 보았다. 이어서 다음 두 가지를 중점적으로 논했다. 첫째로 뉴턴의 기계론적 우주론의 부정합성과 현대물리학의 두 혁명적 성과인 상대성이론과 양자역학의 대두와, 과학의 대발견이 가져온 인문학적 충격으로서의 새로운 사고의 요청을 논했다. 둘째로 필자는 그 요청에 부응하기 위한 접점과 대안으로서의 동아시아 고전 사유의 재발굴과 재해석의 필요성에 관해 주로 불교와 노장 사유를 중심으로 논했다. 그리고 이는 필자가 이미 연구해온 주역 음양론도 마찬가지이다. 서양의 이분법이 현상적 이분법에 무게를 두고 있다면, 주역을 비롯한 동아시아의 내재초월의 양행의 이분법은 내외, 선악, 생사, 人獸를 구분하면서 동시에 내외가 상관 소통되는 비구분과 초월의 이분법이다. 그리고 '불이와 양행'의 상관적 이분법은 불교 용수 중론과 반야공관의 색공론, '음중양, 양중음'의 이것이며 저것인 '잠재-구현'의 내재초월적 주역 음양론, 그리고 가도의 현상과 상도의 잠재 抱一의 노장적 세계인식과 연결 가능하다고 보았다.

이러한 동아시아 사유가 지니는 '일즉다, 다즉일'의 부정과 역설을 먹고 사는 양가 불이의 포일의 시선은, 아직까지 현상으로는 발견되었지만 총체적 설명이 불가능한 양자역학 등 현대물리학의 해석학적 세계이해와 접점을 보여주고 있다는 점에서 상당히 희망적이다. 서로 대조적인 실체와 물체(matter) 중심의 기존 서구 사유와 관계와 사건(event) 중심의 동아시아 사유 간의 논리적 승패는 과학에서는 이미 전자의 오류성과 후자의 타당성 쪽으로 기울었다. 현대물리학의 세계인식에서 주안점은 먼저 상대성이론에서는 시공간적 절대성이 부정되고, 대신 그 자리에 빛의 속도가 자리한다. 또 양자역학에서 물체의 궁극은 우주와 같이 비어 있으며, 입자와 파동의 이중성을 가지고 관찰될 때만 모습을 구현해주는 귀신같은 놀이를 우리 앞에 파동붕괴와 함께 모습을 드러낸다고 하는 점을 알게 되었다.

이제 존재의 장(field)과 관련하여 그간 서구사유가 견지해 왔던 절대성에 대한 회의는 신의 창조물로서의 아름답고 선한 우주와 그 구도설정에 대한 새로운 인식 틀의 필요성을 요구한다. 노장과 불교의 시선에서 실체는 부정되고, 노자적으로 말하면 세계는 황·홀하게 명멸하는 존재의 불꽃놀이만이 펼쳐질 뿐이다.[38] 생명도 비생명도, 플러스와 마이너스, 물질과 반물질, 그리고 노자적 충기(沖氣)로 가득 찬 우주에서 암흑물질과 물질계 사이에서 명멸하며, 미봉의 상도와 분봉의 가도 속에서 현현과 소멸을 반복한다. 시시로 명멸하는 '존재-사건'적 우주에서 모든 존재는 고유의 속성인 自性, 즉 인도 어로는 아트만(atman)이 없다는 불교 중론으로도 해독 가능하다.[39]

이렇게 일체의 존재가 虛幻하며 고유의 자성도 없이 직간접의 인연으로 무상하게 양자론의 본질로서의 우연한 사건 속에서 맥동할 뿐이다. 절대성이 더 이상 유효하지 않다면, 이는 혹 그간 우리가 완전체와 같이 믿고 의지했던 고전적 의미의 텍스트의 세계에 대한 또 다른 시사는 아닐까 싶다. 만약 형식주의 및 신비평에서와 같은 고전적 의미의 텍스트의 절대성, 신성성이 사라지는 것이라고 한다면 우리에게 또 다른 어떤 시선이 필요한가? 이러한 생각에 이어서 다음 장에서는 본 학술대회의 주제로 내건 "융합인가, 텍스트인가?" 라고 하는 다소 불명하나 이해도 가능한 이 논제에 대해, '時中의 텍스트학'이라고 하는 제목으로 논의해 보자.

---

38 이러한 공성, 그리고 양자요동과 같이 명멸하는 존재의 세계가 우주이다, 노자는 이를 恍과 惚로 풀었다. 황은 아마도 '무중유'일 것이고, 홀은 '유중무'가 될 것이다.

39 원래 인도의 아트만은 자성을 인정하였다. 그런데 서유럽으로 서진해서는 자성의 강고화 즉 神化하였고, 그리고 동아시아 대승으로 가서는 천태와 화엄을 통하며 자성의 불인정 즉 비신화로 고착되었다. 동·서 문명 권역에 따른 한 사건의 부동한 역사적 발현인 셈이다.

3. '時中'의 텍스트학

이제부터 본 학술대회의 주제인 텍스트학의 문제와 관련해 앞의 논지의 연장선상에서 기술한다. 필자가 생각하는 학문은 인간을 둘러싼 세계에 대한 깨침과 이해이다. 『논어』에 "배우고 수시로 익히니 즐겁지 아니한가?"라고 했는데,[40] 모르던 것을 배워 알게 될 때의 기쁨이 삶의 큰 기쁨임을 말한 것 같다. 한자로 '學問'이란 배워 묻는 것이다. 즉 모르는 것이 있으면 물어 알아가는 과정이니, 요즘 말로 'Q&A'라고 할 수도 있다. 여기서 학문하는 주체는 '나' 자신이며, 당연히 학문 자체가 주인이 될 수 없음이다. 학문 혹은 연구는 영어로 'research'인데, 이것은 "다시 찾아본다."는 뜻이다. 모르는 것을 이리저리 뒤져 알아내는 것이 학문과 연구다. 그래서 나의 '앎화'하는 것이다. 배워 이치를 깨닫는 것이니 그것이 이해이다. 이해는 영어로 'understand'인데, 'under-'의 어원이 'among-'의 의미를 가지고 있다면, 이는 현상의 배후에 있는 여러 가지들 사이에서 상관적 혹은 상호텍스트적으로 일으켜 세우는 것이다. 하지만 이해의 방식 면에서는 동서의 차이가 있다. 서양에서는 보는(see) 데 치중하고 동양에서는 근본 삶으로 체화하는[看見] 데 역점을 두었다. 이는 중국어 '看'과 '결과보어'라고 부르는 '看見'의 차이일 수도 있다. 전자는 그냥 보는 것이고, 후자는 그것을 '인지(recognize)'하여 자기화하는 것이다.[41]

이 점에서 동양 특히 중국에서 학문이란 나의 현재 삶에 직접 관여될 때 더욱 가치 있다고 본 것 같다. 그래서 남송 주희는 그가 흠모한 주돈이(周敦頤)

---

40 『論語·學而』, "子曰, 學而時習之, 不亦說乎."

41 이런 의미에서 필자는 '看見, 聽見, 聞見'의 '~見'을 단순히 그것의 결과라고 하는 의미의 '결과보어'라는 현상적 표현보다 내적 체화를 뜻하는 '인지보어'라고 부르는 것이 더 적실하다고 본다.

에서 정호(程顥)와 정이(程頤)에 이르는 북송 유학자들의 어록집을 만들면서, 그 제목을 "두루 넓게 배워 뜻을 두텁게 하고, 절실히 물어 가까운 데서부터 생각하면, 인(仁)이 그 중에 있다."고 한 논어의 말을 인용해 『근사록』이라 명명하기도 했다.[42] 성리학의 집대성자인 주희가 당시 만연한 도불의 영향으로 본체론적 추상사변의 벽을 넘기는 어려웠겠으나, 적어도 그의 지향이 삶에 실제적 도움이 되어야 한다는 점에서 삶의 효용을 염두에 두었던 것은 알 수 있다. 그리고 유학의 이러한 기본 지향은 송학의 추상적 이데올로기화라고 하는 결과적 공과는 차치하더라도 그것을 수입한 조선에서도 마찬가지가 아니었겠나 싶다. 이상은 비록 유학에 국한된 이야기기긴 하지만, 동아시아 유학자들이 가졌던 앎과 실용 사이의 고민의 흔적은 그 결과가 어떻게 평가되든 이후 심학 계열의 양명학과 텍스트 고고학인 고증학을 거치면서 나름의 시대적 문제에 대한 대응 태세를 보여주었다는 점에서, 텍스트학이 삶과 유리되지 않아야 한다는 기본 취지를 알 수 있다.

그러면 본장의 논제인 텍스트학의 몇몇 측면을 좀 더 생각해 보기로 하자. 일단 기존 관점을 가지고 말하자면, 우리가 텍스트 안으로 들어가 그 자체만으로 보아서도 일단 자의의 축자적 해석이 가능할 것 같이 보인다. 그러나 기실 이는 거의 불가능한 일이다. 왜냐하면 먼저 저자와 유리된 텍스트의 존재가 의미가 있는가 하는 근본 문제에 봉착하게 된다. 다음으로는 텍스트 자체의 완전성에도 문제가 있다. 또 그것이 나름의 완결성을 지녔다고 전제할 때에도 단순한 축자 해석만으로 논리 일관성을 관통할 수는 없다. 이를

---

42 朱熹와 呂祖謙의 공찬인 『근사록』(1175)은 주돈이, 정호, 정이, 장재, 주희, 여조겸의 어록에서 뽑았다. 『論語·子張』, "子夏曰, 博學而篤志, 切問而近思, 仁在其中矣."(자하가 말했다. "널리 배우고 뜻을 두텁게 하며, 절실히 묻고 가까운 것으로부터 미루어 생각한다면, 인이 그 가운데에 있을 것이다.")

위해서는 해석학적 이해가 선결되어야 한다.

구체적으로는 문자화 과정에서 야기될 서사도구와 보존, 그리고 다양한 단계의 저자 획정의 문제도 해결되어야 한다. 이는 특히 상고문학에서 더욱 그렇다.[43] 이외에도 문제는 여전히 남는다. 기본적으로 텍스트를 오독해서는 안 되겠다. 하지만 포스트구조주의에서는 차라리 오독(misreading)하는 편이 낫다고 말하기도 한다. 특히 고대 한문학의 경우는 적실한 해석이 무엇인지 판단하기 어려울 경우도 비일비재하다. 결국 저자와 저술 간의 미디어적 소통 완결성을 담보하고, 이에 더해 현대문예비평에서 문제를 노정하고 있는 저자중심주의를 인정한다 하더라도, 신비평적인 텍스트중심주의는 적어도 이해의 완성도 면에서 여러 문제점을 내재하고 있다고 볼 수밖에 없다. 그러면 무엇이 중요한가?

결론내기 어려운 이 문제들을 옆으로 밀어두고 이쯤에서 텍스트를 읽는 목적이 무엇인가에 대해 생각해 보자. 독서의 목적은 텍스트 자체인가 아니면 그 배후에 선제적으로 자리하고 있는 저자의 생각인가? 아니면 나의 생각을 이끌어내기 위한 마중물인가? 전통적으로 저자의 의도와 환경적 상관성을 중시하는 동아시아 텍스트학에서 맹자는 '以意逆志'와 '知人論世'를 주장하기도 했다. 한편 서구해석학에서는 텍스트의 저자를 향한 추적 혹은 독자와 저자 간의 가다머적 해석학에서의 '지평의 융합'이 요구된다고 말하기도 했다. 지평의 융합에서는 독자가 저자와 만나는 접점이 필요한데, 독자에 보다 무게중심이 실릴 때는 수용미학과 연결된다. 그리고 텍스트에 무게가 실릴 때는 롤랑 바르트가 '저자의 죽음'이라고 말한 구조주의, 아니 실은 포스트구조주의로 나아갈 것이다.[44]

---

43 상고시대 문학창작과 저자의 여러 층면 및 중국문학사의 서사도구의 문제에 대해서는 『중국고대문학사』(대우학술총서 인문사회과학 5, 김학주, 민음사, 1987)에 논고되어 있다.

사실 저자의 현존 여부와도 무관하게 작품을 통해 저자와 제대로 만나는 일은 상당히 어렵다. 전시회장에 걸린 한 폭의 그림을 보면서 느낀 서로 다른 해석을 가지고 거꾸로 저자에게 물어본 경험이 있다면, 문예작품의 해석학적 관점의 다양성과 불확정성을 충분히 가늠할 수 있을 것이다. 그래서 20세기 서구문예비평에서는 구조주의, 포스트모더니즘과 포스트구조주의의 해체 담론, 정신분석비평, 권력담론, 생태론, 혼종성이론, 세속주의 이론까지 다양한 논의들이 진행되었고, 어떤 것들은 아직도 진행 중이다. 이렇게 많은 문제가 저자, 텍스트, 독자 사이에 개재되어 있으며 논의는 여전히 진행형이다.

이쯤에서 E. H. Carr의 "역사는 과거와 현재의 대화"라는 말을 생각해 본다. 역사는 현재를 사는 이들의 삶에 어떤 방식으로든 개입할 때만이 의미가 있다고 보는 관점이다. 만약에 불교학자라면 이 말을 "텍스트 자체에 自性이 있는가?"라고 바꿔 물을 수도 있다. 카의 언명을 문예비평으로 바꾸면 "문학작품은 과거의 저자와 현재 독자와의 대화"라고 말할 수 있다. 그리고 이는 다시 동아시아 텍스트학, 특히 "번역을 포함하는 중국 고전텍스트 이해에서 독자의 역할과 존재가 무시될 수 있는가?"라는 의미로도 읽힐 수 있다. 그리고 여기서 독자는 어떤 독자인가의 갈래도 개입 가능하다. 즉 번역자의 입장에서 그 독자가 번역자 자신인가? 아니면 상정 가능한 미래의 일반(?) 독자인가 등이다. 이와 관련해 층위별로 좀 더 들여다보자.

필자는 '순수한 텍스트 이해'란 말은 '순수'란 말이 지닌 '본질적 비본질성'으로 인해, 저자와 독자의 현재적 의미가 사라진 것을 의미하므로 불가능한 말이요 경지라고 생각한다. 또한 비평 역시 남의 텍스트 번역에만 기대서는

44　바르트는 그림이 저자로부터 떠나 존재하듯이 문학작품도 저자와 무관하게 언어의 결과물로 존재할 수 있다며 저자의 죽음을 말했다. 이로써 그는 구조주의로부터 포스트구조주의로 나아간다.

세밀한 어감과 내용을 잡아내기 어렵다. 중국고전학에서 텍스트학은 번역과 비평의 이분법이 아닌 '의미의 이해' 차원에서 바라보는 것이 좋을 것 같다.[45] 왜냐하면 단순 축자 번역은 번역 자체로서 높은 완성도를 지니기 어렵기 때문이다. 텍스트 이해의 층위는 다음 세 가지를 상정할 수 있을 것 같다. ① 축자 해석, ② 저자 이해, ③ 비평을 포함한 독자와의 만남이 그것이다, 이에 대해 생각해 보자.

첫 번째인 축자해석은 저자 혹은 텍스트 전체의 맥락을 관통하는 축자해석이어야 한다는 점에서 실은 말 그대로의 축자해석이란 존재의 의미가 없다. 글자들과 맥락이 매번 서로 만나 소통되는 가운데 앞으로 나아가야 한다. 그런 면에서 이 역시 번역이 아니라 해석학의 일종이다. 고대 중국에서는 그것이 경학이었다. 둘째와 셋째인 저자의 이해 및 비평이론과 관련해서는 텍스트와 저자, 그리고 나아가 독자 사이에, 그리고 그 자체로서 구조적으로도 괴리의 강물이 흐른다. 이에 대해서는 이미 20세기 초 에이브람스(M. H. Abrams)의 거울이론[46]을 비롯해, 후설(Edmund Husserl)의 현상학적 환원 (Phenomenological Reduction), 가다머(Hans-Georg Gadamer), 야우스(H. R. Jauß), 이저(V. Iser) 등의 해석학과 수용미학 및 구조주의와 포스트모더니즘 담론, 프로이드와 융(Carl Gustav Jung)의 정신분석학 및 무의식과 원형이론 등 다양한 논의들이 지난 백년간 활발히 그러나 난맥적으로 전개되어 왔으나, 시원한 해결은 얻기 어렵다. 이쯤에서 결론내기 어려운 다기한 논의를 멈추고 다시 동아시아 사유로 돌아오자.

---

45 여기서 '의미'의 문제에 대해서도 의미와 지향, 그리고 시간성 등 다양한 층면이 존재한다. 자세한 것은 테리 이글턴의 『문학이론입문』(김현수 옮김, 인간사랑, 2001) 중 '해석학' 부분을 참조.

46 그는 『거울과 등불 *The Mirror and the Lamp*』에서, 문학작품은 세계, 작품, 작가, 독자 사이의 어느 측면을 보는가에 따라 비평적 관점과 해석이 달라진다고 했다.

앞서 동아시아 사유의 특징이 불교와 노장의 사유가 보여주는 사물에 대한 실체적 분리가 아닌 상호 연계의 비분리의 시선에 있다고 했다. 서구의 쪼개진 둘의 사유가 여러 면에서 보여주고 있는 난맥상을 볼 때, 명석해 보이지만 불완전하게 분리된 둘이 아니라 비명료 혹은 모호하게 보이지만 온전한 하나로서 바라보려는 포일의 자세는, 적어도 동아시아 사유에서 충분히 재고할 만한 의미 있는 나침반으로 생각된다. 이제 불교 중론의 '自性'이란 화두를 가지고 텍스트학을 생각해 보자. 자성이란 존재가 본래부터 지닌 변하지 않는 고유 속성이다. 그런데 굳이 현대물리학의 시공개념을 빌지 않더라도, '존재'란 말 자체가 시간과 공간의 그물로 짜여진 宇宙·世界에서 시간 속에서 '存'하고, 공간 속에서 '在'하는 그 무엇이라면 이미 불변이 아님이다. 그렇다면 시간과 공간의 그물로 짜인 우주의 직조(textile) 위에 잠시 기거하는 시공 존재로서의 나 혹은 텍스트는 자성이 있는가?

이번에는 '일체유심조'의 시야에서 텍스트를 생각해 보자. 텍스트가 현재의 나를 만나지 않고서 유의미하지 않다고 하는 불교의 관점을 빈다면 이는 더욱 그러할 것이다. 독자의 측면에서 내가 없는 고전 텍스트란 텍스트 자체의 불변하는 자성을 뜻한다. 그러면 텍스트의 自性은 어디까지일까? '일체유심조'의 불교인식론의 시야에서 내가 결여된 텍스트란 아무런 의미도 없다. 나를 통해서 텍스트가 인식·구현되는데, 텍스트만 있고 내가 없기 때문이다. 그렇다면 의미 있는 텍스트학이란 어떤 것일까? 텍스트와 내가 서로 生起하며 살아 만나는 것이다. 텍스트를 읽는 내가 그것을 쓴 너와 만나, 나와 너의 소통이 이루어질 때 비로소 너에 대한 나의 이해가 이루어진다.[47] 이때 본 너는 바로 내가 본 너이며, 굳이 김춘수의 시 「꽃」을 들먹이지 않더라도

---

47   이를 20세기 초 서구 해석학에선 '지평의 융합'(가다머)이니 수용미학이니 하는 말로 설명했다.

내가 바라보고 해석한 너이다. 실상 내가 없는 너는 객관의 이름은 빈 공허 그 자체이다. 너와 내가 흔들리며 함께 피워내는 꽃이 의미 있다. 돌아와 말하자면 굳이 융합 혹은 순수란 라벨이 붙어 있지 않은 텍스트 바라보기, 그것이 필자가 생각하는 텍스트학이다.

중론의 중도사유는 고정된 이것도 저것도 아닌 그때그때의 적중인 때맞춤의 '時中'을 요한다. 기존을 잊고 나아가 일체의 정해지지 않음 속에서 하나의 당당한 존재자가 되어야 내가 살 이유가 생긴다. 그리고 서두에서 예로 든 '道'라는 글자가 의미하듯이 머리를 들이대며 헤쳐나아가 "있다고도 할 수 없고 또한 없다고도 할 수 없는" 미래를 향한 항해 중 '바로 나의 길'을 만들어나가는 자기 돌파의 궤적, 이것이 진정한 의미의 중용이 아닐까 싶다.

이러한 텍스트학은 현대물리학과도 만나게 된다. 양자역학에서 존재는 관찰을 거쳐서만 파동붕괴를 통해 자신의 모습을 내게 보여준다.[48] 이때 인식론이 '나의 곧[即]'을 통해 내 앞에 존재가 펼쳐지는데, 이것이 일체의 유심조경이다. 그래서 몸의 눈인 이성이 아니라 마음의 눈으로도 봐야 이성으로 보았던 둘이 둘이 아니라 하나임을 알게 되며 총체의 깨달음으로 들어가게 된다. 뉴턴 역학이 흔들리면서 현대물리학이 보여주는 새로운 정신지향으로

---

48 컴퓨터의 볼링게임에서 볼을 던지면 보통 3초면 굴러가서 핀들을 때린다. 그런데 볼을 던지고 곧바로 다른 윈도우창을 수십 초 혹은 1분 정도 보다가 다시 볼링게임 창으로 돌아오면 공은 내가 봐주기를 기다렸다는 듯이 비로소 다시 굴러가거나, 아니면 이미 사건이 결과할 만한 충분한 시간이 지난 후라면 황급히 볼을 때린다. 강아지도 아닌 볼이 내가 돌아와 바라볼 때까지 기다리고 있다가 비로소 파동붕괴와 함께 현실태로 바뀌는 것이다. 관찰 전에는 그대로 있다가 관찰과 함께 다시 현실태로 회귀하는 양자적 상태의 관찰효과라고 부를 수 있는 이러한 류의 파동붕괴는 비트코인 가격의 변동화면을 바라볼 때도 마찬가지이다. 다른 창에서 돌아와 화면을 보는 순간, 그간의 경과 가격들이 매주 빠른 속도로 현재 값을 향해 움직여가는 것을 볼 수 있다. 필자 생각에 전자 및 양자 상태의 컴퓨터 연산을 추동하는 화면이 나의 돌아봄을 기다린 셈이다. 그러나 다른 창으로 이동하지 않고 켜둔 상태로 놓아둘 경우는 순간순간 변할 뿐 화면 말아 올리기는 일어나지 않는다.

서의 에피스테메(episteme), 이것이 우리가 시각지가 아닌 체험지를 중시하는 동아시아 사유를 다시 주목해야 하는 까닭이기도 하다.

외국문학 연구에서 출발한 필자는 이전에는 한 사람이 할 일로서의 번역과 비평을 별개의 일로 생각했었다. 그리고 적성과 능력이 사람마다 다르고, 한 사람의 에너지 총량에도 국한이 있으므로, 나는 비평을 하고 너는 번역을 하여 총체적으로 사람들 간의 기계론적 협업을 이루면 될 것이라고 생각했다. 그런데 요즘엔 적어도 번역을 포함한 텍스트가 독자성을 띠고 살아남으려면 텍스트, 저자, 배경 문화에 대한 높은 수준의 이해가 필요하므로, 번역이든 비평이든 그것을 하든가 하지 않든가가 문제가 아니라, 번역과 비평 양쪽의 일에 대해 모두 일정 수준의 '텍스트 이해력'이 요구된다고 생각하기에 이르렀다. 여기서 '텍스트 이해력'이란 원문 텍스트에 대한 번역 능력과 그것에 대한 비평능력의 겸비이다. 이는 어느 한 연구자가 번역과 비평을 모두 글로 만들어내야 한다는 말이 아니라, 그러한 잠재 역량의 겸비가 필요하다는 뜻이다.

필자는 이러한 역량을 제대로 된 의미의 해석력 혹은 이해력이라 부를 수 있다고 본다. 글자의 안과 밖을 보아내는 종합적 사고와 비평능력이 갖추어질 때 우선 텍스트에 대한 '개별적[가도적] 자기 이해'에 다가가게 될 것이고, 다음으로 다시 '일반보편[상도]의 이해'와 만나게 됨으로써 보다 나은 자기 궁극[달도 혹은 성불]의 경지에 도달하게 되는 것이 아닐까 싶다. 이를 노자적으로 표현하자면 전자를 分封된 개별 구체의 '가도적 이해'로, 후자를 보편 일반의 未封(同封)적 '상도적 이해'로 부를 수도 있을 것 같다.

다시 처음으로 돌아온다. 오늘의 고전 텍스트학은 어떠한 것이어야 할까? 이제껏 논했으나, 역시 쉽지 않은 화두이다. 하지만 이런 생각은 든다. 이것이나 저것이냐의 불완전할 수밖에 없는 선택과 편파에 빠지지 않고 온전한 하나로 안고[抱一] 가는 길, 그것이 중요하다. 사실 텍스트(text)는 실마리다. 실마리는 본체가 아니다. 텍스트는 성성한 실마리들로 누벼져(textile) 있을 뿐이다. 그것을 통해 어딘가로 들어가는 한 관문이다. 텍스트와 존재는 몸체(body)처럼 보이지만 파동처럼 여울지는 주파수 속에서 맥동할 뿐이다. 사람들은 그것을 몸이라고 한다. 엄밀한 의미에서 실체적 몸체는 존재하지 않는다. 몸은 비어 있고, 온통 구멍투성이다. 성긴 별을 안고 있는 우주는 거대한 빔의 공간이다. 미시세계인 양자 역시 마찬가지다. 저 하늘에 빛나는 무수한 별 역시, 무리수의 하늘에 간간이 떠있는 유리수와 같이 반짝이지만 미미하다.[49] 몸을 봐서는 결코 몸을 붙잡을 수 없다. 성성함 그 자체가 몸이다. 그래서 데리다(Jacques Dérrida, 1930-2004)가 말한 대로 "텍스트의 밖에는 아무것도 없다." 자성이 없으므로 맥동하고 변하는 장(field)으로 읽혀져야 한다. 그것이 텍스트다.

실마리란 그것을 통하여 다른 것으로 이어지고 전이되며 흔들리며 나아가는 화두와 같은 것이다. 텍스트가 고정된 실체요 자성으로 읽혀지면 오래 유지되기 어렵다. 그것은 늘 흔들리며 변한다. 그리고 메시지는 씨앗이 되어 바람결에 날아 어느 곳에선가 다시 꽃을 피우고 열매 맺는다. '變卽久矣.' 즉 변하면 오래간다.[50] 고기를 잡고 어망을 버리듯이[得魚忘筌],[51] 글자 너머로 날아가 지금 당장 여기 있는 그대와 만날 때 오늘을 꽃피운다. 그때그때 때맞춰 피워내는 '시중'의 꽃피움,[52] 이것이 동아시아 고전해석학의 현재성일 것

---

49 유리수의 무리수에 대한 집합론적 의미 없음(無性)에 대한 증명은 오정균의 『깨달음에서 바라본 수학』(렛츠북, 2017) 제1장을 참조.

50 『주역·계사·하』, "易, 窮則變, 變則通, 通則久. 是以自天佑之, 吉无不利."

51 『장자·잡편·외물』, "筌者所以在魚, 得魚而忘筌, 蹄者所以在兔, 得兔而忘蹄, 言者所以在意, 得意而忘言. 吾安得夫忘言之人而與之言哉!"

52 『周易·蒙卦·象傳』, "蒙, 亨. 以亨行, 時中也." 『中庸』, "仲尼曰, 君子中庸, 小人反中庸. 君子之中庸也, 君子而時中. 小人之反中庸也, 小人而無忌憚也."

이다.

이제 노장의 이야기를 통하여 논의를 맺으려 한다. 만물의 근원이 같다고 말한 「제물론」에서 장자는 세계분화의 인식론적 과정을 다음 네 단계로 나누어 표현했다. ① 만물이 있기 전의 '未始有物', ② 구별과 나눔이 있기 전의 '未始有封', ③ 시비판단의 분별 전의 '未始有是非', ④ '是非彰而道之虧'의 단계다.[53] 인간의 '애증호오(愛憎好惡)'에 기초할 수밖에 없는 일상적이며 자기중심적 지식의 세계는 차별적 분별을 일으키고, 결국은 앎의 총체성을 무너뜨리므로 경계해야 한다는 것이다. 다음은 노자 제81장의 글이다. "아름다운 말은 믿기 어렵고, 믿음직한 말은 아름답지 않다."[54] 겉껍데기 앎의 외식을 경계하고, 통째로 언명하는 말의 진정성을 역설적으로 강조한 구절이다. 노자를 존경하는 필자는 텍스트학과 관련하여 분별적 지식을 경계하며 삶의 전일성과 온전성을 향해 나아가는 것이 중요하다는 생각에서 결어를 대신해 감히 구절을 더해 본다.

<노자 제81장 보문> '全知(온전한 지식)'
"道者不分, 分者非道. 分知非知, 棄知者全."[55]
진리는 나뉘지 않으니, 나누어짐은 진리가 아니다.
쪼개어진 지식은 깨달음이 아니니, 지식을 버려야 온전해진다.

---

53 『장자 · 제물론』, "古之人, 其知有所至矣. 惡乎至? 有以為未始有物者, 至矣盡矣. 不可以加矣. 其次以為有物矣, 而未始有封也. 其次以為有封焉, 而未始有是非也. 是非之彰也, 道之所以虧也. 道之所以虧, 愛之所以成. 果且有成與虧乎哉? 果且無成與虧乎哉? 有成與虧, 故昭氏之鼓琴也. 無成與虧, 故昭氏之不鼓琴也.

54 『老子』 81장, "信言不美, 美言不信."

55 분별지는 곧 나누고 쪼개진 앎으로서 불완전한 부분적 지식이다 아무 것도 보이지 않는 광선이 쪼개지면서 형형색색의 가시광선을 낳아 눈을 현혹시킨다.

참고문헌

가라타니 고진, 김재희 옮김, 『은유로서의 건축: 언어, 수, 화폐』, 한나래, 1998.

계간 '과학사상' 편집부 편, 『현대 과학혁명의 선구자들』, 범양사출판부, 2002.

과학사상연구회 편, 『온생명에 대하여 — 장회익의 온생명과 그 비판자들』(과학과 철학 제14
　　　집), 통나무, 2003.

金觀濤·劉靑峯, 김수중 옮김, 『중국문화의 시스템론적 해석』, 천지, 1994.

김규영, 『시간론』, 서강대학교출판부, 1987.

김상봉, 『數易』, 은행나무, 2007.

김상일, 『대각선 논법과 역』, 지식산업사, 2012.

김상일, 『주역 너머 정역』, 상생, 2017.

김상환·박영선 엮음, 『분류와 합류: 새로운 지식과 방법의 모색』, 이학사, 2014.

김성구, 『아인슈타인의 우주적 종교와 불교: 양자역학이 묻고 불교가 대답하다』, 불광출판사,
　　　2018.

김성철, 『용수의 중관논리의 기원』, 오타쿠, 2019.

김영식, 『동아시아 과학의 차이』, 사이언스북스, 2013.

김영식, 『인문학과 과학』, 돌베개, 2009.

김영진, 『공이란 무엇인가』, 그린비, 2009.

김학주, 『중국고대문학사』(대우학술총서 인문사회과학 5), 민음사, 1987.

김현철, 『과학철학의 형성』, 지식을 만드는 지식, 2009.

김형효, 『사유하는 도덕경』, 소나무, 2004.

김혜숙, 『신음양론: 동아시아 문화논리의 해체와 재건』, 이화여자대학교출판부, 2014.

다케우치 가오루, 박정용 옮김, 『시간론』, 전나무숲, 2011.

데이비드 봄, 이정민 옮김, 『전체와 접힌 질서』, 시스테마, 2010.

도연명, 양회석·이수진 옮김, 『도연명전집』 제1권, 지식을만드는지식, 2020.

들뢰즈, 김상환 옮김, 『차이와 반복』, 민음사, 2004.

라이프니츠, 이동희 편역, 『라이프니츠가 만난 중국』, 이학사, 2003.

로렌츠 크라우스, 박병철 옮김, 『無로부터의 우주』, 승산, 2013.

로버트 러플린, 이덕환 옮김, 『다시 쓰는 우주』, 까치, 2005.

로저 펜로즈 외 3인, 김성원·최경희 옮김, 『우주, 양자, 마음』, 사이언스북스, 2002.

로저 펜로즈, 박병철 옮김, 『실체에 이르는 길』 1,2, 승산, 2010.

루이자 길더, 노태복 옮김, 『얽힘』, 부키, 2012.

류영모 번역, 박영호 풀이, 『노자와 다석』, 교양인, 2013.

李建會·李亞明 著, 『科學哲學讀本』, 金城出版社, 2014, 北京.

리언 레더먼·크리스토퍼 힐, 전대호 옮김, 『시인을 위한 양자역학』, 승산, 2013.

리처드 파인만 강의, 박병철 옮김, 『파인만의 여섯가지 물리이야기』, 승산, 2003.

린 맥태커트, 이충호 옮김, 『필드 Field』, 김영사, 2016.

마르셀 그라네, 유병태 옮김, 『중국사유』, 한길사, 2010.

마르틴 보요발트, 곽영직 옮김, 『빅뱅 이전: 시간과 공간 그리고 우주는 어떻게 만들어 졌는가』, 김영사, 2011.

마르틴 하이데거, 김재철 옮김, 『시간 개념』, 도서출판 길, 2013.

마커스 초운, 정병선 옮김, 『현대과학의 열쇠: 퀀텀 유니버스』, 마티, 2009.

막스 야머, 이경직 옮김, 『공간개념: 물리학에 나타난 공간론의 역사』, 나남, 2008.

바라바시, 강병남·김기훈 옮김, 『링크』, 동아시아, 2002.

박우찬·박종용, 『동양의 눈, 서양의 눈』, 재원, 2016.

박정진, 『일반성의 철학과 포노로지』, 소나무, 2014.

배선복, 『근대 동서존재론 연구』, 철학과현실사, 2007.

북경중앙미술학원미술사계 편저, 박은화 옮김, 『중국 미술의 역사』, 시공사, 1998.

브루스 로젠블룸·프레드 커트너, 전대호 옮김, 『양자 불가사의: 물리학과 의식의 만남』, 지양사, 2012.

블래트코 배드럴, 손원민 옮김, 『물리법칙의 발견: 양자정보로 본 세상』, 모티브북, 2011.

빅 맨스필드, 이중표 역, 『불교와 양자역학』, 전남대출판부, 2014.

사사키 겐쥰, 황정일 옮김, 『불교 시간론』, 씨아이알, 2016.

사이언티픽 아메리칸 편집부 엮음, 김일선 옮김, 『시간의 미궁』, 한림출판사, 2016.

소광섭, 『물리학과 대승기신론: 관찰자와 현상』, 서울대학교출판문화원, 1999.

손 캐럴, 김영태 옮김, 『현대물리학, 시간과 우주의 비밀에 답하다』, 다른세상, 2012.

스티븐 호킹, 전대호 옮김, 『위대한 설계』, 까치, 2010.

스티븐 호킹, 킵 손, 김성원 옮김, 『시공간의 미래』, 해나무, 2006.

스티븐 호킹, 김동광 옮김, 『시간의 역사』, 까치, 1998.

아미르 액젤, 김형도 옮김, 『얽힘』, 지식의풍경, 2007.

아이작 뉴턴, 이무현 옮김, 『프린키피아』 1-3책, 교우사, 1998.

알베르트 아인슈타인, 이주명 옮김, 『상대성의 특수이론과 일반이론』, 필맥, 2012.

에드워드 윌슨, 최재천·장대익 옮김, 『통섭』, 사이언스북스, 2005.

에리히 얀치, 홍동선 옮김, 『자기조직하는 우주』, 범양사출판부, 1989.

오강남, 『또 다른 예수』, 예담, 2009.

오구리 히로시, 박용태 옮김, 『중력, 우주를 지배하는 힘』, 지양사, 2013.

오국주, 『21세기문명, 동양정신이 만든다』, 살맛난사람들, 1994.

오쇼 강의, 김석환 역, 『노자 도덕경: 두드리지 마라, 문은 열려있다』, 티움, 2015.

오정균, 『깨달음에서 바라본 수학』, 렛츠북, 2017.

오정균, 『깨달음에서 바라본 양자역학』, 레즈북, 2017.

오태석, 「0과 1의 해석학: 수학, 디지털 및 양자정보, 그리고 주역과 노장」, 『중국문학』 97, 2018.

오태석, 「서구 과학철학의 시간과 공간론」, 『중국어문학지』 62, 2018.

오태석, 「현대자연과학과 융복합적 중국학 연구」, 『중국학보』 74, 2015.

오태석, 『노장선역, 동아시아 근원사유』, 역락, 2017.

오태석, 『중국시의 문예심미적 지형』, 글누림, 2014.

오태석, 「북송문화의 혼종성과 이학문예심미」, 『중국어문학지』 34, 2010.

오태석, 「역설의 즐거움: 노장 존재론의 否定性」, 『중국어문학지』 51, 2015.

오태석, 「은유와 유동의 기호학, 주역」, 『중국어문학지』 37, 2011.

오태석, 「장자의 꿈 ─ 초월·해체·역설의 글쓰기」, 『중국어문학지』 45, 2013.

오태석, 「주역 표상체계의 확장적 고찰」, 『중어중문학』 53, 2012.

오태석, 「한시의 뫼비우스적 소통성」, 『중국어문학지』 31, 2009.

오태석, 「0과 1의 해석학, 수학, 디지털 및 양자정보, 그리고 주역과 노장」, 『중국문학』 97, 2018.

오태석, 「노자 도덕경 기호체계의 상호텍스트성 연구」, 『중국어문학지』 49, 2014.

오태석, 「니즈다오(你知道)와 양가불이의 시선 ─ 동아시아 고전텍스트학의 현재성」, 『중국문학』 100, 2019.

오태석, 「데이비드 봄 양자론 '숨은변수이론'의 인문학적 검토」, 『중국어문논집』 106, 2017.

오태석, 「서구 과학철학의 시간과 공간론」, 『중국어문학지』 62, 2018.

오태석, 「역설의 즐거움: 노장 존재론의 부정성」, 『중국어문학지』 51, 2015.

오태석, 「은유와 유동의 기호학, 주역」, 『중국어문학지』 37, 2011.

오태석, 「이백과 소식 문학의 시대사적 읽기: '장진주'와 '염노교·적벽회고'를 통하여」, 『중국학보』 40, 1999.

오태석, 「장자의 꿈: 초월·해체·역설의 글쓰기」, 『중국어문학지』 45, 2013.

오태석, 「존재, 관계, 기호의 해석학」, 『중국인문과학』 34, 2006.

오태석, 「주역 표상체계의 확장적 고찰」, 『중어중문학』 53, 2012.

오태석, 「중국시의 세계문학적 지형 ─ 그 네 가지 정경」, 『외국문학연구』 46, 2012.

오태석, 「현대자연과학과 융복합적 중국학 연구」, 『중국학보』 74, 2014.

溫肇桐, 강관식 역, 『중국회화비평사(中國繪畫批評史略, 1981)』, 미진사, 1994.

울프 다니엘손, 이미옥 옮김, 『시인을 위한 물리학』, 에코, 2006.

윌리엄 바이어스, 고중숙 옮김, 『수학자는 어떻게 사고하는가』, 경문사, 2011.

유발 하라리, 조현욱 옮김, 『사피엔스』, 김영사, 2015.

유발 하라리, 김명주 옮김, 『호모데우스』, 김영사, 2017.

유아사 야스오(湯淺泰雄), 이정배·이한영 옮김, 『몸의 우주성』, 모시는사람들, 2013.

유카와 히데키, 김성근 해제·옮김, 『보이지 않는 것의 발견』, 김영사, 2012.

유현준, 『공간이 만든 공간』, 을유문화사, 2020.

윤용택, 『인과와 자유』, 솔과학, 2014.

이광수·이주헌, 『시간여행』, 녹색그룹, 2012.

이 열, 『아인슈타인의 상대성이론』, 홍릉과학출판사, 2009.

이인식, 『지식의 대융합』, 고즈윈, 2008.

이정우, 『사건의 철학』, 그린비, 2011.

이종필, 『신의 입자를 찾아서』, 마티, 2008.

이창옥, 「근사한 알고리즘의 세계」, 『세상의 모든 비밀을 푸는 수학』, 사이언스북스, 2016.

일리야 프리고진, 이덕환 옮김, 『확실성의 종말』, 사이언스북스, 1997.

임정빈, 『우주의 비밀과 현대물리철학 이야기』, 코람미디어, 2016.

장 보드리야르, 하태환 옮김, 『시뮬라시옹』, 민음사, 2001.

장은성, 『복잡성의 과학』, 전파과학사, 1999.

장준석, 『중국회화사론』, 학연문화사, 2002.

장하석, 『장하석의 과학, 철학을 만나다』, (EBS)지식채널, 2014.

장회익·최종덕 대담, 『이분법을 넘어서』, 한길사, 2007.

정하웅·김동섭·이해웅, 『구글신은 모든 것을 알고 있다』, 사이언스북스, 2013.

조셉 니덤, 김영식·김제란 옮김, 『중국의 과학과 문명: 사상적 배경』, 까치, 1998.

조셉 니덤, 콜린 로넌 축약, 이면우 옮김, 『중국의 과학과 문명: 수학, 하늘과 땅의 과학,
　　　물리학』, 까치, 2000.

조지 가모프, 김혜원 옮김, 『1,2,3 그리고 무한』, 김영사, 2012.

조지 존슨, 김재완 옮김, 『양자컴퓨터』, 한승, 2007.

존 배로, 고중숙 옮김, 『무O진공 *The Book of Nothing*』, 해나무, 2003.

존 브록만 엮음, 안인희 옮김, 『과학의 최전선에서 인문학을 만나다』, 동녘, 2006.

존 제퍼슨 데이비스, 노영상·강봉재 옮김, 『21세기 과학과 신앙』, 크리스턴 헤럴드, 2004.

존 캅, 박만 옮김, 『영적인 파산』, 한국기독교연구소, 2014.

짐 배것, 박병철 옮김, 『퀀텀 스토리』, 반니, 2014.

찰스 세이프, 고중숙 옮김, 『무의 수학, 무한의 수학』, 시스테마, 2011.

최무영, 『최무영교수의 물리학 강의』, 책갈피, 2008.

최병식, 『동양회화미학』, 동문선, 2007.

최창현·박찬홍, 『복잡계와 동양사상』, 지샘, 2007.

최태군, 『모든 것의 이론』, 형지사, 2016.

최한기, 손병욱 옮김, 『氣學』, 여강출판사, 1992.

카를로 로벨리, 김정훈 옮김, 『보이는 세상은 실재가 아니다』, 쌤앤파커스, 2018.

카를로 로벨리, 김현주 옮김, 『모든 순간의 물리학』, 쌤앤파커스, 2016.

카틴카 리더보스 책임편집, 김희봉 옮김, 『타임: 시간을 읽어내는 여덟 가지 시선』, 성균관대
　　　출판부, 2009.

쿠르드 피셔, 박재현 옮김, 『상대성이론』, Gbrain, 2013.

테리 이글턴, 김현수 옮김, 『문학이론입문』, 인간사랑, 2001.

토니 크릴리, 김성훈 옮김, 『반드시 알아야 할 위대한 수학』, 지식갤러리, 2011.

포송령, 김혜경 옮김, 『요재지이』(1-6책), 민음사, 2002.

폴 데이비스, 김동광 옮김, 『시간의 패러독스』, 두산동아, 1997.

프랑수아 줄리앙, 박치완·김용석 옮김, 『현자에게는 고정관념이 없다』, 한울, 2009.

프랭크 클로우스, 강석기 옮김, 『반물질』, MID, 2013.

프리초프 카프라, 이성범·구윤서 옮김, 『새로운 과학과 문명의 전환』, 범양사출판부, 1985.

프리초프 카프라, 김용정·이성범 옮김, 『생명의 그물』, 범양사출판부, 1998.

피터 코울즈, 송형석 옮김, 『우주론이란 무엇인가』, 동문선, 2003.

필립 볼·브라이언 클레그 등, 전영택 옮김, 『개념 잡는 비주얼 양자역학책 』, 궁리, 2018.

하이젠베르크, 유영미 옮김, 『부분과 전체』, 서커스, 2016.

하이젠베르크, 조호근 옮김, 『물리와 철학』, 서커스, 2018.

한스 라이헨바하, 전두하 옮김, 『과학철학의 형성』, 선학사, 2002.

한스 라이헨바하, 이정우 옮김, 『시간과 공간의 철학』, 서광사, 1986.

한스 라이헨바하, 김회빈 옮김, 『자연과학과 철학』, 중원문화, 1994.

洪修平, 김진무 번역, 『선학과 현학』, 운주사, 1999.

황태연·김종록, 『공자, 잠든 유럽을 깨우다』, 김영사, 2015.

EBS 동과서 제작팀·김명진, 『동과서』, 예담, 2008.

G. J. 휘트로, 이종인 옮김, 『시간의 문화사』, 열림카디널, 1998.

Graham Smetham, 박은영 역, 『양자역학과 불교』, 홍릉과학출판사, 2012.

James T. Cushing, 송진웅 옮김, 『물리학의 역사와 철학』, 북스힐, 2006.

K. C. 콜, 김희봉 옮김, 『우주의 구멍』, 해냄출판사, 2002.

『노자』, 『장자』, 『주역』, 『논어』, 『근사록』, 『신약성서』, 『반야심경』, 『설문해자』, 『중론』,
『중용』

찾아보기

/ㄱ/

가능태 132, 142, 159, 169, 170, 188, 189,
　207, 319, 323
가도(可道) 29, 45, 130, 142, 144, 150, 151,
　152, 154, 157, 159, 160, 163, 168, 169,
　171, 173, 174, 188, 207, 219, 255, 256,
　257, 258, 259, 280, 292, 301, 317, 321,
　322, 323, 325, 328, 329, 337
가환(假幻) 158, 183, 192, 222
갈릴레이(Galileo Galilei) 57, 59, 68, 70,
　71
강설(江雪) 194
계사전(繫辭傳) 157, 172, 294, 298
고개지(顧愷之) 211, 212
고백록 53, 63, 68, 105, 137
공명(resonance) 88, 89, 99, 129, 148,
　149, 150, 159, 175, 178, 185, 186, 187,
　188, 189, 191, 197, 199, 212, 213, 219,
　220, 221, 222, 252, 327
공선(鞏仙) 205, 206
공성(空性) 143, 163
공즉시색(空卽是色) 139, 140, 150, 155,
　159, 160, 175, 269, 318, 319
과학철학 31, 37, 46, 54, 63, 68, 72, 89,
　101, 105, 106, 107, 120, 137, 151, 156,
　160, 162, 167, 173, 175, 185, 219, 221,
　226, 235, 238, 240, 241, 242, 253, 261,
　267, 301, 310

괘효(卦爻) 107, 119, 120, 121, 123, 124,
　162, 172, 260, 267, 273, 287, 294, 295,
　297, 299
괴델(Kurt Gödel) 126, 273
국소성(locality) 89, 147, 154, 169, 184,
　191, 200, 219, 232, 235, 236, 238, 243
기미(幾微) 45, 119, 128, 129, 150, 154,
　162, 172, 270, 298
기운생동 212, 213
김형효 136
깨침 130, 151, 187, 189, 190, 191, 197, 199,
　202, 209, 210, 219, 220, 305, 310,
　325, 330

/ㄴ/

나가르주나(Nārājuna, 龍樹) 107, 119, 138,
　139, 141, 142, 162, 163, 319, 320
내외구존 289
내재초월 124, 157, 158, 160, 162, 328
내포질서 238, 239, 240, 242, 243, 244,
　245, 246, 248, 250, 253, 255, 256,
　257, 258, 259, 260, 261
네트워킹 허브(networking hub) 43
노장선역 45, 52, 226, 241, 260, 261
뉴턴(Isaac Newton) 15, 19, 20, 26, 27,
　28, 29, 36, 54, 56, 58, 59, 60, 61, 62,

68, 69, 70, 77, 83, 88, 98, 100, 105, 107, 108, 110, 112, 113, 114, 119, 149, 156, 225, 227, 251, 310, 312, 313, 316, 317, 326, 328, 336

니까야 142

니덤(Joseph Needham) 21, 24, 25

니즈다오(你知道) 161, 305

닐스 보어(Niels Bohr) 45, 84, 114, 149, 152, 178, 226, 227, 229, 231, 232, 235, 238, 242, 311, 314, 315

/ㄷ/

대각선논법(diagonal argument) 126, 269, 273, 277, 287

대대(對待) 162, 169, 289

데이비드 봄(David Bohm) 90, 151, 167, 168, 187, 199, 207, 219, 220, 225, 226, 229, 233, 234, 237, 238, 241, 242, 243, 246, 248, 249, 253, 259, 261

데카르트(René Descartes) 18, 19, 20, 93, 114, 312, 316, 326

도연명(陶淵明) 189, 191, 197

도화원기(桃花源記) 191

독산해경(讀山海經) 197

동기창(董其昌) 213, 215

동시성원리(synchronicity) 130, 149, 153, 242, 252, 327

동시성의 상대성 74, 76, 77, 81, 99, 108, 110, 111, 122, 251, 312, 313

동형구조(Isomorphism) 28, 45

득어망전(得魚忘筌) 338

들뢰즈(Gilles Deleuze) 62, 67, 128

등가원리(equivalence principle) 25, 26, 27, 79, 80, 87, 108, 109, 110

디지털 컴퓨터 278, 300

/ㄹ/

라이프니츠(Leibniz) 19, 20, 22, 23, 62, 242

로그(log) 272, 274, 275, 276, 277, 280

로렌츠변환(Lorentz transformation) 71, 72, 73, 76, 92, 93

루이스 칸(Louis Kahn) 211

루프양자중력(Loop quantum gravity) 168, 177, 180, 182, 183, 184, 209, 219, 222

리만 기하(Riemannian geometry) 80

/ㅁ/

마흐(Ernst Mach) 60, 61, 62

막스 야머(Max Jammer) 55, 105

막스 플랑크(Max Planck) 229, 230

맥스웰(James Maxwell) 26, 60, 61, 70, 71, 76, 82, 179

메타과학(meta-science) 108, 114, 153, 155

멱집합(power set) 119, 126, 272, 273

모호성 258, 261, 299, 300, 301

뫼비우스(Mobius) 67, 68, 99, 123, 126, 132, 134, 175, 268

무극(無極) 124, 125, 157, 162, 170, 171, 173, 218, 258, 268, 273, 287, 293

무리수 250, 291, 338

무욕(無欲) 254, 255

무자성(無自性) 90, 107, 109, 137, 141, 145, 151, 155, 158, 163, 175, 327

무한 31, 45, 56, 124, 125, 143, 157, 230,

250, 255, 258, 268, 287, 290, 291, 301, 314, 324

문동(文同) 209, 216

문언필기 203, 204, 221

문인화(文人畵) 209, 213, 215, 216, 317

문화중력(cultural gravity) 48

물아일체 189, 191

물질-에너지 등가성 110

물학 134

물화(物化) 136, 140, 142, 151, 154, 158, 163, 174, 201, 202

미분 18, 45, 58, 107, 119, 120, 124, 126, 127, 128, 129, 150, 154, 157, 162, 170, 171, 172, 253, 260, 268, 270, 271, 273, 284, 298

미시유물(未始有物) 339

미시유봉(未始有封) 339

민코프스키 시공간 76, 92, 93, 94, 95, 97, 100, 105, 106, 110, 157

/ㅂ/

반야공관 137, 138, 139, 140, 143, 150, 155, 158, 162, 163, 175, 188, 200, 218, 328

버드런드 러셀(Bertrand Russell) 126

베르그송(Henri-Louis Bergson) 62

벨 부등식 229, 235, 236, 237, 259

변곡점 128, 266, 268, 271

병렬 174, 281, 293, 318

병생(並生) 123, 173, 202, 256, 285, 289, 296, 297, 300, 318, 323

병작(並作) 107, 119, 123, 124, 130, 142, 143, 150, 154, 155, 157, 158, 163, 169, 173, 174, 199, 202, 207, 220, 222, 256, 285, 289, 296, 297, 300, 318, 323,

324

복희육십사괘차서도 289, 290, 291, 295

불완전성 83, 126, 232, 273, 314

불이(不二) 143, 155, 158, 160, 161, 174, 324, 328

불확정성 25, 26, 28, 29, 30, 36, 84, 85, 88, 91, 114, 115, 116, 119, 122, 142, 146, 159, 231, 232, 241, 254, 283, 285, 314, 315, 333

블랙홀 29, 31, 45, 46, 80, 91, 97, 183, 269, 321

비국소성(non-locality) 88, 89, 91, 229, 230, 234, 235, 236, 243

비분리 156, 174, 175, 220, 221, 222, 243, 316, 335

비트코인 245, 251

빅뱅 31, 46, 65, 89, 91, 111, 134, 157, 158, 229, 258, 268, 292, 321

빛-원뿔 93, 97, 106, 112

/ㅅ/

사건의 지평선(event horizon) 29, 94, 95, 96, 101, 106

사의(寫意) 213, 216, 218, 317

사종법계 144

사혁(謝赫) 211, 212, 213, 317

산수론 158, 190, 319

산점투시 209, 210, 214, 215, 221

상도(常道) 130, 142, 143, 150, 151, 152, 154, 157, 160, 163, 168, 171, 173, 174, 188, 190, 207, 211, 219, 255, 256, 257, 258, 259, 280, 292, 301, 322, 328

상즉상입(相卽相入) 144

상효(上爻) 172, 294, 295, 296

색공론 140, 144, 219, 328

색즉시공(色卽是空) 137, 139, 145, 150, 158, 160, 175, 218, 269, 319

생사장 92, 96, 100, 101, 106

서브프라임 모기지론(Sub-prime Mortgage Loan) 34

서위(徐渭) 215, 217

석도(石濤) 217

설니홍조(雪泥鴻爪) 53

설문해자(說文解字) 132, 308, 319

성리학 258, 331

세계선(world line) 93, 94, 95, 96, 97, 98, 101, 106, 112, 120, 126, 127, 129, 157, 270, 298

소식(蘇軾) 32, 53, 99, 191, 195, 196, 197, 209, 213, 215, 216, 317, 318

소요유(逍遙遊) 133, 134, 135, 200, 201

수묵화 209, 210, 215, 216, 218, 317

수월론(水月論) 196

숨은변수이론 90, 151, 167, 168, 187, 194, 219, 222, 225, 226, 229, 233, 235, 236, 237, 238, 239, 240, 242, 243, 244, 245, 248, 253, 258, 259, 261

슈뢰딩거의 고양이 86, 87, 99, 100, 110, 114, 146, 147, 152, 159, 188, 232, 233, 246, 258, 285, 286, 296, 313, 327

슈바르츠실트(Karl Schwarzschild) 80, 94, 95, 96, 97, 106, 112

시간 연기(時間緣起) 154

시냅스(synapse) 39

시뮬라시옹(simulation) 33

시중(時中) 152, 310

시프트(shift) 181, 199

신사(神似) 213, 217, 317

신약성서 56, 325

실체 33, 58, 78, 100, 109, 140, 141, 155, 179, 183, 184, 185, 208, 210, 214, 280, 289, 306, 311, 313, 314, 317, 320, 321, 324, 328, 329, 335, 338

/ㅇ/

아리스토텔레스(Aristotle) 17, 54, 55, 56, 57, 59, 60, 61, 62, 68, 100, 108, 137, 310

아우구스티누스(Augustinus) 53, 62, 63, 64, 65, 68, 100, 105, 137

아이온(Aion) 66, 67, 68, 151, 187

양가성(ambivalence) 45, 67, 85, 121, 142, 143, 162, 171, 187, 189, 248, 257, 258, 260, 261, 267, 268, 277, 285, 288, 295, 301, 323, 324, 326, 327

양가포괄 289, 300, 316

양자 결맞음(quantum coherence) 88, 150, 296, 300

양자 얽힘(quantum entanglement) 85, 88, 89, 90, 91, 100, 114, 122, 144, 146, 147, 152, 154, 159, 163, 188, 228, 229, 235, 285, 299, 314

양자 중첩(quantum superposition) 86, 87, 114, 123, 144, 146, 147, 150, 152, 154, 159, 163, 169, 184, 188, 233, 251, 285, 286, 299

양자컴퓨터 122, 123, 143, 158, 251, 267, 277, 282, 283, 284, 286, 293, 296, 297, 299, 300, 318

양중음 85, 123, 169, 257, 285, 288, 289, 293, 295, 299, 328

양행(兩行) 99, 107, 119, 123, 124, 130, 142, 143, 145, 150, 154, 155, 157, 158,

163, 168, 169, 171, 173, 174, 175, 199, 202, 203, 207, 218, 222, 256, 260, 285, 289, 292, 295, 296, 297, 300, 308, 318, 323, 324, 325, 326, 328

얽힘 89, 91, 108, 114, 145, 147, 148, 149, 150, 154, 155, 160, 163, 175, 176, 184, 185, 188, 198, 206, 207, 208, 214, 220, 221, 222, 230, 236, 241, 251, 257, 259, 282, 285, 314

연기(緣起) 139, 141, 143, 144, 151, 154, 155, 163, 220, 248, 320, 321

염노교·적벽회고(念奴嬌·赤壁懷古) 195

영(0, zero) 123, 170, 172, 261, 268, 291, 292, 293

영점장 89, 90, 150

오태석(吳台錫) 34, 45, 46, 52, 67, 83, 85, 90, 127, 130, 132, 135, 136, 143, 146, 149, 157, 161, 196, 241, 249, 252, 256, 268, 270, 298, 322, 323

외연질서 168, 243, 244, 246, 247, 248, 253, 255, 256, 258, 261

요재지이(聊齋志異) 203, 204, 205, 221, 325

용수(龍樹) 141, 155, 320, 328

우로보로스(Ouroboros) 45, 67, 268, 290, 324

울림 130, 175, 178, 185, 186, 187, 189, 191, 199, 208, 213, 219, 220, 221

월야(月夜) 194

유리수 291, 327, 338

유무 89, 124, 136, 142, 144, 169, 171, 172, 174, 202, 255, 258, 323, 327

유물혼성(有物混成) 255

유욕(有欲) 254, 255

유종원(柳宗元) 192, 193, 194

유클리드(Euclid) 19, 31, 59, 61, 80, 225, 313, 326

음양론 22, 45, 85, 107, 119, 120, 123, 152, 154, 158, 169, 173, 218, 250, 257, 278, 279, 285, 286, 287, 289, 293, 299, 328

음중양 85, 123, 169, 257, 285, 288, 289, 293, 295, 299, 328

응제왕 134, 249

이견지(夷堅志) 203, 204, 221

이백(李白) 53, 191, 197, 220

이분법 40, 61, 101, 107, 108, 114, 115, 119, 120, 121, 122, 123, 145, 147, 148, 150, 153, 154, 155, 156, 157, 158, 160, 161, 162, 169, 201, 207, 214, 217, 222, 279, 281, 283, 286, 287, 289, 292, 297, 300, 301, 310, 311, 312, 313, 315, 316, 323, 326, 327, 328, 334

이중성(duality) 83, 86, 114, 119, 121, 123, 125, 136, 140, 144, 145, 148, 149, 150, 169, 171, 184, 187, 189, 229, 230, 233, 248, 257, 260, 261, 267, 268, 282, 285, 290, 293, 297, 300, 301, 313, 324, 325, 327, 328

이진법 22, 120, 121, 122, 242, 257, 273, 277, 279, 280, 287, 288, 294, 295, 297, 299, 301

이하(李賀) 197, 198

이혼기(離魂記) 203, 204

인드라망 90, 152, 155, 163, 248, 321

인문 베이스 301

인문융합 46, 48, 152, 185, 218, 302

인식론 18, 22, 52, 54, 65, 71, 76, 98, 111, 137, 157, 158, 159, 162, 173, 176, 190, 227, 259, 268, 312, 314, 321, 336, 339

일반상대성이론(General theory of

Relativity) 25, 27, 52, 62, 69, 70, 71, 72, 76, 77, 78, 79, 80, 100, 108, 109, 110, 156, 182, 228, 312

/ㅈ/

자기언급(self-reference) 119, 120, 124, 125, 126, 272, 273, 279

자연과학 15, 17, 18, 25, 36, 46, 74, 91, 113, 145, 225, 227, 228, 240, 311

잠재 87, 107, 118, 136, 145, 150, 158, 160, 169, 170, 171, 174, 206, 207, 218, 220, 222, 285, 289, 292, 297, 316, 317, 322, 323, 327, 328

잠재성 118, 123, 142, 147, 148, 149, 150, 154, 159, 169, 170, 184, 189, 203, 234, 316

잠재태 114, 118, 125, 131, 132, 145, 150, 151, 174, 255, 258, 323, 325

장(field) 82, 93, 158, 179, 209, 231, 247, 329, 338

적벽부(赤壁賦) 32, 99, 196

전일성 88, 218, 221, 222, 246, 248, 249, 250, 261, 339

접힌 질서 151, 168, 199, 203, 219, 220, 235, 238, 239, 242, 244, 256, 261

정경교융 189, 191, 207, 212, 318

정보이론 266, 267, 274, 277, 280, 285, 287, 288, 295, 297, 301

정보절연 95, 96

제물론(齊物論) 134, 174, 200, 201, 209, 249, 256, 322, 339

제백석(齊白石) 217

존재론 30, 45, 65, 92, 94, 98, 130, 134, 137, 140, 151, 154, 175, 268, 321

종병(宗炳) 211, 212

주돈이(周敦頤) 124, 169, 170, 258, 268, 273, 293, 330

중국문학 42, 43, 44, 181, 184, 191, 208

중국소설 199, 202, 203, 206, 207, 220

중국시 44, 185, 186, 189, 190, 191, 192, 194, 197, 198, 199, 220

중국학 15, 16, 25, 36, 37, 41, 44, 47, 48, 92, 305, 310

중국화 119, 208, 212, 213, 221, 325

중론(中論) 107, 119, 137, 138, 139, 141, 142, 143, 155, 158, 162, 320, 328, 329, 335, 336

중용(中庸) 67, 152, 163, 187, 336

중첩 86, 87, 100, 108, 110, 114, 122, 145, 147, 148, 150, 152, 154, 159, 160, 184, 185, 188, 198, 222, 231, 232, 233, 241, 252, 282, 285, 287, 299, 300, 313

지수 251, 274, 275, 284, 286, 293, 294, 296, 299, 301, 319

직조(textile) 81, 99, 146, 335, 338

질서 질서 169

/ㅊ/

초끈 이론(string theory) 30

초월 33, 65, 66, 67, 68, 91, 99, 107, 115, 121, 124, 138, 148, 154, 155, 167, 168, 181, 183, 184, 185, 191, 192, 193, 197, 199, 202, 204, 207, 212, 218, 219, 220, 320, 328

초이분법 119, 120, 122, 148, 158, 162, 221, 312

초효(初爻) 172, 294, 295, 296

충기(沖氣) 29, 89, 133, 135, 140, 144, 151,

154, 157, 255, 329
측지선(geodesic line)　81, 110

/ㅋ/

카를로 로벨리(Carlo Rovelli)　168, 177,
　179, 180, 182, 184, 199, 200, 219
카오스이론　33
카이로스(Kairos)　66, 67, 68, 99, 151, 181,
　187, 219, 220
칸토어(George Cantor)　126, 273
칸트(Immanuel Kant)　18, 22, 60, 61, 62
코페르니쿠스(Nicolaus Copernicus)　19,
　57
콤프턴 산란(compton scattering)　28
쿼크(quark)　30, 31, 87, 88, 283
크로노스(Chronos)　66, 67, 68, 138, 151,
　181, 187, 220

/ㅌ/

태극(太極)　45, 107, 119, 120, 124, 125, 126,
　127, 128, 129, 157, 162, 169, 170, 171,
　172, 173, 250, 252, 260, 269, 270, 273,
　277, 287, 290, 293, 294
태극중심선　45, 107, 119, 120, 126, 127,
　128, 129, 150, 154, 157, 162, 170, 171,
　172, 173, 269, 270, 271, 273, 298
텍스트(text)　81, 118, 146, 174, 309, 310,
　325, 329, 330, 331, 332, 333, 334,
　335, 336, 337, 338, 339
트램펄린(trampoline)　81, 146, 312
특수상대성이론(Special theory of
　Relativity)　25, 26, 51, 60, 68, 69, 70,
　71, 72, 73, 74, 76, 77, 78, 92, 94, 95,

108, 109, 110, 111, 139, 295, 312, 313
특이점(singularity)　65, 66, 68, 91, 96,
　176, 181, 258, 260, 269, 301

/ㅍ/

파동　70, 83, 84, 86, 115, 116, 127, 136,
　140, 199, 208, 221, 222, 229, 230, 231,
　232, 233, 234, 257, 267, 269, 270, 273,
　287, 288, 290, 297, 299, 300, 307,
　312, 313, 314, 338
파동함수　84, 86, 87, 114, 116, 117, 118,
　139, 140, 147, 152, 155, 176, 188, 231,
　233, 252, 269, 277, 285, 293, 297, 314,
　318
파인만(Richard Feynman)　115, 229, 282,
　286, 314
패러데이(Faraday)　82, 179
펼친 질서　151, 168, 169, 199, 219, 244,
　261
프리초프 카프라(Pritjof Capra)　44, 153,
　248
플랑크상수　85, 178, 179
플랑크상수(h)　116
피카소(Pablo Picasso)　32, 214

/ㅎ/

하이데거(Martin Heidegger)　62, 138
하이젠베르크(Heisenberg)　15, 25, 26, 27,
　29, 30, 35, 84, 114, 115, 116, 117, 146,
　148, 159, 178, 180, 229, 231, 241, 248,
　285, 314
해석학　20, 35, 41, 42, 46, 47, 118, 122,
　124, 125, 148, 153, 155, 158, 163, 209,

221, 222, 228, 230, 234, 235, 239, 241, 265, 291, 295, 297, 301, 302, 326, 328, 332, 333, 334

현동(玄同) 29, 89, 163, 173, 174, 249, 321, 322, 324

현상계 113, 144, 151, 152, 157, 159, 168, 169, 170, 173, 174, 175, 199, 202, 206, 220, 221, 255, 260, 268, 280, 292, 296, 301, 323

현재성 154, 305, 310, 311, 316, 327, 338

형사(形似) 213, 217, 317

형신상조(形神相照) 217

형호(荊浩) 213

호접몽 29, 136, 140, 151, 154, 158, 163, 174, 201, 219, 256, 325

화자유민지회구(和子由沔池懷舊) 53

확률 83, 84, 85, 86, 117, 147, 148, 159, 179, 231, 269, 271, 272, 273, 276, 277, 279, 286, 287, 297, 314

황홀(恍惚) 29, 89, 135

회화육법 212

후설(Edmund Husserl) 138, 334

흉중성죽(胸中成竹) 210, 317

흐름 35, 44, 45, 65, 66, 91, 128, 146, 157, 172, 175, 197, 226, 243, 246, 247, 248, 250, 252, 253, 256, 257, 259, 260, 261, 269, 270, 278, 307, 310, 314

0과 1 121, 122, 123, 148, 149, 158, 162, 257, 265, 266, 267, 269, 271, 272, 273, 275, 277, 278, 279, 280, 281, 282, 283, 284, 285, 286, 287, 288, 289, 290, 291, 293, 294, 295, 296, 297, 298, 300, 301, 302, 318, 319, 324

{0&1} 124, 143, 149

2n 276, 284, 286, 294, 319

bit 276, 277, 278, 279, 283, 287, 318, 319

COVID-19 44

DNA 34, 45, 132, 149

EPR 168, 234, 236, 248

explicate order 151, 168, 244, 256

implicate order 151, 168, 238, 239, 240, 242, 244, 256

in·ex·ist 207, 326, 327

qbit 123, 158, 282, 283, 284, 287, 291, 319

$x^2 + y^2 = 1$ 126, 270

$y = f(x)$ 127

$y = f'(x)$ 127

$E = mc^2$ 26, 73, 109, 110, 139

$y = \sin(x)$ 45, 127, 172, 252, 270

저자 오태석(estone@empas.com)

동국대학교 중어중문학과 교수
서울대학교 중어중문학과(학·석·박사) 졸업
타이완 중앙연구원(1989), 미국 University of washington(1999), 중국 절강대학(2009),
제주대학교(2016) 객원교수.
현재 한국동아시아과학철학회 회장.
한국중국문학이론학회·한국중국어문학회·중국어문학회 회장 역임,
한국중국학회 부회장 역임.
논저『황정견시 연구』(1991), 『중국문학의 인식과 지평』(2001),
　　　『송시사』(2004, 송용준·오태석·이치수 공저),
　　　『중국시의 문예심미적 지형』(2014), 『노장선역, 동아시아 근원사유』(2017),
　　　『글로벌 문화와 인문경영』(2017, 공저)
　　　「은유와 유동의 기호학, 주역」(2011, 교육과학기술부 기초연구우수성과 선정)
　　　「노자 도덕경 기호체계의 상호텍스트성 연구」(2014, 교육부 우수성과 표창)
　　　「현대자연과학과 융복합적 중국학 연구」(2015, 한국중어중문학회 우수논문상)
　　　「동아시아 시공간의 과학철학적 독법」(2019, 교육부 우수성과 수상)

시공간의 인문학

초판 1쇄 인쇄 2020년 12월 18일
초판 1쇄 발행 2020년 12월 24일

저　자 오태석
펴낸이 이대현
편　집 권분옥·김선예
디자인 최선주

펴낸곳 도서출판 역락
주　소 서울시 서초구 동광로 46길 6-6(반포4동 문창빌딩 2F)
전　화 02-3409-2060(편집부), 2058(영업부)
팩　스 02-3409-2059
등　록 1999년 4월 19일 제303-2002-000014호
이메일 youkrack@hanmail.net
역락홈페이지 http://www.youkrackbooks.com

ISBN 979-11-6244-624-9 93130